기독교문서선교회 (Christian Literature Center: 약칭 CLC)는 1941년 영국 콜체스터에서 켄 아담스에 의해 시작되었으며 국제 본부는 미국 필라델피아에 있습니다.
국제 CLC는 약 650여 명의 선교사들이 59개 나라에서 180개의 서점을 운영하며 이동 도서 차량 40대를 이용하여 문서 보급에 힘쓰고 있으며 이메일 주문을 통해 130여 국으로 책을 공급하고 있는 국제적 문서선교 기관입니다.

추천사

리 스트로벨(Lee Strobel)
전 회의주의자, 『예수는 역사다』(*The Case for Christ*, 두란노 역간)와 『리 스트로벨의 예수 그리스도』(*The Case for the Real Jesus*, 두란노 역간)의 저자

당신은 『복음주의 변증학: 정교한 이성을 통하여』(*On Guard: Defending Your Faith with Reason and Precision*)를 통해 기독교를 옹호하는 가장 설득력 있는 논증들을 배우게 될 것이다. 그뿐 아니라 이 논증들에 대한 비판에 어떻게 대응하는지도 배우게 될 것이다. 이 책의 논증들이 확고한 진실에 기초했고, 지속적으로 활용될 수 있으며, 개인적으로도 와 닿는다는 사실을 발견하게 될 것이다.

마크 미텔버그(Mark Mittelberg)
『신앙 여정』(*Faith Path*)과 『믿음이 무엇인지 이제 알았습니다』(*Choosing Your Faith*, 도마의길 역간)의 저자, 『전도, 그 뜻밖의 모험』(*The Unexpected Adventure*, 포이에마 역간)의 공동 저자

현존하는 학자 중에 윌리엄 레인 크레이그(William Lane Craig)보다 기독교 신앙을 훌륭히 변증하는 자는 없을 것이다. 이 책은 기독교 신앙의 진리를 가리키는 풍부한 정보와 논리, 그리고 증거들을 소개한다. 이 책을 깊게 정독해서 다른 사람에게 신앙을 나누는 일에 자신감을 얻길 바란다.

짐 토마스(Jim Thomas)
네쉬빌에 위치한 Village Chapel 담임 목사, 『커피 하우스의 신학과 길거리의 영성』
(*Coffeehouse Theology and Streetwise Spirituality*)의 저자

이 책은 우리가 살아가는 현실 속에서 기독교가 어떻게 합리적으로 여겨질 수 있는지를 잘 정리해 준다. 윌리엄 레인 크레이그(William Lane Craig)는 "오직 사랑 안에서 진리를 말하며," 우리가 설득하기 위해 마찰을 일으킬 필요가 없음을 다시 한번 증명한다.

라비 재커라이어스(Ravi Zacharias)
라비 재커라이어스 국제 사역단(Ravi Zacharias International Ministries) 창립자 겸 대표

윌리엄 레인 크레이그(William Lane Craig)는 틀림없이 이 시대의 가장 훌륭한 기독교 철학자 중 한 명이다. 그는 숙련된 지식으로 전 세계의 가장 저명한 회의론자들과 토론을 펼쳐 왔다.

J. P. 모어랜드(J. P. Moreland)
탈봇신학교 철학과 석좌 교수, 『기독교 세계관의 철학적 기초 시리즈』(*Philosophical Foundations for a Christian Worldview*, CLC 역간)의 공동 저자

윌리엄 레인 크레이그(William Lane Craig)가 그리스도를 섬기며 끼친 영향력은 굳이 과장할 필요가 없다. 그는 지난 반세기 동안 가장 위대한 기독교 변증가였으며, 그의 학술적 성과들은 그가 서구 철학자들 가운데 상위 1퍼센트에 꼽히는 이유를 잘 말해 준다. 그는 그리스도의 매력적인 대변인이요, 탁월한 토론가요, 복음주의의 심장을 지닌 사람이다. 나는 그를 개인적으로 잘 알고 있으며, 그가 스스로 믿는 바를 위해 얼마나 열정적으로 살아왔는지를 말할 수 있다. 나는 이 세대에서 크레이그만큼 기독교의 학문적 수준을 높인 학자를 단 한 명도 떠올릴 수 없다. 그는 독보적인 사람이며, 그의 일생과 학문적 업적들을 허락하신 하나님께 감사드린다.

Library Bookwatch, 2010년 9월호

오늘날 세계는 맹목적 신앙을 받아들이지 않는다. 당신의 신앙은 뒷받침되어야 한다. 이 책은 오늘날 세계에서 신앙과 종교에 대한 문제를 논의할 때 자신의 신념들을 변증하기 위해 이성을 어떻게 사용해야 하는지를 알려 준다. 은혜와 균형감을 갖고 기독교에 대해 말하기 어려워하는 자들에게 이 책은 매우 유용할 것이다.

신국원 박사
전 총신대학교 신학과 교수

대표적 기독교 논객인 윌리엄 레인 크레이그(William Lane Craig)의 업적이 한 권에 망라된 책이다. 여기에 그의 대표적 업적인 칼람 우주론적 변증부터 과학, 철학, 윤리와 다원주의 문제까지 폭넓은 변증이 담겨 있다. 이 책은 왜 지성적으로 믿음을 변증하는 일이 필요하며 왜 복음과 성경적 유신론이 가장 합당한 선택인지를 잘 보여 준다. 신에 대한 무관심과 의심이 가득한 오늘날, 믿음의 내용과 근거를 밝혀 기독교 진리에 대한 자신감을 갖게 해 줄 귀한 자산이 이 책엔 가득하다. 플라톤에서 도킨스에 이르는 비기독교 사상의 비판은 그 자체로도 가치가 높다. 하지만 이 책은 메마른 학문적 논술이 아니다. 자신이 왜 신학과 철학을 함께 공부하게 되었는지와 하나님께서 어떻게 그 길을 열어주셨는지도 보여 주기에 아주 흥미로운 책이다. 특히 저자 자신의 일인칭 간증은 "변증을 공부하면 더욱 깊고 흥미로운 사람이 될 수" 있음에 대한 가장 설득력 있는 예이다. 이 책은 분을 품고 싸우는 대신 "온유와 두려움으로" "사랑 안에서 진리"(엡 4:15; 벧전 3:15)를 자신 있게 제시하는 논증이 가능함을 분명히 보여준 걸작이다.

박 명 룡 목사
기독교 변증가, 청주서문교회 담임

지난 2011년 10월, 영국의 지성 사회를 매우 흥분하게 만들었던 사건이 있었다. 그것은 윌리엄 레인 크레이그(William Lane Craig)의 "합리적 신앙 투어"(The Reasonable Faith Tour) 때문이었다. 이것은 미국의 한 신학교 교수가 영국 상아탑의 자존심인 옥스퍼드대학교와 케임브리지대학교에서 영국의 유명 철학교수들과 과학자들을 상대로 공개적인 논쟁을 벌인 일이었다. 크레이그는 "하나님은 존재하는가?"(Does God Exist?)를 주제로 영국 석학들과 네 차례 논쟁을 벌였고 여섯 번의 공개 강의를 했다. 그 논쟁에서 그 어떤 무신론 학자도 크레이그의 유신론 논증을 효과적으로 반박하지 못했다. 오히려 크레이그가 제시한 유신론적 증거들은 무신론 학자들의 논리를 거의 완벽하게 제압하였다. 이 토론회 직후 영국 학계에서는 "크레이그 박사의 논증은 기독교 신앙의 지성적 토대가 매우 견고하다는 사실을 알려 주기에 충분했다"라고 논평했다. 이 책은 윌리엄 레인 크레이그가 즐겨 사용하는 기독교 변증의 핵심 내용이 들어 있다. 이 책을 통해, 기독교 신앙에 대한 지성적 확신을 갖게 될 것이라 확신하며, 지성인에게 강력히 추천한다.

이 승 엽 박사
서강대학교 기계공학과 · 융합의생명공학과 교수, 지적설계연구회 회장

무신론 철학과 자연주의 과학이 주류 학문을 지배하고, 대중들을 호도하는 현 시대에 최고의 기독교 변증가로 여겨지는 윌리엄 레인 크레이그(William Lane Craig)의 뛰어난 저서들이 그동안 국내에 번역되어 출간되지 않았음을 아쉬워했었는데, 이번에 기독교 변증과 관련한 핵심 주제들을 대중적으로 풀어 설명한 이 책이 출간됨을 기쁘게 생각한다.

이 책은 변증의 기초부터, 신의 존재 증명, 우주와 생명체의 미세조정과 지적설계, 선악과 고통에 대한 문제뿐만 아니라 모든 기독교인들에게 믿음의 확증이 필요한 주제인, 예수의 죽음과 부활 그리고 왜 예수만이 유일한 구원의 길

인가에 대한 근원적인 문제들을 명쾌한 논리로 설득력 있게 설명해 준다.

이 책을 보면서 그동안 저명한 무신론 철학자 및 과학자와의 공개 토론에서 기독교적 변증을 압도적으로 설파한 저자의 탁월한 논리적 접근법에 감탄하게 된다. 또한 이 기독교 변증이 최종적으로 마태복음 28장의 복음 전파 명령과 연결되기를 소망하는 저자의 마지막 메시지를 보면서, "너희 속에 있는 소망에 관한 이유를 묻는 자"들인 무신론자들에게 답변이나 토론을 해야 할 사명을 갖는 기독교인들이 꼭 읽어야 할 책으로 적극 추천한다.

On Guard: Defending Your Faith with Reason and Precision
Written by William Lane Craig
Translated by Seongmin Oh, David Sangmin Lim, Daniel Joonhee Lee, Phillip Woong An, Sangil Yun, and Chanhyu Lee

Originally published in English under the title:
On Guard: Defending Your Faith with Reason and Precision
© 2010 by William Lane Craig
David C Cook 4050 Lee Vance View, Colorado Springs, Colorado 80918 U.S.A.
All rights reserved.
Translated and printed by permission of David C Cook.
Korean Edition Copyright © 2019, 2020 by Christian Literature Center, Seoul, Korea.

복음주의 변증학: 정교한 이성을 통하여

2019년 4월 12일 초판 발행
2025년 3월 10일 개정판 2쇄 발행

지은이	|	윌리엄 레인 크레이그
옮긴이	|	오성민, 임상민, 이찬휴, 이준희, 윤상일, 안 웅
편집	|	곽진수
디자인	|	전지혜
펴낸곳	|	(사)기독교문서선교회
등록	|	제16-25호(1980.1.18.)
주소	|	서울특별시 동대문구 천호대로71길 39
전화	|	02-586-8761~3(본사) 031-942-8761(영업부)
팩스	|	02-523-0131(본사) 031-942-8763(영업부)
이메일	|	clckor@gmail.com
홈페이지	|	www.clcbook.com
송금계좌	|	기업은행 073-000308-04-020 (사)기독교문서선교회

ISBN 978-89-341-2074-2(94230)
ISBN 978-89-341-1854-1(세트)

이 한국어판 저작권은 David C Cook과 독점 계약한 (사)기독교문서선교회가 소유합니다. 신저작권법에 의하여 한국 내에서 보호를 받는 저작물이므로 무단 전재와 무단 복제를 금합니다.

복음주의 변증학
정교한 이성을 통하여

복음주의 시리즈 17

On Guard: Defending Your Faith with Reason and Precision

복음주의 변증학

정교한 이성을 통하여

윌리엄 레인 크레이그 지음

오성민, 임상민, 이찬휴, 이준희, 윤상일, 안 웅 옮김

CLC

목차

추천사	리 스트로벨(Lee Strobel) 외 8인	1
서문	리 스트로벨	12
역자 서문	오성민	17

제1장	변증이란 구엇인가?	21
제2장	신이 존재한다면 무엇이 달라지는가?	43
제3장	왜 무언가가 존재하는가?	77
	부록: 한 철학자의 신앙 여정 1	96
제4장	우주는 왜 시작되었는가?	102
제5장	우주는 왜 생명체를 위해 미세조정 되었는가?	146
제6장	신이 없이도 선하게 살 수 있는가?	175
제7장	고통은 어떻게 설명할 것인가?	205
	부록: 한 철학자의 신앙 여정 2	246
제8장	예수는 어떤 존재였는가?	254
제9장	예수는 정말 죽음으로부터 부활했는가?	306
제10장	예수만이 하나님을 향한 유일한 길인가?	369

서문

리 스트로벨(Lee Strobel)
『예수는 역사다』(*The Case for Christ*)와
『리 스트로벨의 예수 그리스도』(*The Case for the Real Jesus*)의 저자

윌리엄 레인 크레이그(William Lane Craig)는 이 시대 최고의 기독교 변증가 중 한 명이다. 그는 철학박사 학위와 신학박사 학위를 동시에 가지고 있으며, 날카롭고 예리한 지성과 더불어 열정적인 복음주의의 심장을 지닌 사람이다. 그는 전 세계를 돌아다니며 활발하게 무신론자들과 공개 토론을 벌이곤 한다. 신을 부정하는 무신론자들의 주장은 그가 제시하는 강력한 증거, 즉 창조자의 존재와 기독교의 진리를 입증하는 증거 앞에서 맥을 못 추곤 한다.

예를 들어 보자. 『신은 위대하지 않다』(*God Is Not Great*)를 쓴 베스트셀러 작가이자 "신무신론의 4대 기수" 중 한 명이라 불리는 크리스토퍼 히친스(Christopher Hitchens)와의 2009년 토론에서, 크레이그는 신의 존재에 대한 인상적인 증거들을 보여 줬다. 히친스는 그의 논증을 반박하는 데에 완벽히 실패했다. 또한 크레이그는 히친스의 주장이 공허하다는 사실을 밝혀냈다.

결과가 어떠했을까?

한 무신론 해설자는 이날의 토론을 다음과 같이 요약했다.

"솔직히 말해서, 크레이그가 히친스라는 어린애를 가르친 것 같습니다."

내가 크레이그를 처음 만난 것은 몇 년 전이다. 나의 친구가 미국무신론자협회(American Atheists, Inc.)의 대변인이었는데, 어느 날 나에게 이렇게 말했다.

"만약 우리 쪽에서 무신론의 증거를 제시하고, 너희 쪽에서도 기독교의 증거를 제시한 뒤에 청중들이 판단하도록 하면 꽤 재미있지 않을까?"

나는 이때다 싶어 다음과 같이 말했다.

"넌 가서 가장 강력한 무신론 변증가를 데려와. 가장 뛰어난 사람으로 말이야. 우리는 최고의 기독교 변증가를 데려올 테니 한번 지식으로 붙어 보자!"

무신론 측에서는 프랭크 진들러(Frank Zindler)를 선택했다. 그는 유명한 무신론자인 매들린 머리이 오헤어(Madalyn Murray O'Hair)의 동료이자 지질학 및 생물학 교수였다. 우리 쪽에서는 기독교 대표로 크레이그를 내세웠다.

대중 매체는 교회가 가장 강력한 회의론자들의 반박과 당당히 맞섰다는 사실만으로도 놀라움을 금치 못했다. 얼마 지나지 않아 전국의 라디오 방송국에서 전화가 오기 시작했다.

"이 토론을 생방송으로 중계해도 되겠습니까?"

내가 답했다.

"음, 물론이죠."

놀랍게도 얼마 지나지 않아 전국 각지의 117개 방송국이 이 토론을 중계하게 되었다. 토론 당일, 교회 주변은 차들로 꽉 차서 교통이 마비될 지경이었다. 문을 열자마자 사람들은 자리를 잡으려고 통로를 뛰어 들어왔다. 사람들이 교회로 뛰어 들어가는 모습을 본 것이 도대체 얼마

만인가! 이날 총 7,778명의 청중이 참여했는데, 분위기도 그만큼 후끈 달아올랐다.

크레이그는 신과 기독교에 대한 5가지 강력한 주장을 간략히 설명하면서 말문을 열었다.

첫째, 우주의 시작은 분명하게 창조자를 암시한다.

> 모든 존재하기 시작한 것에는 원인이 있습니다. 우주는 존재하기 시작했습니다. 그러므로 우주에는 원인이 있습니다.

둘째, 우주의 놀라운 미세조정은 우주가 우연이 아닌 지적인 설계자의 작품임을 드러낸다.

셋째, 우리가 소유한 객관적 도덕 가치는 신이 존재한다는 증거다. 왜냐하면, 오직 그분만이 옳고 그름의 보편적인 기준을 세울 수 있기 때문이다.

넷째, 빈 무덤, 목격자의 기록, 기독교 신앙의 기원 등 부활에 대한 역사적인 증거들이 예수의 신성을 입증한다.

다섯째, 신을 찾는 사람들은 그분을 즉각적으로 알 수 있고, 또한 경험할 수 있다.

크레이그의 계속된 요청에도 불구하고, 진들러는 무신론을 긍정하는 어떠한 주장도 펼치지 않았다. 대신에 그는 생물학적 진화론이 기독교의 종말을 불러왔다고 주장했다. 또한, 예수가 실제로 사셨다는 증거가 없다고 말하거나, 악의 존재가 신을 부정한다고 주장할 뿐이었다.

청중이 놀라는 것도 잠시, 크레이그는 즉시 진들러의 논쟁을 역이용했다.

크레이그는 말도 안 되게 적은 확률에도 불구하고 진화가 일어났다면 그것은 기적임에 틀림없으며, 따라서 신의 존재에 대한 추가적인 증거라고 받아쳤다!

또한 이 세상의 악의 문제에 대해 크레이그는 이렇게 답했다.

> 신의 존재와 악의 존재 사이에는 어떠한 논리적 불일치도 드러난 적이 없습니다.

크레이그는 더 깊은 의미에서는 악의 존재가 신의 존재를 드러낸다고까지 주장했다.

> 왜냐하면, 신의 존재가 없이는 무언가를 악이라 부를 만한 도덕적 기반이 존재하지 않기 때문입니다.

두 시간의 토론이 끝난 후, 청중들은 투표하는 시간을 가졌다. 무신론자, 불가지론자 그리고 타 종교인들 중에 82%나 되는 비율이 기독교 측이 더 설득력 있었다고 결론을 지었다. 더 놀라운 사실은 47명이나 되는 사람들이 불신자로서 걸어 들어왔다가 양쪽의 의견을 듣고 신자가 되어 문밖을 나선 것이다. 이게 다가 아니다. 단 한 명도 토론을 듣고 무신론자로 전향한 사람은 없었다. 이것은 평소 그리스도인들이 지식의 장에서 얼마나 불이익을 겪고 있었는지를 제대로 확인시켜 준 사건이었다.

우리 측이 진리를 갖고 있다!

아마 당신은 무신론자와 논쟁할 일이 없을지도 모른다. 그러나 이와 관계없이 성경은 **모든** 그리스도인들이 믿는 내용과 이유에 대해 대답할 준비가 되어 있어야 한다고 말한다(벧전 3:15). 크레이그처럼 온유함과 존중심을 가지고 그러해야 한다.

대중 매체가 회의론자들의 확성기 역할을 하고, 무신론 서적들이 베스트셀러가 되며, 수많은 대학 교수들이 젊은 그리스도인들의 신념을 파괴하는 일에 앞장서고 있는 이 세상에서 자신의 신앙이 왜 납득할 만한 것인지 설명하는 일은 매우 중요해지고 있다. 이 책이 절대적으로 필요한 이유가 바로 여기에 있다.

당신은 『복음주의 변증학: 정교한 이성을 통하여』(*On Guard: Defending Your Faith with Reason and Precision*)을 통해 기독교를 옹호하는 가장 설득력 있는 논증들을 배우게 될 것이다. 그뿐 아니라 이 논증들에 대한 비판에 어떻게 대응하는지도 배우게 될 것이다. 이 책의 논증들이 확고한 진실에 기초했고, 지속적으로 활용될 수 있으며, 개인적으로도 와 닿는다는 사실을 발견하게 될 것이다.

이 책에 몰입해서 읽고 또 읽으라. 밑줄을 긋고 형광펜으로 칠하라. 여백에 메모를 작성하라. 친구와 함께 공부하고 토론하라. 이 책의 논리와 가르침에 정통하라. 회의적인 친구들에게 배운 것을 전해 보라. 그때 당신의 신앙은 더 강하게 성장할 것이고, 다른 사람에게 그리스도를 전할 때도 훨씬 자신감이 생기게 될 것이다.

역자 서문

오 성 민
역자 대표

　수많은 신앙적 고민에 시달리던 대학교 1학년 여름, 나의 인생은 전설적인 기독교 변증가인 C.S 루이스를 접하며 달라지기 시작했다. 루이스는 이런 류의 간증(?)이 식상할 정도로 자주 등장하는 사람이지만, 오히려 식상하지 않은 사람이다. 나는 그의 책을 읽는 것만으론 도무지 만족할 수 없었고, 그에게 직접 이메일을 보내거나 찾아가 여러 가지를 묻고 싶었다. 그리고 그가 현대의 회의론자들과 벌이는 토론을 지켜보고 싶었다. 그러나 이미 그는 부활 이전에는 만나볼 수 없는 사람이 되었다.
　'루이스라면 어떻게 답했을까?'
　당시에 나는 이 질문을 종종 되뇌었다. 루이스의 책에 쓰여진 논증이 현존하는 회의론자들의 논리를 무너뜨리기에 충분하다고 느꼈기 때문이다. 그러나 책을 벗어나 직접 토론할 사람이 필요했다. 그래서 21세기의 C.S 루이스라 불릴 만한 토론가를 찾고 싶었다. 이를 위해 현재 열리는 종교 토론에도 관심을 가지기 시작했다. 결국 윌리엄 레인 크레이

그(William Lane Craig)의 공개 토론을 접하는 것은 시간문제였다.

크레이그를 한마디로 표현하자면 '월드 클래스 기독교 변증가'다. 당시 그는 소수의 한국인 사이에서도 토론을 잘하는 그리스도인 논객으로 알려져 있었다. 처음 접한 영상은 크리스토퍼 히친스(Christopher Hitchens)와의 2009년 토론이었는데, 그는 리처드 도킨스(Richard Dawkins), 샘 해리스(Sam Harris), 대니얼 대닛(Daniel Dennett)과 함께 신무신론(New Atheism)의 4대 기수로 불리는 인물이었다. 또한, 그는 특유의 냉소적인 위트로 많은 그리스도인 학자들을 곤경에 빠뜨렸던 경력이 있었다. 이런 그가 크레이그를 이겨 달라는 많은 무신론자들의 요청에 기꺼이 응했다는 사실은 꽤 이목을 끌었던 것 같다.

흥미진진할 것이란 예상과는 달리, 토론 결과는 한쪽으로 쉽게 기울었다. 한 유명 무신론 사이트의 운영자는 "크레이그가 히친스라는 어린 애를 가르친 것 같다"라는 코멘트를 달았는데, 이는 실제 상황을 가장 잘 묘사한 것이었다. 크레이그는 빈틈없는 논리, 위트, 그리고 여유로 상대방을 압도했다. 막판에 그는 개인적인 이야기까지 해 가며 청중뿐 아니라 토론 상대에게도 예수를 전하려는 모습을 보였는데, 감탄을 넘어 감동마저 느껴졌다.

'그토록 찾아 헤매던 21세기의 C.S. 루이스가 여기 있구나!'

크레이그로부터 받은 강렬한 인상을 시작으로, 반년 정도의 고민을 거쳐 마침내 기독교 변증을 소명으로 삼겠노라고 결심했다. 당장 시작할 수 있는 것이 무엇일까를 고민하는 데에 또다시 반년이 소모되었다. 그러다 결국 이메일을 보낸 곳이 크레이그의 공식 웹 사이트였다. 영상을 번역해서 한국에 배포해도 되겠냐는 내용이었는데, 담당자께서 흔쾌히 허락을 해주었다.

첫 영상의 자막 제작을 마치고 유튜브에 업로드하던 설렘은 여전히 잊혀지지 않는다. 그렇게 하나둘씩 영상을 올리기 시작한 것이 현재 운영하는 온라인 선교단체 "On the Road to Damascus"의 시발점이 되었다. 빈번히 소개한 덕에 이젠 꽤 많은 분이 크레이그를 알게 되었다. 그런데 여전히 변변한 번역서 하나가 없다는 점은 의아했다. 여태껏 국내에 번역된 책은 크레이그가 J. P. 모어랜드(J. P. Moreland)와 공동 저술한 것으로서 CLC(기독교문서선교회)에서 "기독교 세계관의 철학적 기초 시리즈"라는 이름으로 5권(『인식론』, 『형이상학』, 『과학 철학』, 『논리학, 윤리학』, 『기독교 철학: 종교철학과 철학적 신학』)으로 나누어 출간된 『기독교 세계관의 철학적 기초』(Philosophical foundations for a Christian worldview)뿐이었다.

약 4년 전, 공부하고 있는 지역에서 그다지 멀지 않은 거리에 크레이그가 강연을 온 적이 있다(멀지 않다고는 했지만 사실 기차로 두 시간 반 떨어진 거리였다). 참석을 위해 오후 수업을 빼먹고 부리나케 달려갔다. 강의 주제는 외울 정도로 반복해서 들었던 칼람 우주론적 논증(the Kalam Cosmological Argument)이었다. 그러나 내겐 그에게 꼭 전해야 할 한마디가 있었다.

"한국인들에게 기독교 변증이 필요합니다. 이를 위해 당신의 책이 꼭 번역되어야 합니다."

목표를 이루기 위해서는 사인을 받으려고 길게 늘어진 줄에 합류할 수밖에 없었다. 쉬는 시간이 끝나 버리는 것은 아닌지 조마조마했는데, 다행히 그와 대화를 할 수 있었다. 안타깝게도 당시 주변의 소음이 너무 심해 그의 답변을 제대로 듣지 못했다. 답변의 내용은 이제 주님만이 아신다. 그러나 이번에 번역하여 출간된 『복음주의 변증학: 정교한 이성을 통하여』(On Guard: Defending Your Faith with Reason and Precision)를 통해 정식으로 그의 대답을 듣게 된 것 같다. 물론 당시엔 그 대답에 직접 참여(번역)하게 될 줄은 생각도 못 했지만 말이다. 하나님의 섭리란 참으로 신기하다.

이 책 『복음주의 변증학: 정교한 이성을 통하여』는 크레이그의 대표적인 주장들을 집약한 책이라고 볼 수 있다. 이 책의 핵심 부분은 역시 칼람 우주론적 논증과 예수 그리스도의 부활에 대한 역사적 논증일 것이다(왜냐하면 이 두 내용이 바로 그의 두 박사 학위의 논문 주제들이기 때문이다). 그렇지만 나머지 부분들도 충분히 훌륭한 역할을 한다. 이 책은 기계적인 문답식의 변증이 아니라, 하나님과 그분의 아들을 아는 일이 왜 그토록 중요한지에 대해 세심한 설명을 제공한다. 더 나아가 다른 이들에게도 그 설명을 전해 줄 수 있도록 독려한다.

사실 이 책이 기독교 변증 입문서 치고 그리 쉽다고 말할 수는 없다. 난이도만 놓고 보면 더 쉬운 책들도 얼마든지 존재한다(그 책들도 물론 유용하다). 하지만 이 책은 깊이 면에서 한층 높은 수준이라고 볼 수 있다. 가벼이 읽을 책은 아니지만, 그렇다고 일반 성도들이 읽지 못할 수준은 아니다. 또한 이 책은 아직 번역되지 않은 그의 또 하나의 대표 저서인 『합리적인 신앙』(*Reasonable Faith*, Crossway, 2008)에 비하면 접근성을 높이려고 심혈을 기울인 흔적이 엿보인다.

이 책을 통해 많은 분이 유익을 누렸으면 하는 마음이다. 함께 번역에 동참하신 임상민, 이찬휴, 이준희, 윤상일, 안 웅 팀원에게, 그리고 부득이하게 참여하지 못한 박지혁 팀원에게도 감사의 말씀을 전한다. 마지막으로 이 책의 출간에 애써 준 청주 서문교회의 박명룡 목사님, CLC의 대표 박영호 목사님과 직원분들께 감사를 드린다.

2019년 2월

제1장

변증이란 무엇인가?

나는 애틀랜타에 있는 고향의 모교회의 "변증가들"(Defenders)이라는 주일학교 수업에서 고등학생부터 장년에 이르는 약 100명의 사람들을 가르친다. 그곳에서 우리는 성경이 가르치는 바(기독교 교리)와 그것을 어떻게 변증하는지(기독교 변증[Christian apologetics])에 대해서 이야기를 나눈다.

수업에 참여하지 않는 성도들은 때때로 우리가 수업에서 하는 일을 이해하지 못한다. 남부에서 온 한 아주머니는 "나는 내 신앙에 대해 사과(apologize) 하지 않을 거야!"라며 분개하기도 했었다.

1. 변증은 방어다

그 아주머니가 오해한 이유는 명백하다. "변증"(apologetics)은 "사과하다"(apologize)라는 단어와 비슷하게 들리기 때문이다.

하지만 변증이라는 것은 당신이 그리스도인이라는 사실을 다른 사람

> **변증**
> 변증(apolotics)은 법원과 같은 환경에서 변호한다는 의미를 가진 그리스어 '아폴로기아'에서 비롯되었다. 기독교 변증학은 기독교 신앙의 진리가 사실임을 논증한다는 의미를 지닌다.

들에게 사과하는 행위가 아니다!

오히려 변증은 법원과 같은 환경에서 무언가를 변호한다는 의미를 지닌 그리스어 '아폴로기아'(apologia)에서 비롯되었다. 기독교 변증은 기독교 신앙의 진리가 사실임을 논증한다는 의미를 지닌다.

성경은 실제로 우리의 믿음과 행위에 대하여 불신자들에게 변호할 수 있어야 한다고 명령한다. 펜싱 경기에 참가하는 선수들이 서로를 공격하는 동시에 방어하는 것처럼, 우리들도 항상 방어 태세를 갖추어야 한다.

> 너희 마음에 그리스도를 주로 삼아 거룩하게 하고 너희 속에 있는 소망에 관한 이유를 묻는 자에게는 대답할 것(apologia)을 항상 준비하되 온유와 두려움으로 하고(벧전 3:15).

변증할 때에 갖춰야 할 태도에 주목해 보자.

우리는 온유와 두려움의 자세를 지녀야 한다.

변증은 당신이 그리스도인이라는 사실에 대하여 사죄하는 행위가 아니다!

> **생각해 보기**
> 왜 불신자들과 신앙에 관해 대화할 때 "온유와 두려움의" 태도가 필요할까?
> 달리 묻자면, 신앙과 믿음에 관한 이야기를 온유와 두려움 없이 전하는 그리스도인을 본 적이 있는가? 그들은 좋은 대화를 이끌었는가?

방어적인 태도를 보이지 않으면서도 **변증**할 수 있다. 즉 기독교를 변호하는 논증들을 제시할 때 굳이 따지듯이 접근하지 않아도 된다.

이 책에서 기독교 신앙에 관련된 논증들을 말할 때, 말싸움을 하려는 것이 아님을 염두에 두라. 신앙에 관한 주제로 불신자들과 싸워서는 안 된다. 공격적인 자세는 그들을 화나게 해서 멀어지게 만들기 때문이다. 본 장의 뒷부분에서 설명하겠지만, 철학적 의미에서의 논증(argument)이란 싸움이나 뜨거운 언쟁이 아니며, 한 결론을 도출하기 위한 진술의 나열일 뿐이다. 그것이 전부다.

당신의 신앙을 뒷받침하는 좋은 논증들이 있다면 (역설적으로 들릴 수도 있겠지만) 당신은 싸우거나 화를 내는 일이 적어질 것이다. 나의 경우엔 논증이 견고할수록 남과 언쟁할 여지가 줄어들었다. 변증이 강해질수록 덜 방어적이게 된다. 스스로의 믿음에 대한 좋은 이유들이 있고, 불신자들의 질문이나 반대에 대해서도 논리적으로 답변해 줄 수 있다면, 공격적으로 행동할 이유가 전혀 없다. 오히려 당신이 누군가에게 공격을 받더라도, 무슨 대답을 해야 할지 알고 있으니 평온을 유지한 채 자신 있게 행동할 수 있다.

나는 때때로 대학 강단에서 "신은 존재하는가?" 혹은 "기독교 대 무신론"과 같은 주제로 토론을 한다. 청중석에 있는 학생들은 질의응답 시간에 나를 개인적으로 비

생각해 보기
누군가가 당신의 기독교 신앙을 도전하거나 비웃는다면 어떤 느낌이 드는가?

방하거나 공격적으로 불만을 제기하기도 한다. 나는 이 학생들에게 분노하기보다 그들을 그토록 고통스럽게 하는 문제들로 인하여 측은한 마음이 든다. 당신의 신앙을 뒷받침하는 좋은 논증들이 있다면, 불신자들을 향한 분노보다는 그들이 잘못된 길로 인도되었다는 사실에 진정한 연민을 느껴야 한다. 훌륭한 변증이란 바로 "사랑 안에서 진리를 말하는 것"이기 때문이다(엡 4:15).

2. 변증은 성경적인가?

어떤 사람들은 변증이 비성경적이라고 생각한다. 그들은 그저 복음만 전하고 성령이 일하도록 놔두라고 말한다. 하지만 나는 예수와 사도들이 보인 모범이 변증의 가치를 확고히 한다고 생각한다. 예수는 기적을 보이고 예언들을 성취하며 그의 주장들이 참됨을 입증했다(눅 24:25-27; 요14:11).

그렇다면 사도들은 어떠한가?

사도들은 다른 유대인들과 대화할 때 예수가 성취한 예언들과 그가 행한 기적들, 특히 부활을 근거 삼아 그가 메시아임을 논증했다.

사도행전 2장에 기록된 베드로의 오순절 설교를 생각해 보자.

사도행전 2:22에서 베드로는 예수가 행한 기적들에 관해 말한다. 25-31절에서 그는 예수가 성취한 예언들에 관해 설교한다. 32절에서 그는 예수의 부활에 관해 증언한다. 보다시피 사도들은 설득력 있는 논증들을 통해 주변 유대인들에게 기독교의 진리가 사실임을 보여 주려고 노력했다.

> **생각해 보기**
> 사도행전 17:22-31에서 바울은 이방인들에게 복음의 진리를 전하기 위해 어떤 논증들을 펼치는가?
> 바울의 논증들은 베드로가 사도행전 2:14-29에서 유대인들에게 전한 설교와 어떻게 다른가?
> 복음을 전하는 데 있어서 변증은 어떠한 영향을 끼치는가?

사도들은 이방인들과 마주할 때 자연에 존재하는 하나님의 피조물들을 통해 그의 존재를 입증하려고 했다(행 14:17). 로마서 1장에 보면, 바울은 자연 그 자체를 통해서 하나님이 존재하심을 알 수 있다고 말한다(롬1:20). 또한 그는 기독교의 진리가 참이라는 사실을 보이기 위해 부활한 예수에 대해 간증했다(고전 15:3-8). 이를 통해 우리는 예수와 사도들이 진리를 위한 증거 제시에 거리낌이 없었음을 확신한다. 이는 예수와 사도들이 백성들을 하나님께 인도하는 일에 성령을 신뢰하지 않았다는 뜻이 아니다. 예수와 사도들은 오히려 성령이 자신들의 논증들과 증거를 사용한다고 믿었다.

3. 왜 변증이 중요한가?

현대의 그리스도인들이 변증을 훈련해야 한다는 것은 매우 중요한 사실이다. 이에 대해서는 3가지 이유를 살펴볼 수 있다.

1) 문화의 조성

우리는 미국 사회 내의 문화 전쟁에 대해 잘 알고 있다. 혹자는 이런 군사적인 은유를 꺼려할 수도 있지만, 미국에서 굉장한 영적 투쟁이 벌어지고 있는 것은 사실이다. 이 투쟁이 결코 정치적이지만은 않다. 이는 영적, 종교적인 차원의 투쟁이다. 세속주의자들은 공공장소에서 종교를 몰아내는 데에 열중하고 있다. 샘 해리스(Sam Harris), 리처드 도킨스(Richard Dawkins), 크리스토퍼 히친스(Christopher Hitchens)와 같은 사람들로 대표되는 소위 "신무신론자"들은 더욱 공격적이다. 그들은 종교라는 개념 자체를 말살시키기 위해 노력한다.

미국 사회는 이미 후기 기독교적(Post-Christian)이다. 신에 대한 일반적인 믿음은 여전히 남아 있지만, 예수 그리스도에 대한 믿음은 정치적으로 옳지 않다(politically incorrect)고 낙인이 찍혀 있다.

할리우드 영화에서 그리스도인들을 긍정적으로 표현한 경우를 본 적이 있는가?

얄팍하고, 편협하며, 악의적인 위선자로 묘사된 그리스도인들이 영화에 얼마나 많이 등장하는가?

오늘날 우리의 문화에서 대중들은 성경을 믿는 그리스도인들을 어떻게 인식하고 있는가?

위 그림은 오늘날 미국 사회의 문화적 엘리트들이 지닌 그리스도인에 대한 인식을 신랄하게 묘사한 것이다. 어리석은 까다로움을 가진 사람들을 보통 사람들이 하찮게 바라보고 있다. 그러나 주목할 것은 그 어리석은 까다로움을 가진 사람들이 **위험**하기까지 하다는 점이다. 그들은 절대로 사회에서 영향력 있는 위치를 가져서는 안 되는 존재들로 인식된다. 이처럼 위험한 존재들은 철창에 가둬 놓을 필요가 있다는 것이다.

그리스도인들이 문화에 대해 고민하는 일이 왜 그토록 중요할까?

왜 그리스도인들은 그저 충실한 예수의 제자로 살면서 세속의 문화 따위에 신경을 끄면 안 되는 것일까?

어둡고 죽어 가는 세상에서 그저 "복음만 외치며" 살아갈 수는 없는 것일까?

답은 이것이다. **복음은 외치는 당사자가 고립되어 있으면 바깥으로 들려**

질 수 없다. 우리는 복음을 자신이 태어나고 자란 문화를 배경으로 하여 이해한다. 기독교 신앙에 호의적인 문화에서 자란 사람들은 세속적 문화에서 성장한 사람들이 이해하지 못하는 방식으로 복음을 받아들인다.

그러나 철저히 세속적인 사람에게는 예수 그리스도가 요정이나 유니콘과 동급으로 여겨질 수 있다!

이런 사람은 그리스도에 대한 메시지를 매우 터무니없게 여길 것이다.

문화가 당신의 사고에 끼치는 영향에 대해 알고 싶다면, "하레 크리슈나"(Hare Krishna)[1] 교단에 열심인 대머리 힌두교인이 사프란 로브(saffron robe)를[2] 걸치고 공항이나 쇼핑몰에서 당신에게 다가와 꽃을 주며 전도하려고 할 때 어떤 기분이 들지 상상해 보라. 기괴하고 이상하며, 어쩌면 조금 웃길지도 모른다. 하지만 인도의 델리에 사는 사람은 이와 같은 접근을 다르게 받아들일 것이다. 힌두 문화권에서 자란 사람은 이러한 전도를 매우 진지하게 받아들일 수 있다.

미국이 세속주의로 급격히 치닫는 일이 계속된다면, 미국은 장차 현재의 유럽처럼 될지도 모른다. 서유럽은 매우 세속화되어 복음이 진지하게 받아들여지는 것조차 어려워졌다. 이러한 상황 때문에 선교사들은 소수의 개종자를 위해 수년간 헌신해야만 하는 상황이다. 13년 동안 유럽의 4개국을 다니며 살았던 나는 유럽인들이 그리스도의 메시지를 받아들이는 것을 얼마나 힘들어하는지 목격했다. 유럽의 대학생들은 복음을 들으면 당황한다. 왜냐하면 그들은 **기독교가 노인들이나 어린이들을**

> **세속주의**
> 세속주의(secularism)는 초자연적인 개념을 허용하지 않는 세계관이다. 기적, 계시, 신을 배척한다.

---

[1] 힌두교의 크리슈나(Krishna) 신을 믿는 종파. -역주
[2] 일종의 승려복. - 역주

위한 것이라고 생각하기 때문이다.

유럽 대학교에서 두 개의 박사 학위를 받은 필자가 철저한 논증들로 기독교 신앙의 진리성을 옹호하는 것이 그들에게는 얼마나 이상하게 느껴질까?

한번은 스웨덴의 한 대학교에서 질의응답 시간에 한 학생이 내게 "여기서 뭘 하고 있나요?"라고 질문한 적이 있었다. 나는 "종교학부에서 초청을 받아 강연하러 왔습니다"라고 대답했다. 그 학생은 다음과 같이 말했다.

"그런 게 아니고요.

당신은 이것이 얼마나 이상한 짓인지 이해하지 못하세요?

저는 당신이 개인적으로 어떤 동기를 갖고 이런 일을 하는지 알고 싶어요."

나는 그 학생이 한 번도 그리스도인 철학자를 본 적이 없다고 생각했다. 스웨덴의 저명한 철학자가 나에게 귀뜸을 해 준 대로, 스웨덴에는 어느 대학교에도 그리스도인 철학자가 없다. 나는 그 학생의 질문에 답하기 위해 내가 어떻게 그리스도께 나아가게 되었는지를 나누었다.

유럽의 대학교 캠퍼스들에는 회의주의가 너무나도 깊이 스며들어 있어서, 내가 포르투갈에 있는 포르투대학교(University of Porto)에서 신의 존재에 대해 강연을 했을 때, 학생들이 고위 기관인 벨기에의 루뱅대학교(University of Louvain)에 있는 철학고등연구소(Higher Institute of Philosophy)에 전화를 걸어서 내가 사기꾼이 아닌지 확인했다고 한다(나도 나중에 알게 된 사실이다).

그들은 내가 가짜 그리스도인이라고까지 생각했던 것이다!

왜냐하면 그들은 신앙과 교리에 대해 논리적으로 접근하는 그리스도인을 살면서 한 번도 본 적이 없기 때문이다.

복음이 여전히 지성인들에게 합리적인 것으로 받아들여질 수 있다면, 우리 그리스도인들은 자국의 문화를 조성하며 기독교가 단순히 디신 정도로 인식되지 않도록 필사적으로 노력해야 한다. 여기에서 기독교 변증이 빛을 발한다. 만약 그리스도인들이 믿음에 관해 구체적인 증거들을 제시할 수 있도록 훈련되어 불신자

> **생각해 보기**
> 당신은 기독교를 그저 미신으로 여기는 사람을 만난 적이 있는가?
> 그 사람에게 어떻게 답변했는가?

들의 질문과 반론에 대응할 수 있게 된다면, 그리스도인들에 대한 인식은 서서히 바뀔 것이다. 그리스도인들은 미쳤거나 감정적인 바보가 아닌 깊은 사고를 지닌 진지한 사람들로 비춰질 수 있다. 복음은 사람들이 실제적으로 받아들일 수 있는 대안이 될 것이다.

나는 사람들이 논증과 증거 **때문에** 그리스도인이 될 것이라고 말하지 않는다. 그보다는, 나는 논증과 증거가 기독교를 이성적인 선택지로 여기는 문화를 형성할 수 있다고 믿는다. 논증과 증거는 사람들이 복음에 마음을 열게끔 환경을 조성한다. 변증 훈련은 우리가 문화 가운데 빛과 소금으로 존재하는 방식인데 이것은 필수적이다.

2) 성도의 강건함

당신의 신앙생활에서 변증의 이점은 엄청나다. 그중에서 3가지만 살펴보자.

첫째, 당신이 믿는 **내용**(what)뿐만 아니라 믿는 **근거**(why)도 알게 된다면, 신앙을 자신감 있게 공유하는 데에 도움이 될 것이다. 나는 대학교 캠퍼스에서 비그리스도인 교수들과 공개 토론을 할 때마다 항상 이런 일이 일어나는 것을 본다. 내 경험에 의하면, 비그리스도인 교수들은 자신의 전문 분야에는 지식이 매우 풍부하지만 기독교의 증거에 관

해서는 아는 바가 거의 없다. 이러한 공개 토론들에서 종종 기독교적 관점이 비기독교적 관점보다 더 나은 것으로 나타나면, 불신자 학생들은 그 토론 자체가 비기독교적 관점을 나쁘게 보이도록 설정됐다고 항의하곤 한다. 우리는 항상 가장 강력한 토론 상대를 찾으려고 노력하는데, 그들은 대부분 교내 무신론자 클럽에서 초청하는 상대들이다.

대조적으로, 그리스도인 학생들은 자신이 그리스도인이라는 사실을 매우 자랑스러워하게 된다. 한 캐나다인 학생은 토론이 끝나고 나를 찾아와서, "빨리 나가서 그리스도에 대한 신앙을 전하고 싶어요!"라고 말했다. 변증을 익히지 않은 성도들은 자신의 신앙을 나눌 때 누군가로부터 대답할 수 없는 질문을 받을까 봐 두려워한다. 하지만 대답할 것을 알고 있다면 사자의 굴에 들어간다 해도 두려울 것이 없다.

사실상, 즐기게 될지도 모른다!

변증 훈련은 당신을 두려움 없는 그리스도의 증인으로 만드는 데에 도움이 될 것이다.

둘째, 변증은 의심과 갈등의 시기에 신앙을 지키는 데에 도움이 된다. 신앙에 있어서 감정적인 요소는 오래 가지 않을 수도 있기에, 더욱 실질적인 것이 필요하다. 전국 각지의 교회에서 강연할 때, 다음과 같이 말하는 부모들을 만나곤 한다.

"당신이 2-3년 전에 이곳에 오셨더라면 좋았을 텐데! 우리 아들(또는 딸)은 자기 질문에 답변해 줄 사람이 아무도 없어서 이미 주님을 멀리 떠나 버렸어요."

실질적으로 그리스도인들이 신앙을 버리고 있다는 통계가 점점 많아지고 있다. 스탠포드대학교의 한 기독교 사역자는 최근에 교회 청소년부의 고등학생 중 40%가 졸업 후 교회에 출석하지 않는다고 말한다.

40%나 된다!

기독교에 적대적인 대학교 환경으로 인해 믿음을 저버린 것만은 아니다. 오히려 교회의 많은 청소년들이 이미 고등학교에 다니는 동안 신앙을 버린다. 단지 부모의 권위에서 벗어날 때까지 교회를 출석했을 뿐이다.

> **생각해 보기**
> 왜 많은 학생들이 고등학교를 졸업하며 신앙도 졸업해 버린다고 생각하는가?
> 누구 때문인가?
> 혹은 무엇 때문인가?

나는 교회들이 이 아이들을 저버리고 있는 것이나 다름없다고 생각한다. 기독교의 진리를 방어하는 데에 필요한 훈련 대신 우리는 감정적인 예배 인도나 필요를 채워 주는 것이나 오락에 집중한다. 아이들이 자신의 신앙을 이성적으로 공격하는 교수나 선생님의 손쉬운 먹잇감이 되는 것은 놀랄 일도 아니다.

고등학교와 대학교의 학생들은 회의주의와 상대주의가 뒤섞인 비기독교적 사상의 압도적인 파도에 의해 지적으로 유린당하게 된다. 우리는 전쟁에 나가는 아이들을 훈련시켜야만 한다.

어찌 우리가 비무장한 아이들을 전쟁터로 내보낼 수 있겠는가?

아이들을 교회로 데리고 가거나 성경을 읽어 주는 것 이상의 것이 부모들에게 요구된다. 부모 자신부터 변증을 익히고, 자녀들이 어릴 때부

터 그들의 의문에 답변해 줄 수 있어야 한다. 솔직히 말하자면, 나는 이 세대의 그리스도인 부부들이 자녀 교육의 일환으로 아이들에게 변증을 가르치지 않은 채 어떻게 그들을 세상에 내보내는지 이해할 수 없다.

물론, 변증을 배운다고 해서 당신의 자녀들의 신앙이 보장되지는 않는다. 왜냐하면 신앙의 유지에는 도덕적이고 영적인 요소들도 작용하기 때문이다. 가장 효과적인 무신론 웹 사이트들은 과거에 신앙을 지녔었고, 심지어 변증까지 배웠지만 신앙을 저버린 사람들에 대해 소개한다. 하지만 그들이 왜 기독교를 버리게 한 **논증들**을 보면, 그 논증이 미약하고 혼란스럽다는 것을 알 수 있다. 나는 최근에 어떤 웹 사이트에서 누군가가 기독교에 대한 신앙을 저버릴 수 있도록 만드는 데에 도움이 되었다는 책 리스트를 올려놓은 글을 본 적이 있는데, 그 글의 끝에는 "나중에 이 책들을 읽으면 좋겠다!"라는 문장이 짤막하게 적혀 있기도 했다.

아이러니하게도, 같은 부류의 몇몇 사람들은 예수가 전혀 실존하지 않았다는 식의 극단적인 입장들을 고수하는데, 이런 입장은 그들이 한때 가졌던 보수적 기독교의 입장들보다도 더욱 큰 믿음을 필요로 한다.

변증이 신앙을 수호해 주리라고는 장담할 수 없지만, 분명히 신앙에

상대주의

상대주의(relativism)는 무언가가 절대적이기보다 상대적이라고 보는 견해이다. 이는 의문의 대상(진리, 도덕적 가치, 고유성)이 다른 것들과의 관계에 의해서만 정의될 수 있다는 것이다. 예를 들면, 부자가 된다는 것은 상대적인 것이다. 당신은 미국인의 기준에서는 큰 부자가 아닐 수 있다. 하지만 수단 국민들에 비해선 엄청나게 부자일 것이다. 이와 달리, 시카고 컵스 팀이 2009년에 월드 시리즈를 우승하지 못했다는 것은 상대적인 진리가 아니다. 그들이 우승하지 못했다는 사실은 절대적인 진실이다. 많은 사람들은 오늘날 도덕률이나 종교적 신념이 기껏해야 상대적인 진리라고 믿는다. "당신에겐 진리일지 몰라도 나에겐 아냐."

도움을 줄 수는 있다. 나는 강연을 하러 다니며, 신앙을 놓아 버리기 직전에 변증에 관련된 책을 읽거나 관련 토론을 시청함으로써 믿음을 회복하게 되었다는 사람들을 많이 만난다. 최근에 나는 프린스턴대학교로부터 신의 존재에 대한 논증에 대해 강연하는 특권을 얻었다. 강연이 끝난 후 젊은 청년이 나와 대화를 하고 싶다고 찾아왔다. 그는 눈물을 머금고 수년 전 자신이 어떻게 의심과 싸우며 신앙을 버릴 뻔했는지를 말했다. 그때 누군가가 그에게 나의 토론 영상을 보여 주었다고 한다. 그는 다음과 같이 말했다.

"그것이 제가 신앙을 잃지 않게 도왔습니다. 감사의 말을 다 전할 수가 없습니다."

> **생각해 보기**
> 변증학이 어떻게 당신을 도울 수 있는가?

나는 이렇게 대답했다.

"당신이 신앙을 놓지 않도록 구하신 분은 주님이십니다."

그가 말했다.

"맞아요. 하지만 그분이 당신을 사용하셨습니다. 이 고마움을 어찌 다 표현할 수 있을지 모르겠습니다."

나는 그에게 이 이야기를 듣게 되어 얼마나 기쁜지 모른다고 말했고, 그의 미래 계획에 대해 묻지 않을 수 없었다.

그는 말했다.

"저는 올해 졸업을 앞두고 있습니다. 저는 신학교에 갈 계획입니다. 앞으로 목회를 할 것입니다."

이 청년의 삶에 승리를 안겨 주신 하나님을 찬양한다!

어려운 시기를 지나면서 하나님이 멀리 있는 것처럼 보일 때, 변증은 우리의 신앙이 감정적인 측면으로만 세워진 것이 아니라 사실적인 진리에 기초했다는 사실을 상기시켜 줄 것이다. 당신은 이를 붙잡아야만 한다.

셋째, 당신은 변증을 공부하며 더욱 깊고 흥미로운 사람이 될 것이다. 미국의 문화는 경악스러울 만큼 피상적이고, 연예인 중심이며, 오락, 스포츠, 방종이 난무하다. 변증을 공부하는 일은 삶에서 가장 심오한 질문들인 신의 존재와 본성, 우주의 기원, 도덕적 가치의 원천, 고통과 악의 문제 등에 대해 질문하게 할 것이다. 당신은 이러한 심오한 문제들과 씨름하면서 변화될 것이다.

당신은 더욱 사려 깊고 사교성 넘치는 사람이 될 것이다. 논리적으로 사고하고 다른 사람의 말을 분석하는 법을 배울 것이다. 그저 순진하게 "그게 제가 **느끼는** 바입니다. 제 개인적인 의견일 뿐이에요"라고 말하는 게 아니라, "이것이 제 **생각**입니다. 거기에는 다음과 같은 이유가 있어요"라고 말할 수 있게 될 것이다. 당신은 그리스도인으로서 기독교의 진리와 하나님과 세상에 대해 더 깊은 사고를 하게 될 것이고, 그것들이 기독교적 세계관을 어떻게 형성하는지 알게 될 것이다.

3) 불신자들에게 그리스도를 알리는 것

많은 사람들은 변증이 성도들을 강건하게 한다는 사실에 대해 동의할 것이다. 하지만 그들은 변증이 불신자들을 그리스도께 돌아오게 하는 데에 쓸모가 없다고 생각한다. 그들은 "아무도 논증에 설득당해서 회심하진 않아!"라고 말한다.

일반적인 경우, 나는 이런 사람들이 잘못된 기대치의 피해자들이라고 생각한다. 복음을 듣는 사람들 중 오직 소수만이 긍정적으로 반응하고 그리스도에 대한 신앙을 가지게 되는 것이 현실이다. 그러니 우리는 대부분의 사람들이 우리의 논증들과 증거에 의해 잘 설득되지 않는다는 사실에 놀라선 안 된다. 상황의 본질을 살펴보자면, 우리는 대부분의 불신자들이 우리의 변증적인 논증들에 의해 설득되지 않을 것이라고 예상해야만 한다. 마치 소수의 사람들만이 십자가에 대한 설교에 감명 받는 것처럼 말이다.

그러나 아무도 이런 논증들의 점진적인 효과를 부정할 수 없다는 사실을 기억하라. 땅에 묻힌 씨앗이 물을 공급받는 과정은 우리가 다 목격할 수도, 상상할 수도 없다. 우리는 불신자가 처음으로 변증적 주장을 듣고 자신의 신념을 버릴 것이라 생각해서는 안 된다.

그 불신자는 당연히 논증을 되받아치려고 할 것이다!

왜냐하면 자신의 신념이 공격받는 위기에 처해 있기 때문이다!

하지만 우리는 언젠가 이 씨앗들이 자라서 열매를 맺을 것이라는 희망과 인내심을 갖고 물을 주어야 한다.

왜 우리는 변증이 통하는 극소수의 사람들을 위해 귀찮은 일을 감수해야 하는가?

첫째, 각각의 모든 사람은 하나님께 소중하며, 그리스도가 그를 위하여 대신 죽어 주었기 때문이다. 미전도 종족에게 찾아가는 선교사들처럼, 그리스도인 변증가들은 이성적인 논증들과 증거에 반응할 소수의 사람들을 찾아가는 노력이 필요하다.

둘째, 이 사람들은 상대적으로 꽤 적은 수이지만 영향력이 크다. C.S. 루이스가 바로 이런 사람들 중 한 명이다.

한 사람의 회심이 얼마나 큰 반향을 일으켰던가!

나의 변증적인 논증에 반응하는 사람들 중 상당수는 엔지니어, 의료계나 법조계에 종사하는 사람들이었다. 이 사람들은 현재 우리의 문화를 형성하는 데에 훌륭한 영향력을 끼칠 수 있다. 그렇기에 이런 소수의 사람들에게 접근하는 일은 하나님 나라를 위한 거대한 수확을 이뤄낼 수 있다.

> **회의주의의 사도**
>
> C.S. 루이스(1898-1963)는 십 대 때부터 개인적인 이유와 더불어 지적인 이유로 기독교를 거부했다. 하지만 20대 후반과 30대 초반 시절 옥스퍼드에서 영문학 교수로 지내면서 유신론 및 기독교에 대한 설득력 있는 이유를 제시하는 친구들과 작가들을 알게 되었다. 루이스는 결국 그리스도인이 되었고 그의 지적이고 문학적인 재능을 사용해 그리스도인의 세계관을 변증하기 시작했다. 그는 자기 세대에서 가장 영향력 있는 그리스도인 변증가 중 한 사람이 되었다. 그의 책들은 전 세계적으로 백만 부가 넘게 팔렸다.

어떠한 이유에서든 변증이 복음 전파에 비효율적이라는 결론은 사실이 아니다. 리 스트로벨은 자신의 저서, 『예수는 역사다』(*The Case for Christ*)와 『특종! 믿음 사건』(*The Case for Faith*, 두란노 역간)에 의해 그리스도께 돌아온 사람들의 숫자가 셀 수도 없다고 최근에 나에게 말해 주었다.

변증이 복음화에 비효율적이라는 주장은 나의 경험에도 부합하지 않는다. 우리는 변증으로 뒷받침되는 복음을 제시할 때마다 그리스도에게 자신의 삶을 헌신하게 되는 사람들을 계속 마주하게 되며, 이 사실이 참으로 기쁘다.

나는 신 존재에 대한 논증이나 예수 부활의 증거에 대한 강연들을 마치고 나면, 종종 그리스도에게 삶을 헌신하는 내용을 기도하며 끝마친다. 논평 카드에는 이러한 헌신에 참여하고 싶은지를 묻는 항목이 있다. 최근에 나는 일리노이 주 중부 지방의 여러 대학교에서 강연을 했는데, 강연이 끝마칠 때마다 학생들이 그리스도를 위한 결심을 나타냈다는 사실에 매우 기뻤다. 나는 학생들이 우주론적 논증에 대한 변증만 듣고도 그리스도에게 나아오는 것을 본 적이 있다!(우주론적 논증은 뒤에서 다룰 것이다)

내가 변증에 관해 쓴 저서들을 보고 그리스도에게 나아간 사람들의 이야기를 들을 때에도 매우 기쁘다. 2001년 9·11 테러 이후 나는 캐나

다와 미국의 여러 대학교에서 이슬람의 변증학자들과 토론할 기회를 가졌다. 최근 한 토요일 아침, 우리는 전화 한 통을 받았다. 상대방은 이국적인 목소리로 "안녕하세요! 저는 오만에 사는 사이드 알 이슬람입니다!"라며 인사를 건넸다. 그는 자신이 어떻게 비공개적으로 이슬람에 대한 신앙을 버리고 무신론자가 되었는지를 설명했다. 하지만 아마존 닷컴에서 주문한 여러 기독교 변증 서적들을 읽고 신을 믿게 되었으며, 그리스도인이 되기 직전 단계에 서 있다고 말했다.

그 사람은 예수 부활에 관한 증거들에 의해 매우 감명 받았었고, 아직 해결해야 할 몇 가지 질문들이 있어서 나에게 전화를 걸었다고 했다. 우리는 약 한 시간을 통화했고, 나는 그의 마음에 이미 믿음이 있었지만 그가 의식적으로 차근차근 온전한 믿음에 다다르기 위해 증거를 찾으며 조심스러워한다는 사실을 느낄 수 있었다. 그는 내게 다음과 같이 설명했다.

"제가 실명을 밝힐 수 없는 이유는 이해해 주시리라 믿습니다. 우리 나라에서는 이렇게 두 가지 삶을 살다시피 해야 하요. 그러지 않으면 제가 살해당하기 때문입니다."

나는 하나님이 그를 계속 진리의 길로 인도해 달라고 기도했고 그렇게 작별 인사를 했다.

나는 인터넷과 변증 서적들이 일으킨 이 청년의 다음 변화에 대해 하나님께 얼마나 큰 감사를 드렸는지 모른다. 이런 일들은 수도 없이 일어나고 있으며, 물론 그 모든 회심의 소식 중 대부분은 우리에게 전해지지 않았을 것이다.

변증이 설득력 있게 제시되고 복음 선포 및 개인적인 간증과 섬세하게 어우러질 때, 하나님의 영은 사람들을 자신에게 데려오시기 위해 이를 사용한다.

4. 이 책을 가장 효과적으로 사용하는 방법

이 책은 베드로전서 3:15의 명령을 성취하기 위한 일종의 훈련 매뉴얼이다. 이 책을 그저 읽고 넘어갈 것이 아니라 학습해야 한다. 이 논증들에 대해 공부하며 기억하기 쉬울 수 있도록 요약된 정리도 보게 될 것이다. 그 논증들이 참이라는 사실을 입증하기 위해 제시한 여러 근거들을 보게 될 것이고, 보편적인 반론들과 그것들에 대해 어떻게 대답하는지도 배우게 될 것이다. 이런 방식으로 당신은 다른 사람들에게 당신의 신앙을 전할 때 받게 될 여러 질문들에 대해 준비될 것이다.

예를 들면, 이러한 논증이 있다고 가정하자.

① 모든 사람은 반드시 죽는다.
② 소크라테스는 사람이다.
③ 그러므로, 소크라테스는 반드시 죽는다.

이것은 우리가 흔히 논리적으로 합당한 논증이라 부른다. ①과 ②가 참이기에 결론인 ③도 참인 것이다.

논리는 하나님의 생각을 표현한다(요 1:1). 이 성경 구절은 가장 높으시고 이성적인 분이 어떻게 논증하는지를 보여 준다. 논리에는 9가지의 기본적인 규칙들이 있다. 당신이 이러한 논리의 규칙들을 잘 지키는 한에서, 당신의 논증 단계들이 옳을 때 그 결론도 참임이 **보증된다**. 그때 우리는 그 결론의 진리가 논증의 단계를 **논리적으로 따랐다**고 말한다.

그렇다면 질문은 다음과 같다.

위의 논증에서 ①과 ②는 참인가?

①를 지지하기 위해 우리는 모든 사람이 죽는다는 것에 대한 과학적

이고 의학적인 증거를 제시할 수 있을 것이다. ②를 지지하기 위해 우리는 소크라테스가 사람이었다는 것을 증명하는 역사적 증거에 주목할 수 있을 것이다. 그 과정에서 우리는 ①과 ②에 대한 어떤 반론을 숙고가 부족하여 그것들에 답변하려고 할 것이다. 예를 들어, 어떤 사람은 소크라테스는 단지 신비적 인물이지 실제 사람이 아니라고 하며 ②를 부인할 수도 있다. 우리는 증거가 이러한 신념이 잘못되었다는 것을 제시하는 이유를 보여 줘야 할 것이다.

위의 논증의 ①과 ②는 전제(前提, premise)들이라고 불린다. 당신이 논리의 규칙들을 지키고 전제들이 참이라면, 당신의 결론도 참이어야 한다.

확고한 회의론자는 당신의 전제들 중 하나를 걸그 넘어짐으로써 어떤 결론을 반대할 수 있다. 만약 그가 전제들 중 하나를 거부하는 대가를 기꺼이 치르고자 한다면, 당신은 그에게 그 결론을 강요할 수 없다. 당신이 할 수있는 일은 그 전제가 사실임을 밝히는 좋은 근거들을 제시하면서 그 전제들을 무시하는 것이 얼마나 터무니없는 일인지를 말해 주는 것이다.

예를 들면, 전제 ②를 거부하는 사람은 역사적 회의주의를 더안고 전문적인 역사학자들 대부분에게서 옳지 않다는 말을 듣게 될 것이다. 그가 원한다면야 전제 ②를 거부할 수 있지만, 무식쟁이로 보이는 것을 감수해야만 한다. 그런 사람은 전제 ②의 참됨을 **받아들이는** 사람을 비합리적이라 욕할 자격이 없다.

어떤 결론을 도출하기 위해 변증적 논증을 할 때, 우리는 반대자가 그 결론을 부정할 시에 감수해야 할 대가를 알려 주어야 한다. 우리는 불신자들이 논리적으로 그 결론을 부정할 때, 사실상 그들이 어떤 위험을 감수해야 하는지를 알도록 돕기를 원한다. 그렇게 하면, **그는** 그 대가를 치를지라도 적어도 **우리가** 그 대가를 치를 의무가 없는 이유를

> **전제**
> 결론을 도출시키는 논증의 과정을 논증의 전제(前提, premise)라고 부른다.

알게 될 것이다. 그래서 그는 그리스도인들의 믿음에 아무런 근거가 없다거나 비상식적이라고 조롱하는 일을 그만둘 것이다. 그러나 반대의 대가를 치르고 싶어 하지 **않는** 경우엔 자신의 생각을 바꾸고 우리가 논증하는 결론을 받아들이게 될지도 모른다.

나는 이 책에서 논증들과 증거를 지나치게 **단순화**되지 않으면서도 **간단명료**하게 이해될 수 있도록 썼다. 이 논증들의 가장 강력한 반론들을 제시하고, 그것에 대한 답들도 제시했다. 가끔 내용이 생소하거나 어렵게 느껴질 때도 있을 것이다. 쉽게 소화할 수 있도록 조금씩 꼭꼭 씹으며 숙고하기를 바란다. 소그룹 같은 곳에서 이런 논증들에 대해 토론하는 것이 도움이 될 수도 있다. 설령 여러 방면에서 나에게 동의하지 않는다 해도 걱정하지 말라. 나는 독자들이 스스로 생각하길 바란다.

각 장의 끝마다 논증 지도(map)가 그려져 있을 것이다. 이것을 어떻게 사용하는지 살펴보자. 이 지도는 마치 수영장처럼 생겼으며, 왼쪽 칸을 "전제"라고 통칭한다. 오른쪽 칸은 "반론"인데, 그 논증을 반대하는 사람에게서 나올 반론을 제시한다. 화살표는 이 칸들을 옮겨 다니며 어떻게 전제들과 반론들이 이어지는지 보여 준다. 큰 그림을 보는 데에 도움이 될 것이다.

다음 쪽에 있는 논증 지도를 참고하면서 생각해 보자.

왼쪽 칸에 보면 논증의 전제 ①을 볼 수 있다.

"모든 사람은 반드시 죽는다."

연결된 화살표를 따라가 보면 그 전제를 뒷받침하는 증거를 찾을 수 있다. 여기에는 아무런 반론이 없으니 "반론" 칸은 공백이다. 다음 "전제" 칸에서 전제 ②가 등장한다.

"소크라테스는 사람이다."

이 점에 대해서는 회의주의자들이 대응할 만한 여지가 있다. "반론" 칸에 보면 "소크라테스는 그저 신화적 인물이었을 뿐이다"라는 반론이 제시되어 있다. 그 화살표를 따라 가 보면 그 반증에 대한 비판이 있는데 그것은 바로 역사적 증거들이 소크라테스가 실제로 존재했던 사람이라는 것을 뒷받침한다는 것이다. 보다시피 굉장히 간결한 요약이다. 물론 이 논증 지도를 읽는 것만으로 각 장에 등장하는 모든 설명을 대체할 수는 없다. 이 논증 지도는 전체적인 흐름을 읽는 데 도움이 될 뿐이다.

논증 예시

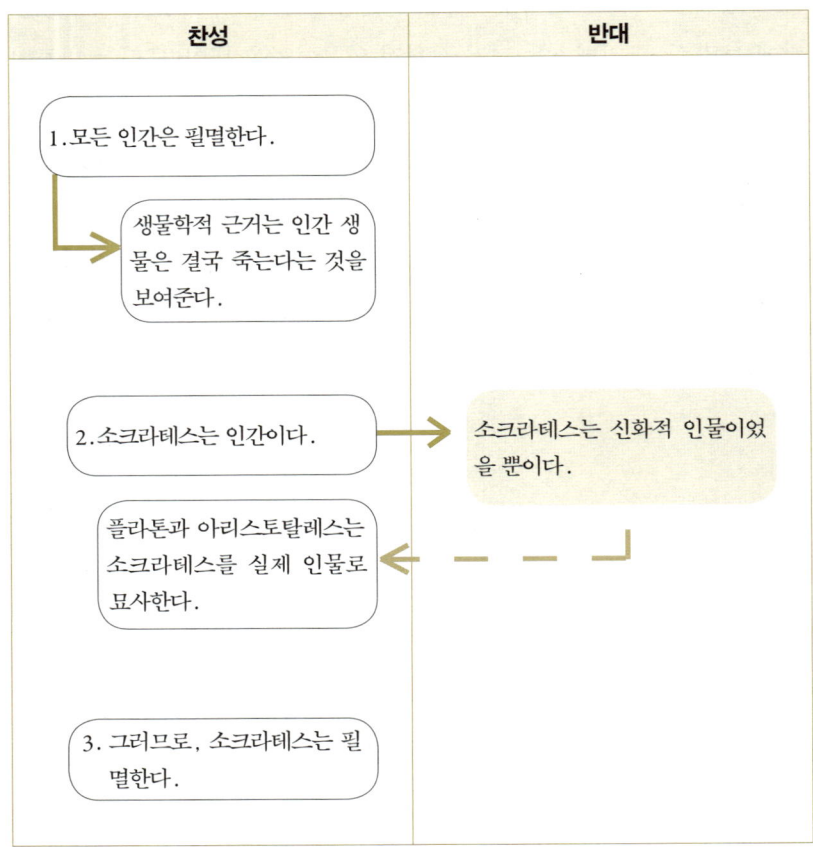

당신의 믿음을 지성적으로 변증할 수 있기를 원하는가?

그리스도인들의 믿음에는 합당한 이유가 없다고 말하는 사람들에게 당장 보여 줄 논증들을 갖고 싶은가?

불신자들의 질문을 두려워 떠는 것이 지긋지긋한가?

그렇다면 당신이 이 책을 계속 읽기를 바란다. 당신이 이 책을 펼쳤다는 사실이 기쁘고, 당신이 "방어 태세"(On Guard)에 접어들었음을 격려해 주고 싶다.

제2장

신¹이 존재한다면 무엇이 달라지는가?

그 후에 내가 생각해 본즉 내 손으로 한 모든 일과 내가 수고한 모든 것이
다 헛되어 바람을 잡는 것이며 해 아래에서 무익한 것이로다(전 2:11).

소련(Soviet Union)과 철의 장막이 무너질 당시에 젠(Jan)과 나는 벨기에에 살고 있었다. 소련의 붕괴와 같이 역사적인, 그리고 세계적인 변화들이 일어나던 시기에 우럽의 대학교 캠퍼스들에서 강연하는 것은 매우 흥분되는 일이었다. "대변화"가 일어난 직후 나는 상트페테르부르크(St. Petersburg, 이전의 레닌그라드[Leningrad])로 가는 길에 러시아의 저명한 천문학자 안드레이 그리브(Andrei Grib)를 찾아갔다. 우리는 러시아 제정의 유산물을 잔뜩 전시해 놓은 겨울궁전을 거닐었고, 나는 안드레이에게 공산주의의 몰락 이후 그곳에 많은 사람들이 하나님께로 돌이키고 있는 일에 대해 물어보았다. 안드레이는 강한 러시아 억양으로 내게 대답해 주었다.

"글쎄요, 수학에는 '귀류법'(歸謬法, proof by the opposite)이라는 게 있습니다. 어떤 주장이 참이라는 것을 그것의 반대 주장이 거짓이라는 점을

---

1   'God'은 "신" 또는 "하나님"으로 번역이 가능하다. 따라서 일반적인 유신론을 논하는 상황에서는 "신"으로, 기독교의 신을 뜻하는 상황에서는 "하나님"으로 표기한다.
    – 역주

통해 증명하는 것이죠. 우리나라는 70년간 공산주의적 무신론을 시도했고, 그것은 전혀 옳지 않았습니다. 그렇게 사람들이 그것과 정반대되는 것이 옳다는 점을 알게 되었죠!"

미국인들이 신에 대해 생각하길 어려워하는 이유는 그들에게 신이 너무나도 익숙하기 때문이다. 그들은 신이 존재하지 **않는다**면 어떤 일이 발생할지에 대해 생각하지 않는다. 결과적으로 신은 자신과 별로 상관없는 존재라 생각하게 된다. 신이 존재하든 말든, 알 바 아니라는 것이다.

그러므로 이웃들에게 신의 존재에 대한 근거를 나눌 때, 이것이 왜 중요한지를 알려 줘야만 한다. 그렇지 않으면 그들은 아예 신경조차 쓰지 않을 것이기 때문이다. 무신론의 결과들을 알려 줌으로써, 신의 존재에 대한 질문이 그저 심심풀이 땅콩 같은 것이 아니라 삶의 정중앙에 위치하고 있다는 점을 보여 줄 수 있다. 그제야 신의 존재 여부가 그들에게 감명 깊게 다가올 것이다.

'레둑티오 아드 아브수르둠'(Reductio ad absurdum), 혹은 반증법은 어떤 주장이 참이라는 사실을 그것과 반대되는 명제가 거짓이라는 점을 통해 증명하는 논증의 형태이다.

안드레이의 "귀류법"은 "레둑티오 아드 아브수르둠"(reductio ad absurdum), 즉 "반증법"(反證法, reduction to absurdity)으로도 알려져 있다. 이런 이름은 무신론에 적용하면 꽤나 잘 맞아떨어진다. 장 폴 사르트르(Jean-Paul Sartre)나 알베르 카뮈(Albert Camus)와 같은 철학자들은 신이 존재하지 않는다면 삶은 그저 부조리할 뿐이라고 주장했다. 인정컨대, 사르트르나 카뮈는 여기서 귀류법을 사용하여 신이 존재해야만 한다고 논증하지 않았다. 그들은 그저 삶**이** 부조리**하**다고 결론지은 것이다. 그럼에도 불구하고 그들의 인간 실존에 대한 분석은 무신론이 암시하는 암울한 결과들을 보여 준다.

신 없는 삶이 부조리하다는 점은 신이 존재한다는 사실을 증명하지는 않지만, 인간이 던질 수 있는 질문 중 신의 존재에 대한 의문이 가장 중요하다는 점을 보여 준다. 무신론의 결과에 대해 제대로 이해하고 있는 사람들은 신이 있거나 없거나 "내 알 바 아니지!"라고 말할 수 없다.

현재 맥락에서 나는 "신"이라는 단어를 쓸 때, 전능하고 완벽하게 선한 세상의 창조자로서 우리에게 영원한 생명을 주는 분을 의미한다. 만약 이런 신이 존재하지 않는다면 삶은 부조리하다. 왜냐하면 삶에 궁극적인 의미와 가치, 또는 목적이 없게 되기 때문이다.

의미, 가치, 목적이라는 3가지 개념은 깊게 연관되어 있지만 구별된다. **의미**(meaning)는 중요성과 관련이 있다. 왜 무언가가 그토록 중요한가? **가치**(Value)는 선과 악, 그리고 옳고 그름과 연관되어 있다. **목적**(Purpose)은 무언가를 위한 목표 및 이유와 연관이 있다.

> 의미(meaning)는 중요성과 관련이 있다. 가치(Value)는 선과 악, 그리고 옳고 그름과 연관되어 있다. 목적(Purpose)은 무언가를 위한 목표 및 이유와 연관이 있다.

만약 신이 없다면, 의미, 가치, 목적 등은 절대적으로 인간의 망상에 불과하다는 것이 나의 주장이다. 그것들은 단지 우리 머릿속에만 존재할 뿐이다. 만약 무신론이 참이라면, 우리의 주관적인 믿음과는 반대로, 인생이란 객관적으로 의미 없고, 가치 없고, 목적 없는 것에 불과하다.

이 주장은 가끔 오해를 사기 때문에, 요점을 짚고 넘어가야 할 필요가 있다. 나는 무신론자들의 인생이 따분하고 의미 없으며 개인적인 가치도 없고, 비도덕적인 삶을 산다거나, 인생의 목적이나 목표가 없다고 말하는 것이 아니다. 오히려 이런 것들에 대한 믿음이 없으면 삶을 살아가기도, 견뎌 내기도 힘들 것이다. 그러나 나의 논지는 이렇다. 무신론자들의 이러한 신념들은 주관적인 환상에 불과하다는 것이다. 즉 의미, 가치,

> **객관적 vs. 주관적**
>
> 만약 어떤 것이 사람들의 의견과 관계없이 사실이고 참이라면 그것은 객관적이라고 말할 수 있다. "물은 H2O이다"는 객관적인 사실이다. 반면에, 어떤 것이 그저 사람들의 의견에 따른 것이라면 그것은 주관적이라고 말할 수 있다. "바닐라는 초콜릿보다 더 맛있다"는 주관적인 사실이다. 뜻을 명확히 하기 위해 이런 식으로 기억하자. "객관적"이란 말은 마치 실제로 존재하는 물체와도 같다. 반면, "주관적"이란 말은 어떤 것이 의존하는 그 견해를 제공하는 주체 또는 사람과 같다.

목적은 존재하는 것처럼 **보이지만**, 객관적으로 말하자면, 실제로 존재하지 않는다. 신이 없다면, 우리가 환상에 불과한 것들에 아무리 절박하게 매달릴지라도 삶이란 궁극적으로 무의미하고, 무가치하며, 목적도 없다.

1. 신 없는 삶의 부조리함

만약 신이 존재하지 않는다면, 인간과 우주는 죽음에 굴복할 수밖에 없는 운명이다. 인간은 다른 모든 생물들처럼 결국 죽는다. 영생에 대한 희망이 없다면, 인간의 인생은 그저 무덤으로 향할 수밖에 없다. 인간의 인생은 무한한 어둠 속에서 잠깐 튀는 불꽃일 뿐이며, 잠깐 타오르다 영원히 사라져 버릴 뿐이다.

그러므로 모든 사람들은 신학자 폴 틸리히가 말한 바, "무존재의 위협"(the threat of nonbeing)에 직면해야 한다. 나는 현재 존재하고 살아 있다, 그러나 나는 언젠가 존재하기를 그치고 죽을 것이다. 이런 생각은 충격적이면서도 위협적이다.

스스로 "나"라고 부르는 인격이 존재하기를 그친 채로 없어져 버린다니!

나는 아버지가 처음으로 내가 언젠가 죽는다는 사실을 알려 주었던 때를 기억한다. 어린아이로서 그런 생각을 스스로 하기에는 너무 일렀던 것이다. 나는 처음으로 그 사실을 알게 되었을 때, 참을 수 없는 두려움과 슬픔에 휩싸였다. 아버지가 그것이 먼 미래에 일어날 일이라고 계속 안심시켜 주었지만, 그런 건 중요하지 않았다. 곧이든 혹은 나중이든, **내가 죽는다**는 것은 부정할 수 없는 사실이며, 그 사실이 나를 집어삼켰다.

결국 우리 모두는 자라면서 이러한 사실을 간단하게 받아들인다. 피할 수 없는 사실과 함께 살아가는 법을 배우게 되는 것이다. 하지만 어린아이의 시각은 여전히 존재한다. 사르트르가 말했듯, 한 번 영원을 잃었다는 사실은 몇 시간이 지나도, 몇 년이 지나도 변하지 않는다. 더 나아가, 우주도 죽음을 직면하게 된다. 과학자들은 우주가 팽창하고 있으며 은하들이 서로 멀어지고 있다고 말한다. 그렇게 됨으로써 에너지는 점점 소비되고 우주는 식게 된다. 별빛들은 사라질 것이고, 모든 물질들은 붕괴되어 죽은 별들과 블랙홀이 될 것이다. 빛이 없고, 열도 없고, 생명도 없는 그곳에는 오직 죽은 별과 은하만이 존재할 것이고, 끝이 없는 냉기와 팽창하는 어둠만이 존재할 뿐이다.

이는 공상 과학이 아니다. 이런 일은 신이 개입해서 막지 않는 이상 **일어나고야 말 것이다**. 개개인의 삶뿐만 아니라, 전 인류와 건물들, 문명의 성취들은 모두 무너질 것이다. 사형 선고를 받은 죄수들처럼,

한 인간이 우주에게 말했다
스티븐 크레인(Stephen Crane)

한 인간이 우주에게 말했다.
"난 존재합니다!"
우주가 대답했다.
"어쩌라고?
네가 존재한다고 해서 내가 너에 대한 의무감을 느끼진 않아."

우리는 피할 수 없는 집행을 기다리고 있다. 탈출구도 없고 희망도 없다. 이 모든 것들의 결과가 바로 인생의 부조리함인 것이다. 즉 우리의 삶에는 궁극적인 중요성이나 가치, 또는 목적이 존재하지 않는다는 것이다. 하나씩 살펴보도록 하자.

1) 궁극적인 의미의 결여

만약 사람이 죽을 때 그 존재가 완전히 지워진다면, 그의 삶에는 어떤 궁극적인 의미가 있을까?

그가 존재했다는 사실이 마지막에 실제로 중요한가?

물론 그의 삶이 다른 사건들에 연관되어 있기에 중요하다고 말할 수 있다.

하지만 그 모든 사건들이 도대체 뭐가 중요한가?

모든 것이 결국 파멸할 운명이라면, 당신이 어떤 일에 영향을 끼쳤는지의 여부가 무슨 상관인가?

궁극적으로는 아무런 의미도 없다.

인류는 최후에 가서는 모기떼나 우리 안의 돼지들과 별로 다를 바가 없다. 맹목적인 우주의 과정은 이것들을 언젠가 모두 집어삼킬 것이다. 과학자가 인간 지성의 발달에 기여한 것이나, 의사가 환자의 고통을 덜어 주기 위해 이뤄낸 연구들, 세계의 평화를 유지하기 위한 외교관의 노력들, 그리고 어디든지 선한 사람이 많은 인류를 더 좋아지게 하기 위해 희생한 것, 이 모든 것은 무의미해지는 것이다. 이것이 바로 현대인의 공포이다. 끝이 무의미하기에, 현재의 자신도 무의미하다.

> **생각해 보기**
> 당신의 삶이 무의미한 것 같은 어두운 감정을 느껴 본 적이 있는가?
> 그러한 감정을 어떻게 이겨냈는가?

중요한 점은, 그저 불멸을 얻는다고 해서 삶의 의미가 생기는 것은 아니라는 점이다. 존재의 기간은 존재를 의미 있게 만들지 못한다. 만약 인류와 우주가 영생할 수 있더라도, 신이 존재하지 않는다면 그들의 존재에는 여전히 아무런 의미가 없다. 예전에 우주의 척박한 바위 덩어리에 표류하게 된 우주 비행사가 등장하는 공상 과학 소설을 본 적이 있다. 그는 두 유리병을 가지고 있었는데, 하나는 독극물이었고 다른 하나는 그를 영원히 살 수 있게 해 주는 약물이었다. 궁지에 몰린 그는 독극물을 들이 삼키려고 했다. 하지만 그만 실수로 영생의 약을 마셔 버렸다는 것을 깨달았고, 공포에 질리게 되었다!

왜냐하면 그는 영원히 의미 없는 삶을 살아가야만 하는 저주를 받았기 때문이다.

자, 만약 신이 존재하지 않는다면, 우리의 인생은 그와 같을 것이다. 그저 지속적으로 살아가기만 할 뿐, 여전히 무의미하기 짝이 없다. 우리는 영생을 얻은 뒤에도 여전히 삶에 대해 이런 질문을 던질 수 있다.

"그래서 어쩌라고?"

> **생각해 보기**
> 삶의 허무함을 나타내는 영화의 주인공들을 생각해 보라.
> 그들은 삶이 허무하다는 사실을 어떻게 전달하는가?

인간이 삶의 궁극적인 의미를 얻기 위해서는 그저 영생이 필요한 게 아니다. 인간은 신과 영생, 둘 다 필요하다. 만약 신이 존재하지 않는다면, 인간은 둘 다 얻을 수 없다.

그러므로 만약 신이 없다면 인생은 무의미해진다. 인간과 우주가 궁극적인 중요성을 잃기 때문이다.

2) 궁극적인 가치의 결여

만약 인생이 무덤에서 끝난다면, 당신이 생전에 스탈린이었건 테레사 수녀였건 궁극적으로 다를 바가 없다. 당신의 운명이 결과적으로 스스로의 행위와 무관하다면, 그저 좋을 대로 살아도 될 것이다. 러시아의 작가 표도르 도스트예프스키(Fyodor Dostoyevsky)는 다음과 같이 말했다.

> 영생이 없다면 … 모든 것이 허용된다.

소련 교도소의 고문자들은 이것을 잘 이해했다. 신앙 때문에 고문당했던 리처드 웜브랜드(Richard Wurmbrand) 목사는 당시를 이렇게 회고한다.

> 인간이 권선징악에 대한 믿음이 없을 때, 무신론의 잔혹성은 믿을 수 없을 정도다. 인간이어야만 할 필요가 없는 것이다. 인간으로서 지켜야 할 악함의 제한이 없다. 공산주의의 고문자들은 가끔 이렇게 말하곤 했다.
> "신은 없어. 따라서 악을 벌할 존재도 없지. 우리는 원하는 대로 무엇이든 할 수 있다고."

나는 한 고문자가 이렇게 말하는 것도 들었다.

"나는 내가 믿지도 않는 신에게 감사해. 현재를 살면서 내 마음의 온갖 악함을 다 표출할 수 있게 해 줘서 말이지."

그는 믿을 수 없는 잔인함과 고문으로써 그것을 표출했다.[2]

죽음의 종국성을 생각해 볼 때, 당신이 어떻게 살았는지는 하나도 중요하지 않다.

당신은 자신이 원하는 대로, 순수한 이기심만으로 살아가도 된다고 결론짓는 사람들에게 뭐라고 대답할 수 있겠는가?

어떤 사람들은 도덕적인 삶을 사는 것이야말로 우리가 가장 이기적일 수 있는 방법이라고 말한다. '내 등을 긁어 줘, 내가 당신 등을 긁어 줄게,' 뭐 이런 것이다. 하지만 이것이 항상 참인 것은 아니다. 우리는 모두 이기심이 도덕성을 초월하는 경우를 겪은 적이 있다. 더욱이, 만약 당신이 페르디난드 마르코스(Ferdinand Marcos)나[3] 파파 독 뒤발리에(Papa Doc Duvalier),[4] 혹은 도널드 트럼프(Donald Trump)처럼[5] 강력한 사람이 된다면 양심의 지시를 무시하고 안전하게 자기 방종에 빠져서 살지도 모른다.

역사학자인 스튜어트 이스턴(Stewart C. Easton)은 이러한 요점을 잘 요약해 준다.

---

2   Richard Wurmbrand, *Tortured for Christ* (London: Hodder & Stoughton, 1967), 34.
3   21년 집권한 필리핀의 독재자. –역주
4   아이티의 악명 높은 독재자. 본명은 프랑수아 뒤발리에(François Duvalier)이다. –역주
5   저자가 이 책이 미국에서 처음 출간된 2010년은 도널드 트럼프가 미국 대통령이 되기(2017년) 전이었다. –역주

도덕이 인간에게 사회적으로 보상을 주거나 인간을 기분 좋게 해 주지 않는다면, 인간이 도덕적이어야 하는 객관적인 이유는 없다. 자신에게 주는 즐거움을 마다하고 다른 일들을 해야 할 객관적인 이유가 없는 것이다.[6]

하지만 문제는 이보다 더 심각하다. 삶을 영원히 살건 말건, 신이 없다면 옳고 그름의 절대적인 기준이란 없다. 우리는 모두 이 문제에 직면해 있다. 사르트르는 이것을 "실존의 무가치하고 적나라한 사실"이라고 말한다. 도덕적 성품들은 그냥 개인적인 입맛에 맞는 표현일 뿐이거나, 생물학적 진화와 사회적 요건들에 의한 부산물일 뿐이다.

그들은 그저 잔혹하고 무심한 우주의 한 외딴 곳에 버려진 먼지 같은, 지구 위에서 비교적 최근에 진화한, 말하자면 우연히 생겨난 자연의 부산물일 뿐이다. 게다가 개인은 물론 인류 전체 또한 빠른 시간 내에 썩어 없어질 것이 분명하다. 리처드 도킨스가 바라보는 인간의 가치는 꽤 우울하지만, 그의 무신론을 염두에 둔다면 그의 다음과 같은 주장은 틀린 말이 아니다.

설계도 없고, 목적도 없고, 선악도 없다. 단지 무의미한 무관심만이 있을 뿐이다. … 우리는 DNA를 퍼뜨리는 기계들일 뿐이며 … 그것이 살아가는 존재의 유일한 목적이다.[7]

---

[6] Stewart C. Easton, *The Western Heritage*, 2nd ed. (New York: Holt, Rinehart, & Winston, 1966), 878.

[7] 다음의 책에서 재인용. Lewis Wolpert, Six Impossible ings before Breakfast (New York: W.W. Norton & Co, 2008), 215. 안타깝게도 울퍼트(Wolpert)의 인용은 잘못된 것 같다. 그 인용문은 다음의 책의 내용에서 섞어 만든 것 같다. Richard Dawkins, *River out of Eden: a Darwinian View of Life* (New York: Basic Books, 1996), 133; and Richard Dawkins,

신이 없는 세상이라면, 누군가의 가치가 옳고 다른 누군가의 가치는 그르다고 감히 단언할 수 있을까?

여기에 객관적인 옳고 그름은 없다. 단지 개개인의 문화적이고 개인적이며 상대적인, 주관적 사고만이 존재할 뿐이다.

이게 무슨 의미인지 상상해 보라!

> **생각해 보기**
> 만약 당신이 인간은 DNA를 퍼뜨리는 기계일 뿐이라는 말을 믿는다면 어떻게 살아갈 것인가?

전쟁, 억압, 범죄를 악으로 규탄할 수 없게 된다는 의미다. 온유함, 자기희생, 사랑을 선한 것이라 칭송할 수도 없다. 한 사람을 죽이는 것과 사랑하는 것이 도덕적으로 같은 것이 된다. 신이 없는 세상에는 선과 악이 존재하지 않는다. 그저 무가치한 실존이라는 사실만이 존재할 뿐이며, 그곳에선 그 누구도 남이 옳고 자신이 틀렸다고 인정하지 않는다.

3) 궁극적인 목적의 결여

죽음이 팔을 활짝 벌리고 삶의 마지막 순간에 서 있다면, 인생의 목적은 도대체 무엇인가?

모든 것이 헛수고인가?

정말 삶에는 아무런 이유가 없는 것인가?

우주는 또 어떤가?

그냥 무의미할 뿐인가?

만약 우리의 운명이 우주의 차디찬 무덤으로 끝난다면, 모두 무의미할 뿐이다. 우주에는 목적이 없다. 그리고 이 죽어 버린 우주 쓰레기는

"The Ultraviolet Garden," Lecture 4 of 7 Royal Institution Christmas Lectures (London 1991). 이 참고문헌을 찾아준 내 조교 조 고라(Joe Gorra)에게 감사를 전한다!

팽창하고 또 팽창할 뿐이다.

영원히 인류는 어떠한가?

인류에게도 아무런 목적이 없는 것일까?

아니면, 그저 무관심한 우주의 멸망 속에서 점점 사라져 버리는 것일까?

영문학가 허버트 조지 웰스(H. G. Wells)는 이러한 전망을 예견했다. 『타임 머신』(*The Time Machine*)이라는 그의 소설에서, 웰스의 시간 여행자는 인류의 운명을 알아내기 위해 먼 우주로 여행을 떠난다. 그러나 그가 찾은 것은 엄청나게 거대한 붉은 태양을 공전하며 해조류나 이끼 빼고는 다 죽어 버린 지구였다. 그곳에서의 유일한 소리는 바람이 부는 소리나 바다가 잔잔히 움직이는 소리뿐이었다. 웰스는 이렇게 적는다.

> 세상은 이 생명 없는 소리를 넘어서서 고요했다.
>
> 고요라고?
>
> 이 정적을 표현할 단어를 찾는 일은 쉽지 않았을 것이다. 인류의 모든 소음들, 양의 울음소리, 새의 지저귐, 곤충들의 노랫소리, 그리고 우리 삶들의 배경이 만드는 온갖 활동이 끝났다.[8]

그렇게 웰스의 시간 여행자는 다시 돌아오게 된다.

그러나 어디로 돌아온단 말인가?

목적 없이 멸망을 향해 달려가고 있는 이 행성의 더 이른 시점으로 말인가?

그리스도인이 아니었던 시절, 처음으로 웰스의 책을 읽었을 때, 나는 '안돼, 안돼! 절대 그럴 리가 없어!'라고 생각했다. 하지만 신이 없다면,

---

[8] H.G. Wells, *The Time Machine* (New York: Berkeley, 1957).

좋든 싫든 이런 식으로 끝나고 말 것이다. 이것이 신이 없는 우주의 현실이다. 희망이란 없다. 그리고 목적도 없다. 어떤 사실이 인류에게 전체적으로 적용된다면, 그 사실은 개인에게도 적용된다. 우리는 아무런 목적도 없이 이곳에 존재하고 있다. 만약 신이 없다면, 당신의 삶은 동물의 삶과 질적으로 다를 바가 없다. 오래전 전도서 저자는 다음과 같이 썼다.

> 인생이 당하는 일을 짐승도 당하나니 그들이 당하는 일이 일반이라 다 동일한 호흡이 있어서 짐승이 죽음 같이 사람도 죽으니 사람이 짐승보다 뛰어남이 없음은 모든 것이 헛됨이로다 다 흙으로 말미암았으므로 다 흙으로 들어가나니 다 한 곳으로 가거니와(전 3:19-20).

성경이라기보다는 현대 실존주의 문학처럼 보이는 전도서의 저자는 사형 선고를 받은 이생에서 기쁨, 부, 교육, 정치적 유명세, 그리고 명예가 모두 무익하다고 지적한다. 그의 판결은 "헛되고 헛되며 헛되고 헛되니 모든 것이 헛되도다"(전 1:2)라는 선언이다. 삶이 무덤에서 끝나 버린다면, 우리에게는 살아갈 궁극적인 목적이 없다.

이보다 더 중요한 것은, 삶이 죽음에서 끝나지 않는다고 하더라도 신이 존재하지 않는다면 여전히 목적은 없다는 것이다. 인간과 우주는 단순히 우연의 산물이고 아무 이유 없이 존재하기 시작했을 뿐이다. 신이 없는 세상은 우주적 우연의 결과이고, 우연한 폭발이다. 그것이 존재해야 하는 이유는 없다. 인류는 그저 자연의 별종일 뿐이다. 시간과 우연이 빚어낸 정처 없는 부산물일 뿐이다. 만약 신이 존재하지 않는다면, 당신은 목적 없는 우주에서 목적 없는 삶을 살아가도록 떠밀려진 자연의 실수일 뿐이다.

> **오지만디아스(Ozymandias)**
> **퍼시 비시 쉘리(Percy Bysshe Shelley)**
>
> 오래된 땅에서 온 여행자를 만났다.
> 그는 다음과 같이 말했다.
> "몸뚱아리로부터 떨어진 두 개의 거대한 다리 석상이 사막에 서 있었다네. 그 곁에는 깨진 두상이 모래에 반쯤 묻힌 채 누워 있었지. 그는 찡그린 표정을 하고, 주름진 입술과 차가운 명령자의 냉소를 담고 있었어. 조각가가 그 통치자의 열정을 이해했던 게지. 그랬기에 생명조차 없는 돌 위에 그것들이 새겨졌고, 오늘날까지 살아남았다네. 그 발판에는 이런 말들이 있더군.
> '내 이름은 오지만디아스, 왕 중의 왕이다. 위대하다고 일컬어지는 자들아, 나의 업적을 보고 절망하여라!'
> 그 완전히 파괴된 잔해 주변에는 아무것도 남지 않았어. 한없이 공허하고 외로운 모래만이 멀리까지 뻗어져 있었지.

만약 신이 존재하지 않는다면 모든 것의 끝은 죽음이다. 그렇기에 인류와 우주의 존재에는 목적이 없으며, 모두 한낱 우연의 결과일 뿐이다. 한마디로 말하자면, 살아갈 이유가 없다. 무신론이라는 대안이 인간에게 주는 중압감을 당신이 이해하기 시작했길 바란다. 만약 신이 존재한다면, 인간에겐 여전히 희망이 있다. 하지만 신이 없다면 우리에게 남겨진 것은 절망밖에 없다. 한 작가가 다음과 같이 적절하게 쓴 것과 같다.

신이 죽었다면 인류 또한 죽은 것이다.

2. 부인하며 살아가기

불행하게도 많은 사람은 이 사실을 직시하지 못한다. 그들은 아무것도 변하지 않은 것처럼 묵묵히 살아간다. 19세기의 무신론 철학자 프리드리히 니체(Friedrich Nietzsche)가 했던 이야기가 생각난다. 등불을 손에 들고 이른 아침부터 시장에서 부르짖는 미친 남자에 관한 이야기다.

"난 신을 찾고 있어요!

난 신을 찾고 있어요!"

그곳에는 신을 믿지 않는 사람이 많이 모여 있었다. 그는 그들의 웃음거리가 되었다. 사람들이 그를 놀렸다.

"신이 길을 잃어버렸나?

아니면 신이 어디에 숨었나?

아니면 고향을 등지고 배를 타고 떠났나봐!"

이렇게 말하면서 제각기 소리치고 웃고 떠들었다. 그들에게 둘러싸인 그 미친 남자는 그들을 뚫어지게 쳐다보았다고 니체는 쓴다.

그가 부르짖었다.

"신은 어디에 있을까?

내가 가르쳐 줄게. 우리가 신을 죽여 버렸어. 너희와 내가!

우리 모두는 신을 죽인 자들이야!

그러나 우리는 어떻게 이런 일을 행했단 말인가?

어떻게 우리가 바닷물을 전부 마셔 버릴 수 있었단 말인가?

누가 우리에게 지평선 전체를 쓸어 버릴 스펀지라도 주었는가?

우리가 이 지구를 태양으로부터 해방시켰을 때, 우리는 무엇을 했는가?

이제 지구는 어디로 움직이는가?

…

우리는 계속해서 추락하고 있는 것이 아닌가?

뒤로, 옆으로, 앞으로, 모든 방향으로?

아직도 위쪽이 있고 아래쪽이 있는가?

우리는 끝없는 허무 속에서 헤매이고 있는 것이 아닌가?

빈 공간의 숨결을 느끼지 못하는가?

계속해서 추워지지는 않는가?

계속 밤이 이어지는 것은 아닌가?

우리는 아침에도 등불을 켜야 하는 것은 아닌가?

아직도 사토장이들이 신을 땅에 묻고 있는 소리가 들리지 않는가?

… 신은 죽었다. … 그리고 우리는 그를 죽였어.

모든 살인자 중의 살인자인 우리는 어떻게 스스로를 위로할 것인가?"[9]

무리는 놀라며 미친 남자를 조용히 바라보았다. 마침내 그는 등불을 땅바닥에 내동댕이치고, 다음과 같이 말했다.

"내가 너무 일찍 나왔구만. 이런 말도 안 되는 일이 여전히 일어나려 하고 있어. 아직 사람들은 이 일을 들어 보지도 못했겠지."

> **생각해 보기**
> 당신이 아는 사람들은 무신론의 결과를 직면하고자 하는가?
> 왜 그들은 직면하려 하는가? 또는 왜 그들은 직면하려 하지 않는가?

사람들은 신의 죽음에 대한 결과를 이해하지 못하고 있다. 하지만 니체는 언젠가 현대 인류가 무신론의 의미를 깨닫는 날이 올 것이라 예견하며, 그 깨달음이 삶의 모든 의미와 가치를 파괴하는 허무주의의 시대를 불러올 것이라 말한다.

대부분의 사람들은 시장 안의 군중처럼 여전히 무신론의 결과에 대해 깊이 생각하지 않기에 잘 모르고 그 길을 걸어 간다. 하지만 우리가

---

9 Friedrich Nietzsche, "The Gay Science," in *The Portable Nietzsche*, ed. and trans. W. Kaufmann (NewYork: Viking, 1954), 95.

니체처럼 무신론이 의미하는 바를 깨닫는다면, 그의 질문은 우리를 무겁게 짓누른다.

모든 살인자 중의 살인자인 우리는 어떻게 스스로를 위로할 것인가?

3. 무신론의 실천 불가능성

무신론이 제공할 수 있는 유일한 해결책은 우리가 삶의 부조리를 직면한 채 매일 용감하게 살아 내는 것이다. 예를 들어 영국의 철학자인 버트런드 러셀(Bertrand Russell)은 "물러서지 않는 확고한 절망의 기반" 위에 우리 삶을 세워 나가는 수밖에 없다고 주장했다. 세상이 정말로 끔찍한 곳이라는 것을 직시하고 나서야 삶을 성공적으로 이해할 수 있다는 것이다. 카뮈는 우리가 정직하게 삶의 부조리함을 직시하고, 타인을 위한 사랑을 위해 삶을 살아야 한다고 말했다.

그러나 이러한 해결법의 근본적인 문제점은 그러한 세계관을 지닌 채로는 삶을 일관성 있게 그리고 행복하게 사는 일이 불가능하다는 것이다. 당신이 삶을 일관성 있게 살아간다면 행복할 수 없을 것이다. 만약 당신이 행복하게 산다면, 그 유일한 이유는 당신이 일관성이 없기

알베르 카뮈(Albert Camus, 1913-1960)
프랑스 실존주의 작가. 카뮈는 신이 존재하지 않기에 삶은 부조리한 것이라고 여겼다. 삶은 순전히 무의미할 뿐 아니라 잔인하도록 꼬여 있다. 자살이야말로 유일하게 진지한 철학적 문제라 할 수 있다. 이와 같은 삶의 공허함에도 불구하고, 까뮈는 인류애를 증가시켜야 한다는 이유로 자살을 반대했다.

때문일 것이다.

프란시스 쉐퍼(Francis Schaeffer)는 이러한 논지를 잘 설명한다. 쉐퍼는 현대인이 이층 구조의 세상에서 산다고 말한다. 아래층은 신이 없는 유한한 세상인데, 이곳에서의 삶은 우리가 살펴봤다시피 부조리하다. 위층에는 의미, 가치, 그리고 목적이 존재한다. 현대인은 신이 없다고 믿기 때문에 아래층에 살고 있다. 하지만 이토록 부조리한 세상에서는 행복하게 살지 못하므로 의미, 가치, 그리고 목적을 확인하기 위해 위층에 희망을 건다. 신을 믿지 않는 그에게는 그럴 권한이 없음에도 말이다.

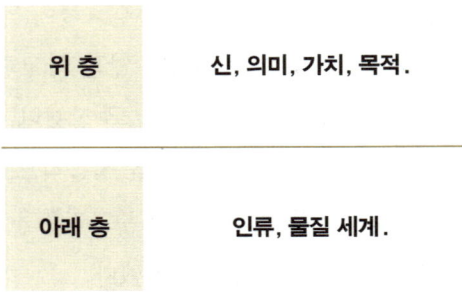

무신론적 세계관으로 일관성 있게 그리고 행복하게 살아가는 것이 얼마나 어려운지를 알기 위해, 신 없이는 삶이 불합리하다는 것을 우리에게 알려 주는 3가지 영역을 다시 한 번 각각 살펴보자.

1) 삶의 의미

첫 번째 영역은 삶의 의미이다. 우리가 살펴본 대로 신 없이는 의미가 존재하지 않는다. 그럼에도 불구하고 철학자들은 삶에 의미가 있는 양 살아간다. 예를 들면, 사르트르는 사람이 어떠한 행동 방식을 따르기로 선택함으로써 삶의 의미를 만들려 한다고 말한다. 사르트르 본인은 마르크스주의를 선택했다.

이는 완전히 비일관적이다. 삶이 허무하다고 하면서 자기 삶을 위해 의미를 만들어 낸다는 것은 객관적인 일관성이 없다. 삶이 정말로 허무한 것이라면, 당신은 아래층에 갇혀 있는 것이다. 삶에 대한 의미를 만들어 내는 것은 위층으로의 도약을 의미한다. 하지만 사르트르는 그러한 도약을 하기 위한 기반이 없다. 사르트르가 내놓은 결과는 사실 자기기만이다. **나 자신**이 어떠한 의미를 만들어 낸다고 해서, 그것이 이 우주의 의미가 되지는 않는다. 다음은 이해하기 쉬운 개념이니 생각해 보라. 내가 이 우주에 어떠한 의미를 부여하고, 당신은 전혀 다른 의미를 부여한다고 치자.

누가 옳은가?

둘 다 틀렸다가 정답이다. 신이 없는 우주는 **우리**가 어떤 의미를 부여하건 객관적으로 무의미하다. 사르트르는 사실상 "우주에 의미가 있는 것처럼 **꾸미자**!"라는 주장을 펼치고 있는 것이고, 이는 스스로를 속이는 짓이다.

요점은 이것이다. 만약 신이 존재하지 않는다면, 삶은 객관적으로 무의미하다. 하지만 삶이 무의미하다는 것을 알게 되는 순간, 인류는 일관성을 유지한 채로 행복하게 살아갈 수 없다. 그러므로 인간은 행복하기 위해 삶에 의미가 있는 척하는 것이다. 하지만 이는 완전히 비일관적이다. 왜냐하면 신 없이는 인류와 우주가 아무런 실제적 중요성을 갖지 못하기 때문이다.

생각해 보기

당신은 스스로 자신만의 삶의 의미를 만들어 내는 사람을 알고 있는가?
만약 그렇다면, 그의 신념은 과연 합리적인가?

> **장 폴 사르트르 (Jean-Paul Sartre, 1905-1908)**
>
> 프랑스의 실존주의 작가. 사르트르는 니체가 선언한 신의 죽음을 전제로, 삶에 어떠한 객관적인 가치나 의미도 있을 수 없다고 말했다. 대신에 인간은 스스로를 위한 가치나 목적을 자유롭게 창조해 낼 수 있다고 주장했다. 사르트르는 그의 명백한 자유주의 사상을 스스로가 반대하는 나치의 반유대주의 사상과 모순되지 않게 만들기 위해 고뇌했다

2) 삶의 가치

이제 가치의 문제에 대해서 생각해 보자. 여기에는 가장 극명한 비일관성이 나타난다. 무엇보다, 무신론적 인본주의자는 전통적인 사랑과 형제애의 가치를 인정한다는 점에서 완전히 비일관적이다. 카뮈는 삶의 허무함**과** 인간적 사랑 및 형제애라는 윤리 **둘 다**를 지니는 것이 비일관적이라고 올바르게 비판해 왔었다. 이 세상에 아무런 가치가 없다는 관점은 사랑과 형제애의 가치를 인정하는 것과는 논리적으로 모순된다. 버트런드 러셀도 비일관적이었다. 그는 무신론자임과 동시에 전쟁을 반대하고 성적 자유에 대한 제약을 반대했던 사회 비평가였다. 러셀은 윤리적 가치들을 그저 개인의 취향처럼 여기며 살아갈 수 없다고 인정했다. 그러므로 그의 관점이 "믿을 수 없는" 것임을 발견했다. 그는 다음과 같이 고백했다.

> 나는 해결책을 모른다.[10]

---

10   Bertrand Russell, letter to the editor, *The Observer*, October 6, 1957.

요점은 이것이다. 신이 없다면 무엇이 객관적으로 옳고 그른지를 결정할 수 없다. 도스트에프스키가 말했듯이 "모든 것이 허용된다." 하지만 인간은 이런 식으로는 살 수 없다. 그래서 인간은 믿음의 도약을 통해 가치를 확립한다. 그리고 인간은 그렇게 함으로써 신 없는 세상의 부적절함을 드러낸다.

나는 몇 년 전 BBC가 기획한 다큐멘터리인 "더 게더링"(The Gathering)을 보면서, 가치가 존재하지 않는 세상에 대한 공포를 느꼈다. 이 다큐멘터리는 홀로코스트의 생존자들이 예루살렘에서 재회하는 내용이었는데, 그곳에서 그들은 잃어버렸던 우정을 되찾으며 서로의 경험에 대해 나누었다. 전직 수감자였던 한 간호사는 아우슈비츠에서 산부인과 의사가 된 경험에 대해 이야기했다. 그녀는 요세프 멩겔레(Josef Mengele)의 지도하에 임산부들이 군인들에 의해서 모아지고 한 병영 안으로 수용되는 모습을 보았다. 시간이 얼마 지난 후, 그녀는 그 임산부들이 더 이상 보이지 않는다는 사실을 깨닫고 사람들에게 물어 봤다.

"병영으로 옮겨진 임산부들은 지금 어디에 있나요?"

그리고 다음과 같은 대답을 들었다.

"아직 듣지 못했나요?

멩겔레가 그들을 **생체 해부용**으로 사용했습니다."

또 다른 여성은 멩겔레가 자신의 유방을 묶어 아이에게 수유를 하지 못하게 막은 일에 대해 이야기했다. 멩겔레는 유아가 영양소 없이 얼마나 생존할 수 있는지 알고 싶었던 것이다. 이 불행한 여성은 커피에 적신 빵 조각을 먹이며 필사적으로 아이를 살리고자 했으나, 아무런 소용이 없었다. 아이는 매일 체중을 잃어 갔고, 멩겔레는 이 모든 과정을 열정적으로 관찰했다. 그때 한 간호사가 와서 그녀에게 말했다.

"나는 당신이 여기에서 나갈 수 있는 방법을 마련해 놨어요. 하지만 아기는 데려갈 수 없어요. 아이에게 놓을 모르핀 주사를 가지고 왔으니, 그걸로 아이의 생명을 끝내세요."

물론 이 여성은 반대했다. 그러나 간호사는 단호한 태도를 보였다.

"이봐요, 당신의 아이는 어찌 되었건 죽을 겁니다. 당신만이라도 사세요."

이 어머니는 **자신의 자식을 죽이도록** 강요받고 있다고 느꼈다. 멩겔레는 자신의 실험 표본이 사라졌다는 사실을 듣고 분개했고, 마지막으로 무게를 달아볼 수 있도록 아기의 시신을 찾기 위해 시체 더미를 수색했다고 한다.

이 이야기들을 들으며 나는 가슴이 찢어지는 것 같았다. 수용소에서 살아남은 한 랍비는 아우슈비츠에서의 삶을 요약하기를, 마치 십계명의 모든 계명들이 거꾸로 지켜지는 듯한 세상 같았다고 한다. 그리고 인류는 그러한 지옥을 이전엔 한 번도 경험해 본 적이 없었다.

만약 신이 존재하지 않는다면, 이 세상**은** 아우슈비츠**이다**. 즉 옳고 그름이란 존재하지 않으며, 모든 행동이 허용된다.

하지만 그 어떤 무신론자나 불가지론자도 그러한 세계관을 가지고는 일관성 있게 살아가지 못한다. 선과 악을 넘어선 삶을 주장했던 니체 본인도, 그의 멘토 리하르트 바그너(Richard Wagner)가 주장한 반유대주의나 독일의 제국주의에는 반대했다.

비슷하게, 사르트르도 제2차 세계대전의 폐해를 논하면서 반유대주의를 비난했다. 그는 대학살을 일으키는 사상은 의견이나 취향 따위의 문제가 아니며, 반대 의견과 동등한 가치를 지니지 못한다고 주장했다. 사르트르는 자신의 중요한 에세이 『실존주의는 휴머니즘이다』(Existentialism Is a Humanism)에서, 신성하게 여겨지는 가치들에 대한 거부와 인간의 가치를 보존하고자 하는 간절한 욕망 사이의 모순을 해결하기 위해 고심한다. 러셀과 같이, 그는 윤리가 절대적이라는 사실을 부정할 시에 들이닥칠 결과들을 견딜 수 없었던 것이다.

> **생각해 보기**
> 똑똑한 무신론자들조차 자신의 옳고 그름에 대한 개념들이 모순적이라는 사실에 별로 신경 쓰지 않는 이유는 무엇인가?

소위 신무신론자라고 불리는 리처드 도킨스도 마찬가지다. 그는 이 세상에 악도 없고 선도 없으며, 그저 무자비한 무차별만이 존재한다고 선언한다. 그러나 그는 뻔뻔하게도 도덕주의자다. 그는 동성애자들에 대한 희롱이나 학대, 아이들에게 종교 교리를 가르치는 일, 잉카 문명의 인간 제사, 그리고 아미쉬[11] 아이들의 이익보다 문화적 다양성을 더 칭송하는 것 등을 강력하게 질타한다. 그는 심지어 도덕적인 지침을 위해 자신이 십계명을 수정하여 제공하기까지 하는데, 이것은 그의 윤리적 주관주의와 모순된다는 것이 명백하다.[12]

자신의 사상 체계와 일관성 있게 사는 무신론자를 찾기 힘들다. 왜냐하면 도덕적 양심과 가치가 사라진 세상은 상상할 수 없을 만큼 끔찍한 곳이기 때문이다.

3) 삶의 목적

마지막으로, 삶의 목적이라는 문제에 대해 알아보자. 삶의 목적성에 대해 부정하는 사람들이 행복하게 살아가는 유일한 방법은, 마치 사르트르가 그랬듯이 스스로 목적을 만들어 내는 것인데, 이는 자기 모순이

---

[11] 현재에도 문명사회에서 벗어나 엄격한 규율에 따라서 18세기 말처럼 생활하는 개신교의 보수적 교파이다. -역주

[12] Richard Dawkins, *The God Delusion* (New York: Houghton-Mifflin, 2006), 23, 264, 313-17, 326, 328, 330.

다. 그렇지 않다면 자신들의 세계관이 불러올 논리적인 결과를 신경 쓰지 않는 방법밖에 없다.

예를 들면, 유명 무신론자이자 노벨상을 수상한 물리학자 스티븐 와인버그(Steven Weinberg)는 자신의 가장 유명한 저서 『최초의 3분』(*The First Three Minutes*)에서 이렇게 말한다.

> 인류가 우주와 특별한 관계를 맺고 있다는 믿음, 인간의 생명은 우주의 첫 3분으로부터 시작된 일련의 우연들에 의해서 이루어진, 우스꽝스러운 결과가 아니라는 믿음, 어쨌든 우리가 처음부터 이 우주에 포함되었다는 믿음은 거부하기가 매우 어렵다. … 이 모든 것들이 매우 적대적인 우주의 한 부분일 뿐이라고 받아들이는 것도 어렵다. 현재의 우주가 말할 수 없이 생소한 모습에서 진화해 왔다는 사실, 그리고 이 우주가 끝없는 추위나 견딜 수 없는 열에 의해 장차 멸망할 것이란 사실은 더더욱 받아들이기 어렵다. 우주는 이해할수록 의미 없는 것처럼 보인다.
>
> 우리의 연구 결과에 어떤 위안이 없을지라도, 최소한 연구 자체에는 어떤 위로가 존재한다. 인류는 신이나 거인 이야기 따위에 삶과 생각을 가두고 위안을 삼지 말아야 한다. 인류는 망원경, 인공위성, 입자가속기 등을 발명하고, 책상 앞에 앉아 끝없는 시간 동안 데이터를 연구하여 그것들의 의미를 찾아내야만 한다. 이 우주를 이해하려는 노력은 인간의 삶을 조금이나마 향상시키는 몇 안 되는 일 중에 하나이며, 이는 비극 속에서도 안도감을 준다.[13]

---

[13] Steven Weinberg, *The First Three Minutes* (London: Andre Deutsch, 1977), 154–155.

와인버그가 이토록 감동적으로 서술한 인류의 곤경에는 꽤나 이상한 점이 있다. **비극**은 중립적인 용어가 아니라는 점이다. 비극이란 어떠한 상황에 대한 평가이다. 와인버그는 과학적 탐구에 집중하는 삶이

> **생각해 보기**
> 최근에 본 영화를 떠올려 보자. 영화의 주인공에게 "왜 너의 삶이 가치가 있다고 생각해?"라고 물으면, 그 주인공은 뭐라고 답할 것 같은가?

진실된 의미를 지니고 있으며, 이것이 사라져 버리는 것을 "비극적"이라고 말하고 있다.

하지만 무신론자에게 과학에 열정을 쏟아 붓는 일과 아무것도 하지 않은 채로 가만히 있는 일이 다를 게 뭐가 있겠는가?

인생에는 아무런 객관적인 목적이 없다. 그렇기에 어떠한 추구도 객관적인 중요성을 지닐 수 없고, 그 추구가 아무리 중요해 보인다 해도 한낱 개인의 주관적인 의견일 뿐이다. 이는 침몰하는 배 안에서 카드 게임을 하는 것만큼이나 의미가 없는 일이다.

4. 곤경에 빠진 인간

현대 인류의 딜레마는 정말로 끔찍하다. 무신론적 세계관은 행복하고 일관성 있는 삶을 살기에는 적합하지 못하다. 인간은 아무런 의미, 가치, 혹은 목적이 없는 삶에서는 일관성을 유지하며 행복하게 살아갈 수 없다. 우리가 무신론적 세계관에서 일관성 있게 살려고 한다면, 굉장히 불행하다는 느낌을 단번에 받을 수 있을 것이다. 만약 무신론자로서 행복하게 살 수 있다고 해도, 그것은 스스로의 세계관을 어기고 거짓말을 해야만 가능한 일이다.

이러한 딜레마를 마주한 현대 인류는 이로부터 벗어나기 위해 비참한 노력을 시도한다. L.D. 루(L.D. Rue) 박사는 1991년 미국과학발전학회에서 인류의 곤경에 관한 뛰어난 연설을 발표했다. 현대 인류의 곤경에 직면한 그는 우리가 우리 자신에게 "고귀한 거짓말"을[14] 하여 우리와 우주가 여전히 가치가 있다고 생각해야 한다고 용감하게 주장했다.

루는 다음과 같이 말했다.

> 우리가 지난 두 세기 동안 얻은 교훈은, 지식과 도덕의 상대주의가 뼛속 깊이 옳다는 점입니다.

루는 이러한 깨달음이 결국 자아실현과 사회적 일관성이 분리되게 한다고 말한다. 왜냐하면 상대주의적 관점에서는 자아실현의 추구가 극단적으로 개인화되기 때문이다. 즉 개개인이 스스로의 가치와 의미를 직접 선택하기 때문이다.

그렇다면 어떻게 해야 하는가?

루는 "정신병원 옵션"이 있다고 말한다. 사회의 유익은 안중에도 없이 자아실현만을 추구하는 것이다. 한편으로는 "전체주의적 옵션"이 있는데, 개인의 유익을 희생해서라도 사회적 유익을 추구하는 것이다. 루에 따르면, 이 두 가지 선택지를 피하기 위해 스스로에게 고귀한 거짓말을 하는 수밖에 없다. 이 거짓말은 이기적인 욕심을 버리고 자발적으로 사회를 위해 헌신하라는 거짓말이다.

---

14 고귀한 거짓말은 "자신의 유익과 자아, 가족, 국가, 인종을 뛰어넘으라는 말로 우리를 현혹시키고, 속이며, 또한 강요한다."

[고귀한 거짓말은] 자신의 유익, 자아, 가족, 국가, 인종을 뛰어넘으라는 말로 우리를 현혹시키고, 속이며, 강요한다.

이것이 거짓말인 이유는 우주에는 가치가 주입되어 있다(이는 엄청난 허구다)고 말하고, 보편적인 진리를 선포하며(그런 진리가 없을지라도), 사리사욕을 위한 삶을 살지 말라(이는 분명한 거짓이다)고 강요하기 때문이다.

하지만 이런 거짓말 없이 우리는 도저히 살아갈 수 없습니다.

이는 현대인들에게 내려진 끔찍한 판결이다. 살아남기 위해서는 자기기만에 빠져야만 한다.

5. 개인적인 이야기

삶의 허무함은 그저 학문적인 문제가 아니다. 이는 우리 존재의 핵심을 다룬다. 나는 십대 청소년 시절에 삶의 무의미함과 그로부터 비롯된 절망감을 깊게 느끼고 있었다. 나는 사랑을 듬뿍 주는 훌륭한 가정에서 자랐지만, 교회를 다니는 집안은 아니었기에 기독교와는 거리가 멀었다. 하지만 나는 십대가 된 뒤로 점점 복잡한 질문들을 던지기 시작했다.
나는 누구일까?
왜 나는 여기에 있는 것이며, 또한 어디로 가는 것일까?
나는 이런 의문에 대답을 찾으며 주변에 있는 대형 교회들을 찾았다. 하지만 대답을 얻기는커녕, 헌금 바구니에 천 원 정도를 내면 입장할 수 있는 사교 파티에 간 느낌이었다. 청소년부에 있던 어떤 학생들은 일요일에는 신실한 그리스도인이라고 주장했으나, 주중에는 자신들이 진짜 신, 즉 인기를 위해 살았다. 정말 그 학생들은 인기를 얻기 위해서라면 그 무엇이든 할 것만 같았다.

이러한 사실들은 나를 정말 괴롭혔다.

'저 녀석들은 그리스도인이라지만, 나는 저들보단 나은 삶을 살고 있어.'

나는 정말 이렇게 생각했다.

'하지만 내 마음속은 너무 공허해. 저들도 나처럼 엄청나게 공허할 테지만 저들 자신이 아닌 어떤 것인 척하고 있어. 위선자들 같으니라고!'

그렇게 나는 교회와 성도들에게 씁쓸한 감정을 키워가게 되었다. 이윽고 나는 타인을 향해서도 이러한 태도를 갖게 되었다. 나는 다음과 같이 생각했다.

'아무도 진실 되지 않아. 그들 모두는 그저 플라스틱 가면을 쓴 가짜들일 뿐이고, 자신을 세상에 드러내기 겁이 나서 진심을 꽁꽁 숨겨 놓지.'

그렇게 나의 분노는 보편적인 타인을 향하게 되었다. 나는 자라면서 타인을 경멸하게 되었다. 그들에게서 아무것도 바라지 않았다.

'난 저들이 필요 없어.'

나는 스스로를 학문에만 전념하도록 고립시켰다. 솔직히 말하자면, 나는 소외감에 휩쌓인 청년으로 자라나고 있었다. 하지만 스스로를 돌아보며 솔직해질 때마다, 나의 마음속 깊은 구석에서는 사실 타인을 사랑하고, 또한 사랑받고 싶어 하는 마음이 있다는 사실을 알고 있었다. 바로 그 때 나도 남들처럼 가짜였다는 사실을 깨닫게 되었다. 타인이 필요없다는 듯 살고 있었지만, 사실 나에겐 그들이 필요했던 것이다. 그렇게 타인에게 품었던 분노와 증오가 나 자신에게 돌려졌다. 나 자신이 엉터리라는 사실과 위선자라는 사실에 화가 났다.

당신이 이러한 것을 이해할지 모르겠지만, 이런 내적인 분노와 절망은 스스로를 잡아먹으며 매일매일을 비참하게 만든다. **그저 견뎌 내야만 하는** 하루를 살도록 만드는 것이다. 나는 삶에서 아무런 목적을 찾을 수 없었고, 아무것도 신경 쓸 이유가 없었다.

유난히 기분이 형편없던 어느 날, 나는 고등학교의 독일어 교실에 들어가 한 여학생 뒤에 앉았다.

그녀는 **항상 행복하기만 해서** 당신을 힘들게 하는 부류였다!

나는 그녀의 어깨를 툭툭 쳤고, 그녀는 뒤돌아봤다. 나는 으르렁대며 물어봤다.

"샌디, 도대체 뭐가 널 그렇게 항상 행복하게 만드는 거야?"

그녀는 말했다.

"글쎄, 빌. 나는 구원 받아서 그래!"

나는 어리둥절했다. 한 번도 그런 말을 들어 보지 못했었다. 나는 다시 물어봤다.

"너는 뭐라고?"

그녀는 설명했다.

"난 예수 그리스도께서 나의 구원자이심을 알고 있어."

내가 찌질하게 대답했다.

"나도 교회 다니는데?"

그녀는 말했다.

"그것으로는 충분하지 않아, 빌. 하나님이 너의 마음속에 거하시도록 해야만 해."

그것이 한계였다!

내가 따졌다.

"하나님은 왜 그런 걸 원하지?"

"빌, 그분은 널 사랑하시기 때문이야."

벽돌로 한 대 맞은 것 같았다. 나는 이렇게 분노와 적대심으로 가득 차 있었는데, 그녀는 누군가가 나를 사랑한다고 말했다.

그리고 그 누군가는 다름 아닌 이 우주의 하나님이었다!

그 생각은 나를 충격에 빠뜨렸다.

'우주의 창조자가 지구라는 먼지 위의 벌레와 같은 **나를** 사랑한다니, 나 빌 크레이그를 말야.'

나에겐 이것을 곧장 받아들일 수 없었다. 이후로 나는 내 생애에 있어서 가장 고통스러웠던 자기 탐구의 기간을 시작했다. 그 뒤로는 단 한 번도 그렇게 열심인 적이 없었다. 나는 신약성경을 얻은 뒤 처음부터 끝까지 다 읽었다. 그러면서 나사렛 예수라는 사람에게 완전히 매료되었다. 그의 가르침에는 살면서 한 번도 접해 보지 못한 지혜가 담겨 있었고, 우리 교회에서 그를 따른다고 자처하던 사람들과는 달리, 그의 삶에는 진심이 가득했다. 나는 교회에서 본 모습들 때문에 예수까지 무시할 수는 없다고 생각하게 되었다.

그 와중에 샌디는 나를 고등학교 내의 다른 그리스도인 학생들에게 소개시켜 주었다.

난 한 번도 이런 사람들을 만난 적이 없었다!

그들이 예수에 대해 뭐라 말하든, 그들은 그 모습을 실제로 살아 내었고, 나는 그 사실을 부인할 수 없었다. 나는 그러한 삶이 존재할 거라 꿈에도 생각하지 못했지만, 그들의 삶에는 내가 그토록 원했던 깊은 기쁨과 의미가 가득했다.

긴 이야기를 줄이자면, 나의 영적인 탐구는 여섯 달 동안 계속되었다. 나는 그리스도인들이 가는 모임에 참석했고, 기독교에 관련된 책들을 읽었으며, 기도하며 하나님을 찾았다. 나는 동아줄의 끝에 매달린 신세가 되었고, 하나님께 부르짖었다. 내 안에서 터질 듯이 커져 버린 분노와 증오를 모두 내어놓으며 울부짖었다. 나는 집밖으로 뛰쳐나갔던 그 날을 기억한다. 중서부의 구름한 점 없는 여름밤, 지평선부터 그 반대편까지 펼쳐진 은하수를 올려다볼 수 있었다. 별들을 바라보며 생각했다.

> **생각해 보기**
> 당신의 삶이 진정으로 가치 있다고 느껴본 적이 있는가? 무엇이 그런 생각을 불러 일으켰는가?
> 그렇지 않다면, 왜 그렇게 느껴보지 못한 것 같은가?

'하나님! 난 드디어 하나님을 알게 되었습니다!'

이 순간은 나의 삶을 뒤바꾸었다. 나는 복음에 대해 여섯 달간 씨름하며 깨닫게 되었다. 이것들이 진리라면, 정말로 **진리**라면, 내 평생에 이 아름다운 메시지를 사람들에게 전하며 살아가야만 한다는 사실을 말이다.

많은 그리스도인들은 예수를 알아감에 있어서 전에 없던 사랑, 기쁨, 평안이 충만해졌다고 말한다. 나도 이 모든 요소들에 흥분을 느낀다. 하지만 그리스도가 내 삶에서 가져 온 가장 큰 변화가 무엇이냐고 묻는다면, 나는 거침없이 "의미!"라고 대답할 수 있다. 나는 하나님으로부터 멀어진 삶이 가져오는 어두움과 절망을 깨달았다. 하나님을 알게 됨으로써, 나는 영원한 내 존재의 소중함을 깨닫게 되었다. 이제 내가 하는 일들에는 영원한 의미가 있다. 이제 나의 삶은 중요해졌다. 이제 나는 매일 일어나며 그분과 함께 동행하는 하루를 보낼 수 있다.

6. 성경적 기독교의 성공

성경적 기독교는 그렇게 현대인의 세계관에 도전장을 내민다. 기독교 세계관에 의하면, 하나님이 **존재하며** 삶은 무덤에서 끝나지 **않는다**.

성경적 기독교는 이처럼 의미와 가치, 그리고 목적이 존재하는 삶을 위한 두 가지 필수 조건을 제시한다. 바로 하나님과 불멸이다. 이 덕분에 우리는 이 세계관 속에서 일관성을 지닌 채 행복하게 살 수 있다. 그러므로 성경적 기독교는 무신론이 무너지는 곳에서 확실한 성공을 거둔다.

자, 하지만 이러한 사실들이 성경적 기독교가 참이라고 증명하지는 않는다. 무신론자는 내가 고귀한 거짓말을 받아들여 착각하고 있는 중이라고 잘난 체할지도 모른다. 그러니 우리는 다음 장에서 신의 존재에 대한 논증과 반증들을 살펴볼 것이다. 여태까지는 최소한 대안들만을 살펴보았다. 만약 신이 존재하지 않는다면, 삶은 쓸모없다. 신이 존재한다면, 삶에는 의미가 있다. 이 두 가지 대안 중 오직 두 번째 선택만이 우리를 행복하고 일관성 있게 살아갈 수 있도록 만들어 준다. 이처럼 신의 존재 여부는 엄청난 **차이**를 불러일으킨다.

더 나아가자면, 이 두 가지 선택지의 증거가 절대적으로 동등하다 해도, 이성적인 사람이라면 신의 존재를 믿어야 한다. 왜냐하면 생명, 의미, 행복보다 죽음, 쓸모없음, 멸망을 더 선호하는 것은 굉장히 비이성적이기 때문이다. 파스칼이 말했듯, 우리는 잃을 것이 전혀 없고 얻을 것은 무한하다.

하지만 본 장에서의 나의 목표는 훨씬 소박한 편이다. 내가 신 없는 삶의 부조리를 말함으로써 바라는 바는 당신이 이러한 문제에 대해 생각해 보는 것이다. 신의 존재 여부는 우리의 삶에 거대한 차이를 가져다 준다. 우리는 더 이상 이 문제에 대해 무관심할 수 없다. 만약 우리가 불신자들과 이러한 사실들을 말할 수 있게 되었다면, 우리의 목표는 이미 이루어지고 있는 것이다.

본 장의 요약

1. 신이 존재하지 않는다면, 인류와 각 개인의 삶은 멸망할 것이다.

2. 신이 존재하지 않고 삶이 죽음 뒤에는 없다면, 삶 자체는 객관적으로 아무런 의미, 가치, 목적을 지니지 않는다.
   1) 의미
      (1) 불멸이 없다면 당신의 삶은 아무런 궁극적인 중요성을 갖지 못하며, 이 세상의 결과에 아무런 차이도 만들 수 없다.
      (2) 신 없이는 인간의 삶이 중요하게 여겨질 수 있는 넓은 사고관도 없다.
   2) 가치
      (1) 불멸이 없다면 도덕적 책임 또한 존재하지 않으며, 도덕적 선택들은 아무런 결과도 만들지 못한다.
      (2) 신이 없다면, 도덕적 가치들은 사회적 상황과 진화로 빚어진 망상일 뿐이다.
   3) 목적
      (1) 불멸이 없다면 죽음에 의한 소멸만이 유일한 도착지이다.
      (2) 신 없이는 이 세상에 태어난 아무런 목적도 없다.

3. 무신론적 세계관으로 일관성 있게 행복한 삶을 사는 것은 불가능하다.
   1) 무신론자로서 행복하게 산다는 것은 삶에서 의미, 가치, 목적을 주장할 근거가 없음에도 일관성 없게 그것들을 주장하는 것일 뿐이다.

2) 무신론자로서 일관성 있게 살아간다면, 삶은 무의미하고, 무가치하며, 목적이 없다는 사실을 알기 때문에 굉장히 불행하고 우울할 것이다.

4. 성경적 기독교는 현대인의 세계관에 도전을 던진다.
   1) 성경적 기독교에 의하면 신은 존재하며 삶은 죽음으로 끝나지 않는다.
   2) 그러므로 성경적 기독교는 의미, 가치, 목적 있는 인생의 두 가지 전제를 충족한다. 즉 하나님과 불멸이다.
   3) 그러므로 성경적 기독교는 일관성 있게 행복할 수 있는 사고관을 가진다.
   4) 그러니, 성경적 기독교를 배우지 않을 이유가 무엇인가?

제3장

왜 무언가가 존재하는가?

> 태초에 말씀이 계시니라 이 말씀이 하나님과 함께 계셨으니
> 이 말씀은 곧 하나님이시니라 … 만물이 그로 말미암아 지은 바 되었으니
> 지은 것이 하나도 그가 없이는 된 것이 없느니라(요 1:1, 3).

키오쿡(Keokuk)은 소년이 성장하기에 아주 좋은 장소였다. 다이오와(Iowa)의 동남쪽 모퉁이에서 미주리(Missouri)로 내려오며 장려하게 흐르는 미시시피강 언저리에 위치한 키오쿡은, 마크 트웨인이 오랫동안 살던 곳이다. 나는 어린 시절에 개구리, 두꺼비, 뱀, 도롱뇽, 토끼, 새, 길 잃은 강아지와 고양이, 심지어 박쥐와 주머니쥐까지 내가 잡을 수 있는 모든 종류의 애완동물을 키우며 놀았다. 키오쿡에서는 밤에 별도 선명하게 볼 수 있었다. 유년 시절의 나는 까만 밤에 떠 있는 셀 수 없이 많은 별을 보며 생각했다.

이 모든 것들은 어디에서 왔을까?

나는 본능적으로 이 모든 것들이 존재하는 데에는 설명이 있어야 한다고 생각했다. 내가 기억하는 한, 그 당시 나는 온 우주의 창조자를 줄곧 믿어 왔다. 나는 단지 그를 인격적으로 안 적이 없을 뿐이었다. 불과 몇 년 후, 나는 어린 시절의 질문과 그 대답이 수세기 동안 가장 위대한 철학자들의 마음을 사로잡아 왔다는 것을 깨달았다. 예를 들어, 미적분학의 공동발견자이자 18세기 유럽 최고의 지성이었던 G. W. 라이프니

츠는 이렇게 썼다.

> 올바르게 질문해야 할 첫 번째 질문은 다음과 같다. **왜 아무것도 없지 않고 무엇인가가 존재하는가?**[1]

다시 말해, 왜 이 모든 것이 존재하는가?

라이프니츠에게 있어, 이 질문은 누구라도 물을 수 있는 가장 기초적인 질문이었다. 나와 마찬가지로, 라이프니츠는 이 질문에 대한 대답을 창조물로 이루어진 우주가 아닌, 신(God)에게서 발견할 수 있다는 결론에 도달했다. 신은 필연적으로 존재하며, 왜 다른 모든 것이 존재하는지에 대한 설명이다.

1. 라이프니츠의 논증

우리는 라이프니츠의 생각을 간단한 논증의 형태로 나타낼 수 있다.

고트프리트 빌헬름 라이프니츠(Gottfried Wilhelm Leibniz)
고트프리트 빌헬름 라이프니츠(1646-1716)는 독일의 철학자, 수학자, 논리학자이다. 그는 아이작 뉴턴(Sir Isaac Newton)과 거의 같은 시기에 미적분법을 발명했다. 그는 뉴턴의 아이디어를 훔쳐 발표했다는 고소를 당해, 사실상 인생의 마지막 5년을 자신을 변호하는 데 썼다. 오늘날 대부분의 역사학자는 라이프니츠가 미적분을 독자적으로 고안했다는 데에 의견을 같이한다.

---

1 G. W. F. von Leibniz, *The Principles of Nature and of Grace, Based on Reason*, Leibniz Selections (New York: Scribner's, 1951), 527.

제3장 왜 무언가가 존재하는가?

이렇게 하는 것은 그의 논리를 분명하게 만들어 추론의 결정적인 단계에 집중하게 하는 장점이 있다. 그뿐만 아니라, 그의 논증을 외우기 쉽게 만들어 준다. 우리가 다른 사람들과 쉽게 나눌 수 있도록 말이다. (본 장의 마지막에 논증 지도로 정리해 놓았다.)

라이프니츠의 논증에는 3가지 단계 또는 전제가 있다.

① 존재하는 모든 것은 스스로의 존재에 대한 설명(explanation)을 지닌다.
② 만약 우주가 스스로의 존재에 대한 설명을 지닌다면, 그 설명은 신이다.
③ 우주는 존재한다.

생각해 보기
이 3가지 전제 중에 무신론자가 이의를 제기한 것을 들어본 적이 있는가? 그들은 어떤 근거를 갖고 이의를 제기했는가?

이것이 전부다!

이제 이 3가지의 전제로부터 어떤 논리적인 결론이 도출되는지 보자. 전제 ①과 전제 ③을 살펴보자. (도움이 된다면 소리 내어 읽어도 좋다.) 만약, **존재하는 모든 것이 스스로의 존재에 대한 설명을 지니고**, 또한 **우주가 존재한다면**, 논리적으로 도출되는 결과는 다음과 같다.

④ 우주는 스스로의 존재에 대한 설명을 지닌다.

이제 전제 ②가 '만약 우주가 스스로의 존재에 대한 설명을 지닌다면, 그 설명은 신이다'라는 것에 주목하라. 또한, 전제 ④는 우주가 스스로의 존재에 대한 설명을 지닌다고 말한다. 그러므로 전제 ②와 전제 ④로부터 다음과 같은 결론이 도출된다.

⑤ 그러므로 우주의 존재에 대한 설명은 신이다.

이제 논증은 논리적으로 완결되었다. 이는 만약 3가지 전제가 참이라면, 결론은 피할 수 없다 무신론자와 불가지론자가 이 결론을 좋아하든 싫어하든 상관없다. 그가 신의 존재에 대한 다른 반대 의견을 갖고 있다고 하더라도 상관없다. 그가 전제들을 인정하는 한 결론도 받아들여야만 한다. 만약 결론을 거부하고 싶다면, 그는 3가지 전제 중 하나가 거짓이라고 말해야만 한다.

하지만 어떤 전제를 거부할 것인가?

진정으로 진리를 추구하는 사람이라면, 전제 ③은 부정할 수 없다.

우주는 분명히 존재하기 때문이다!

만약 무신론자로 남거나 합리적인 사람이 되려면, 그는 전제 ①이나 전제 ② 중에서 하나를 부정해야 한다. 그렇다면 모든 의문은 '전제 ①과 전제 ②가 참인가 거짓인가'로 향하게 된다. 함께 살펴보자.

2. 전제 ①: "존재하는 모든 것은 스스로의 존재에 대한 설명을 지닌다"

1) 전제 ①에 대한 반론: 신은 신 자신의 존재에 대한 설명을 지녀야 한다

언뜻 보기에, 전제 ①은 뻔한 방식의 공격에 취약해 보인다. 만약 존재하는 모든 것이 스스로의 존재에 대한 설명을 지니고, 신 또한 존재한다면, 당연히 신도 스스로의 존재에 대한 설명을 지녀야 한다!

하지만 신이 자신의 존재에 대한 설명을 지니는 것은 불가능해 보인다. 왜냐하면, 신의 존재에 대한 설명은 신보다 더 큰 존재일 것이기 때문이다. 신보다 큰 존재는 불가능하므로 전제 ①은 거짓이 되어야 한다. 그러므로 어떤 것들은 존재에 대한 마땅한 설명 없이도 존재할 수 있어야 한다. 신자들은 신이야말로 설명 없이도 존재할 수 있다고 말할 것이다. 그때 무신론자는 "우주도 그렇지 않은가? 우주는 아무 설명 없이 존재한다"라고 말할 것이다.

우리는 곤경에 빠진 것인가?

2) 반론에 대한 대답: 어떤 것들은 필연적으로(necessarily) 존재한다

천천히 생각해 보자!

전제 ①에 대한 이 뻔한 반론은 라이프니츠가 "설명"(explanation)이라는 용어를 사용하며 의도한 바에 대한 오해에 기반한다. 라이프니츠의 관점에 따르면, 세상에는 두 종류의 사물이 있다.

첫째, 필연적으로 존재하는 것.

둘째, 어떠한 외부적인 원인에 의해 만들어진 것.

설명해 보겠다.

첫째, 필연적으로 존재하는 것은 본질적으로 내재된 필연성에 의해 존재한다. 이것들은 존재하지 않는 것이 불가능하다. 많은 수학자는 숫자, 집합 및 다른 수학적 개념이 이러한 방식으로 존재한다고 생각한다. 이것들은 다른 원인에 의해 존

필연적이냐 우연적이냐

필연적으로(necessarily) **존재하는** 것은 그 자체의 본성(내재적 필연성 -역주)에 의해 존재한다. 존재하는 것 자체가 그들의 본성에 속한다. 반면, **우연히**(contingently) **존재하는** 것들은 존재하지 않게 될 수도 있고, 따라서 그것들은 왜 존재하는지를 설명해 줄 외부적인 원인이 필요하다

재하게 된 것이 아니다. 단지 내재된 필연성에 의해 존재할 뿐이다.

둘째, 반면 다른 원인에 의해 존재하는 것들은 꼭 존재해야 할 필요가 없다. 다른 원인이 그것들을 존재하도록 만들었기에 그것이 존재할 뿐이다. 예를 들어 사람, 행성, 혹은 은하처럼 익숙한 물리적인 대상들은 이 범주에 속한다.

따라서 라이프니츠가 "존재하는 모든 것은 스스로의 존재에 대한 설명을 지닌다"고 말할 때는, 설명을 그 자체의 내재된 필연성 **또는** 다른 외부적인 원인에서 찾아야 한다. 따라서 전제 ①은 다음과 같이 더 완전하게 기술될 수 있다.

> ① 존재하는 모든 것은 스스로의 존재에 대한 설명을 지니며, 그 자체의 필연성이나 외부적인 원인에서 그 설명을 찾을 수 있다.

바로 여기서 반론은 실패로 끝난다. 신의 존재에 대한 설명은 신 자신의 본성 안에 내재된 필연성에 기인한다. 심지어 무신론자들도 인정하듯, 신이 원인을 지니는 것은 불가능한 일이다. 따라서 라이프니츠의 논증은 필연적이며 원인이 없는 존재로서의 신에 대한 논증이다.

무신론자가 전제 ①에 제기한 반론은 라이프니츠의 논증을 약화하기는커녕, 오히려 신이 어떤 존재인지 분명히 하고 자세히 살펴보게 하는 도움을 주었다. 만약 신이 존재한다면, 그는 필연적으로 존재하며 원인이 없는 존재이다.

생각해 보기
결과적으로 신이 존재한다면, 왜 신은 원인을 지닐 수 없는 것일까?

3) 전제 ①에 대한 방어: 크기는 중요하지 않다

그렇다면 전제 ①이 참이라고 생각할 수 있게 하는 근거는 무엇일까?
조금만 생각해 보면 전제 ①이 자명하다는 사실을 알 수 있다. 숲속을 거닐며 하이킹을 하고 있는데, 우연히 땅바닥에 놓여 있는 반투명한 공을 발견한 상황을 상상해 보라. 당신은 당연히 그 공이 어떻게 이곳에 놓여 있게 됐는지 궁금할 것이다. 만약 옆에 있던 사람들 중 한 명이 당신에게 "신경 쓰지마! 저 공이 저기 있는 데에는 아무 이유도 없어!"라고 말한다면, 당신은 그가 정신이 나갔거나, 단지 가던 길을 마저 가길 원할 뿐이라고 생각할 것이다. 그 누구도 공이 둔자 그대로 아무런 설명 없이 존재했다는 의견을 진지하게 받아들이지는 않을 것이다.

이제 이 예화에 나오는 공의 크기를 자동차 정도의 크기로 키워 보자. 이렇게 하더라도, 설명에 대한 필요를 충족시키거나 없애지는 못한다. 공이 집의 크기만큼 크다고 해 보자. 마찬가지다. 공이 대륙이나 행성만큼 크다고 해 보자. 마찬가지다. 공이 우주 전체만큼 크다고 해 보자. 여전히 같은 문제다. 단순히 공의 크기를 늘리는 일은 그것이 존재하는 이유를 설명할 필요성에 아무런 영향을 미치지 못한다.

4) 택시 오류

때로 무신론자들은 전제 ①이 우주 **안에** 속한 존재들에 대해서는 참이지만, 우주 **그 자체에 대해서는** 참이 아니라고 말한다. 우주 안에 있는 모든 것들은 설명을 지니지만, 우주 그 자체는 설명을 지니지 않는다는 것이다.

하지만 이 답변은 "택시 오류"(the taxicab fallacy)를 범하고 있다. 19세

> **오류**
>
> 오류(fallacy)는 잘못된 추론을 의미한다. 오류에는 형식적 오류와 비형식적 오류가 있다. 형식적 오류는 논리의 규칙을 어기는 것이다. 비형식적 오류는 순환 논증처럼 잘못된 논증 전략을 사용하는 것이다. "택시 오류"는 비형식적 오류에 해당한다.

기 무신론 철학자 아서 쇼펜하우어(Arthur Schopenhauer)가 재치 있게 표현했듯, 이 논증의 전제 ①은 원하는 목적지에 도착하면 택시를 멈추는 것과 같은 방법으로는 반박될 수 없다. 모든 것이 스스로의 존재에 대한 설명을 지닌다고 말하면서, 갑자기 우주만 예외로 취급할 수 없다는 뜻이다.

무신론자가 우주만큼은 이 규칙에서 예외라고 주장한다면, 이는 자의적인 주장이다(라이프니츠가 신을 전제 ①의 예외로 두지 **않았다**는 사실을 떠올려 보라). 예화에 나오는 숲속의 공은, 설명을 필요로 하는 사물의 크기를 단순히 증가시킨다고 해서 공의 존재에 대한 설명의 필요성이 제거되지는 않는다는 사실을 보여 준다. 심지어 그 공의 크기가 우주처럼 커진다고 해도 말이다.

또한, 이 무신론자의 대답이 얼마나 비과학적인지에 주목하라. 현대 우주론(우주에 대한 학문)은 우주의 존재에 대한 설명을 찾는 일에 전념하고 있다. 이 무신론자의 태도는 과학을 무용지물로 여기는 것과 같다.

5) 또 다른 무신론자의 오류: 우주는 우주 스스로에 대한 설명을 지닐 수 없다

따라서 어떤 무신론자들은 우주를 전제 ①의 예외로 만들고 그것을 **정당화**하려고 시도해 왔다. 그들은 우주가 스스로에 대한 설명을 지니는 것이 **불가능**하다고 말한다.

왜일까? 왜냐하면 우주에 대한 설명은 우주가 아직 존재하지 않는 상태 이전에 속해야만 하기 때문이다. 그러나 우주 이전의 상태는 무(無)이며, 무(無)는 그 어느 것에 대한 설명이 될 수 없다. 따라서 그들은 우주가 우주 스스로에 대한 설명 없이도 존재할 수 있다고 주장한다.

이 추론 과정에는 명백한 오류가 있다. 왜냐하면, 이 주장은 우주가 이 세상에 존재하는 전부이며, 따라서 우주가 존재하지 않는다면 그 어느 것도 존재하지 않는다고 가정하기 때문이다.

달리 표현하자면, 이 반론은 무신론이 참이라는 사실을 전제로 두고 있다!

따라서 이 무신론자는 선결문제 요구의 오류를 범하고 있으며, 순환 논증을 펼치고 있다.

라이프니츠는 '우주에 대한 설명은 우주가 존재하기 이전의 상태일 때에만 존재한다'는 말에 동의할 것이다. 그러나 우주가 존재하기 전에 '무'(無)가 아니라, 신과 그의 의지가 존재하고 있었다고도 말할 수 있다. 그러므로 전제 ①은 거짓보다는 참일 가능성이 더 높으며, 따라서 좋은 논증이라고 할 수 있다.

우주론

우주론(cosmology)은 우주의 대규모 구조와 발달 과정에 대한 학문이다. 그리스어 'kosmos'는 "질서 있는 배열" 또는 "세계"를 의미한다. 피타고라스는 이 단어를 사용하여 우주를 언급한 첫 번째 인물이었을지도 모른다.

생각해 보기

아무것도 없는 상태를 상상하기는 쉽지 않다. 빈 공간을 상상해 볼 수는 있지만, 빈 공간은 '어떤 것'(something)이지, '무'(無, nothing)가 아니다. 오로지 신만이 존재하는 상황을 상상해 보라. 우주도, 빈 공간도, 심지어 시간도 존재하지 않는 상황 말이다.

이러한 상황을 떠올리려고 할 때, 당신의 머릿속에서는 어떤 일이 벌어지는가?

그 이후엔 신조차도 존재하지 않는 상황을 한번 상상해 보라.

3. 전제 ②: "만약 우주가 스스로의 존재에 대한 설명을 지닌다면, 그 설명은 신이다"

1) 무신론자들이 전제 ②에 동의한다

그렇다면 이제 전제 ②를 살펴보자.

만약 우주가 스스로의 존재에 대한 설명을 지닌다면, 그 설명은 신인가? 이를 거짓보다는 참이라 말하는 것이 더 그럴듯한가?

> **논리적 동등성(Logical Equivalence)**
> 하나가 참인 동시에 다른 하나가 거짓일 수 없다면, 두 개의 진술은 논리적으로 동등하다. 이 둘은 둘 다 동시에 참이거나 동시에 거짓이다. 가장 중요한 논리적 동등성 중 하나는 '대우'(對偶, contraposition)'이다. "P이면 Q이다"의 대우는 "Q가 아니라면, P도 아니다"이며 이는 원래의 진술과 논리적으로 동등하다. 뒤에 나오는 진술 Ⓐ와 Ⓑ는 대우의 예시이다.

이 시점에서 무신론자들에게 정말로 곤란한 점은 '전제 ②가 라이프니츠의 논증에 대한 전형적인 무신론적 답변과 논리적으로 동등하다'는 점이다. 하나가 참인 동시에 다른 하나가 거짓일 수 없다면, 이 둘은 논리적으로 동등하다. 이 둘은 항상 동시에 참이거나 동시에 거짓이다.

그렇다면 라이프니츠의 논증에 대해 무신론자들이 항상 내놓는 답변은 무엇일까?

우리가 지금까지 봐 왔듯이, 무신론자들은 전형적으로 다음과 같이 주장한다.

　　Ⓐ 무신론이 참이라면, 우주는 스스로의 존재에 대한 설명을 지니지 않는다.

이 주장은 정확히 무신론자들이 전제 ①에 대해 답변하는 내용이다. 우주는 그저 우주 스스로에 대한 설명 없이 존재한다. 하지만 이 주장은 다음의 주장과 논리적으로 동등하다.

Ⓑ 우주가 스스로의 존재에 대한 설명을 지닌다면, 무신론은 참이 아니다.

따라서 Ⓐ를 긍정하는 동시에, Ⓑ를 부정할 수 없다.

하지만 Ⓑ는 사실상 전제 ②와 같은 말이다! (이 둘을 비교해 보라.)

따라서 무신론자가 전제 ①에 대한 반응으로 '우주는 아무런 설명을 지니지 않는다'고 말한다면, 이 무신론자는 암묵적으로 전제 ②를 인정하는 셈이다. '우주가 우주 자신에 대한 설명을 지닌다면, 신은 존재한다'는 사실을 말이다.

추상적 실재 vs 구체적 실재
철학자는 실재(objects)를 추상적인(abstract) 실재와 구체적인(concrete) 실재로 구분한다. 추상적인 실재는 인과 관계에 영향을 미치는 능력이 없는 반면, 구체적인 실재는 이 세계의 결과의 원인으로서 작용할 수 있다는 점이 이 둘의 결정적인 차이점이다. 여러 철학자들은 숫자, 집단, 기능과 같은 수학적 개념뿐만 아니라 명제, 속성, 소설 속 인물, 심지어 음악과 문학 작품까지도 추상적 실재로 구분했다.

2) 전제 ②에 대한 또 다른 논증: 우주의 원인은 추상적 실재 또는 육체를 초월한(unembodied) 정신인가?

심지어, 전제 ②는 그 자체로 그럴듯하다.

우주가 무엇인지 생각해 보자. 우주는 **모든** 물질과 에너지를 포함하는 시공간적 실재(space-time reality)의 **전부**다. 만약 우주의 존재에 원인이 있다면, 그 원인은 물리적이지 않고, 물질적이지도 않으며, 시공간을 초월해야 할 것이다.

놀랍지 않은가!

이러한 조건에 잘 맞는 것은, 숫자와 같이 추상적인 실재 또는 육체를 초월한 정신, 이 두 가지뿐이다. 그러나 추상적인 실재는 어떠한 사건도 일으킬 수 없다. 추상적이라는 말의 뜻이 그러하다. 예를 들어, 숫자 7은 스스로 어떤 결과도 일으킬 수 없다. 그러므로 우주의 존재 원인은 초월적인 정신이어야 하며, 신자들은 이 정신이 '신'으로 생각한다.

> 세계를 초월한다(Ultramundane)는 것은 이 세상의 영역을 넘어서서 존재한다는 것을 의미한다. 'Mundane'(세상적인)이라는 단어의 어원은 '세계' 또는 '우주'라는 뜻의 라틴어, 'mundus'다. 이 단어에는 '재미없다'는 뜻만 있는 것은 아니다!

나는 당신이 라이프니츠의 논증이 갖는 힘을 이해하길 바란다. 이 논증이 성공한다면, 필연적이고 스스로 존재하며 시공간적으로 무한하고 비물질적이자 인격적인 우주 창조자의 존재를 증명하게 된다. 이 창조자는 날아다니는 스파게티 괴물과 같이 이상한 실재가 아니라, 신의 전통적인 특성들을 많이 지니고 있는 세계를 초월한 존재이다.

너무나 감동적이지 않은가!

3) 무신론자의 대안: 우주는 필연적으로 존재한다!

이제 무신론자는 어떤 주장을 할 수 있을까?

무신론자에게는 더 급진적인 대안이 있다. 몇 발짝 양보하여 전제 ①에 대한 반대를 철회하고, 대신에 '그래. 우주는 우주 스스로의 존재에 대한 설명을 지니고 있어'라고 말할 수 있다. 하지만 이때 우주가 지니는 우주 스스로에 대한 설명은 '우주는 그 자체에 내재된 필연성에 의해 존재한다'이다. 이제 우주는 필연적으로 존재하며, 무신론자들을 위한 신의 대체물 역할을 할 수 있게 된다.

이 주장은 무신론자가 취할 수 있는 매우 급진적인 입장이다. 나는 현대의 무신론자 중에서 이런 주장을 받아들이는 사람을 떠올릴 수가 없다. 몇 년 전, 산타바바라시립대학(Santa Babara City College)에서 열렸던 철학학회(Philosophy of Time conference)에서 있었던 일이다. 피츠버그대학교의 열성적인 무신론 과학철학자인 아돌프 그륀바움(Adolf Grünbaum)은 이러한 주장이 가능하다고 생각하는 것 같았다. 그러나 내가 일반 청중석에서 우주가 필연적으로 존재하느냐고 묻자, 그는 나의 질문에 분개했다.

> **생각해 보기**
> 당신이 아는 사람 중에 우주 또는 세계가 신의 대체물(예를 들어, '가이아'[Gaia]나 "스타워즈"에 나오는 '포스'[Force])이라고 믿는 사람이 있는가? 무엇이 그들로 하여금 신의 대체물을 믿게 했는가?

"당연히 아닙니다!"

그는 딱 잘라 분명하게 이야기했다. 그리고는 이어서 우주가 아무런 설명 없이 존재한다고 주장했다.

무신론자들이 이 대안을 받아들이려 하지 않는 이유는 분명하다.

우주를 한번 떠올려 보자.

우주를 구성하는 그 무엇도 필연적으로 존재하는 것처럼 보이지 않는다. 별, 행성, 은하계, 먼지, 방사선 등 그 어느 것도 말이다. 이러한 것들은 존재하지 않을 수도 있었던 것들이다. 실제로 과거의 어느 시점, 즉 우주의 밀도가 매우 컸던 때는 이들 중 그 어느 것도 존재하지 않았다. 누군가는 '그렇다면 별, 행성, 은하계, 먼지, 방사선 등을 구성하는 물질들은 어떤가?'라고 물을 수 있다. 물질은 필연적으로 존재하고, 별, 행성 등은 단지 물질의 각기 다른 배열 상태일 수 있다. 입자 물리학의 표준 모형에 따르면, 이러한 주장의 문제는 물질 또한 더 이상

쪼개지지 않는 기본 입자(소립자)로 이루어진다는 것이다. 우주는 단지 이 모든 입자들이 서로 다른 방식으로 배열되어 있는 것일 뿐이다. 하지만 의문이 생긴다.

이 입자들 대신 다른 기본 입자가 존재할 수는 없었는가?

이 입자들 각각 하나하나가 필연적으로 존재하는가?

이 시점에서 무신론자가 말할 수 없는 것이 무엇인지 주목하라. 그는 '기본 입자를 구성하는 물질의 배열 상태는 다를 수 있었지만, 기본 입자들을 구성하는 물질 자체는 필연적으로 존재한다'고 말할 수 없다.

	1세대	2세대	3세대	
쿼크(Quarks)	u 위(up)	c 맵시(charm)	t 꼭대기(top)	γ 광자(photon)
	d 아래(down)	s 기묘(strange)	b 바닥(bottom)	g 글루온(gluon)
렙톤(Leptons)	ν_e 전자 중성미자 (electron neutrino)	ν_μ 뮤온 중성미자 (muon neutrino)	ν_τ 타우 중성미자 (tau neutrino)	Z^0 약력(weak force)
	e 전자(electron)	μ 뮤온(muon)	τ 타우(tau)	$W^\pm$ 약력

왜냐하면, 기본 입자는 그 어느 것으로도 구성되지 않기 때문이다!

기본 입자가 바로 물질의 **기본 단위**이다. 그러므로 특정 입자가 존재하지 않는다면, 물질은 존재하지 않는다.

현존하는 기본 입자와는 다른 입자들이 존재했을 가능성도 있었다는 사실은 분명해 보인다. 그러나 다른 기본 입자가 존재했다면, 다른 우주가 존재했을 것이다.

요점을 이해하려면, 나무 책상을 떠올려 보면 된다.

그 책상이 얼음으로 만들어졌을 수도 있었을까?

나는 지금 '당신이 그 나무 책상과 똑같은 크기와 모양의 얼음 책상을 갖게 되었을 수 있었는가?'라고 묻는 것이 아니다. 오히려 '나무로 만들어진 바로 **그 책상**이, 얼음으로 구성되어 있을 수도 있지 않았을까?'라고 묻는 것이다. 대답은 분명히 '아니오'이다. 얼음 책상은 그 나무 책상과 같은 것이라 볼 수 없다. 분명히 다른 책상이다.

마찬가지로, 다른 입자들로 구성된 우주는 다른 우주이다. 아무리 그 입자들이 지금의 우주를 구성하는 배열 방식과 동일하게 배열된다고 할지라도 말이다. 그러므로 우주는 내재된 본성에 의해 필연적으로 존재하는 것이 아니다.

누군가는 '신체를 구성하는 물질적 구성 성분들이 완전히 새롭게 바뀜에도 불구하고, 우리의 신체는 동일하게 존재한다'며 반론을 제기할 수 있다. 우리는 '우리 신체를 구성하는 물질이 사실상 7년마다 완전히 새로워진다'는 이야기를 듣곤 한다. 하지만 여전히 내 신체는 내 이전의 신체와 동일한 신체다. 이처럼, 우리는 '현재와 전혀 다른 입자들로 구성될 수 있었던 우주라고 할지라도, 현재와 동일한 우주일 수 있다'라고 말할 수 있다.

> **유사성과 비유사성**
>
> 유사성(analogy)은 두 사물의 비슷한 점이다. 비유사성(disanalogy)은 두 사물 사이의 차이점 또는 비슷하지 않은 점이다.

그러나 가장 핵심적인 비유사성은, 존재할 수 있었던 우주들 사이의 차이점이 일종의 '변화'가 아니라는 점이다. 왜냐하면 이 우주들 사이에는 어떤 상태에서 다른 상태로의 본질적인 변화를 겪는 지속적인

> **생각해 보기**
> 물리학 선생님께 '왜 기본 입자가 존재하는지,' '기본 입자가 존재하지 않는 것은 불가능한지' 한번 질문해 보라. (물리학 선생님이 대화하고 싶어 하지 않을 수도 있다.)

주체가 없기 때문이다.[2] 그러므로 서로 다른 입자들로 만들어진 우주들은 우리 신체의 서로 다른 단계들과는 다르다. 오히려 그런 우주는 서로 연결되어 있지 않은 두 신체와 같다.

아무도 우주의 모든 입자가 내재된 필연성에 의해 존재한다고 생각하지 않는다. 그러므로 그러한 입자들로 구성된 우주 또한 필연적으로 존재하지 않는다. 이 논의를 통해 각각 우주를 바라보는 관점에 대해서도 알 수 있다는 점에 주목하라. 우리가 우주를 하나의 '대상'(어떤 대리석 조각상이 대리석으로 만들어진 비슷한 조각상과 다른 것처럼)으로 여기는지, '모음' 혹은 '집합'(새의 어떤 무리가 서로 다른 새들로 이루어진 비슷한 무리와 다른 것처럼)으로 여기는지, 아니면 그 어느 것도 아니라 입자들 위에 존재하는 것으로 여기는지 알 수 있다는 말이다.

자연을 구성하는 기본 단위가 우리가 알고 있는 기본 입자와 완전히 다를 수 있었다는 점을 생각해 보면, '우주는 필연적으로 존재하지 않는다'는 나의 주장은 더욱 분명해진다. 그러한 우주는 현재와 다른 자연 법칙으로 특징지어질 것이다. 현재의 자연 법칙이 논리적으로 필연적이라고 할지라도, 여전히 현재와 다른 자연 법칙이 정립될 가능성이 있다. 왜냐하면 현재의 기본 입자와 다른 특성과 능력을 갖추고 있는 물질이 존재할 수 있었기 때문이다. 이러한 경우, 우리는 매우 다른 우주를 다루고 있었을 것이다. 그래서 무신론자들은 대담하게 전제 ②를

---

[2] 7년마다 새로 구성되는 신체의 경우, '나의 자아'라는 주체가 존재한다. 이 주체가 변화를 지속적으로 경험하고 있기에 신체의 구성 요소가 새로워져도 여전히 '나'일 수 있다. – 역주

부정하거나 우주는 필연적으로 존재한다고 말하지 않았다. 전제 ①과 마찬가지로, 전제 ② 또한 참인 것이 타당해 보인다.

> **생각해 보기**
> 본 장은 그 신에 대하여 어떻게 보여 주었는가?
> 신은 육체를 초월한 정신인가?
> 신은 우주를 초월하는 존재인가?
> 신은 우주를 창조했는가?

10. 결론

3가지 전제를 고려할 때, 다음의 결론은 논리적으로 피할 수 없다. **신은 우주의 존재에 대한 설명이다**. 더욱이, 이 논증은 신이 물리적인 우주와 시공간을 초월해서 스스로 존재하고 육체를 초월한 정신이며, 또한 필연적으로 존재한다는 사실을 암묵적으로 보여 준다. 이 결론은 충격적이다. 라이프니츠는 평범한 일상 속의 일들 너머로 우리의 생각의 지평을 넓혀 주었다. 다음 장에서 '무한'을 이해하고 우주의 시작에 대해 알아가면서, 우리의 생각의 지평은 더욱더 뻗어 나가게 될 것이다.

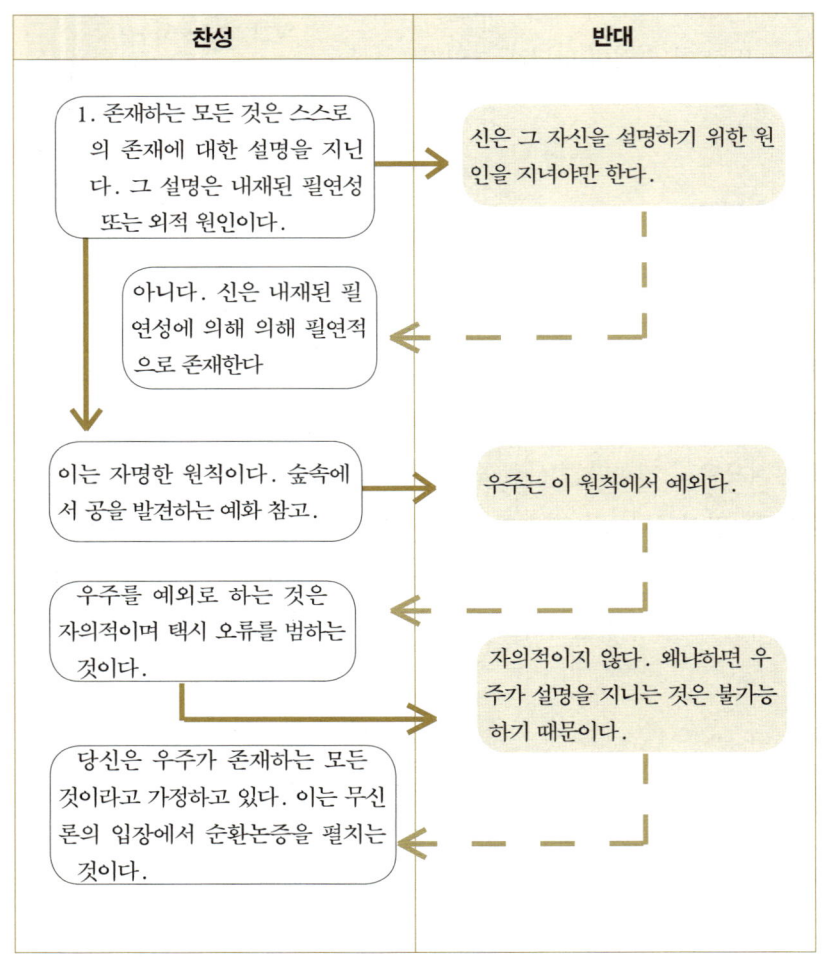

라이프니츠의 우주론적 논증(계속)

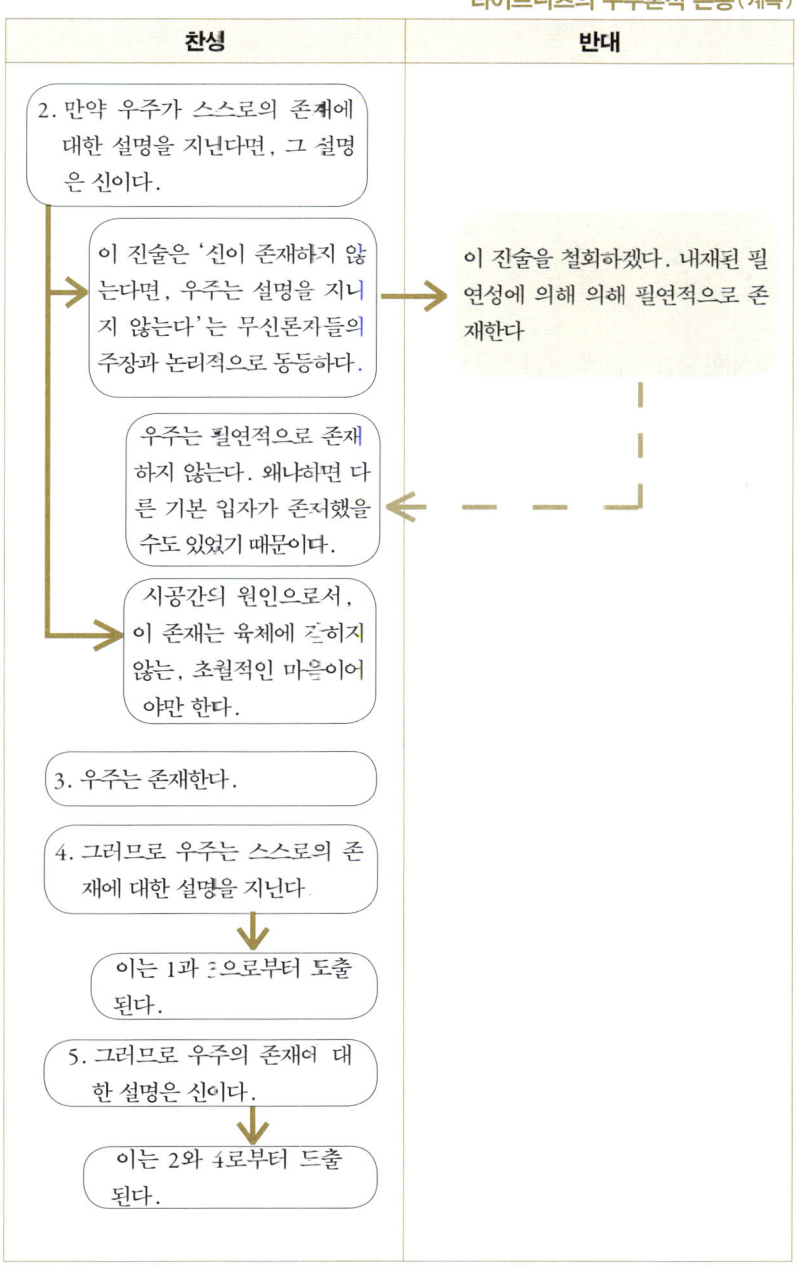

부록: 한 철학자의 신앙 여정 1

고등학교 2학년에 그리스도인이 된 나는, 곧이어 다닐 대학을 결정해야만 했다. 나에게 신앙을 전해 줬던 샌디는 같은 독일어 수업을 듣고 있었는데, 자신의 오빠인 폴이 다니던 휘튼대학(Wheaton College)에 지원하는 것이 어떻겠냐고 제안해 주었다. 기독교 학교에서 공부하는 일은 이제 막 신자가 된 나에게 너무나도 매력적으로 들렸다. 이런 이유로 나는 그 학교에 지원했고, 곧 합격 통보를 받았다.

휘튼대학에 다니며 나는 천국을 미리 맛보는 기분을 느꼈다. 왜냐하면 여태껏 한 번도 기독교적인 문화 공동체에 속했던 적이 없었기 때문이다. 교수님들은 수업 전마다 기도했고, 매일 예배를 드렸으며, 라커룸에선 어떠한 욕이나 더러운 이야기도 들을 수가 없었다. 이는 정말 충격이었다!

하지만 휘튼이 제공한 가장 값진 선물은 신앙과 배움의 결합이었다. 우리는 학교 안에서 이성과 신앙을 따로 나누어 생각할 필요가 없었다. 오히려 그리스도인으로서의 기독교적 세계관을 소유할 수 있었다. 과학에 대한 기독교적 관점, 역사에 대한 기독교적 관점, 예술에 대한 기독교적 관점 등을 지닐 수 있게 된 것이다. 나는 이곳에서 복음에 대한 지적인 변증을 제시하며 내 신앙을 전하고 싶다는 꿈을 갖게 되었다. 마음뿐 아니라 머리에도 호소하기를 원했던 것이다.

불행하게도, 당시 휘튼은 변증에 대해 놀랍도록 취약했다. 내 신학 교수님인 로버트 웨버(Robert Webber)는 우리에게 신의 존재를 뒷받침할 만한 좋은 논증은 없다고 가르쳤고, 오랜 증거들은 모두 반박되었다고 했다. 나는 교수님의 주장에 의구심이 들었으나, 그의 권위에 눌려 그저 동의할 수밖에 없었다.

휘튼에서 졸업하기 직전, 나는 대학 서점에 있는 재고 정리 테이블에서 스튜어트 해캣(Stuart Hackett) 교수님이 쓰신 『유신론의 부활』(*The Resurrection of Theism*)이라는 책을 발견했다. 사실은 그 제목이 무슨 말인지조차 알지 못하던 때였다. 늦가을이 돼서야 그 책을 읽었는데, 그 내용은 가히 충격적이었다. 휘튼에서의 가르침과는 대조적으로, 해캣은 굉장한 논리로 신의 존재를 변증했으며, 생각할 수 있는 모든 반증에 대한 반박을 내놓았다.

해캣의 논증은 대우 깊은 인상을 남겼다. 과거의 일련의 사건들이 무한하다는 것은 이성적으로 불가능하고, 우주에는 시작이 있어야 하며, 초월적인 원인이 우주를 생성시켰다는 것이었다. 해캣의 책을 읽는 일은 정말 충격적이고 놀라운 경험이었다. 나는 정녕 그가 옳은지를 알아봐야만 했다.

휘튼의 졸업반에 있을 때, 예배 설교자로 온 존 게스트(John Guest)는 졸업 후 2년이나 3년을 풀타임으로 또래 대학생들에게 신앙을 전하는 일에 헌신하라고 조언했다. 나는 그 말에 순응했고, 신학대학원을 가려던 계획을 잠시 미루고 '대학생선교회'(Campus Crusade for Christ)[3]에서 2년간 간사로 헌신했다. 나는 노던일리노이대학교(Northern Illinois University)의 사역자팀에 배정되었다.

---

3 대학생들을 위한 초교파적 기독교 단체이다. CCC라고도 불린다. -역주

노스다코타대학교(University of North Dakota)의 졸업생이던 젠 콜먼(Jan Coleman)은 젊은 여성 멤버였다. 생기 넘치고 활발하던 그녀는 자신감과 힘, 그리고 독립심을 잔뜩 발산했다. 그녀는 그리스도에 매료되어 있었고, 전도에도 헌신적이었다.

그뿐만 아니라, 날씬한 체형, 허리까지 내려오는 어두운 갈색 머리, 큰 갈색 눈 … 굉장히 매력적이기까지 했다!

심지어 그녀는 내가 가려던 바로 그 신학대학원에 가고 싶다고 말했다. 이런 여자는 사실 너무 과분했지만, 그럼에도 나는 그녀에게 빠져들 수밖에 없었다. 기적은 여전히 존재한다. 왜냐하면 우리가 곧 사랑에 빠졌기 때문이다. 나는 남자들과 사역하고, 젠은 여자들과 사역하는 와중에도 말이다. 우리는 학년이 끝날 즈음 결혼하게 되었다.

그 후, 우리는 시카고 북쪽에 있는 트리니티복음주의신학교(Trinity Evangelical Divinity School)의 노만 가이슬러(Norman Geisler) 박사가 열정적으로 진행하던 철학 석사 과정으로 눈을 돌렸다. 이 프로그램의 입학 조건 중 하나는 대학원 입학시험(GRE: Graduate Record Exam)이었고, 그 후 나는 1년간 그 시험 준비를 위해 프레드릭 코플레스톤(Frederick Copleston)의 기념비적인 아홉 권짜리 『철학의 역사』(History of Philosophy)를 읽고 자세히 공부했다. 이 책을 통해 나는 헤캣이 변증하던 논거에 대한 유대교와 이슬람교, 그리고 기독교 사상의 유구한 역사를 배웠고, 언젠가 철학박사 과정을 공부한다면 이 주제에 대해 논문을 쓰기로 다짐했다.

우리 부부는 트리니티에서 굉장히 좋은 2년을 보내며, 폴 레인버그(Paul Reinberg), 데이비드 울프(David Wolfe), 존 워윅 몽고메리(John Warwick Montgomery), 데이비드 웰스(David Wells), 존 우드브리지(John Woodbridge), 제이 아이 패커(J.I. Packer), 클라크 피녹(Clark Pinnock), 머레이 해리스

(Murray Harris)와 같은 분들 아래서 공부했다. 나는 종교철학과 교회사 두 가지의 석사학위를 받았다. 트리니티에서 보낸 시간은 우리 부부에게 있어 하나님이 예비한 너무나 중요한 디딤돌이 되었다.

함께하는 날들을 통해, 젠과 나는 중요한 사실을 발견했다. 주님께서는 우리에게 앞으로 무슨 일이 일어날지 모를 때, 바로 다음 과정을 밟을 수 있을 정도로만 빛을 비춰 주신다는 사실이었다. 트리니티에서의 졸업이 가까이 왔을 무렵, 우리는 저녁 식탁에 앉아 졸업 후 무엇을 할지에 대해 이야기를 나누고 있었다. 그리고 둘 다 뚜렷한 계획은 가지고 있지 않았다.

그때 젠은 나에게 물었다.

"음, 만약 돈이 문제가 아니라면, 정말로 하고 싶은 게 뭔가요?"

내가 대답했다.

"만약 돈이 문제되지 않는다면, 영국의 존 힉(John Hick) 아래에서 박사 과정을 하고 싶어요."

그녀가 물었다.

"그분이 누구신가요?"

나는 설명했다.

"아, 이분은 유명한 영국인 철학자에요. 신의 존재에 대해 많은 책을 썼어요. 그분과 공부할 수 있으면, 신의 존재에 대한 우주론적 논쟁을 발전시킬 수 있을 것이에요."

그러나 이 계획은 실현 불가능해 보였다.

다음날 저녁, 젠은 나에게 존 힉의 주소가 쓰여진 종이 한 장을 건네주었다. 그녀가 말했다.

"오늘 도서관에 가서 그분이 영국 버밍엄대학교에 있다는 걸 알아냈어요. 그분 밑에서 우주론적 논쟁에 대해 박사 논문을 쓰고 싶다고 편지를 보내 보는 게 어때요?"

이 얼마나 대단한 여성인가!

나는 편지를 썼고, 놀랍고 기쁘게도 힉 교수는 흔쾌히 나의 박사논문을 지도해 주겠다고 답장했다.

결국 기회의 문이 열린 것이다!

문제는, 버밍엄대학교에서 우리가 박사 과정을 마칠 모든 돈이 있다는 사실을 증명할 공식적인 은행 잔고서를 요구한 것이다. (아마 외국 학생이 돈이 없다는 이유로 박사 과정 중간에 떨어져 나가는 것을 원치 않았을 것이다.)

이런, 우리에겐 그럴 만한 돈이 없었다!

사실 쥐꼬리만큼도 없었다. 트리니티에 있던 우리의 원룸형 아파트는 너무나도 작아서, 바닥에 있는 매트리스에 누워 팔다리를 쭉 뻗으면 냉장고가 닿을 정도였다. 우리는 비용을 줄이기 위해 종이 접시를 반절로 잘라 쓰기도 했다! (그 때문에 창피한 순간을 겪은 적도 있는데, 우드리지 박사님이 후식을 드시러 오셨을 때였다. 젠은 미처 생각하지 못한 채, 파이를 반으로 자른 종이 접시에 대접한 것이다! 무척 자비롭게도, 교수님은 아무 말도 하지 않으셨다.)

그러나 우리는 정말로 하나님이 이 학위를 위해 영국으로 부르시고 계심을 느꼈다. 그 당시, 재정적으로 시달리던 영국 대학교에는 외국 학생들에게 주는 장학금이라곤 없었다.

우리 스스로가 그 돈을 마련해야만 했다. 그래서 우리는 매일 아침과 저녁으로 주님께서 어떻게 해서든 그 자금을 허락해 달라고 기도하기 시작했다.

우리는 대학생선교회에서 젠을 도와주고 있던 비그리스도인 사업가와 약속을 잡았고, 그에게 하나님이 우리에게 주신 사명에 대해 말해 주었다.

그리고 이 비그리스도인 사업가는 우리가 버밍엄대학교의 즌 힉 교수 아래에서 공부하는 데 필요한 모든 돈을, 빌려주는 것도 아니고, **그냥 거저 주었다**!

내가 본 주님의 공급 중에서 가장 놀라운 일 중 하나였다. 이 공부를 위해 하나님이 우리를 손수 영국으로 옮기신 것만 같았다. 마치 기적처럼 말이다.

나는 힉 교수의 지도 아래에 우주론적 논증에 대한 논문을 썼고, 결국 그 박사 논문에서 세 권의 책이 나오게 되었다. 나는 그분의 분석에 깊이를 더해 더욱 발전시켰을 뿐만 아니라, 헤켓의 논증의 역사적 뿌리까지도 조사할 수 있었다. 또한, 현대 천문학과 우주학의 꽤 놀라운 연결점들도 발견했다.

헤켓의 논증이 중세 이슬람 신학에 역사적 뿌리를 두었기 때문에, 나는 그 논증을 "칼람 우주론적 논증"이라 이름지었다(칼람[Kalam]은 중세 신학을 의미하는 아랍어이다). 칸트 시대 이후로 잊혀져 온 이 논증은, 오늘날 본 무대로 다시 돌아왔다. 『캠브리지 무신론의 동반자』(*Cambridge Companion to Atheism*, 2007)는 이렇게 보고했다.

> 철학 저널에 나온 다수의 논문들은 크레이그의 칼람 논증에 대한 변증이 동시대 다른 철학자들이 쓴 신 존재론 정리보다 더욱 많은 논문들을 출판시켰음을 보여 준다. … 신학자들과 무신론자들은 하나같이 '크레이그의 칼람 논증을 가만히 놔두질 못한다'(p. 183).

이렇게 역사적인 논증을 공부할 수 있는 특혜를 주신 주님께 감사드린다. 다음 장에서 이 논증을 당신과 나눌 것이다.

제4장

우주는 왜 시작되었는가?

하늘이 하나님의 영광을 선포하고
궁창이 그의 손으로 하신 일을 나타내는도다(시 19:1).

내가 아직 소년이었을 때, 우주의 존재뿐만 아니라 우주가 어떻게 시작했는지에 대해서도 궁금해 했다. 밤에 침대에 누워, 시작점이 없는 우주를 생각하려고 노력했던 내 모습이 떠오르곤 한다. 모든 사건은 또 다른 사건을 전제로 한다. 이는 중간에 멈추는 지점 없이(더 정확하게는 시작점 없이), 계속해서 앞으로, 그리고 과거로 거슬러 올라간다. 시작이 없는 무한한 과거인 것이다. 이러한 생각에 내 마음은 혼란스러웠다. 시작이 없는 무한한 과거는 나로서는 생각조차 할 수 없는 것처럼 느껴졌다. 내가 생각하기에 이 모든 것들이 시작되기 위해서는 특정한 시작점이 있어야 했다.

나는 사람들이 수세기 동안(실제로 천 년 동안) '무한한 과거'라는 개념과 '절대적인 시작점이 있었는지'에 관한 문제를 붙들고 씨름해 왔음을 거의 의심하지 않게 됐다. 고대 그리스 철학자들은 물질은 필연적으로 존재하며, 창조되지 않았으므로 영원하다고 믿었다. 그들에게 있어, 신은 우주에 질서를 도입했을 수 있지만, 우주 그 자체를 창조하지는 않았다. 이러한 그리스인들의 시각은 그들보다 더 과거에 살았던 유대인의 시각과 대조적이었다. 히브리 저자들은 우주가 항상 존재해 왔던 것이 아니라, 과거의 특정한 시점에 하나님에 의해 창조되었다고 생각했다. 히브리어 성경의 첫 번째 구절이 명시하듯 말이다.

> 태초에 하나님이 천지를 창조하시니라(창 1:1).

결국, 이 두 가지 경쟁하는 전통들이 상호 작용을 하기 시작했다. 서양철학에서는 우주가 시작되었는지 여부에 대해 천 년 이상 논쟁이 지속되었다. 이 논쟁은 유대인과 이슬람교도들뿐만 아니라, 그리스도인들(로마 가톨릭과 개신교 둘 다) 사이에서도 제기되었다. 논쟁은 마침내 18세기 독일의 위대한 철학자인 임마누엘 칸트(Immanuel Kant)에 의해 애매한 결말을 맞이하게 되었다.

아이러니하게도, 칸트는 양측 **모두**의 근거가 이성적인 설득력을 지니고 있으므로 결국 이성 자체의 파산을 보여 준다고 생각했다!

1. 알 가잘리의 논증

이러한 논란을 불러일으킨 논증은 무엇일까?

중세의 위대한 신학자 중 한 명에게 직접 들어 보자. 알 가잘리는 오늘날의 이란인 페르시아 출신의 12세기 이슬람교 신학자이다. 그는 당시의 이슬람교 철학자들이 그리스 철학의 영향을 받아 신의 우주 창조를 부정하는 것을 우려했다. 그들은 우주가 신으로부터 필연적으로 흘러나오기 때문에 시작점이 없이 존재해 왔다고 주장했다.

> **아부 하미드 무함마드 이븐 무함마드 알 가잘리**
> (Abû Hâmid Muhammad ibn Muhammad al-Ghazâlî)
> 알 가잘리는 AD 1055년과 1058년 사이에 페르시아에서 태어났다. 30대 중반이었을 때, 그의 박학다식함은 셀주크 왕조의 재상(宰相)의 눈에 띄게 됐다. 재상의 추천으로 그는 바그다드의 명망 있는 마드라사(madrassa, '배우다'[Darasa]를 의미하는 아랍어에서 파생된 단어로, '이슬람 신학교'를 의미한다. -역주)에서 가르치기 시작했다. 그는 궁중에서 영향력 있는 사람이 되고 술탄의 가까운 친구가 된다. 하지만 수피 (Sufi)문학을 공부하면서 그는 권력자들의 부를 즐기는 동시에 그의 종교가 요구하는 엄격한 도덕성을 지키는 것은 불가능하다고 결론 내렸다. 왜냐하면 그는 권력자들의 부패한 통치를 돕고 있었기 때문이다. 그래서 1095년에 그는 더 소박한 삶을 살기 위해 바그다드를 떠난다. 그는 1106년까지 작은 학교에서 가르쳤다. 이후에 그는 대중 사이에 퍼져 있는 신학적인 혼동을 바로잡기 위해 마드라사로 돌아왔다. 그는 1111년에 그의 고향에서 생을 마감했다.

이 철학자들의 가르침을 철저히 연구한 후에, 가잘리는 그들의 주장에 대한 통렬한 비판을 담은 책인 『철학자들의 모순』(The Incoherence of the Philosophers)을 저술했다. 이 흥미로운 책에서, 그는 시작점이 없는 우주가 터무니없는 개념이라고 주장한다. 우주는 시작점을 가져야만 한다. 또한 원인 없이 존재하기 시작한 것은 아무것도 없기 때문에 우주에는 초월적인 창조자가 존재해야만 한다.

가잘리는 자신의 논증을 단순하게 구조화한다.

> 존재하기 시작한 모든 것에는 그 시작의 원인이 있다. 이 세계는 존재하기 시작했다. 그러므로 세계의 시작에는 원인이 있다.[1]

---

1 Al-Ghazali Kitab al-Iqtisad fi'l-I'tiqad, 재인용 출처: S. de Beaurecueil, "Gazzali et S.

다시 한 번, 가잘리의 추론 과정을 세 단계로 요약해 보면 다음과 같다.

① 존재하기 시작한 모든 것에는 존재에 대한 원인이 있다.
② 우주는 존재하기 시작했다.
③ 그러므로 우주의 존재에 대한 원인이 있다.

이 논증은 믿을 수 없을 정도로 간단해서, 외워서 다른 사람과 나누기에도 좋다. 그뿐만 아니라, 논리적으로 탄탄하기까지 하다. 앞선 두 개의 전제가 참이라면, 결론은 필연적으로 도출된다. 따라서 결론을 부정하고 싶은 사람은 전제 ① 또는 전제 ②를 거짓으로 간주해야 한다. 그러므로 최종적인 질문은 다음과 같다.

전제들이 참일 가능성이 더 큰가?
아니면 거짓일 가능성이 더 큰가?
각 전제를 차례로 살펴보자.

2. 전제 ①: "존재하기 시작한 모든 것에는 존재에 대한 원인이 있다"

나는 진정으로 진리를 추구하는 사람이라면 전제 ①("존재하기 시작한 모든 것에는 존재에 대한 원인이 있다")을 부정할 수 없다고 생각한다. 어떤 것이 **아무런 원인도 없이 존재한다면**, 그것은 무(無)로부터 나온 것이다. 이는 당연히 말이 안 된다. 전제 ①을 뒷받침하는 3가지 이유를 살펴보자.

Thomas d'Aquin: Essai sur la preuve de l'existence de Dieu proposée dans l'Iqtisad et sa comparaison avec les 'voies' Thomiste," *Bulletin de l'Institut Français d'Archaeologie Orientale* 46 (1947): 203.

1) 그 어떤 것도 무로부터 나올 수 없다

어떤 것이 무(無)로부터 존재한다고 주장하는 것은 마술보다 못한 것이다.

마술사가 모자에서 토끼를 꺼낼 때, 적어도 거기에는 마술사가 있고, 모자도 있다!

하지만 전제 ①을 부정한다면, 이 모든 우주가 과거의 어떤 시점에서 아무런 원인 없이 갑자기 나타났다고 생각해야 한다. 그러나 그 누구도 **진심으로**, 예를 들면, 말이나 에스키모 마을 등이 원인 없이 뿅 하고 나타날 수 있다고 믿지 않는다. 이것은 무슨 첨단 과학이 아니다.

『사운드 오브 뮤직』(*The Sound of Music*)에서, 폰 트랩 대령과 마리아가 서로의 사랑을 확인할 때, 마리아가 무엇이라 말했는가?

"아무것도 무(無)로부터 나올 수 없어요. 아무것도 말이죠."

우리는 보통 철학적 원리들을 로맨틱하다고 생각하지 않는다. 하지만 마리아는 여기서 고전적인 형이상학의 기본 원리를 표현하고 있다. (의심할 여지없이 그녀는 수녀원학교에서 철학에 대해 잘 교육받았을 것이다!)

기독교-유대교-이슬람교 논증

칼람(kalam) 우주론적 논증은 아리스토텔레스의 '우주는 영원하다'는 주장을 반박하기 위해 알렉산드리아의 존 필로포누스(John Philoponus)와 같은 고대 기독교 철학자들의 노력이 시작되었다. 이슬람이 이집트를 휩쓸었을 때, 이집트는 칼람 우주론적 논증의 전통을 흡수하고 논증을 더 정교하게 만들었다. 유대인은 중세 스페인의 이슬람교도들과 함께 살았다. 그 결과, 이 전통은 서구 기독교 세계로 다시 돌아갔고, 성 보나벤투라(St. Bonaventura)에 의해 옹호되었다. 그리스도인, 유대인, 이슬람교도는 창조에 관해서는 공통적인 신념을 공유하기 때문에, 칼람 우주론적 논증은 그들 사이에 다리를 놓아 주는 굉장한 매력을 갖고 있다. 특히 유대인과 이슬람교도의 믿음을 공유할 수 있는 다리를 놓아주는 데에 도움을 준다.

때때로 회의론자들은 이 부분에 대해 물리학에서 말하는 원자보다 작은 입자들(소위, '가상 입자')은 무(無)로부터 나왔다고 답한다. 또한 어떤 대중적인 잡지는 우주의 기원에 관한 몇몇 이론들은 무(無)에서도 무엇인가가 나올 수 있음을 설명할 수 있다고 말한다. "공짜란 없다"라는 속담에서 우주는 예외라고 주장하는 것이다.

이런 회의론자의 반응은 고의적으로 과학을 악용하는 것이다. 문제의 그 이론들은 진공 속의 요동치는 에너지에서 기원하는 입자들에 관한 것이다. 현대 물리학에서의 진공 상태는 비전문가가 "진공"을 말 그대로 '아무것도 없는 상태'라고 이해하는 것과는 다르다. 물리학에서 말하는 진공 상태는 물리 법칙의 지배를 받고, 물리적 구조를 지닌 채로 요동치는 에너지의 바다이다. 비전문가에게 이러한 이론들을 근거로 무(無)로부터도 무언가가 나올 수 있다고 설명하는 것은 그 이론들을 왜곡하는 것이다.

올바르게 이해한다면, "무"(無)는 단순히 빈 공간을 의미하지 않는다. '무'는 그 어느 것도 없는 상태다. 심지어 공간 그 자체도 없다. 이처럼, '무'는 문자 그대로 그 어떤 특징도 갖고 있지 않다. 왜냐하면 특징을 가질 만한 그 어떠한 것도 없기 때문이다.

대중들에게 "'무'는 불안정하다"거나

형이상학(Metaphysics) 은 궁극적인 실재의 본질에 대한 질문을 탐구하는 철학의 한 분야이다. 형이상학의 주요 쟁점에는 존재의 본질, 시공간의 본질, 마음과 몸의 관계, 추상적인 대상의 실체, 신의 존재가 있다.

대중 과학(Pop Science)
과학 이론에 대한 대중적인 기사와 텔레비전 쇼를 볼 때에는 매우, 매우 주의해야 한다. 비전문가에게 고도로 전문적인 과학 이론을 설명하기 위해, 저자들은 불가피하게 은유와 그림 같은 언어에 의존하게 되는데, 이는 오해의 소지가 있을 수 있을뿐더러, 부정확할 수 있기 때문이다. 물리학이 무(無)로부터도 무언가가 나올 수 있음을 보여 준다는 주장이 대표적인 사례다.

"우주는 '무'에서 튀어나왔다"고 말하는 것이 얼마나 어리석은 짓인가!

1979년에 칼람 우주론적 논증에 대한 내 저서를 처음 출판했을 때, 나는 무신론자들이 "우주는 존재하기 시작했다"는 전제 ②를 공격할 것이라고 생각했다. 그들이 전제 ①을 물고 늘어질 것이라고 생각하지는 않았다. 전제 ①을 공격한다면, 무신론자들은 진정으로 진리를 추구하기보다, 단지 논증을 학문적으로 반박하는 데에만 관심이 있다고 비춰질 수 있기 때문이었다.

그러나 놀랍게도, 그들은 논쟁을 피하기 위해 전제 ①을 부정했다!

예를 들어, 웨스턴미시건대학교의 퀸튼 스미스(Quentin Smith)는 우주는 "'무'에서, '무'에 의해, '무'를 위해"² 나왔다고 주장하는 것이 가장 이성적인 입장이라고 답했다.

이는 마치 무신론 버전의 게티즈버그 연설³과도 같았다!

이 주장은 단순히 무신론자의 믿음에 불과하다. 나는 이 주장이 신의 존재를 믿는 신앙보다 더 강한 믿음의 대표적인 예라고 생각한다. 왜냐하면, 거듭 강조하지만, 이 주장은 정말 마술만도 못한 주장이기 때문이다. 만약 '우주가 무(無)에서 나왔다'는 주장이 신을 믿는 믿음을 대체할 수 있다면, 불신자들은 신자들에게 비합리적이라고 비난할 자격이 없다.

이보다 비합리적인 주장이 있을까?

---

2   Quentin Smith, *Theism, Atheism, and Big Bang Cosmology* (Oxford: Clarendon Press, 1993), 135.
3   미국의 에이브라햄 링컨(Abraham Lincoln) 대통령이 남북전쟁 중이던 1863년 11월 19일, 미국 펜실베이니아 주 게티즈버그에서 했던 연설이다. 연설 중 "국민의, 국민에 의한, 국민을 위한 정부"(government of the people, by the people, for the people)라는 표현이 유명하다. -역주

2) 만약 무언가가 무(無)로부터 나올 수 있다면, 왜 그 외의 모든 것들은 무로부터 나올 수 없는지 설명이 불가능하다

한 번 생각해 보자.

왜 자전거, 베토벤, 루트 비어는 무(無)로부터 뿅 하고 튀어나올 수 없을까?

왜 우주만 '무'로부터 나올 수 있는 것일까?

무엇이 '무'를 특별하게 하는가?

'무'는 그 어떤 특징도 갖고 있지 않기 때문에, '무'가 우주를 더 선호하는 일은 불가능하다. 또한 '무'에는 제한을 받을 만한 그 어떤 것도 없다. 따라서 그 무엇도 '무'를 제한할 수 없다.

무신론자들은 전제 ①에 대해, 우주 안에 있는 모든 것에 대해서는 참이지만 우주 자체**에 대해서는** 참이 아니라고 답한다. 하지만 이는 제3장에서 이미 살펴본 택시 오류에 불과하다.

우주 자체를 이야기하기 시작한다고 해서 인과 법칙을 모두 내던질 수 있는 것은 아니다!

> **생각해 보기**
> 왜 수많은 똑똑한 사람들이 우주가 아무런 원인 없이, 무(無)로부터 뿅 하고 튀어나왔다고 생각하는지에 대해 이야기해 보자.

전제 ①이 마치 중력의 법칙처럼 우주 안에서만 적용되는 자연 법칙이 아니란 소리다. 오히려 전제 ①은 모든 존재, 그리고 모든 실체를 지배하는 형이상학적 법칙이다.

이 시점에서 무신론자는 "좋아, 모든 것에 원인이 있다면, 신의 원인은 뭐지?"라고 반박할 수 있다. 나는 이 질문을 제기하고 뿌듯해하는 학생들을 보며 놀랐다. 그들은 굉장히 중요하고 심오한 이론을 제기했다고 생각하지만, 사실은 전제를 오해한 것에 불과하다. 전제 ①은 모든 것에 원인이 있다고 말하지 않는다. 다만 **존재하기 시작한** 모든 것에

> **생각해 보기**
> "모든 것은 그 이전에 존재하던 물질적인 구성 요소들로부터 만들어졌기 때문에, 새롭게 존재하기 시작한 것은 없다"라고 말하는 사람에게 어떻게 답할 수 있는가?

원인이 있다고 말한다. 영원한 것은 존재하기 시작한 적이 없기 때문에, 원인을 필요로 하지 않는다.

그러므로 신은 영원하며 원인을 갖지 않는다고 가잘리는 답할 것이다. 신에게만 유리한 주장을 펼치려는 것이 아니다. 왜냐하면 '영원하며 원인을 갖지 않는다'는 성질은 전통적으로 무신론자들이 우주에 대해 주장했던 것과 정확히 똑같은 주장이기 때문이다. 문제는 우주가 영원하지 않으며 시작점을 갖는다는 좋은 증거들이 있다는 점이다. 따라서 무신론자는 우주가 원인 없이 갑자기 존재하기 시작했다는 모순적인 주장을 하며 궁지에 몰려 있는 셈이다.

3) 일상적인 경험과 과학적 증거들이 전제 ①이 참임을 확인시켜 준다

전제 ①은 거듭 참이라고 증명되어 왔고, 한 번도 거짓으로 밝혀진 적이 없다. 증거에 비추어 볼 때, 어떻게 현대 과학자들이 전제 ①이 참임을 부정할 수 있는지 이해하기가 어렵다. 그러므로 나는 칼람 우주론적 논증의 전제 ①이 분명히 참이라고 생각한다. 논증의 결론을 부정하는 대가가 전제 ①을 부정하는 것이라면, 무신론은 철학적으로 파산한 것이나 다름없다.

3. 전제 ②: "우주는 존재하기 시작했다"

이 논증에서 가장 논란이 많은 전제는 전제 ②, 즉 "우주는 존재하기 시작했다"는 것이다. 이 전제를 옹호하기 위해 2개의 철학적 논증과 2개의 과학적 논증을 소개하겠다.

1) 첫 번째 철학적 논증: 무한은 현실에 존재할 수 없다

가잘리는 우주가 존재하기 시작한 것이 아니라면, 오늘날에 이르기까지 무한한 수의 과거 사건들이 있어야 한다고 주장했다. 그러나 그는 무한한 수의 무언가는 존재할 수 없다고 주장했다. 이 주장의 뉘앙스에 주의해야 한다. 가잘리는 **잠재적으로**(potentially) 무한한 수의 무언가가 존재할 수 있음은 인정했다. 하지만 그는 **실제적으로**(actually) 무한한 수의 무언가가 존재할 수 있다는 것은 부정했다.[4] 그 차이를 설명하겠다.

(1) 잠재적 무한 vs. 실제적 무한

무언가가 **잠재적으로** 무한하다고 말할 때의 무한은 단지 결코 도달할 수 없는 이상적인 한계를 의미할 뿐이다. 예를 들어, 당신은 어떤 유한한 거리를 2등분 할 수 있다. 이어서 4등분, 8등분, 16등분, 계속해서 무한등분까지 할 수 있다. 이렇게 만들어진 분할의 수는 당신이 계속해서 끝없이 이 거리를 분할할 수 있다는 의미에서, 잠재적으로 무한하다. 하지만 절대 "두한 번째" 분할에 도달할 수 없다. 무한한 수의 분할은 현실 세계에서는 불가능하다.

가잘리는 잠재적으로 무한한 존재에 대해서는 아무런 문제가 없다

---

[4] "잠재적 무한"(potential infinity)은 '가능하다고 생각만 할 수 있는 무한'을 의미하며, "가능적 무한," "가(假)무한"으로도 번역된다. 반면 "실제적 무한"(actual infinity)은 '현실에서 실체로서 존재할 수 있는 무한'을 의미하며, "현실적 무한," "실(實)무한"으로도 번역된다. —역주

고 생각했다. 왜냐하면 잠재적인 무한은 단순히 이상적인 한계이기 때문이다. 그러나 실제적 무한은 무한을 향해 커 가는 것이 아니라, 이미 완성된 집합을 의미한다. 그러므로 이 완성된 집합에 이미 속하고 있는 요소(member)의 수는 그 어떤 유한한 수보다 크다. 가잘리는 만약 무한한 수의 무언가가 실제로 존재할 수 있다면, 여러 모순들이 생길 것이라고 주장했다. 이러한 모순들을 피하기 위해서는 실제로 무한한 수의 무언가가 존재할 수 있음을 부정해야 한다. 이는 과거 사건의 수가 실제적으로 무한할 수 없음을 의미한다. 그러므로, 우주는 시작점이 없을 수 없다. 반대로 우주는 존재하기 시작했다.

(2) 현대 수학의 반박

이러한 종류의 논증은 현대 수학의 발전에 의해 틀렸음이 입증됐다고 흔히들 말한다. 현대 집합 이론에서 실제적으로 무한 집합을 사용하는 것은 아주 흔한 일이다. 예를 들어, 음의 정수를 제외한 정수의 집합, 즉 {0, 1, 2, …}은 실제적으로 무한한 수의 요소를 갖는다. 현대 집합 이론에 따르면, 이 집합에 속하는 요소의 수는 단지 잠재적으로 무한한 것이 아니라, 실제적으로 무한하다. 많은 사람들은 이러한 발전들이 가잘리의 논증의 기반을 약하게 만든다고 오해한다.

(3) 반박에 대한 답변: 실재 vs. 허구

현대 수학에서의 이러한 발전들은 다음과 같은 사실을 보여 줄 뿐이다. 정해진 공리와 법칙을 받아들이기만 한다면, 모순에 빠지지 않은 채로 무한한 집합에 대해 일관성 있게 **진술**할 수 있다. 이 모든 작업은 실제적 무한에 대해 일관성 있게 진술하기 위한 특정 **담론 속의 우주**(universe of discourse)를 설정하는 방법을 보여 준다. 그러나 이는 그러한 수학적 개체가 실제로 존재하거나, 실제적으로 무한한 수의 무언가가 현실에 존재한다는 사실을 보여 주지는 않는다. 가잘리가 옳다면, 담론 속의 우주는 마치 셜록 홈즈의 세계나 당신의 마음속에만 존재하는 허구의 영역일 뿐이다.

가잘리의 주장은 실제적으로 무한한 수의 무언가가 존재한다는 것이 현실에서 불가능하다는 것이지, **논리적**(logical)**으로** 도순이라는 것이 아니다. 다시 말해, **무언가가 구(無)로부터 생겨났다**는 주장은 논리적으로 모순되지 않지만, 현실 속에서는 불가능하다. 이러한 현대 수학의 발전들은 가잘리의 논증의 기반을 약화하기는커녕, 익숙하지 않은 실제적 무한의 본질에 대한 통찰을 줌으로써 논증의 기반을 강화할 수 있다.

(4) 힐베르트의 호텔

가잘리는 무한한 수의 집합이 존재한다면 무슨 일이 벌어질지 상상하게 한 뒤에 모순적인 결과들을 이끌어냄으로써, 실제로 무한한 수의 무언가가 존재하는 것은 불가능함을 보여 준다. 내가 제일 좋아하는 예화 중 하나인 "힐베르트의 호텔"에 대해 이야기해 보자. 이 예화는 위대한 독일 수학자인 데이비드 힐베르트(David Hilbert)의 작품이다.

처음에는 유한한 수의 객실을 가진 평범한 호텔을 상상해 보자. 또한

게오르크 칸토어와 무한

게오르크 칸토어(Georg Cantor, 1845-1918)는 무한 집합의 현대적 이론을 개발했다. 무한이라는 개념이 그를 미치게 만들었다고 하지만 그가 미치게 된 원인은 스트레스와 유전자의 조합으로 생겨난 양극성 장애일 가능성이 더 높다. 몇몇 동료 수학자들은 그의 생각에 반대했다. 그러나 심한 우울증에도 불구하고, 칸토어는 그의 견해를 계속해서 피력했다. 그는 신학자와 심지어 교황 레오 13세와도 무한에 대한 편지를 주고 받았으며, 유한을 초월한 수가 하나님이 그에게 주시는 메시지라고 확신했다.

모든 방이 다 찬 상태라 가정해 보자. 새로운 손님이 데스크에 나타나서 빈 방이 있냐고 묻는다면, 호텔 매니저는 "죄송합니다. 모든 방이 찼습니다"라고 대답할 것이다. 그리고 이것이 이야기의 결말이다.

이제는 무한한 수의 객실을 가진 호텔을 상상해 보자. 이번에도 마찬가지로 **모든 방이 찼다**고 가정해 보자. 다시 한 번 이 말의 뜻을 강조해야겠다. 이 무한한 호텔에는 단 하나의 빈 방도 없다. 즉 모든 방 안에는 이미 손님이 있다. 이제 새로운 손님이 데스크에 나타나서 빈 방이 있냐고 묻는다면, 호텔 매니저는 "그럼요"라고 대답할 것이다. 매니저는 1번 방에 머물고 있던 손님은 2번 방으로, 2번 방에 머물고 있던 손님은 3번 방으로, 3번 방에 머물고 있던 손님은 4번 방으로, 그리고 계속해서 무한 번 이동시킬 것이다. 이렇게 방을 옮기면, 1번 방은 비게 되고 새로운 손님은 고마워하며 체크인을 하게 된다.

그러나 그가 도착하기 전에, 모든 방은 이미 차 있었다!

"힐베르트의 호텔. 빈 방 없습니다. 손님 환영."

상황은 더 심각해진다!

이제 **무한**한 수의 새로운 손님이 데스크에 나타나, 빈 방이 있냐고 묻는 상황을 가정해 보자. 매니저는 "그럼요, 걱정마세요!"라고 말한다. 그는 1번 방에 머물고 있던 손님은 2번 방으로, 2번 방에 머물고 있던 손님은 4번 방으로, 3번 방에 머물고 있던 손님은 6번 방으로 이동시킨다. 손님이 처음에 머물던 방 숫자에 2를 곱한 방으로 계속해서 옮기는 것이다. 어떤 숫자든 2를 곱하면 짝수가 되기 때문에, 모든 손님들은 짝수 번호 방에 들어가게 된다. 따라서 홀수 번호 방은 전부 비게 되고 무한한 수의 새로운 손님들을 쉽게 수용할 수 있게 된다. 사실, 매니저는 이와 같은 일을 **무한 번** 할 수 있고 언제나 무한한 수의 더 많은 손님들을 수용할 수 있다.

그러나 손님들이 도착하기 전에, 모든 방은 이미 차 있었다!

한 학생은 이렇게 말했다. 만약 힐베르트의 호텔이 실제로 존재한다면, "빈 방 없습니다. 손님 환영"이라는 간판을 걸 수 있을 것이라고 말이다. 하지만 힐베르트의 호텔은 위대한 독일의 수학자 힐베르트가 만들어 낸 것보다 훨씬 더 이상하다. 그 이유는 다음의 질문을 생각해 보면 알 수 있다.

만약 손님들이 **체크아웃**하기 시작하면 무슨 일이 벌어질까?

홀수 번 방의 모든 손님들이 체크아웃하는 상황을 가정해 보자. 이 경우에는 무한한 수의 사람들이 호텔을 떠났다. 사실, 그 수만큼의 사람들도 호텔에 남아 있다. 그러나 호텔에는 더 적은 수의 사람들이 있는 것이 아니다.

수는 무한하다!

이제 매니저가 반이나 비어 있는 호텔에 싫증이 났다고 가정해 보자 (이 상황은 사업에 좋지 않아 보인다). 상관이 없다! 이전에 손님을 이동시켰던 순서와 반대로 이동시킨다면, 그는 반이나 비어 있는 호텔을 사람들이 터질 듯이 가득 찬 호텔로 바꿀 수 있다.

이제 당신은 매니저가 이러한 방법을 이용해서 그의 이상한 호텔을 항상 빈 방이 없는 상태로 유지할 수 있다고 생각할 것이다. 하지만 틀렸다. 4번 방, 5번 방, 6번 방, 그 이후의 모든 방의 손님이 체크아웃하는 상황을 가정해 보자. 순식간에 호텔은 거의 텅텅 비게 되고 손님 등록 명단에는 3명의 이름만 남게 된다. 무한이 유한으로 바뀌는 것이다.

심지어 이번에 체크아웃한 손님의 수와 홀수 번 방의 모든 손님들이 체크아웃했을 때 체크아웃한 손님의 수가 **같다**!

이런 호텔이 현실에서 존재할 수 있을까?

힐베르트의 호텔은 터무니없다. 이 예화는 호텔이어야만 성립하는 것이 아니기 때문에, 이 논증은 실제적으로 무한한 수의 무언가가 존재하는 것이 불가능함을 보여 준다고 보편화 할 수 있다.

(5) 힐베르트의 호텔에 대한 답변

때때로 사람들은 무한이라는 개념이 우리의 이해를 넘어서서 우리가 이해할 수 없기 때문에 힐베르트의 호텔과 같은 모순이 발생한다고 반응하곤 한다. 하지만 이런 반응은 잘못되었을뿐더러, 순진한 반응이다.

> **생각해 보기**
> 우주 안의 그 어느 것도 실제적으로 무한할 수 없다. 그러나 우주를 넘어서는 신은 어떠한가?
> 어떤 의미에서 신은 무한한가?
> 왜 이 질문이 중요한가?

앞서 말했듯이, 무한 집합 이론은 현대수학에서 고도로 발전되고 잘 이해되고 있는 분야다. 모순이 발생하는 이유는 오히려 우리가 실제적 무한의 본질을 잘 **이해**하고 있기 때문이다. 힐베르트는 똑똑한 사람이었다. 그는 실제적으로 무한한 수의 무언가가 존재할 경우 발생하는 기괴한 결과들을 예화로 풀어내는 방법을 잘 알고 있었다.

비판자가 이 시점에서 할 수 있는 유일한 일이라고는 그저 이를 악물고 힐베르트의 호텔은 이상하지 않다고 말하는 것뿐이다. 때때로 비판자들은, 만약 실제적 무한이 존재할 수 있다면 힐베르트의 호텔의 상황들은 정확히 우리가 기대해야 하는 것들이라고 말하곤 한다. 하지만 이러한 정당화는 적절하지 않다. 힐베르트는 **만약** 실제적 무한이 존재할 수 있다면, 상상 속의 호텔에서 벌어지는 상황들은 정확히 우리가 기대해야 하는 상황들이라는 말에 당연히 동의할 것이다.

그렇지 않다면, 힐베르트의 호텔은 좋은 예화일 수 없다!

그러나 문제는 그런 호텔이 실제로 존재 가능한지에 대한 것이다.

게다가 비판자들은 손님들이 호텔을 체크아웃하는 상황에 대해 그저 입술을 앙다물고 있을 수만은 없다. 이 상황에서는 논리적인 도순이 발생하기 때문이다. 동일한 양에서 동일한 양을 뺐는데 동일하지 않은 결과가 나온 것이다. 그렇기 때문에 무한대에서 무한대를 빼는 것은 수학적으로 금지되어 있다.

그러나 우리는 수학자가 무한대에서 무한대를 빼려는 것을 막을 수는 있어도, 실제 손님들이 실제 호텔을 체크아웃하는 것은 막을 수 없다!

따라서 나는 가잘리의 첫 번째 논증이 좋다고 생각한다. 그의 논증은 과거 사건의 수가 유한해야만 한다는 것을 보여 준다. 그러므로 우주에는 시작점이 있어야만 한다.

> **생각해 보기**
> 알 가잘리는 무한한 수의 과거 사건은 불가능하다는 것을 보여 준다.
> 미래는 어떠할까?
> 미래는 실제적 또는 잠재적으로 무한한가?
> '영원'과 '무한한 수의 순간들'은 어떻게 다른가?

2) 두 번째 철학적 논증: 무한한 수의 요소를 한 번에 하나씩 거쳐 가는 것은 불가능하다

가잘리는 우주의 시작에 대한 두 번째이면서 독립적인 논증을 펼친다. 따라서 우주가 존재하기 시작했음을 부정하는 이들은 그의 첫 번째 논증뿐만 아니라, 그의 두 번째 논증 또한 반박해야만 한다. 왜냐하면 이 논증은 첫 번째 논증과 독립적이기 때문이다.

3) 무한으로(또는 무한으로부터) 세어 나가기

가잘리가 보기에 일련의 과거 사건들은 하나의 사건에 또 다른 사건이 더해지며 형성된 것이었다. 과거의 사건들은 마치 마지막 도미노(비유하자면 '오늘날')에 도달할 때까지 하나가 쓰러지면 다음이 쓰러지는 연속적인 도미노와 같다. 하지만 그는 하나 다음에 또 다른 하나가 더해지며 형성된 그 어떠한 연속적인 것도 실제적으로 무한할 수 없다고 주장했다. 왜냐하면 무한한 수의 요소를 한 번에 하나씩 거쳐 가는 것은 불가능하기 때문이다.

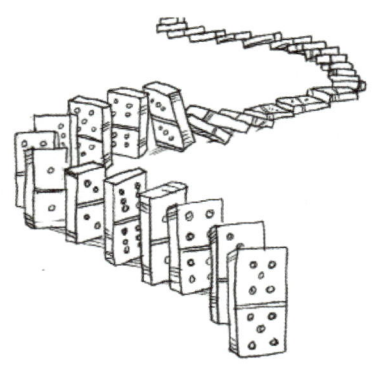

이는 무한대까지 세어 나가는 경우를 살펴보면 이해하기 쉽다. 당신이 숫자를 얼마나 많이 셌는지와 상관없이, 앞으로 더 세야 하는 숫자는 항상 무한대만큼 남아 있다.

하지만 무한대**까지**(to) 세어 나가는 것이 불가능하다면, 무한대**에서부터**(from) 세어 오는 것은 어떻게 가능하겠는가?

이것은 마치 모든 음의 정수를 0까지 세려고 하는 것과 마찬가지다.

···, -3, -2, -1, 0.

이것은 정신 나간 짓이나 다름없다. 왜냐하면 0을 세기 전에는 -1을 세야만 하고, -1을 세기 전에는 -2를 세야만 하고, 이런 일을 계속하다 보면 다시 무한대를 세야 하는 일이 발생하기 때문이다. 어떤 숫자를 세든지, 그 이전에 무한대를 먼저 계산해야 한다. 과거로 계속 되돌아가 보면, 어떤 숫자도 셀 수 없는 상황을 마주하게 된다.

만약 무한 번째의 도미노가 먼저 쓰러져야 한다면, 마지막 도미노는 결코 쓰러질 수 없을 것이다. 그러므로 결코 오늘날에 다다를 수 없을 것이다.

하지만 너무나 분명하게도 우리는 지금 여기 있지 않은가!

이는 일련의 과거 사건들이 유한해야 하며 시작점을 지녀야 한다는 사실을 보여 준다.

(1) 반론: 과거의 모든 시점으로부터 현재에 도달할 수 있다

몇몇 비판자들은 '시작 없는 과거에서도, 과거의 모든 사건은 현재와 유한한 거리만큼만 떨어져 있다'고 지적하며 이 논증에 답했다. 일련의 음의 정수를 비교해 보자.

···, -3, -2, -1, 0.

이 숫자들에는 시작점이 없지만, 당신이 선택한 숫자, 예를 들어 -11

> **구성의 오류**
> 코끼리의 모든 부분(part)은 무겁지 않을 수 있다. 하지만 그렇다고 해서 코끼리 전체(whole)가 무겁지 않다는 뜻은 아니다.

이든 -1,000,000이든 어떤 숫자든지, 그 숫자는 0과 유한한 거리만큼 떨어져 있다. 그런데 과거 사건에서 현재에 이르는 유한한 거리는 쉽게 건너올 수 있다. 마치 당신이 선택한 모든 음의 정수에서 0까지 셀 수 있듯이 말이다.

(2) 반론에 대한 답변: 구성의 오류

이 반론은 "구성의 오류"라는 논리적 오류를 범하고 있다. 구성의 오류는 **부분**의 특성을 **전체**의 특성과 혼동해서 발생하는 오류다. 예를 들어, 코끼리의 모든 부분은 가벼울 수 있지만, 이것이 곧 코끼리 전체의 무게가 가볍다는 뜻은 아니다.

앞에서 다뤘던 예시를 살펴보자. 일련의 음의 정수 중 모든 유한한 **부분**이 건너올 수 있거나 세어질 수 있다는 점이, 무한한 음수 **전체**가 건너올 수 있거나 세어질 수 있다는 사실을 의미하지는 않는다. 비판자들은 기초적인 오류를 범한 것이다. 여기서 문제는 어떤 방법으로 과거의 유한한 사건에 다른 사건이 더해졌느냐 하는 것이 아니다. 문제는 어떻게 전체 부분, 즉 시작점이 없는 과거가 하나의 사건에 다른 사건이 더해지는 식으로 완성되었느냐 하는 것이다.

(3) 추가적인 모순 2가지

가잘리는 무한한 과거가 가능하다면 벌어질 모순들에 대한 예화를 제시함으로써 무한한 과거의 형성이 불가능함을 더욱 강조하고자 했다. 예를 들어, 토성이 태양 주위를 1번 공전하면, 목성이 2번 공전한다고 가정하자. 토성과 목성이 더 오랜 시간 동안 공전할수록, 토성은 더 많이 뒤처지게 된다. 이 두 행성이 영원히 계속해서 공전한다면, 토성은 목성보다 무한히 뒤처지는 한계에 도달할 것이다. 당연히 두 행성은 실제로는 이 한계에 절대 도달할 수 없을 것이다.

한번 이야기를 거꾸로 돌려 보자. 목성과 토성이 태양을 무한한 과거로부터 공전해 왔다고 가정해 보자.

어떤 행성이 더 많이 공전했을까?

정답은 '두 행성의 공전횟수는 정확하게 똑같다'이다! (무한대는 숫자가 아니라고 말하면서 이 논증에서 빠져나가려고 하지 말라. 현대 수학에서 무한대는 숫자로 본다. 즉, 집합 {0, 1, 2, 3, …} 안에 있는 요소들의 숫자이다.)

하지만 이는 모순이다. 왜냐하면 두 행성이 더 오랜 시간 동안 공전할수록, 두 행성의 거리 차이는 더 커지기 때문이다.

따라서 두 행성이 무한한 과거에서부터 공전하기 함으로써 어떻게 두 행성의 공전횟수를 마법처럼 똑같게 할 수 있을 것인가?

또 다른 예화를 살펴보자. 영원 전부터 숫자를 세어 왔다고 주장하는 사람이 이제 숫자 세기를 끝내는 상황을 가정해 보자.

…, -3, -2, -1, 0! 휴우!

그런데 왜 하필 오늘 숫자 세기가 끝나는 것일까?

왜 어제 또는 그 전날에는 끝나지 않았을까?

어찌됐든 결국 그 순간까지는 이미 무한한 시간이 흘러갔다. 따라서 그가 1초에 숫자 1개씩 세어 왔다면, 숫자 세기를 끝내기 위해 필요한 무한한 시간은 이미 흘러간 것이다.

그는 진작에 숫자 세기를 끝냈어야 한다!

사실, 과거의 **어떤 시점에서든지**, 무한한 시간은 이미 흘러간 것이므로 숫자 세기는 진작에 끝났어야 한다. 하지만 그렇게 되면 우리는 과거의 그 어떤 시점에서도 그가 숫자 세기를 끝내는 시점을 발견할 수 없다. 이는 그가 영원 전부터 숫자를 세어 왔다는 가정에 모순된다.

이러한 예화들은 가잘리의 주장을 강화한다. 하나 이후에 또 다른 하나를 더함으로서 형성된 연속적인 무언가가, 실제로는 무한이 될 수 없다는 의미다. 이처럼 연속적인 과거의 사건들은 하나 이후에 또 다른 하나가 더해짐으로써 형성된 것이기 때문에, 실제로는 무한할 수 없다. 시작점이 반드시 있어야만 한다. 그러므로 두 번째 철학적 논증도 "우주는 존재하기 시작했다"는 칼람 우주론적 논증의 전제 ②에 대한 좋은 논증이다.

4) 첫 번째 과학적 논증: 우주의 팽창

가잘리가 결코 예상하지 못했던 현대 천문학의 가장 눈부신 발전 중 하나는, 우주의 시작에 대한 강력한 과학적 근거이다. 그렇다. 과학은 칼람 우주론적 논증의 전제 ②에 대한 가장 극적인 증거를 제공한다. 우주의 시작에 대한 첫 번째 과학적 확인은 우주의 팽창에서 비롯된다.

(1) "빅뱅"(Big Bang)

역사를 통틀어 인간은 우주 전체가 변하지 않는다고 생각해 왔다. 당연히, 우주 **안에** 있는 것들은 이리저리 움직이고 변화했지만, 우주 자체는 제자리에 있었다고 생각한 것이다. 이는 알베르트 아인슈타인(Albert Einstein)이 했던 추측이기도 하다. 1917년에 그가 중력에 대한 새로운 이론인 '일반상대성 이론'을 우주에 처음으로 적용하기 시작했을 때 말이다.

> **생각해 보기**
> 당신은 왜 아인슈타인이 우주가 영원하지 않고 변화하지도 않는다는 개념을 불편해했다고 생각하는가?

그러나 아인슈타인은 무언가 굉장히 잘못됐다는 사실을 발견했다. 그의 방정식은 우주가 풍선처럼 팽창하거나 반대로 쭈그러들면서 무너지고 있다고 묘사했다. 당혹스러웠던 아인슈타인은 그의 방정식에 살짝 손을 댐으로써 문제를 "해결"했다. 그는 그의 방정식에 새로운 항(項)을 추가함으로써 우주가 폭발과 붕괴 사이에서 아슬아슬한 줄타기를 하게끔 했다.

1920년대 러시아의 수학자 알렉산드르 프리드만(Alexander Friedman)과 벨기에의 천문학자 조르주 르메트르(George Lemaître)는 아인슈타인의 방정식을 있는 그대로 받아들이기로 결정했고, 그 결과, 팽창하는 우주 모형을 독자적으로 생각해 냈다. 1929년에 미국의 천문학자 에드윈 허블(Edwin Hubble)은 윌슨산 천문대에서 끊임없는 관찰을 통해 프리드만과 르메트르의 이론을 입증하는 놀라운 발견을 했다. 그는 멀리 떨어져 있는 은하계로부터 오는 빛이 예상했던 것보다 빨간색으로 치우쳐져 있음을 발견했다. 이러한 빛의 "적색편이"(赤色偏移)의 원인은 은하계가 우리로부터 멀어지면서 빛의 파장이 길어지기[5] 때문에 발생한다는 것이 가장 그럴듯하다. 망원경을 밤하늘의 어느 방향으로 맞추든지, 허블은 은하계로부터 오는 빛에서 동일한 적색편이를 관찰했다. 마치 우리가 우주적인 폭발의 중심에 있고, 다른 모든 은하계들은 우리로부터 어마어마한 속도로 멀어져 가고 있는 것처럼 보였다.

프리드만-르메트르 모형에 따르면, 우리는 **실제로** 우주의 중심에 있는 것이 아니다. 관측자는 **어느** 은하계에 있더라도, 다른 은하계들이 그로부터 멀어져가고 있음을 발견하게 될 것이다. 이는 우주에 중심이 없다는 뜻이다. 이론에 따르면, 이것은 정말 공간 자체가 팽창하기 때문에 발생하는 현상이다. 은하계들은 우주에서 실제로는 움직이지 않지만, 공간 자체가 팽창하면서 서로 다른 은하계로부터 멀어진다. 이 어려운 개념을 이해하기 위해, 표면에 단추 몇 개가 붙여져 있는 풍선을 상상해 보자(그림 1). 단추는 풍선의 표면에 붙어 있어서 표면을 가로질러 움직이지 않는다. 하지만 풍선을 불면, 풍선이 점점 커지기 때문에 단추들은 점점 더 서로에게서 멀어지게 된다. 여기서 풍선의 표면에 중심이 없다는 점에 주목하라. (풍선의 내부에는 중심이 있다. 하지만 우리는 지금 풍선의 **표면**에만 초점을 맞추고 있다.) 그러나 관측자가 어느 단추에 서 있다 하더라도 그가 마치 팽창의 중심에 있는 것처럼 느낄 것이다. 왜냐하면 그는 다른 단추들이 다 그에게서 멀어져 가고 있음을 발견할 것이기 때문이다.

여기서 2차원 표면의 풍선은 우리의 3차원 공간을, 단추는 우주 안의 은하계를 의미한다. 은하계는 실제로 우주에서 움직이지 않지만 공간

---

[5] 전자기파의 가시광선에서는 파장이 길수록, 진동수가 작을수록 빨강색으로 보인다. —역주

자체가 팽창하면서 서로에게서 멀어진다. 풍선의 표면에 중심이 없는 것처럼, 우주에도 중심이 없다.

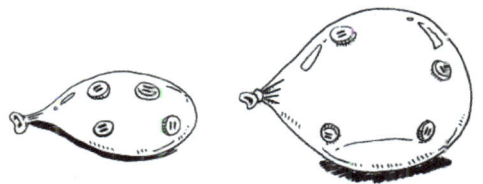

그림 1.

프리드만-르메트르 모형은 결과적으로 빅뱅 이론으로 알려졌다. 하지만 그 이름에는 오해의 소지가 있다. 우주의 팽창을 일종의 폭발로 생각하는 것은 은하계가 이미 존재하는 빈 공간으로 퍼져 나가는 것으로 잘못 생각하게 만들 수 있다. 이는 모형을 완전히 잘못 이해하는 것이다. 빅뱅은 이미 존재하는 빈 공간의 어떤 지점에서 발생하는 사건이 아니다.

> **생각해 보기**
> "빅뱅"이라는 이름에 오해의 소지가 있다는 점을 감안했을 때, 왜 이 이름이 알려지게 됐는가?
> 이 이론에 걸맞은 더 나은 이름은 무엇인가?

(당신은 "풍선의 내부에 있는 중심점은 무엇인가?"라고 물을 수 있다. 이런, 당신은 지금 우주를 비유적으로 나타내는 것이 풍선의 **표면**임을 잊고 있다. 풍선의 2차원 표면은 팽창하고 있는 3차원 세계에 존재하게 된다. 그러나 프리드만-르메트르 모형에서 3차원 공간이 확장하고 있는 더 높은 4차원 세계는 존재하지 않는다. 그러므로 풍선의 안쪽이나 바깥쪽에 상응하는 공간은 없다.)

그러므로 매우 밀도 높은 물질 덩어리들이 폭발을 통해 빈 공간 쪽으로 이동하는 것을 빅뱅이라고 오해해서는 안 된다. 이 이론은 이보다도 훨씬 근본적이다.

(2) 시간의 시작

> 이 책을 읽으면서, 빈 공간 자체가 팽창하고 있다는 개념을 이해하려고 노력해 보자.

시간을 거슬러 우주의 팽창을 되감아 보면, 모든 것은 서로 점점 가까워진다. 만약 풍선이 최소 크기가 없는 상태로 계속 수축하면, 결국 풍선 표면의 모든 두 점 사이의 거리가 0으로 줄어들 것이다. 프리드만-르메트르 모형에 따르면, 시간을 되돌렸을 때, 이것이 우주 공간에서 벌어지는 일이다. 결과적으로 공간 안의 모든 두 점 사이의 거리가 0이 된다.

그것보다 더 가까워질 수 없다!

따라서 이 지점에서 우주는 시간과 공간의 한계에 도달한다. 시공간은 이보다 더 이전으로 되돌아갈 수 없다. 문자 그대로 시공간의 시작인 셈이다.

이를 이해하기 위해서 3차원 공간을, 시간을 되돌릴수록 수축하는 2차원 표면으로 그려볼 수 있다(그림 2).

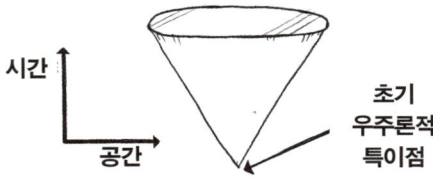

그림 2.

결국 공간 안의 모든 두 점 사이의 거리는 0이 된다. 그러므로 우리는 시공간을 기하학적으로 원추형이라고 생각해 볼 수 있다. 여기서 중요한 사실은 이 원추형이 한 방향으로는 무한하게 확장될 수 있지만, 반대 방향에는 경계점을 지니고 있다는 것이다. 이 방향은 시간을 나타내며 경계점은 과거에 놓여 있기 때문에, 이 방향은 시간을 나타낸다. 또한 이 모형은 과거의 시간이 유한하며 시작점이 존재함을 드러낸다. 경계점이 과거에 놓여 있기 때문이다. 시공간은 모든 물질과 에너지가 존재하는 영역이다. 따라서 시공간의 시작은 모든 물질과 에너지의 시작이기도 하다. 즉, 우주의 시작이다.

> **성 어거스틴**
> 왜 하나님은 세계를 더 일찍 만드시지 않으셨을까?
> AD 5세기 초, 히포의 어거스틴은 하나님이 우주를 시간의 어떤 지점에서 만드신 것이 아니라, "시간과 동시에" 만드셨다고 대답했다. 즉, 그는 하나님이 시간과 공간을 함께 창조했다고 믿었다. 현대 우주론자들은 시간과 공간에 대해서 어거스틴이 옳았다는 것에 동의했다. 그러므로 왜 빅뱅은 실제 일어난 것보다 더 일찍 일어날 수 없었는지를 묻는 것은 의미가 없다.

시공간의 최초 경계 이전에는 정말 아무것도 없다는 점에 주목하라. 그러나 오해하지 마라. "최초 경계 이전에는 아무것도 없다"는 말은 최초 경계 이전에 어떤 상태(아무것도 없는 상태)가 있었음을 의미하지 **않는다**.

이는 무(無, nothing)를 무언가가 있는 상태(something)로 여기는 것이다!

경계점에 대해 논할 때, "무언가가 경계점 이전에 존재한다"고 말하는 것은 옳지 않다.

그러므로 표준 빅뱅 모형은 우주에 절대적인 시작이 있었다고 본다. 이 모형이 옳다면, 우리는 칼람 우주론적 논증의 전제 ②에 대해 놀라운 과학적 증거를 얻은 셈이다.

(3) 표준 모형은 옳은가?

그렇다면 이 모형은 옳은가?

더 나아가, 이 모형은 우주의 시작점을 예측하는 데 있어서 옳은가?

우리는 멀리 떨어진 은하로부터 오는 빛의 적색편이가 빅뱅의 강력한 증거임을 앞에서 살펴보았다. 또한 헬륨과 같이 몇몇 가벼운 원소들이 우주에 풍부하다는 사실을 설명하는 가장 좋은 방법은, 그것들이 뜨겁고 밀도 높은 빅뱅으로부터 생겨났다고 말하는 것이다. 마지막으로 1965년에 발견된 우주배경복사(a cosmic background of microwave)는 빅뱅의 흔적으로 가장 잘 설명된다.

그럼에도 불구하고, 표준 빅뱅 모형은 다양한 방법으로 수정되어야 한다. 앞에서 살펴보았듯이, 이 모형은 아인슈타인의 일반상대성이론에 기반하고 있다. 그러나 아인슈타인의 이론은 공간이 원자보다 작은 크기로 줄어들 때는 성립하지 않는다. 이 지점에서 입자물리학의 도입이 필요하지만, 입자물리학이 어떻게 설명해 낼 수 있을지는 아무도 확신하지 못한다. 더욱이, 우주의 팽창은 표준 모형에서처럼 일정하지 않을 수 있다. 우주는 아마도 가속 팽창하고 있으며, 과거에 초고속으로 팽창한 짧은 순간이 있었을 것이다.

하지만 이러한 수정사항 중 그 어느 것도 우주의 절대적인 시작에 대한 기본적인 예측에 영향을 주지 못한다. 실제로 물리학자들은 프리드만과 르메트르가 모형을 제시한 이후로 수십 년 동안 대안 모형들을 평가해 왔다. 그중 절대적인 시작이 없는 우주 모형은 계속해서 현재의 우주를 잘 설명해 내지 못하는 것으로 평가되어 왔다. 긍정적인 쪽으로 이야기하자면, 적용할 수 있는 유일한 비표준 모형들은 우주에 절대적인 시작이 있다고 말하는 것들뿐이다. 그 시작은 시작**점**을 포함할 수도 있고, 포함하지 않을 수도 있다.

그러나 시작점을 포함하지 않는 이론들(예를 들어 스티븐 호킹이 제안한 "경계가 없는" 우주 모형)에서도 과거는 여전히 유한하다. 그러한 이론들에 따르면, 우주는 영원히 존재해 온 것이 아니다. 설령 엄밀하게 정의된 시작점에서 시작한 것이 아니라고 할지라도, 우주가 존재하기 시작한 것은 확실하다.

어떤 의미에서, 20세기 우주론의 역사는 빅뱅 모형에 의해 예측된 절대적인 시작을 피하기 위한 노력들의 연이은 실패라고 볼 수 있다. 불행하게도, 비전문가들이 우주론을 떠올릴 때 마음속에 떠올리는 생각은, 우주론은 계속해서 변화하고 있으며 안정적인 하나의 결론이 없다는 것이다. 여기서 비전문가들이 이해하지 못하는 것은, 계속되는 이론들의 실패는 단지 우주가 존재하기 시작했다는 표준 모형의 예측을 **확인**해 주는 역할만 할 뿐이라는 점이다. 관측 천문학의 엄청난 발전과 천체물리학의 창의적인 이론적 연구에도 불구하고, 이 예측은 80년이 넘도록 여전히 유효하다.

실제로 2003년에 3명의 선도적인 과학자, 알빈 보드(Arvind Borde), 앨런 구스(Alan Guth), 알렉산더 빌렌킨(Alexander Vilnekin)은 지난 시간 동안

"처음에 과학계는 우주의 탄생에 대한 개념을 받아들이는 것을 매우 꺼려했습니다."
"빅뱅 모형은 세계의 시작에 대한 유대-기독교적인 개념을 인정하는 것처럼 보였을 뿐만 아니라, 초자연적인 창조 행위를 요구해야 하는 것처럼 보였습니다."
"과학계가 관측상의 증거와 빅뱅 모형의 예측에 대한 조심스러운 검증에 의해 설득됨으로써 우주의 기원에 대한 개념을 받아들이는 데에는 시간이 걸렸습니다."
"… 과학계가 꺼려했음에도 불구하고 … 빅뱅 모형은 굉장히 성공적인 모형입니다."[1]
- J. M. 웨신저(Wersinger), 오번대학교 물리학과 부교수

---

[1] J. M. Wersinger, "Genesis: The Origin of the Universe," *National Forum* (Winter 1996), 11, 9, 12.

평균적으로 팽창해 온 **그 어떤** 우주라도 그 과거가 무한할 수 없다는 것을 증명할 수 있었다. 그들은 우주에는 반드시 과거의 시공간적 경계가 있어야만 한다는 사실을 증명하여 우주론의 분수령을 형성했다.

그들의 증거가 강력한 이유는 그 증거가 바로 지극히 이른 초기 우주에 대한 물리학적인 서술과 **상관없이** 유효하기 때문이다. 초기 우주에 대한 물리학적인 서술은 아직 알려진 바가 없다. 그러니 이 짧은 순간에 대해서는 여러 가지를 추측해 볼 수 있다. 어떤 과학자는 이 순간에 대해서, 고대 지도에 "용이 출몰할 수 있음!"이라고 써 있는 지역과도 같다고 말했다(각종 공상을 펼쳐볼 수 있다는 의미다). 그러나 보드-구스-빌렌킨 이론은 그 순간에 대한 어떤 물리학적인 묘사와도 독립적이다. 그들의 이론은 우리 우주가 수많은 우주들로 구성된 이른바, 다중우주(Multiverse)의 아주 작은 부분일지라도, 다중우주에는 절대적인 시작이 있어야 함을 암시한다. 빌렌킨은 그 의미에 대해 직설적으로 다음과 같이 말한다.

> 논증은 이성적인 사람을 설득하며, 증거는 이성적이지 않은 사람마저 설득한다는 말이 있습니다. 현재까지 나온 증거들로 미루어볼 때, 우주론자들은 더 이상 무한한 과거의 우주 뒤에 숨을 수 없습니다. 피할 길

다중우주

몇몇 우주론자들은 우리가 관측할 수 있는 우주는 훨씬 더 넓은 에너지의 바다에서 단지 팽창하고 있는 거품이라고 추측한다. 마찬가지로 팽창하고 있는 더 넓은 우주에는 우리를 비롯한 다른 수많은 거품들이 있기 때문에, 이 넓은 우주는 다중우주라고도 불린다. 보드-구스-빌렌킨 이론은 그 안에 있는 개별 거품뿐만 아니라, 전체 다중우주(Multiverse)에도 적용된다. 그러므로 다중우주가 존재한다고 할지라도, 과거는 영원할 수 없으며 시작점을 갖고 있어야만 한다. 다중우주의 존재 여부에 대해서는 다음 장에서 다시 다룰 것이다.

은 없습니다. 그들은 우주의 시작점에 대한 문제를 직면해야만 합니다.[6]

우리는 우주의 시작을 □하려는 새로운 이론들이 제안될 것을 충분히 예상할 수 있다. 제안 자체는 환영받아야 마땅하지만, 우리에게는 그 이론들이 과거에 실패한 그들의 선조들보다 더 성공적일 것이라고 생각할 이유가 없다. 물론 과학적 결과들은 언제나 잠정적이다. 그렇지만 증거가 가리키고 있는 방향은 꽤 선명하다고 볼 수 있다. 오늘날 칼람 우주론적 논증의 지지자들은, 우주가 존재하기 시작했다는 주장을 주류 과학 안에서 수월하게 유지하고 있다.

5) 두 번째 과학적 논증: 우주의 열역학

우주의 팽창으로 충분하지 않기라도 한 것처럼, 우주의 시작에 대한 두 번째 과학적 확인도 존재한다. 이것은 열역학 제2법칙에서 비롯된다. 열역학 제2법칙에 따르면, 에너지가 어떠한 계(系, system)에 공급되지 않는 한,[7] 그 계는 점점 더 무질서해진다.

예를 들어, 내부가 진공 상태인 닫혀 있는 병이 있고, 그 병에 약간의

---

[6] Alexander Vilenkin, *Many Worlds in One* (New York: Hill and Wang, 2006), 176.
[7] 열역학에서 계(系, system)는 관찰자가 관심을 갖는 영역을 의미하며, 계를 제외한 영역은 주위(surrounding)라고 한다. 계는 크게 3가지로 나뉜다. 고립계(Isolated system)는 주위와 에너지, 물질을 모두 교환할 수 없다. 닫힌계(Closed system)는 주위와 에너지는 교환할 수 있지만, 물질은 교환할 수 없다. 열린계(Open system)는 주위와 에너지, 물질을 모두 교환할 수 있다. 열역학 제2법칙에서 중요한 것은 이 법칙이 주위와 에너지, 물질 모두 교환할 수 없는 '고립계'에서만 성립한다는 것이다. 저자는 본문에서 물질의 출입 여부에 대해서 서술하고 있지 않지만, 열역학 제2법칙은 어디까지나 '고립계'에서 성립하는 법칙이다. 따라서 저자가 본문에서 설명하는 계는 '고립계'라고 볼 수 있다. -역주

> **열역학 법칙**
> 열역학은 독일 물리학자 루돌프 클라우지우스(Rudolf Clausius, 1822-1888)의 업적에 뿌리를 두고 있다. 그는 열역학 제2법칙을 만들어냈다. 열역학에는 3가지의 기본적인 법칙이 있다.
> 열역학 제1법칙은 물리계 내부의 에너지는 새로 생성될 수도 없고 사라질 수도 없다는 것이다. 이것은 에너지 보존 법칙으로 알려져 있다.
> 열역학 제2법칙은 고립계의 무질서도, 즉 엔트로피는 평형에 도달할 때까지 증가한다는 것이다.
> 열역학 제3법칙은 어떤 계의 온도가 절대 0도에 도달하면, 그 계의 엔트로피는 특정한 최솟값에 도달한다는 것이다.

기체 분자를 주입했다고 하자. 그러면 기체 분자는 병 전체에 고르게 퍼져나갈 것이다. 기체 분자가 병의 모서리에 다 모일 가능성은 거의 희박하다.

왜냐하면 기체 분자가 무질서한 상태로 존재할 수 있는 경우의 수가 질서 정연한 상태로 존재할 수 있는 경우의 수보다 더 많기 때문이다.

(1) 세상의 종말

19세기 과학자들은 열역학 제2법칙이 우주의 미래에 대한 암울한 예측을 암시한다는 것을 이미 알고 있었다. 시간이 충분히 흐르면, 기체가 병 전체에 고르게 퍼져나가는 것처럼 우주 안에 있는 모든 에너지는 우주 전체에 고르게 퍼져나갈 것이다. 우주는 어떤 생명도 살 수 없는 밋밋한 스프가 될 것이다. 우주가 그러한 상태에 도달하기만 한다면, 더 이상의 의미 있는 변화는 일어날 수 없다. 이 상태는 온도와 압력이 모든 곳에서 동일한 평형 상태이다. 과학자는 이것을 우주의 "열사"(熱死, heat death)라고 부른다.

그러나 이 달갑지 않은 예측은 더 큰 수수께끼를 불러일으킨다. 시간이 충분히 흐른다면, 우주는 필연적으로 열사의 상태에 머무르게 **될** 것이다.

그렇다면 우주가 영원히 존재해 왔다면, 왜 **지금** 열사의 상태에 있지 않은 것일까?

정해진 양의 시간이 흐른다면, 우주는 평형에 도달할 것이다. 과거에 무한한 시간이 흘렀다면, 우주는 지금 이미 평형 상태에 있어야 한다. 하지만 그렇지 않다. 우리는 비평형 상태에 있고, 에너지는 여전히 사용 가능하며, 우주는 질서 정연한 구조를 갖추고 있다.

(2) 볼츠만의 다세계 가설

19세기 독일 물리학자 루트비히 볼츠만(Ludwig Boltzmann)은 이 문제에 대한 대담한 해결책을 제시했다. 볼츠만은 아마 우주가 전체적으로는 평형 상태에 있을 것이라고 제안했다. 하지만 우주 여기저기에 더 질서 정연한 비평형 상태의 오묘한 곳들이 여기저기서 생겨나고 있다(그림 3). 볼츠만은 이러한 비평형 상태의 고립 영역을 "세계"(worlds)라고 불렀다. 우리 우주는 이러한 세계 중 하나일 뿐이다. 결과적으로 열역학 제2법칙에 따라, 우리 우주는 전체적인 평형 상태로 되돌아갈 것이다.

그림 3.

대부분의 현대 물리학자들은 볼츠만의 다세계(many world) 가설이 우주에서 관측되는 비평형 상태에 대한 설명임을 거부해 왔다. 이 가설의 치명적인 약점은, 만약 우리의 세계가 전체의 평형 상태에서 발생한 단지 우연한 변동에 불과하다면, 우리가 관측하고 있는 질서 정연한 영역은 훨씬 더 작아야 한다는 데에 있다.

> **평형**
> 평형(equilibrium)은 모든 힘이 균형을 이루고 있는 상태다. 따라서 평형은 변화가 없는 상태다. 우주의 경우, 평형 상태는 우주의 모든 곳에서 온도와 압력이 동일한 상태이다. 은하계도 없고, 별도 없으며, 행성도 없는 상태이다.

왜 그런가?

왜냐하면 우리가 보고 있는 우주를 만드는 데에 필요한 크고 지속적인 변동보다 평형 상태에서 비롯된 작은 변동이 더 개연성이 있기 때문이다. 또한 작은 변동은 우리가 존재하도록 만들기에 충분하다.

예를 들어, 태양계만한 크기의 질서 정연한 영역을 형성한 변동은 우리를 살아 있도록 만들기에 충분하다. 또한 이 변동은 우리가 관찰하고 있는 질서 정연한 우주의 전체를 형성한 변동보다 발생할 가능성이 훨씬 높다.

상상을 초월할 정도로 말이다!

사실, 볼츠만의 가설을 일관성 있게 밀어붙이면, 우리는 일종의 이상한 환상설에 빠지게 된다. 우리는 실제로 더 작은 질서 영역에 **살고 있고**, 우리가 관측하는 별들과 행성들은 단지 환상, 즉 천공의 이미지에 불과할 개연성이 아주 높다는 것이다. 왜냐하면 그러한 종류의 세계가, 우리가 관찰하는 이 우주를 형성하기 위하여 열역학 제2법칙을 무시하며 수백만 년 동안 평형 상태에서 벗어난 우주보다는 존재할 가능성이 훨씬 높기 때문이다.

(3) 세계의 종말에 대한 오늘날의 시나리오

1920년대의 우주 팽창의 발견은 열역학 제2법칙을 토대로 예측된 열사를 약간 조정했다.

그러나 이 발견은 근본적인 질문을 바꾸지는 못했다.

우주가 영원히 팽창한다면, 우주는 결코 평형 상태에 도달하지 않을 것이다. 왜냐하면 공간의 양은 지속적으로 증가하고 있으며, 물질과 에너지는 새로 생겨난 공간으로 항상 뻗어나갈 것이기 때문이다. 그럼에도 불구하고, 우주가 점점 팽창하면서, 사용 가능한 에너지는 없어져 가고, 우주는 점점 더 추워지고, 어두워지고, 그 밀도가 감소하며, 죽어 간다. 우주는 결국 절대적인 어둠으로 끝없이 팽창하며 원자보다 작은 입자로 이루어진 열은 기체가 될 것이다.

반대로, 우주가 충분히 빨리 팽창하지 않는다면, 팽창은 점점 느려져서 멈출 것이다. 중력은 모든 것을 다시 끌어당길 것이며, 우주는 모든 것이 함몰되는 비극적인 결말을 맞이할 것이다. 결국 우주의 모든 것은 거대한 블랙홀로 합쳐질 것이며, 우주는 결코 원래대로 되돌아가지 못할 것이다.

우주의 결말이 얼음 또는 불이라고 할지라도,[8] 근본적인 질문은 여전히 동일하게 남아 있다. 충분한 시간이 흐른다면, 우주는 그러한 상태에 기어코 도달할 것이다.

그런데 우주가 영원히 존재했다면, 왜 지금은 그러한 상태에 도달하지 않은 것일까?

21세기 초반에 들어서면서, 최근의 발견들은 우주 팽창이 실제로 가속화되고 있음을 보여 주었다. 공간의 양이 굉장히 급격하게 증가하고 있기 때문에, 우주는 물질과 에너지가 고르게 분포하는 평형 상태로부터 점점 더 멀어져 가고 있다. 그러나 우주의 가속 팽창은 그것의 죽음을 재촉할 뿐이다. 현재 우주의 다른 지역들은 점점 더 서로 고립되어 가고 있으며 각각의 고립된 지역은 점점 더 어두워지고, 추워지고, 그 밀도가 감소하며, 죽어 가고 있다. 그래서 다시 묻는다.

---

8 '얼음'은 우주가 끝없이 팽창하는 결말을, '불'은 우주의 팽창이 멈추고 모든 것이 함몰되는 결말을 의미한다. -역주

우주가 무한한 시간 동안 이미 존재해 왔다면, 왜 우리의 지역은 그러한 상태에 있지 않은 것인가?

(4) 우주의 시작과 이를 피하려는 시도들

이 모든 것이 분명하게 의미하는 바는 우리가 묻고 있는 질문이 우주는 무한한 시간 동안 존재해 왔다는 잘못된 가정에 토대를 두고 있다는 것이다. 오늘날 대부분의 물리학자들은 우주의 초기 조건으로 물질과 에너지가 주어졌다고 말한다. 또한 물리학자들은 유한한 우주가 시작될 때부터 열역학 제2법칙에 의해 짜여진 길을 따라가고 있다고 말한다.

물론, 열역학 제2법칙을 토대로 예측된 우주의 시작을 피하려는 시도들이 있어 왔다. 그러나 그들 중 어느 것도 성공하지 못했다.

① 진동 우주

1960년대에 몇몇 이론가들은 영원한 과거로부터 우주가 팽창과 수축을 반복해 왔다는 진동 우주 모형을 만들려고 노력했다(그림 4).

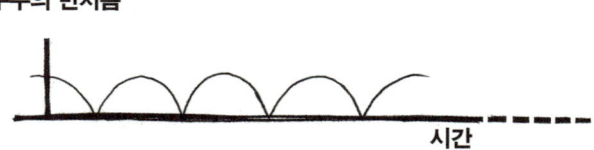

그림 4.

하지만 그러한 모형의 열역학적인 특성은 그것이 피하려고 했던 바로 그 결말을 암시한다. 팽창과 수축의 사이클(cycle)마다 엔트로피는 점점 쌓이기 때문에, 각 사이클은 이전 사이클보다 점점 더 커지고 길어질 것이다(그림 5). 이것이 의미하는 바는 사이클을 거슬러 올라가다 보면, 사이클은 점점 더 작아져서, 결국 첫 번째 사이클과 우주의 시작에 도달한다는 것이다. 천문학자들이 현재 우주의 방사능량을 토대로 계산했을 때, 대략 100사이클이 채 지나지 않았을 것이라고 추정했다.

그림 5.

② 거품 우주

최근에 다른 이론가들은 우리 우주는 수많은 거품 우주로 이루어진 더 큰 "다중우주"의 한 거품에 지나지 않는다고 주장했다(그림 6). 그들의 주장은 열역학 제2법칙은 거품에만 적용되고, 다중우주 자체에는 적용되지 않는다는 것이다. 이 주장이 옳다고 하더라도 상관없다. 왜냐하면 우리는 보드-구스-빌렌킨 이론이 다중우주에도 적용되며 다중우주 또한 절대적인 시작을 필요로 함을 앞에서 살펴봤기 때문이다.

그림 6.

③ 아기 우주

마지막으로, 블랙홀이 시공간 상에서 아기 우주를 태어나게 하는 에너지의 이동 통로인 "웜홀"의 입구라는 추측이 있었다(그림 7). 엄마 우주와 아기 우주를 잇는 "탯줄"이 닫히면, 아기 우주는 독립적인 우주가 된다. 이 시나리오는 무한한 과거로 확장될 수 있으며 우리는 무한한 조상의 계보를 잇는 자손이라는 것이다.

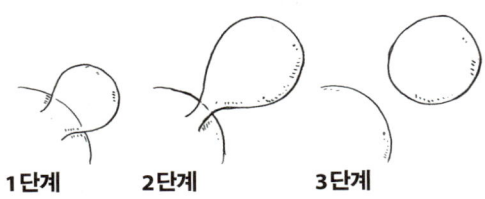

그림 7.

유감스럽지만 그럴 리 없다. 열역학 제2법칙은 여전히 적용되므로, 이 과정은 무한 번 반복될 수 없다. 그뿐만 아니라, 이 시나리오는 입자물리학에도 모순된다. 입자물리학에서 블랙홀을 통과한 정보는 여전히 우리 우주에 남아 있다. 이 주제를 놓고 존 프레스킬(John Preskill)과 스티븐 호킹(Stephen Hawking)은 내기를 했는데, 2004년에 스티븐 호킹은 자신의 패배를 인정했다. 그는 공상 과학 팬들에게 사과하며, "우주에 떨어져 나가 새로 태어나는 아기 우주는 없다"고 인정했다.[9]

---

[9] S. W. Hawking, "Information Loss in Black Holes," https://arxiv.org/pdf/hep-th/0507171.pdf (2019.12.26.).

열역학이 제시하는 과학적 증거는 칼람 우주론적 논증의 전제 ②가 다시 한 번 참임을 확인해 준다. 열역학은 물리학자들에 의해 잘 이해되고 사실상 완성된 과학의 한 분야인 만큼, 이 증거는 특히 인상적이다. 따라서 이러한 발견들이 뒤집힐 가능성은 매우 희박하다.

4. 결론

따라서 철학 및 과학적 증거를 바탕으로, 우리는 우주가 존재하기 시작했다고 믿을 만한 충분한 근거를 갖고 있다. 존재하기 시작한 모든 것은 원인을 갖기 때문에, 우주가 원인을 갖는다는 결론은 자연스럽게 따라온다.

1) 우주는 스스로 생겨났는가?

저명한 무신론 철학자 다니엘 데닛(Daniel Dennett)은 우주가 원인을 갖고 있다는 사실에 동의한다.

동양적 사고
어떤 사람들은 이런 종류의 논리적 논증을 서양적 사고의 한 예시라며 무시한다. 그들은 동양에서 깨달음을 추구하는 사람들은 논리의 한계를 넘어서 볼 수 있다고 말한다. 가잘리가 페르시아(오늘날의 이란) 사람이라는 점과 오늘날 인도는 우리가 사용해 온 논리의 규칙과 과학의 증거를 사용하는 수많은 과학자와 공학자를 배출하고 있다는 점을 주목하라.
왜 그토록 많은 서양인들이 선종(禪宗)과 같은 비논리적인 신앙체계에 끌리게 됐다고 생각하는가?

하지만 그는 우주의 원인이 우주 그 자체라고 생각한다!

그렇다. 그는 진지하다. 그는 그 자신이 "최고의 자수성가 비법"[10]이라고 부르는 것을 통해 주장하기를 우주는 스스로를 창조했다고 한다.

데닛의 견해는 말도 안 된다. 그가 우주는 항상 존재해 왔다는 의미에서 우주가 스스로 생겨났다고 말하는 것이 아니라는 점에 주목하라. 그는 우주가 스스로를 창조함으로써 존재하기 시작했다고 말하고 있는 것이다. 하지만 이것은 불가능하다. 왜냐하면 우주가 스스로를 창조하기 위해서는 우주가 먼저 존재해야 한다. 존재하기 이전에 존재해야 하는 셈이다. 데닛의 견해는 논리적으로 앞뒤가 맞지 않는다.

2) 우주의 인격적인 창조자

그러므로 우주의 원인은 우주를 넘어서는 초월적인 원인이어야 한다. 앞에서 무한한 일련의 원인은 불가능함을 살펴보았기 때문에 이 초월적인 원인은 스스로, 원인 없이 존재해야 한다. 그러므로 이것은 스스로 존재하는 제1원인(Uncaused First Cause)이다. 이 원인은 시공간을 창조했으므로, 시공간을 초월해야 한다. 따라서 이 원인은 비물질적이고 비물리적이어야 한다. 이것은 모든 물질과 에너지를 창조했기 때문에 상상할 수 없을 정도로 강력해야 한다.

마지막으로 이 원인은 인격적인 존재여야만 한다. 우리는 이미 이 결론의 한 이유를 앞 장에서 살펴보았다. 정신(a Mind)만이 위에서 서술한 제1원인의 서술에 적합하다.

---

[10] Daniel Dennett, *Breaking the Spell: Religion as a Natural Phenomenon* (New York: Viking, 2006), 244.

제4장 우주는 왜 시작되었는가? 141

하지만 나는 제1원인이 인격적이어야 하는 이유에 대해 가잘리가 제시한 이유를 소개하고자 한다. 그는 제1원인이 인격적일 때, 어떻게 영원한 원인이 우주의 시작과 같이 시간의 제약을 받는 결과를 만들어낼 수 있는지 설명한다.

여기 문제가 있다. 원인이 결과를 생산하기에 충분할 때, 그 원인이 있다면 결과 또한 있어야 한다. 예를 들어, 물은 온도가 섭씨 0도 아래일 때 언다. 물이 어는 원인은 0도 아래의 온도다. 온도가 항상 0도 아래였다면, 모든 물은 영원 전부터 얼어 있었을 것이다. 온도가 항상 0도 아래였다면, 유한한 시간 전에 물이 얼기 **시작**하는 것은 불가능하다. 그런 우주의 원인은 영원하기에 항상 존재해 왔다.

그렇다면 왜 우주 또한 마찬가지로 영원하지 않은 것인가?

왜 우주는 불과 137억 년 전부터 존재하기 시작한 것인가?

왜 우주는 우주의 원인이 영원하듯, 영원하지 않은 것인가?

가잘리는 이 문제에 대한 해답은 그 원인이 의지의 자유를 가진 인격적인 존재라는 데 있다고 계속해서 주장한다. 이 존재가 우주를 창조하는 것은 어떠한 이전의 전제 조건에도 얽매이지 않는 독립적이고 자유로운 행위다. 따라서 그의 창조 행위는 자발적이고 새로운 것일 수 있다. 그러므로 우리는 우주의 원인이 단지 초월적이기만 한 것이 아니라, 인격적인 창조자라는 결론에 도달한다.

내가 보기에, 우주가 없이도 홀로 존재하는 신은 변함이 없고 영원한 존재이다. 그의 자유로운 창조 행위는 우주가 존재하기 시작하는 것과 동시에 일어난다. 그러므로 그가 우주를 창조하는 순간, 신은 시간의 흐름 속으로 들어선다.

> **생각해 보기**
> 왜 신학자들은 칼람 논증을 알지 못한다고 생각하는가?
> 왜 목회자들은 이런 종류의 논증을 신학교에서 배우지 않는다고 생각하는가?

따라서 칼람 우주론적 논증은, 스스로 존재하며 시공간의 제약을 받지 않으며 영원불변하며 비물질적이며 인격적인 창조자의 존재를 믿을 수 있는 강력한 근거를 우리에게 제공한다.

내가 우주론적 논증에 대한 박사 학위 논문을 마쳤을 때였다. 힉(Hick) 교수는 과학적 정보가 정확한지 확인하기 위해 대학교 내의 한 물리학자에게 개인적으로 나의 논문을 가져다 주었다. 물리학자는 나중에 힉 교수에게 내가 쓴 모든 것이 정확하다며 논문을 돌려주었다. 힉 교수가 나에게 논문을 돌려줄 때, 의아해하며 이렇게 말했다.

"왜 신학자들은 이런 것들을 모르는 거지?"

글쎄, 왜일까?

제4장 우주는 왜 시작되었는가?   143

칼람 우주론적 논증

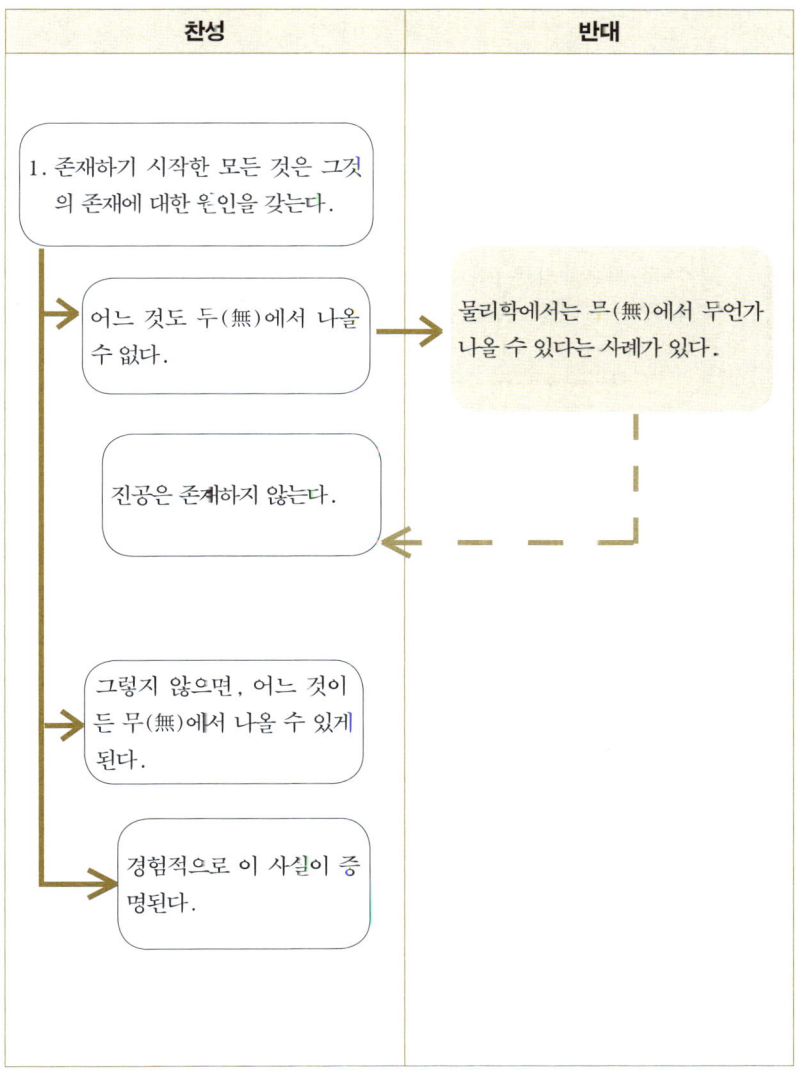

144 복음주의 변증학

칼람 우주론적 논증(계속)

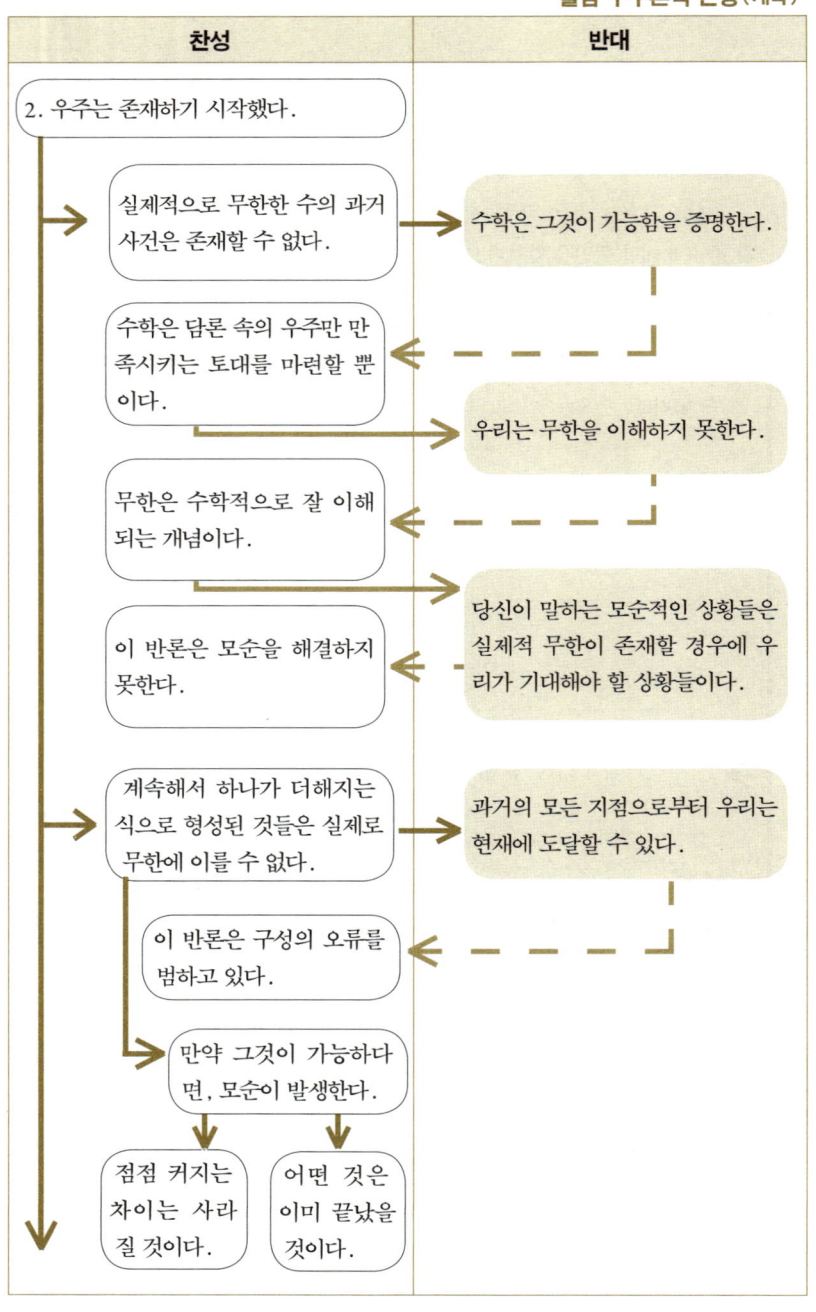

제4장 우주는 왜 시작되었는가? 145

칼람 우주론적 논증(계속)

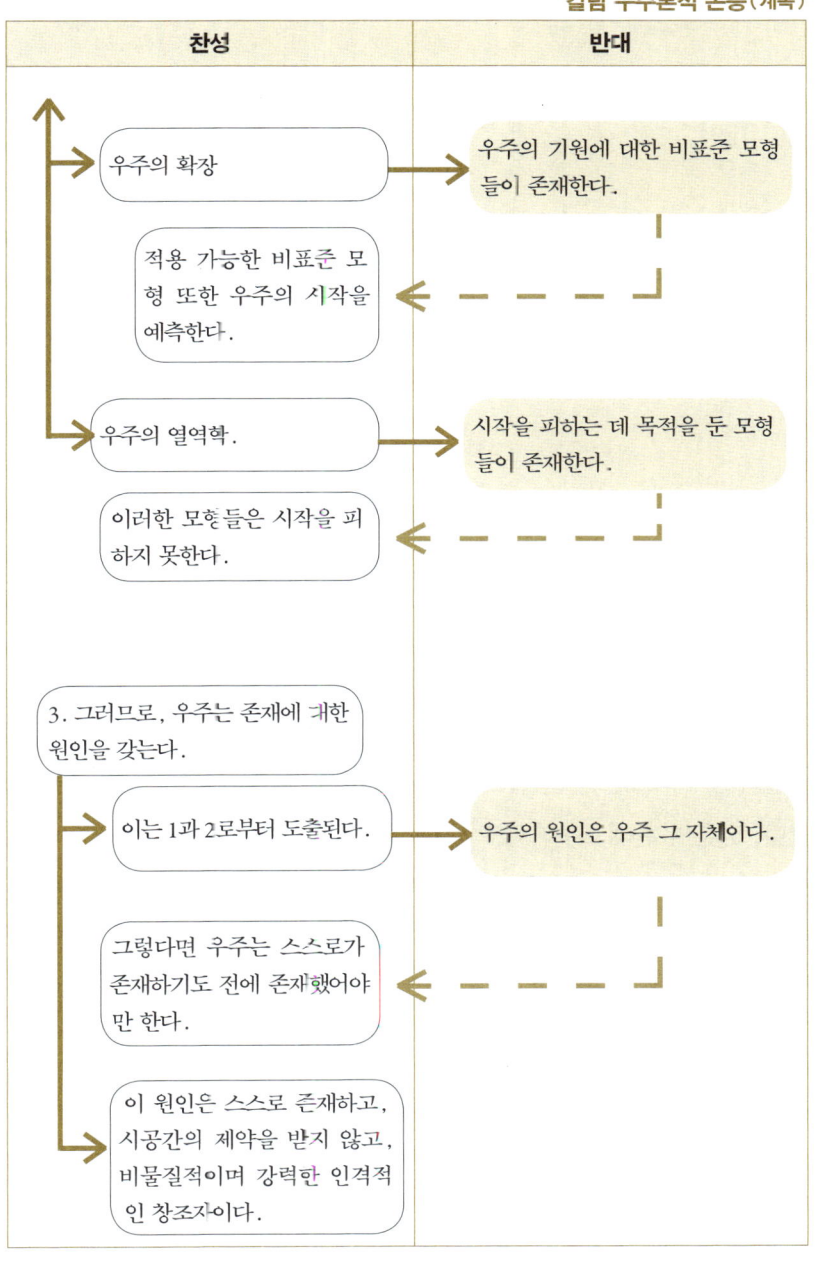

제5장

우주는 왜 생명체를 위해 미세조정 되었는가?

창세로부터 그의 보이지 아니하는 것들 곧 그의 영원하신 능력과 신성이
그가 만드신 만물에 분명히 보여 알려졌나니
그러므로 그들이 핑계하지 못할지니라 (롬 1:20).

고대 그리스의 철학자들은 우주에 퍼져 있는 질서를 놀라워했다. 밤하늘을 가로 지르며 끊임없이 도는 별들과 행성들은 특히 고대인들에게 경탄의 대상이었다. 플라톤의 아카데미(Academy)는 천문학 연구에 많은 시간을 할애했다. 플라톤은 천문학이 신성한 운명에 걸맞게 인간을 깨우는 학문이라고 믿었다.

플라톤에 따르면, 사람들로 하여금 신을 믿도록 인도하는 두 가지가 있다. 영혼의 존재로부터의 논증과 "별의 운동의 질서를 통한, 그리고 우주에 이 질서를 부여한 정신(Mind)의 지배 아래 있는 모든 것들"을 통한 논증이다(Laws 12.966e). 플라톤은 무신론을 반박하기 위해 이 논증들을 사용했고, 원초적인 혼돈으로부터 우리가 오늘날 관찰하는 우주에 이르기까지 질서를 부여한 "모든 것의 창조자이자 아버지"이자 "왕"인 "최고의 영혼"이 있어야 한다고 결론지었다(Laws 10.893 b-899c).

신적인 설계에 관한 더 훌륭한 주장은 아리스토텔레스가 지었으나 지금은 소실된 『철학에 관하여』(On Philosophy)에 속한 단편에서 찾아 볼 수 있다. 아리스토텔레스 역시 고대 그리스의 밤하늘을 가로 지르는 밝

플라톤의 아카데미

BC 387년경, 그리스의 철학자 플라톤은 아테네 인근 지역에 위치한, 아카데메카(Academeca)라고 알려진 공원에서 한 주택을 매입했다. 그리고 서기 529년에 비잔틴 제국 황제에 의해 폐쇄되기 전까지 9백 년 동안 번성하게 될 학교를 열었다. 플라톤의 목표는 이성적인 탐구를 통해 진리를 찾는 것이었다. 아카데미에서는 노년의 사상가와 젊은 학생이 함께 실재의 궁극적 본성, 선, 영혼, 논리, 수학, 천문학과 정치, 사회 등에 대해 심오한 질문을 던지며 탐구에 힘썼다. 아카데미에서 공부하기 시작한 학생 중에는 18세의 아리스토텔레스도 있었는데, 그는 플라톤이 죽을 때까지 그곳에 남아 있었다. 아카데미는 그곳을 거친 인물들을 통해 서구 사상과 역사에 막대한 영향을 끼쳤다.

게 빛나는 별들을 보며 경탄했다. 고대의 사람들은 드시의 매연과 불빛에 가려지지 않은 밤하늘을 바라보았고, 천천히 그러나 분명히 움직이는 천체와 행성, 별, 별자리 등을 관찰하며 "이 모든 것의 원인은 무엇인가?"하고 물었다. 우주를 연구하는 사람들은 모두 이 고대인들의 물음에 주의를 기울여야 한다.

아리스토텔레스

아리스토텔레스는 이 모든 것의 원인이 신적 지성(Divine Intelligence)이라고 생각했다. 그는 지하에서 살아서 단 한 번도 하늘을 본 적이 없는 가상의 종족이 처음 하늘을 본다면 어떻게 될 것인지를 상상해 보았다.

그들이 처음으로 땅과 바다와 하늘을 보게 될 때, 구름의 장엄함과 바람의 힘을 알게 될 때, 태양의 장엄하고 아름다운 모습과 하늘 위에서 빛을 내뿜어 낮을 만들어 내는 힘을 볼 때, 밤이 세상을 어둡게 만들자 비로소 하늘에서 빛나기 시작하는 별들을 볼 때, 달이 차고 기우며 달빛이 변하는 모습을 볼 때, 모든 천체가 영원히 변하지 않는 길을 따라 뜨고 지는 모습들을 볼 때, 그들은 신이 존재하며 이 모든 위대한 작품이 그에 의한 것이라고 판단할 것이다(『철학에 관하여』).

> **생각해 보기**
> 밤에 바깥으로 나가서 하늘을 올려다보라. 당신이 보는 것과 아리스토텔레스가 보았던 것과 얼마나 다른가?
> 이 차이가 오늘날의 사람들이 별과 행성에 대해 생각하고 느끼는 바에 영향을 미쳤다고 생각합니까?

아리스토텔레스는 『형이상학』(*Metaphysics*)에서 원인 없는 첫 번째 원인으로서의 신이 있어야 한다고 주장했다. 그에게 있어서 신은 살아 있고, 지적이며, 비물질적이며, 영원하며, 우주의 질서의 근원이 되는 가장 선한 존재이다.

이 고대 철학자들의 글을 읽으면 바울이 로마교회에 보낸 편지에 쓴 구절이 생각난다.

> 창세로부터 그의 보이지 아니하는 것들 곧 그의 영원하신 능력과 신성이 그가 만드신 만물에 분명히 보여 알려졌나니 그러므로 그들이 핑계하지 못 할지니라 (롬 1:20).

성경을 몰랐던 고대인들도 우주의 설계로부터 신이 존재한다는 결론을 내렸다.

1. 설계의 부활

오늘날 많은 천문학자들은 최근의 발견을 통해 비슷한 결론에 이르고 있다. 과학자들은 초기 우주가 어땠는지와 무관하게, 충분한 시간과 운만 있다면 우리와 같은 지적 생명체가 어디선가 진화될 수 있을 것이라고 생각했다. 지난 40년간의 발견으로 인해, 이제 우리는 이러한 추측이 잘못되었다는 사실을 안다. 사실은 정반대다.

천문학자들은 우주에 지적인 생명체가 존재하기 위해서 빅뱅의 초기 조건이 매우 복잡하고 섬세해야 한다는 사실을 발견하고 충격에 빠졌다. 이 섬세한 초기 조건의 균형은 생명을 위한 우주의 "미세조정"(Fine Tuning)이라고 알려지게 되었다. 지적인 생명체의 존재를 위한 미세조정의 복잡성과 섬세함은 인간의 이해를 뛰어 넘을 정도다.

2. 두 가지 종류의 미세조정

미세조정에는 두 가지 종류가 있다.
첫째, 자연의 상수(The constants of Nature)이다.
둘째, 임의의 물리량(Arbitrary quantities)이다.

1) 자연의 상수(Nature's Constants)

첫째, 자연의 상수이다.
상수란 무엇인가?
자연 법칙이 수학적 방정식으로 표현될 때, 방정식 안에는 특정한 기호로 표현된 변하지 않는 양이 있다. 여기에는 중력(force of Gravity), 전자기력(electromagnetic force)과 아원자적(亞原子的, subatomic)인 약력(weak force) 등이 있다. 이 변하지 않는 양은 상수라고 불린다. 자연 법칙은 상수의 값을 확정하지 않는다. 동일한 자연 법칙의 지배를 받지만, 전혀 다른 값의 상수가 존재하는 우주가 있을 수 있다는 것이다. 따라서 다양한 상수의 실제 값은 자연 법칙(laws of nature)으로부터 결정되지 않는 것이다. 오히려 상수의 값에 따라서 자연 법칙의 지배를 받는 우주들은 아주 다른 모습을 갖게 될 것이다.

> **자연의 상수**
>
> 자연 법칙이 수학적 방정식으로 표현될 때에는 어떤 상수(constants)들이 포함되게 된다. 예를 들어 뉴턴의 유명한 중력 법칙은 다음과 같이 표현된다.
>
> $F = Gm_1m_2/r^2$
>
> 이 방정식을 따르면 F로 표현된 중력은 중력 상수 G에 서로 이끌리는 두 사물의 질량을 곱하고, 두 사물 사이의 거리를 제곱한 것으로 나눈 것이다. 질량과 거리는 어떤 사물에 대해 논하느냐에 따라 달라질 수 있으나 G 값은 변하지 않는다.

2) 임의의 물리량(Arbitrary quantity)

상수와 더불어 자연 법칙이 작동하기 위한 초기 조건(initial condition)으로 임의적인 물리량이 있다. 이 양 또한 임의적이기 때문에 자연 법칙으로부터 결정되는 것이 아니다. 한 예로 초기 우주의 열역학적인 무질서도(혹은 엔트로피)가 있다. 엔트로피는 빅뱅의 초기 조건으로서 주어지고, 그 후엔 자연 법칙이 우주가 어떻게 진행되어 나갈 것인가를 결정한다. 만약 초기의 물리량이 달랐다면 자연 법칙은 상당히 다른 우주를 낳게 되었을 것이다.

3. 미세조정의 정의

과학자들은 우주가 생명을 허용하기 위해서 상수와 물리량이 굉장히 좁은 범위 내에 있어야 한다는 사실을 발견하고 놀라움을 감출 수 없었다. 이것이 우주가 생명을 위해 미세조정 되었다는 것의 의미이다.

> **생각해 보기**
> 현재 우리가 사는 우주에서보다 중력 상수 G가 훨씬 센 우주를 상상해 보자.
> 그 우주에는 은하가 존재할 수 있겠는가?
> 왜 그런가?

4. 미세조정의 예

중립적인 의미에서의 미세조정은 논란의 여지가 없이 확고부동하다. 물리학에서는 수많은 미세조정의 사례를 찾아볼 수 있다. 그것들에 대해서 논하기 전에, 나는 먼저 미세조정의 세밀한 정도를 전달하기 위해 숫자를 제시하고자 한다. 우주 전체의 역사를 초로 환산하면 10^{17}이라는 수가 나온다. (1 뒤에 17개의 0이 있다. 100,000,000,000,000,000) 지금껏 알려진 우주 전체의 아원자 입자의 수는 10^{80}이라 알려져 있다(1 뒤에 0이 80개 있는 것이다). 이러한 수는 불가해할 정도로 너무나 크다.

이제 이러한 수를 염두에 두고 미세조정의 다음 사례를 고려해 보자. 흔히 **약력**(weak force)이라 부르는 것은 자연의 4가지 근본적인 힘 중 하나이다. 이것은 원자의 핵(nucleus) 안에서 작동하는데, 이 힘이 얼마나 미세조정 되어 있냐 하면, 값이 10^{100}분의 1만이라도 바뀌었다면 우주는 생명을 허용하지 못했을 정도다. 비슷하게, 우주의 팽창을 가속시키는 **우주 상수**(Cosmological constant)의 값이 10^{120}분의 1만 변해도 우주에는

> **중요한 구별**
> 미세조정이라는 단어가 "설계"를 의미하지는 않는다. 이 표현은 미세조정의 원인이 어떻게 설명될 수 있는지에 대해 아무것도 말해 주지 않는 중립적인 단어이다. 미세조정은 단지 생명을 허용하는 상수와 물리량의 범위가 극단적으로 좁다는 것을 의미한다. 만약 이 상수나 물리량 중 단 하나의 값이 머리카락 두께만큼 달라졌더라면 생명의 존재를 위해 필요한 섬세한 균형이 깨지고 우주에는 생명이 살 수 없게 되었을 것이다.

생명이 살 수 없게 된다.

우주가 시작되었을 때의 낮은 엔트로피 상태를 기억하는가? (제4장의 "열역학적 법칙"에서 이야기한 것이다.)

옥스포드대학교의 로저 펜로즈(Roger Penrose)는 낮은 엔트로피 상태가 우연적으로 존재할 수 있는 확률이 $10^{10^{(123)}}$ 분의 1에 불과하다고 계산했다. 이 정도 크기의 숫자 앞에서는 천문학적이란 말도 모자라다.

이러한 미세조정은 인식의 한계를 뛰어넘을 정도다. 10^{60} 분의 1의 정확도는 200억 광년 떨어진 우주의 반대편에서 총알을 발사하여 1인치짜리 과녁을 맞추는 것과 같다. 미세조정의 예는 너무나 많고 다양하기 때문에 과학이 발전한다 할지라도 사라지지 않을 것이다. 좋든 싫든 미세조정은 과학적으로 확고한 사실이다.

5. 가능한 반론과 답변

> **생각해 보기**
> 우주가 아주 정밀하게 미세조정 되었다는 것을 아는 일이 당신에게 어떤 영향을 끼칩니까?

누군가는 **상수와 물리량이 달랐더라도 다른 모습의 생명이 진화했을 것**이라 생각할 수도 있다. 하지만 이런 생각은 상수와 물리량 값의 변화가 얼마나 재앙적인 결과를 초래하는지를 과소평가하는 것이다.

과학자들이 우주가 생명을 허용한다고 말할 때, 그들은 그저 현재 존재하는 생명체만을 말하는 것이 아니다. 과학자들이 생명(life)이란 단어를 쓴다면, 그것은 음식을 섭취하고, 거기서 에너지를 얻고, 성장하고, 환경에 적응하고, 번식할 수 있는 생명체들의 속성을 의미하는 것이다. 어떤 형상을 취하던지, 이러한 기능을 수행할 수 있는 것은 전부 생명이다. 이렇게 정의된 생명이 존재하기 위해서는 우주의 상수와 물리량이 믿기 힘들 정도로 미세조정 되어야만 한다. 미세조정이 없다면 물질과 화학이 존재하지도 않을 뿐만 아니라 생명이 진화할 수 있는 행성조차 존재하지 않을 것이다.

6. 또 다른 반론과 답변

때때로 사람들은 다음과 같이 반론을 편다,
"만약 우주가 **다른** 자연 법칙의 지배를 받는다면 이러한 재앙적인 결과는 일어나지 않을지도 모릅니다."
하지만 이 반론은 논증을 오해한데서 초래된다. 우리는 **다른** 자연 법칙의 지배를 받는 우주에 대한 관심을 갖는 것이 아니다. 우리는 그런 우주가 어떤 우주인지에 대해 아는 것이 없다. 우리가 관심을 갖는 것은, **동일한** 자연 법칙의 지배를 받지만 **다른** 상수와 임의적 물리량의 값을 지는 우주이다. 자연 법칙이 동일하기 때문에 우리는 상수와 물리량이 바뀔 시에 어떤 일이 일어날지 알 수 있다. 그리고 그 결과는 재앙적이다. 우리 우주와 동일한 자연 법칙의 지배를 받는 우주 가운데서 무작위로 선택한다면, 그 우주가 생명을 허용할 수 있는 가능성은 거의 없다.

벽에 앉은 파리

철학자 존 레슬리(John Leslie)는 왜 우리가 다른 자연 법칙의 지배를 받는 우주에 관해 신경쓸 필요가 없는지에 대해 다음과 같이 설명한다. 한 파리가 표면에 아무 것도 없는 커다란 벽 위에 앉아 있다고 상상해 보자. 단 한 발의 총알이 발사되었고, 그 총알은 파리를 맞춘다. 만약 이 벽 바깥 부분이 파리로 뒤덮혀 있어 무작위하게 발사된 총알이 하나의 파리를 맞출 확률이 높다 할지라도, 단 한 번 무작위로 발사된 총알이 커다랗게 비어 있는 부분에 홀로 있는 파리를 맞출 확률은 매우 낮다. 생명을 허용하는 우주는 벽 위의 파리와 같다. 우리와 같은 자연 법칙의 지배를 받는 우주들은 거의 전부 생명을 허용하지 않는다. 따라서 그중에 선택된 단 하나의 우주가 생명을 허용할 확률은 거의 0이라 할 수 있다.

7. 설계 논증

우리가 직면하는 질문은 다음과 같다.

우주적인 미세조정에 대한 가장 좋은 설명은 무엇인가?

많은 사람들은 우주가 생명을 위해 미세조정 된 것이 지적인 설계자(intelligent Designer)가 생명을 허용하도록 설계(design)했기 때문이라고 생각한다.

하지만 설계만이 유일한 선택지는 아니다. 물리적 필연성(physical necessity)과 우연(chance)이 선택지가 될 수도 있다. 설계가 가장 좋은 설명이라는 추론에 이르기 위해서는 이 두 가지 선택지를 제거해야만 한다.

따라서 다음과 같은 간단한 삼단논법적 논증을 제시할 수 있다.

① 우주의 미세조정은 물리적 필연성, 우연, 혹은 설계 중 하나에 기인한다.
② 우주의 미세조정은 물리적 필연성이나 우연성 때문이 아니다.
③ 따라서 우주의 미세조정은 설계 때문이다.

논리적으로 타당한 이 논증의 결론은 앞의 두 전제로부터 필연적으로 도출된다. 남은 질문은 이러한 전제가 참일 개연성이 거짓일 개연성보다 높냐는 것이다. 이제 이 전제들을 살펴보자.

> **미세조정에 대한 설명**
> 우주가 생명을 위해 미세조정 된 것에 대한 3가지 가능한 이유는 다음과 같다:
> 1. 물리적 필연성: 상수와 물리량은 반드시 현재 값을 가져야만 한다.
> 2. 우연: 상수와 물리량은 단지 우연을 통해서 현재의 값을 갖게 된 것이다.
> 3. 설계: 상수와 물리량은 현재의 값을 갖도록 설계되었다.

전제 ①: 우주의 미세조정은 물리적 필연성, 우연, 혹은 설계 중 하나에 기인한다

전제 ①, 즉 "우주의 미세조정이 물리적 필연성, 우연, 혹은 설계 중 하나에 기인한다"는 전제는 단지 미세조정을 설명하기 위해 가능한 3가지 선택지를 나열한 것이기 때문에 반대할 이유가 없다. 만약 누군가가 네 번째 선택지를 제시한다면 이 리스트에 그것을 넣어도 된다. 그 후 우리는 전제 ②에서 그것을 고려해 볼 것이다. 하지만 나열된 3가지 선택지 이외의 다른 선택지가 있는 것 같지는 않다.

전제 ②: 우주의 미세조정은 물리적 필연성이나 우연성 때문이 아니다

따라서 "우주의 미세조정은 물리적 필연성이나 우연성 때문이 아니다"라는 전제 ②가 중요하다. 각각의 선택지를 차례대로 살펴보자.

> **생각해 보기**
> 대중문화에서 이 세계가 우연히 만들어졌다는 설명이 각광받는 것을 본 적이 있는가?
> '필연적으로 만들어졌다'는 어떤가?
> '누군가가 설계했다'는 어떤가?
> 이 중에 어떤 생각이 대중에게 가장 많이 방송 되는 것 같은가?

8. 물리적 필연성?

첫 번째 선택지인 물리적 필연성에 따르면 우주는 생명을 허용**해야만** 한다. 상수와 물리량이 현재의 값을 반드시 지녀야만 한다면, 생명을 허용하지 않는 우주는 물리적으로 불가능하다.

● 물리적 필연성의 비개연성(implausibility)

우선, 이 선택지는 굉장히 개연성이 떨어지는 것으로 보인다. 이것이 사실이라면 우리는 생명을 허용하지 않는 우주가 물리적으로 불가능하다고 말해야 한다. 그러한 극단적인 입장을 취할 이유가 없는 것 같다. 상수는 자연 법칙에 의해 결정되지 않는다.

그렇다면 그 상수가 지금과 다르지 않을 이유는 무엇인가?

또한, 임의적 물리량 또한 자연 법칙이 작동하는 경계 조건(boundary conditions)이다. 그 무엇도 임의적 물리량을 필연적으로 만들지는 못하는 것 같다. 따라서 설계 논증의 반대 입장을 취하는 물리적 필연성 논증은 증거를 필요로 하는 극단적 입장이다. 하지만 증거는 존재하지 않는다. 이 선택지는 단지 하나의 가능성으로서 제시될 뿐이다.

가끔 과학자들은 아직 발견되지 않은, "만물의 이론"(Theory of Everything, TOE)을 이야기하기도 한다. 이 이론은 마치 미세조정을 포함한

> **진화론 우회하기**
> 우주의 미세조정에 집중하는 일이 감정적으로 과열되어 있는 생물학적 진화론의 문제를 우회한다는 점에 주목하자. 미세조정 논증이 만약 성공적이라면, 우주의 모든 곳에서 지적 생명체의 진화가 우주의 초기 조건 설계(the design of initial cosmic condition)에 의존한다는 점을 보여 주게 된다. 생명의 기원, 생물학적 복잡성(biological complexity)의 기원, 그리고 의식(consciousness)의 기원 등에 기반하는 설계 논증은 설계자 없이 이 모든 것이 설명될 수 있을 확률을 더더욱 낮게 한다.

모든 것을 물리학적으로 설명할 수 있을 것처럼 들린다. 하지만 수많은 과학적 이론에 부여되는 화려한 이름들처럼, 이 이름은 오해를 초래하기 쉽다. 만약 TOE가 성공적이라면 자연의 4가지 기본적인 힘(중력, 약력, 강력, 전자기력)을 한 종류 입자의 한 가지 힘으로 통합할 수 있게 된다. 그렇다면 물리학은 엄청나게 단순해 질 것이다. 하지만 TOE는 모든 것을 설명하려는 시도조차 할 수 없다. 예를 들어, TOE의 가장 유력한 후보인 M 이론이나 초끈 이론(Superstring Theory)은 11차원이 있어야만 작동할 수 있다. 하지만 이 이론들은 왜 특정한 수의 차원이 존재해야만 하는지는 설명할 수 없다.

또한 M 이론은 생명을 허용하는 우주를 예측할 수 없다. M 이론은 동일한 자연 법칙을 따르지만 제각각 다양한 자연의 상수 값을 지니는 10^{500}가지 정도의 가능 우주들(possible universes)을 전부 허용한다. 거의 모든 가능 우주들은 생명을 허용하지 않는다. 따라서 왜 이 가능성 안에 생명을 허용하는 우주가 포함되는지에 대한 설명이 필요하다. 적어도 M 이론만 놓고 본다면, 생명을 허용하는 우주가 물리적으로 필연이라 말하는 것은 명백한 거짓이다.

따라서 생명을 허용하는 우주가 물리적으로 필연적이라는 주장에는 증거가 없다. 반대로 모든 증거는, 생명을 허용하지 않는 우주가 단순

우주적 풍경

M 이론이 허용하는 세계의 소위 "우주적 풍경"(Cosmic landscape)은 최근 하나의 유행이 되었다. 그러나 우주적 풍경이 단지 가능성의 범위임을 이해하는 것이 중요하다. 어떤 사람들은 이 말이 곧 다양한 우주들이 실제로 존재한다는 의미로 오해한다. 또한 어떤 이들은 우주적 풍경이 우리의 세계와 같이 생명을 허용하는 세계를 반드시 포함하기 때문에 설계 논증을 약화시킨다고 생각한다. 하지만 우주적 풍경은 실제로 존재하는 것이 아니라 단지 가능성의 나열일 뿐이다. 이것은 M 이론에 맞아 떨어지는 우주의 범위만을 설명하는 것이다.

히 가능할 뿐만 아니라, 생명을 허용하는 우주보다 훨씬 더 개연성이 높다는 점을 보여 준다.

그렇다면 두 번째 선택지로 가 보자.

9. 우연?

미세조정이 단지 우연에 의한 것일 수 있을까?
이 선택지에 의하면 모든 상수와 양이 생명을 허용하는 범위 안에 맞춰진 것은 단지 하나의 우연일 뿐이다.

우리는 단지 운이 좋았을 뿐이다!

이 설명의 근본적인 문제는 우주가 생명을 허용하는 방식으로 존재할 확률이 너무나 작다는 점이다. 따라서 이 선택지는 비합리적인 것이 된다.

1) 생명을 허용하는 우주의 비개연성

종종 사람들은 미세조정 된 우주의 존재 확률에 대해서 논하는 것이 무의미하다고 말한다. 왜냐하면 오직 하나의 우주만이 존재하기 때문이다. 따라서 10개의 우주 중에 하나만이 생명을 허용한다는 식으로 말할 수 없다는 것이다.

하지만 물리학자 존 배로우(John Barrow)는 다음의 설명을 통해 생명을 허용하는 우주가 얼마나 비개연적인지 명확히 밝힌다. 종이 한 장을 꺼내고 그 위에 빨간 점을 그려라. 이 점은 우리의 우주를 상징한다.

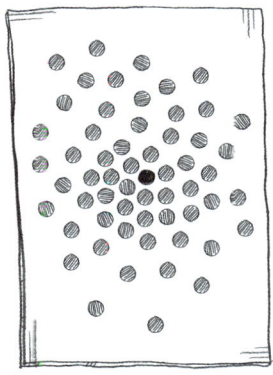

이제 우리가 이야기해 왔던 미세조정 된 상수와 물리량 중 하나 혹은 그 이상을 조금씩 바꿔보자. 이것이 다른 우주에 대한 설명이고, 우리는 첫 번째 점의 주변에 새로운 점을 그림으로써 이를 표현할 수 있다. 만약 새로운 상수와 물리량의 집합이 생명을 허용하는 우주를 표현하는 것이라면 그것을 빨간 점으로 만들어라. 만약 그것이 생명을 허용하지 않는다면 파란 점으로 만들어라. 이제 이 과정을 종이가 점으로 채워질 때까지 반복하라. 바로 이것이 우주가 생명을 허용한다는 것이 얼마나 비개연적인지를 보여 주는 것이다. 우리가 표현한 가능 우주들 중에서 생명을 허용하지 않는 우주가 허용하는 우주에 비해 비교할 수 없이 많다.

2) **복권을 통한 설명**

어떤 사람들은 우연에 호소하는 선택지를 정당화하기 위해서 복권의 예를 든다. 복권이 전부 팔렸다고 가정할 때, 누군가가 복권에 당첨될 확률은 매우 낮다.

그러나 누군가는 당첨이 되어야만 한다!

당첨자가 "내가 당첨될 확률은 2천만 분의 1이었지만 난 당첨이 되었어! 따라서 이 복권은 조작된 것이 틀림없어!"라고 외치는 행동은 정당하지 못할 것이다.

이와 동일하게, 그들은 가능한 우주들 가운데 어떤 우주는 반드시 존재해야만 했다고 말한다. 우주 복권의 당첨자가 자신의 우주가 우연에 의한 것이 아니라 설계에 의한 것이라고 말하는 것은 정당하지 못할 것이다. **모든** 우주가 동일하게 비개연적이지만, 그중 하나는 우연에 의하여 당첨되어야만 한다.

이 비유는 우연을 옹호하는 사람이 설계 논증을 어느 부분에서 오해했는지 보여 준다는 점에서 매우 유용하다. 우리는 좀 더 정확한 비유를 제시할 수 있다. 대중적인 인식과는 다르게, 설계 논증은 어째서 **이** 우주가 존재하는지 설명하려는 것이 아니다. 오히려 생명을 허용하는 단 하나의 우주를 설명하려는 것이다. 복권 비유는 특정한 사람이 왜 당첨되었는지에 집중했다는 점에서 설계 논증을 오해하고 있다.

올바른 비유를 제시하자면 다음과 같다. 엄청난 양의 하얀 탁구공이 단 하나의 검은 탁구공과 섞여 있고 그중 하나만이 무작위하게 선택된다고 하자. 만약 이 탁구공이 검은 색이라면 당신은 살 수 있고, 만약 하얀 색이라면 총에 맞게 될 것이다.

어떤 탁구공이 무작위로 선택되었다면, 그 탁구공이 선택된 일은 비개연적이다. 이것은 모든 탁구공에게 마찬가지이다. 어떤 탁구공이라도 관을 통해 흘러나올 수 있지만, 모든 탁구공 중에서 그 탁구공이 선택된 일은 매우 비개연적이다. 그러나 어떤 탁구공은 반드시 관을 빠져나와야만 한다. 이것이 바로 첫 번째 복권 비유가 표현하는 것이다. 그러나 이 논점에는 아무런 연관성이 없다. 왜냐하면 우리는 특정한 하나의 탁구공이 왜 선택되었는지를 설명하려는 것이 아니기 때문이다.

제5장 우주는 왜 생명체를 위해 미세조정 되었는가? 161

주요한 점은 어떤 탁구공이 관을 빠져나오든, **그것이 검은색이 아니라 하얀색**일 확률이 훨씬 높다는 점이다. 물론 검은 탁구공이 나올 확률이 어느 특정한 하얀 탁구공이 나올 확률보다 높지는 않다. 그러나 하얀 탁구공 대신 검은 탁구공이 나올 확률은 불가능에 가깝다. 만약 검은 탁구공이 관을 빠져나온다면, 당신은 이 복권이 당신을 살리기 위해서 조작되었다고 의심해야만 한다.

이처럼 올바른 비유를 따라 우리는 왜 특정한 탁구공을 얻게 되었는지에 대해서는 관심이 없다. 단지 생명을 허용하지 않는 탁구공 대신 생명을 허용하는 탁구공을 얻은 이유가 궁금할 뿐이다. 엄청나게 낮은 확률에도 불구하고 말이다. 이 질문은 단지 "결국 어떤 탁구공이라도

복권 이야기를 강화하기

복권 비유가 말하려는 논점을 이해하기 힘들다면 다음 상황을 상상해 보자. 당신이 살려면 검은 공이 다섯 번 연속으로 나와야 한다. 검은 공이 한 번 나올 확률이 아주 낮았다면, 다섯 번 연속 나올 확률도 크게 다르지 않을 것이다. 그러나 정말로 다섯 번 연속으로 검은 공이 나온다면, 누구도 이것이 우연이라고 생각하진 않을 것이다.

나오긴 했어야 하잖아!"라는 식으로는 답변되지 않는다.

이와 마찬가지로 분명 어떤 우주라도 존재하긴 해야만 한다. 그러나 우주가 존재한다는 사실과는 무관하게, 그 우주가 생명을 허용할 확률은 불가사의 할 정도로 낮다. 따라서, 하필 왜 생명을 허용하는 우주가 존재하는지에 대해서는 설명이 요구된다.

3) 설명이 필요한가?

혹자는 왜 우주가 생명을 허용하고 있는지 설명할 필요가 없다고 주장한다. 그 이유는 바로 그러한 우주가 우리가 **관찰할 수 있는** 유일한 종류의 우주이기 때문이다. 만약 우주가 생명을 허용하지 않았다면, 이에 대해 질문하는 우리조차 존재할 수 없었을 것이다. (이것은 소위 인류 원리[the so-called Anthropic Principle]라 불리는 것인데, 인류 원리에 의하면 우리는 우리의 존재를 허용하는 우주의 속성만을 관찰할 수 있다.)

이 추론은 잘못되었다. 생명을 허용하는 우주만을 관찰할 수 있다는 사실이 그런 우주의 존재를 설명할 필요성까지 제거하는 것은 아니기 때문이다. 또 다른 예시가 도움이 될 수 있다. 당신이 멀리 여행을 떠났는데, 그곳에서 마약을 소지했다는 가짜 혐의로 구속이 되었다고 해 보자. 당신은 외딴 곳으로 끌려갔으며, 100명의 훈련된 사수가 가까운 거리에서 당신에게 총을 발사하려고 한다. 당신의 귀에 명령 소리가 들려온다.

"준비! 조준! 사격!"

시끄러운 총 소리를 듣는다. 당신은 놀랍게도 여전히 살아 있다!

100명의 사수가 모두 당신을 맞추지 못했다.

이에 대해 어떤 결론을 내릴 것인가?

> **인류 원리**
> 우리는 우리의 존재와 양립하는 근본적인 상수와 물리량의 값만을 관찰할 수 있다.

"난 그들 전부가 날 맞추지 못했다는 사실에 놀랄 필요는 없다고 생각한다. 어쨌든 만약 그들이 날 맞췄다면 난 여기서 놀라고 있을 수도 없었을 것이다. 이에 대해 더 설명할 것이 없다."

아니다. 전혀 그렇지 않다!

만약 당신이 죽으면 당신의 죽음을 관찰할 수 없을 것이므로, 당신이 당신의 죽음을 관찰하지 못한다는 사실에 대해서 놀라지 말아야 하는 것은 옳다. 하지만 사수가 모두 당신을 맞추지 못할 확률이 상당히 희박하다는 점을 고려한다면, 당신이 살아 있다는 사실에는 여전히 놀라워해야만 한다. 이러한 일이 실제로 일어났다면, 당신은 아마도 그들이 의도를 가지고 표적을 놓쳤다고 생각할 것이고, 이 모든 것이 누군가에 의하여, 혹은 어떠한 이유에 의해서 조작 됐다고 생각할 것이다.

4) 다중우주 가설

이론가들은 인류 원리가 다중우주 가설과 결합하는 **방법으로만** 미세조정에 대한 설명의 필요를 제거할 수 있다는 사실을 깨달았다. 이 가설에 의하면, 우리의 우주는 우주 앙상블(World Ensemble) 혹은 무작위적인 무한한 숫자의 "다중우주"(Multiverses) 중 하나일 뿐이다. 만약 이 모든 다른 우주들이 실제로 존재한다면, 생명을 허용하는 세계는 우주 앙상블의 어느 지점에서든 우연에 의하여 나타나게 될 것이다. 오직 미세조정 된 우주 안에서만 관찰자가 있을 수 있으므로, 우주 앙상블 안에 존재하는 모든 관찰자는 그들의 세계가 미세조정 되었다는 사실을 관찰하게 될 것이다. 따라서 설계에 호소하는 일은 미세조정을 설명하는 데에 필수적이지 않다. 미세조정은 단지 우연일 뿐이다.

5) 다중우주 가설에 대한 첫 번째 반박

다중우주 가설에 반박하는 한 가지 방법은 다중우주 자체가 미세조정과 연관되어 있음을 보여 주는 것이다. 과학적으로 신뢰받기 위해서는 다중우주를 발생시키는 매커니즘이 제안되어야만 한다. 만약 다중우주 가설을 통해 미세조정을 우연만으로 설명하는 데 성공한다면, 다중우주를 발생시키는 매커니즘이 미세조정 된 것이어서는 안 될 것이다. 그렇다면 동일한 문제가 다시 발생한다.
다중우주의 미세조정은 어떻게 설명할 것인가?
우주 앙상블을 발생시키는 매커니즘으로 제안된 것들이 너무나 모호하기 때문에, 다중우주를 지배하는 물리 법칙이 미세조정 되어 있지 않았다고는 누구도 장담할 수 없다. 예를 들어, 만약 M 이론이 다중우주의 물리 법칙이라면, 왜 11차원이 존재하는지는 설명이 되지 않은 상태로 남아 있게 된다. 또한 우주적 풍경 내에서의 모든 가능성을 실현시키는 매커니즘 또한 미세조정 되어 있을지도 모른다. 따라서 우주 앙상블을 제시하는 것은 우연이라는 선택지를 정당화하기엔 충분하지 않다.

6) 다중우주 가설에 대한 두 번째 반박

많은 이론가들은 다중우즈 가설 자체에 대한 의구심을 갖고 있다. 우주 앙상블이 실제로 존재한다고 생각할 필요가 있는가?

제4장에서 우리는 보드-구스-빌렌킨 이론에 의하면 버블 우주의 다중우주 조차 시작점을 지녀야 한다는 점을 살펴보았다. 그렇다면 버블 우주를 만들어 내는 매커니즘은 유한한 시간 동안 버블 우주를 만들어 냈을 것이다. 따라서 우주 앙상블 안에는 유한한 개수의 버블이 존재할 것이고, 우연에 의하여 미세조정 된 우주의 출현을 보장하기엔 충분치 않을 수도 있다. 다중우주 가설을 지지하기 위해 요청되는 이러한 우주 앙상블이 존재한다는 증거는 없다.

반대로 우리에게는 우주의 설계자가 있다는 믿음을 지지해 줄 수 있는 훌륭하고도 독립적인 이유들이 있다. 앞서 살펴 본 라이프니츠와 알가잘리의 논증이 이를 보여 준다.

설계에 대한 에두른 칭찬

미세조정에 관한 현재의 토론은 다중우주 가설에 대한 토론이 되어 버렸다. 혹자는 미세조정을 설명하기 위해서 우리는 단지 관찰할 수 없는 우주들이 존재한다는 것뿐만 아니라 무한한 수의 우주들이 존재하고 그것들의 기초적인 상수와 물리량이 다르다는 사실을 믿어야만 한다고 말한다. 이 모든 것은 우리의 우주와 같이 생명을 허용하는 우주가 우연에 의해 나타났다는 사실을 보장하기 위해서이다. 다중우주 가설은 설계 가설에 대한 에두른 칭찬과 같다. 제정신인 과학자들이 다중우주 가설과 같이 추측적이고 과도한 가설을 인정하려고 한다는 것은 그래야만 한다는 압박을 느끼기 때문이다. 따라서 만약 누군가가 당신에게 "미세조정은 단지 우연에 의해 일어났어!" 혹은 "불가능해 보이는 일도 때론 일어나곤 하잖아!" 혹은 "단지 우연일 뿐이야!"라고 한다면, "그렇다면 왜 설계 가설의 반대자들이 설계를 피하기 위해 다중우주 가설을 인정해야만 한다고 느낄까요?"라고 물어라.

7) 다중우주 가설에 대한 세 번째 반박

다중우주 가설은 또 다른 심각한 반박을 직면하게 된다.

제4장에서 논의된 볼츠만(Boltzmann)의 다중우주 가설을 기억하는가? 볼츠만의 가설을 침몰시킨 것은 바로, 만약 우리의 세계가 우주 앙상블의 우연한 한 요소에 불과하다면 질서가 존재하는 훨씬 작은 영역을 관찰할 확률이 더 높다는 점이다. 유사한 문제가 우주의 미세조정에 대한 설명으로서 다중우주 가설을 직면하게 된다.

> **생각해 보기**
> 다중우주 가설에 결함이 있는데도 불구하고, 많은 사람들이 설계자 대신 우연을 선호하는 이유는 무엇이라고 생각하는가?

로저 펜로즈는 이 반박을 강력히 옹호했다.[1] 그는 우리 우주가 가지고 있는 초기의 낮은 엔트로피 조건이 우연에 의해 발생할 확률은 $10^{10^{(123)}}$ 분의 1이라는 점을 지적했다. 반면, 태양계가 급작스러운 입자의 무작위적 충돌에 의하여 생길 확률은 $10^{10^{(60)}}$ 분의 1이다. 펜로즈의 말을 빌리자면, 이 수는 $10^{10^{(123)}}$ 에 비하면 "새발의 피"일 뿐이다. 이 말은 우리의 태양계보다도 크지 않은 우주가 발견될 확률이 훨씬 높다는 뜻이다. 왜냐하면 현재 우리 우주처럼 거대한 크기로 미세조정 된 우주보다 작은 크기의 우주가 존재할 확률이 더 높기 때문이다.

우리는 볼츠만의 가설이 직면한 것과 비슷한 종류의 환상에 직면하게 된다. 차라리 보다 넓고 질서 있는 우주에 대한 환상과 함께 있는 작은 세계가 미세조정 된 실제의 우주보다 더 존재할 확률이 높다. 논리적 귀결을 극한까지 끌고 가면, 이 문제는 이론가들이 "볼츠만 두뇌의 침략"(The invasion of the Boltzmann brains)이라 칭한 지점까지 이르게 된다.

---

1 Roger Penrose, *The Road to Reality* (New York: Alfred A. Knopf, 2005), 762–5.

관측 가능한 우주 중 가장 존재할 확률이 높은 우주는, 무작위적 요동(Random fluctuation)에 의해 존재하기 시작하여 우주의 모습을 환상으로 인식하는 단일 두뇌로 이루어진 우주이다. 만약 다중우주 가설을 받아들인다면, 당신은 오직 환상을 보는 두뇌만이 세상이 존재하는 유일한 것이며 이 책, 당신의 몸, 지구, 그리고 당신이 세상에서 지각하는 모든 것들이 그저 환상이라고 믿어야만 한다.

그러나 미치지 않은 사람이라면 스스로를 볼츠만의 뇌로 여기지는 않을 것이다. 따라서 무신론을 받아들인다면, 무작위적 질서를 지닌 우주 앙상블이 존재할 확률은 매우 낮다. 역설적으로, 다중우주를 지지할 만한 가장 그럴듯한 근거는 신이 다중우주를 창조했고 그것들에 질서를 부여했기 때문에 무작위적 질서를 지니지 않는다는 설명뿐이다. 신은 우주적으로 미세조정 된 관측 가능한 세계에 우선권을 주었을 수도 있다. 다중우주 가설이 합리적이기 위해서는 신이 필요하다. 다중우주 가설의 실패로 인해 우연을 옹호하는 마지막 방어선이 무너지게 된다. 물리적 필연성과 우연은 우주의 미세조정에 대한 좋은 설명을 제공하지 못한다.

10. 설계: 도킨스의 반박

설계는 어떠한가?

이 설명이 물리적 필연성이나 우연보다 우월한가, 혹은 동일하게 비개연적인가?

설계에 반대하는 사람들은 종종 우주의 설계자를 설명할 수 없다는 가설에 근거해 반대한다. 이 반박은 리처드 도킨스가 그의 책 『만들어진 신』(*The God Delusion*)에서 "이 책의 핵심 논증"이라고 부른 것이다. 그는 자신의 논증을 다음과 같이 정리한다.[2]

① 여러 세기 동안 인간의 지성에 도전한 가장 큰 과제들 중 하나는 우주의 복잡하고 개연성 없어 보이는 것들이 어떻게 출현했는지 설명하는 것이었다.
② 우리는 설계처럼 보이는 것을 실제 설계로 보고 싶어 하는 유혹을 자연스럽게 느끼게 된다.
③ 그 유혹은 잘못된 것이다. 설계자 가설은 즉시 "설계자는 누가 설계했는가?"라는 더 큰 문제를 제기하기 때문이다.
④ 지금까지 발견된 것 중 가장 독창적이고 강력한 기중기는 자연선택을 통한 다윈의 진화다.
⑤ 우리는 아직 물리학에서는 이에 상응하는 기중기를 찾지 못했다.
⑥ 우리는 생물학의 다윈주의만큼이나 강력한 기중기가 물리학에서도 나타나리라는 희망을 포기하지 말아야 한다.
그러므로, 신은 존재하지 않는 것이 거의 확실하다.

1) 도킨스 논증의 부당성: 결론이 도출되지 않는다

도킨스의 논증이 틀린 이유는 무신론적인 결론이다.

그러므로, 신은 존재하지 않는 것이 거의 확실하다.

---

[2] Richard Dawkins, *The God Delusion* (New York: Houghton Mifflin, 2006), 157–8.

이는 이전의 6가지 진술이 옳다고 쳐도 도출될 수 없는 결론이다. 이런 추론을 허용하는 논리학적 규칙은 없다. 도킨스의 추론이 타당하지 못함은 명백하다. 도킨스의 논증에서 나올 수 있는 최대의 결론은 기껏해야 우주에서 나타나는 설계의 모습을 기반으로 신의 존재를 추론해서는 안 된다는 정도다. 하지만 이러한 결론은 신의 존재와 양립할 수 있을 뿐만 아니라 우리가 신의 존재에 대한 정당화된 믿음을 갖는 일과도 모순되지 않는다. 우리는 아마도 우주론적 논증이나 도덕적 논증에 기반하여 신을 믿을 수 있을지도 모른다.

신에 대한 우리의 믿음이 논증에 기반하지 않고 종교적 경험이나 신적인 계시에 의한 것일 수도 있다. 논점은 이것이다. 즉 설계 논증을 반박하는 것이 곧 무신론이 참이라는 사실을 증명하거나 신의 존재에 대한 믿음이 정당하지 못하다고 증명하는 것은 아니다. 여기서 도킨스의 철학적 깊이가 부족하다는 점이 여실히 드러난다.

2) 도킨스가 세운 전제의 거짓성

그렇다면 도킨스의 논증은 설계 논증을 약화시키는 일에 성공했을까? 그렇지 않다. 왜냐하면 도킨스의 논증은 그 여러 단계가 거짓일 확률이 높기 때문이다. ⑤ 단계는 이번 논의의 주제였던 우주적 미세조정에 대해서 말하고 있다. 도킨스는 미세조정에 대해 아무런 설명을 하고 있지 않고, 따라서 ⑥ 단계에 표현된 희망은 단지 자연주의자의 신앙에 불과하다.

③ 단계를 살펴보자. 도킨스는 우주의

자연주의
자연주의(naturalism)는 오직 자연적 설명(초자연적 설명에 반대되는)만이 고려되어야 한다는 믿음이다. 설계자는 초자연적인(자연을 초월하는) 것으로 정의되기 때문에, 자연주의는 증거에도 불구하고 이 설명을 배제한다.

복잡한 질서에 대한 설명으로 설계를 추론하는 것이 정당하지 못하다는 말을 하고 있다. 그것이 다음과 같은 새로운 문제를 불러 일으키기 때문이다.

설계자는 누가 설계했는가?

이 주장은 최소한 두 가지 문제점을 지니고 있다.

(1) 3번 서술의 첫 번째 문제: 설명을 굳이 더 설명할 필요는 없다

어떤 것이 최고의 설명이라고 말하기 위해서 설명에 대한 설명을 또 할 필요는 없다. 이것은 과학철학에 나오는 기초적인 논점이다. 만약 고고학자가 땅을 파다가 화살촉과 도자기 조각처럼 보이는 것을 발견했다고 치자. 이 유물이 퇴적과 변형에 의해 우연적으로 생겨난 것이 아니라 어떤 미지의 부족들이 만들었다고 추론하는 것은 정당하다. 이 부족이 어떤 사람들인지, 언제, 어디서 왔는지에 대해 아무런 설명을 못한다 할지라도 말이다. 또한 우주 비행사들이 달의 반대편에서 어떤 기계 더미를 발견한다고 쳤을 때, 어떤 지적인 존재가 그 더미를 만들어냈을 것이라고 추론하는 것은 정당하다. 그 지적인 존재가 누군지, 혹은 어떻게 그곳에 도달했는지에 대해 알지 못한다 할지라도 말이다.

따라서 무엇이 최고의 설명인지를 알아내기 위해서 설명에 대한 설명을 할 필요는 없다. 그러한 요구는 설명의 무한한 퇴행을 이끌어 내게 될 것이고, 결국 그 어떤 것도 설명될 수 없게 만들 것이다.

그렇다면 결국 과학 자체가 무너지고 말 것이다!

만약 어떠한 설명이 받아들여지기 전에 설명에 대한 설명이 추가로 필요하다면, 설명에 대한 설명에 대한 … 설명도 필요할 것이고, 결국 그 어떤 것도 설명할 수 없게 된다.

따라서 우주에 나타나는 설계의 모습에 대한 최고의 설명이 지적인 설계라는 점을 밝혀내기 위해서 설계자를 추가로 설명할 필요는 없다. 설계자에 대한 설명이 존재하는지 아닌지는 다음 연구자들에게 남겨진 질문일 뿐이다.

(2) 3번의 두 번째 문제: 신은 매우 단순하다

도킨스는 우주의 신적인 설계자(Divine Designer)가 설명하려는 대상(우주)만큼이나 복잡하다고 생각한다. 따라서 그는 어떠한 설명의 진보도 일어나지 않는다고 말한다. 경쟁 중인 설명들(explanations)의 무게를 달아볼 때 이 반론은 단순성(simplicity)이 어떤 역할을 차지하는지에 대한 질문을 일으킨다. 과학자들은 어떤 설명이 최고인가를 결정할 때 단순성만을 고려하지 않고 설명력, 설명의 범위와 같은 것을 변수로 고려한다. 설명의 범위가 넓은 설명이 다른 설명에 비해 덜 단순할 수는 있다. 하지만 여전히 더 많은 것들을 설명해 낸다는 이유로 선호될 수 있는 것이다. 이처럼 어떤 이론을 분석할 때, 단순성만이 유일무이한 중요기준은 아니다

하지만 이 질문들은 우선 제쳐 놓자. 도킨스의 근본적인 실수는 신적인 설계자가 우주만큼 복잡하다고 가정했다는 점에 있다. 이는 명백히 틀렸다. 신은 육체가 없는 순수한 정신(Mind)으로서, 매우 단순한 존재이다. 정신(혹은 영혼)은 둘리적인 구성을 지닌 대상이 아니다. 필연적이지 않고 늘 변화하는 우주가 설명되지 않는 상수와 물리량을 가지고 있다면, 신의 정신은 매우 단순하다. 물론 이 정신이 매우 복잡한 생각을 할 수는 있다(매우 복잡한 미적분에 대해서 생각하고 있을지도 모른다). 하지만 정신 자체는 매우 단순한 영적인 존재다.

> **생각해 보기**
> 만약 우주를 미세조정한 설계자가 실제로 존재한다면, 우리는 이 세계가 섬세하게 조정되었다는 사실에서 설계자의 어떤 점을 배울 수 있는가?

영적 실체로서의 정신을, 복잡할 수도 있는 '그 정신이 하고 있는 생각'과 혼동했다. 따라서 신적인 정신을 우주의 배후에 상정하는 것은 단순성에 있어서도 진보적이라고 볼 수 있다.

도킨스의 논증은 다른 단계에서도 문제가 발견되지만, 이 정도로도 그의 주장이 우주적 설계자를 상정하는 미세조정 논증을 약화시키지는 못했다는 점을 충분히 보여 주었으리라 생각한다. 그의 주장이 무신론을 정당화하지 못한다는 점 또한 마찬가지이다. 몇 년 전 무신론 철학자 퀸튼 스미스는 스티븐 호킹이 『시간의 역사』(*A Brief History of Time*)에서 전개한 무신론적 논증이 '서구 사상사 최악의 무신론적 논증'이라고 평가했다.[3] 내 생각에는, 『만들어진 신』(*The God Delusion*)의 도래와 함께 호킹의 이 불명예스러운 왕관은 리처드 도킨스에게로 넘어가게 되었다.

> **생각해 보기**
> 도킨스의 추론에 결함이 있음에도 불구하고 그의 책이 엄청난 인기(150만 권이 넘게 팔림)를 끌고 있다는 사실을 당신은 어떻게 생각하는가?
> 논리 외에 어떤 요소가 대중적 인기를 이끌었는가?

11. 결론

따라서 나는 우리에게 주어진 세 개의 선택지(물리적 필연성, 우연, 혹은 설계) 중 설계가 가장 개연성이 높다고 생각한다. 플라톤과 아리스토텔레스도 현대 과학이 그들의 입장을 옹호한다는 사실에 분명 기뻐했을 것이다. 이처럼 우리는 신의 존재에 대한 세 번째 논증을 지니게 되었다.

---

[3] Quentin Smith, "The Wave Function of a Godless Universe," in *Theism, Atheism, and Big Bang Cosmology*, by William Lane Craig and Quentin Smith (Oxford: Clarendon Press, 1993), 322.

제5장 우주는 왜 생명체를 위해 미세조정 되었는가? 173

설계 논증

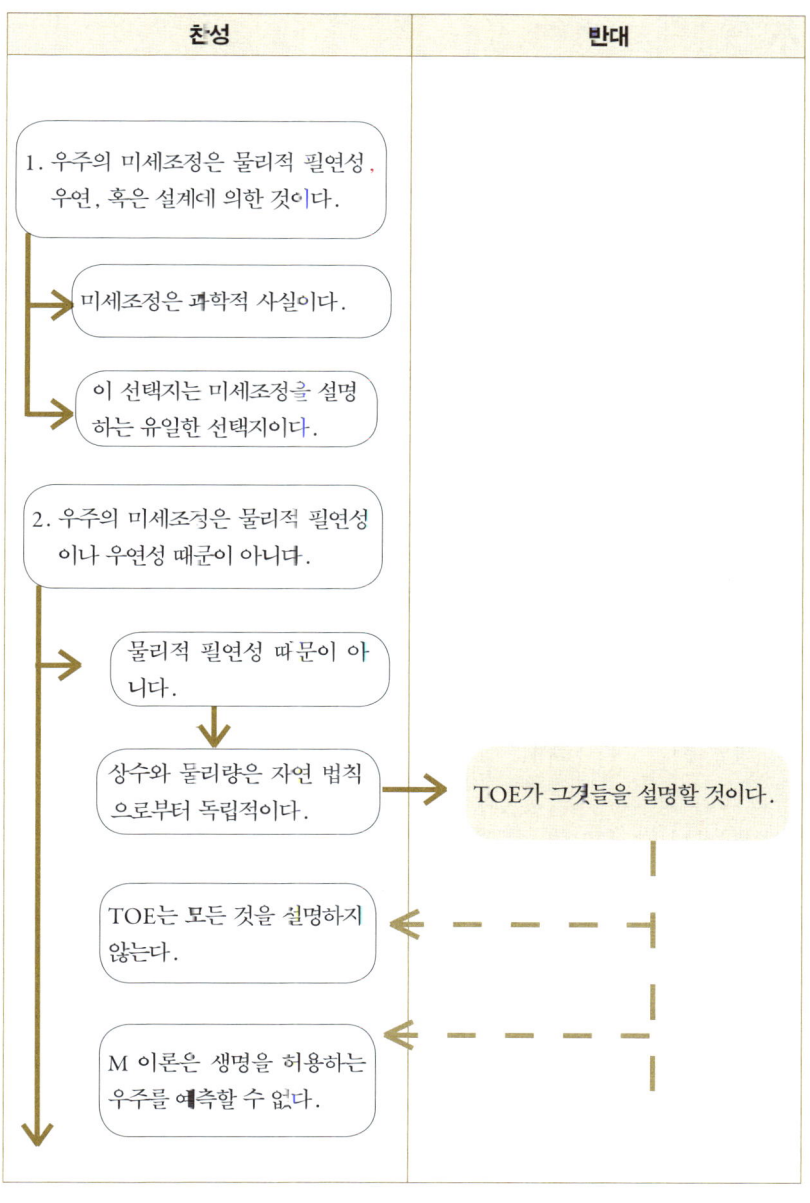

설계 논증(계속)

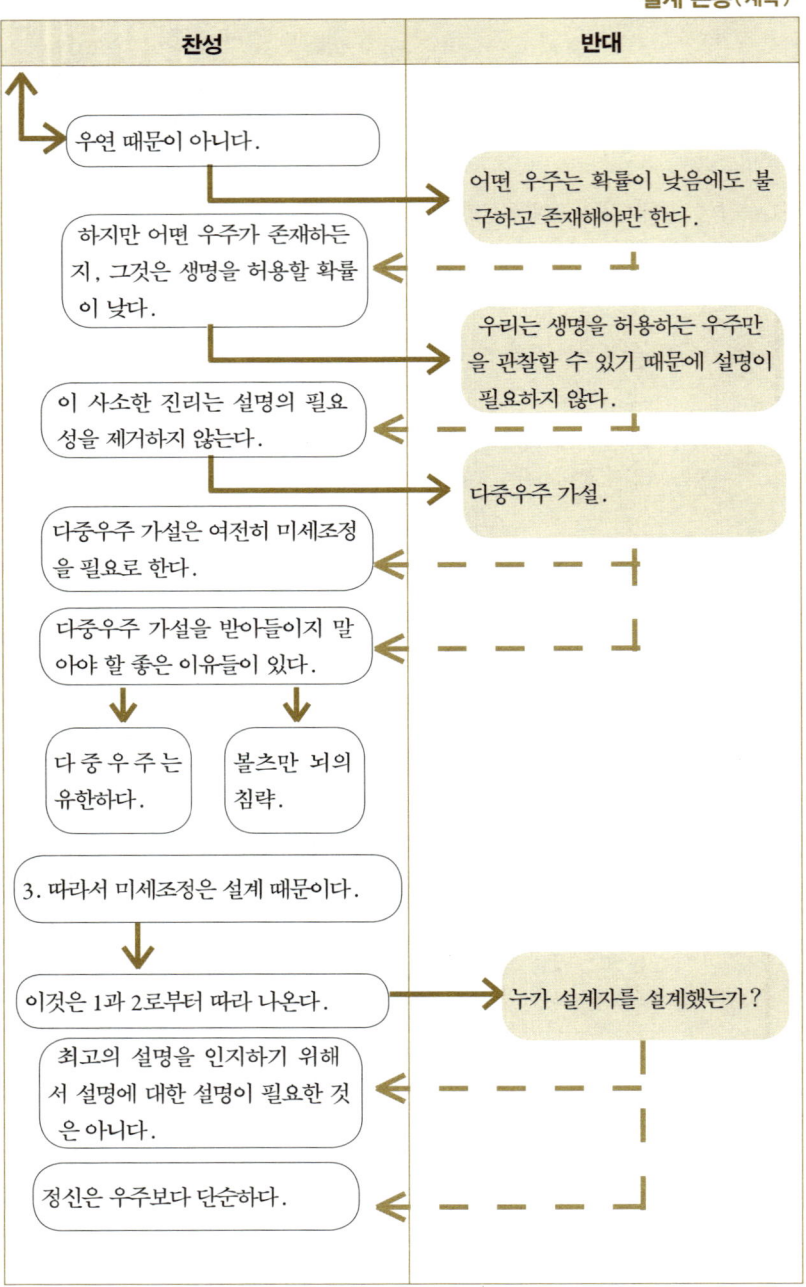

제6장

신이 없이도 선하게 살 수 있는가?

하나님 한 분 외에는 선한 이가 없느니라(막 10:18).

신이 없이도 우리는 선하게 살 수 있는가?

당신이 누군가에게 이 같은 질문을 던진다면, 그는 질문에 대한 답변이 너무나도 분명하다며 당황해 할 수도 있다. 그리스도인들은 신 없이 살아왔던 삶보다 더 나은 삶을 살아 갈 수 있도록 해 주는 도덕적 근원을 하나님으로부터 찾는다. 그러나 우리를 부끄럽게 만들 정도로 도덕적으로 올바른 삶을 사는 비그리스도인들을, 단지 신을 믿지 않는다는 이유만으로 도덕적이지 못하다고 주장하는 것은 매우 교만하고 무지한 일이다.

이처럼 신을 **믿지** 않으면 선해질 수 없다고 주장하는 것은 오만하고 무식한 일이다. 하지만 우리가 본 장에서 묻고자 하는 바는 다른 질문이다. 우리의 질문은 '신의 존재 **없이도** 우리가 선하게 살 수 있는가?'이다. 이 질문을 통해서 우리는 도덕적 가치의 본질을 묻게 되는 것이다.

우리가 중요하지 여기는 가치관들은 어떻게 작동하는가?

그것은 운전 시에 도로의 오른편이나 왼편에서 운전을 하도록 만드는, 사회적 규범과 가까운 방식으로 우리의 삶을 인도하고 있는가?

아니면 다른 음식에 비해 특정 음식을 더 선호하는 것처럼 단순한 개인적인 취향인가?

그렇지 않다면 우리의 의견이나 취향과는 무관하게 유효하며 구속력이 있는가?

만약 우리의 가치관들이 이와 같이 객관적이라면, 이 가치관의 기초는 무엇인가?

> **우리가 지닌 가치들의 기초는 무엇인가?**
> 1. 사회적 규범?
> 2. 개인적 취향?
> 3. 진화?
> 4. 신?

1. 신의 존재에 대한 도덕적 논증

많은 철학자들은 도덕성이 신의 존재를 입증하는 데 있어 좋은 논증을 제공한다고 생각해 왔다. 많은 논증들 중에서도, 케임브리지대학교의 도덕철학 교수인 윌리엄 쏘를리(William Sorley)의 논증은 매우 훌륭하다. 그는 자신의 책 『도덕적 가치와 신의 관념』(*Moral Values and the Idea of God*, 1918)에서, 현실에 대한 통일된 합리적 관점을 지니기 위한 최선의 희망은 신을 자연의 질서와 도덕적 질서 모두의 근거로 상정하는 것이라고 주장한다. 자연의 법칙만큼이나 실존하는 독립적인 객관적 도덕 질서가 우리에게 있다고 주장하고 있는 것이다.

쏘를리는 우리가 객관적 도덕 가치의 존재를 증명할 수는 없지만, 이런 식이면 물리적인 물체들로 구성된 자연 세계의 존재 또한 증명할 수 없다고 지적한다(어쩌면 당신은 매트릭스에 누워서 가상현실을 경험하고 있는 시체에 불과할 수도 있다). 따라서 도덕 질서와 자연 질서는 유사한 기반 위에 있다. 우리가 감각적 경험을 토대로 사물 세계를 가정하는 것처럼, 우리는 우리의 도덕적 경험을 토대로 도덕 질서를 가정한다.

쏘를리의 관점에서 자연 질서와 도덕 질서는 모두 현실의 일부이다.

그렇다면 우리는 '어떤 세계관이 이 두 질서를 가장 일관된 형태로 결합하여 설명할 수 있는가?'라는 질문을 던질 수 있다. 쏘를리는 이에 대한 가장 좋은 답이 신이라고 주장했다. 자연의 설계자이며, 사람과 우주가 점진적으로 성취해 나가고 있는 도덕적 목적의 소유자인 무한하고 영원한 정신이 존재해야만 한다.

> **생각해 보기**
> 당신은 객관적 도덕 질서가 객관적 물리 세계처럼 실존한다는 말에 대하여 어떻게 생각하는가?
> 왜 그렇게 생각하는가?

나 또한 신 없는 삶의 부조리에 관하여 대학교 캠퍼스에서 강의를 하던 도중 도덕적 논증에 빠져들었다. 만약 신이 존재하지 않는다면 객관적 도덕 가치를 이루는 기반 또한 없을 것이라는 점이 나의 주장이었다. 객관적인 기준이 없다면 모든 것이 상대적이 돼 버리기 때문이다. 나의 예상과는 달리, 놀랍게도 학생들의 반응은 객관적 도덕 가치가 존재한다고 인정하는 편이었다. 그들은 어떤 것은 옳고, 어떤 것은 잘못되었다고 생각했다.

학생들은 '신이 없이는 객관적인 가치 또한 없다'는 나의 주장을 반박하려고 들지 않았다.

오히려 그들은 의도치 않게 신 존재를 위한 도덕적 논증에서 지금껏 빠져 있던 새로운 전제를 제공해 주었다!

이를 바탕으로 우리는 다음과 같이 주장할 수 있게 된다.

① 만약 신이 존재하지 않는다면, 객관적 도덕 가치들과 의무들 또한 존재하지 않는다.
② 객관적 도덕 가치들과 의무들은 존재한다.
③ 그러므로 신은 존재한다.

> **생각해 보기**
> 모든 사람에게 적용되는 객관적 도덕 가치가 없다고 주장하는 사람과 대화해 본 적이 있는가?
> 그렇다면 그 사람은 관용과 사랑 같은 가치관에 대해서는 어떻게 설명했는가?

이 간단한 삼단논법은 암기하기도 쉽고 매우 논리적이다. 나는 전제 ①이 사실임을 주장했고, 학생들은 전제 ②가 사실임을 주장했다. 이 두 가지 전제를 같이 고려한다면 이는 곧 신이 존재한다는 사실을 의미한다.

이 논증이 이토록 강력한 이유는 사람들이 이 두 가지 전제 모두를 일반적으로 인정하기 때문이다. 지금과 같은 다원적인 시대에, 학생들은 자신의 가치관을 누군가에게 알리고 공개하는 것을 극도로 꺼린다. 따라서 전제 ①은 그 안에 내재된 상대주의 덕에 납득할 만한 전제처럼 보인다. 이와 동시에 관용, 열린 마음, 사랑과 같은 특정한 가치들은 사람들의 마음 깊숙한 곳에 내재되어 있을 것이다.

그들은 자기의 가치관을 다른 사람에게 강제적으로 이해시키거나 강요하는 것이 객관적으로 **잘못되었다**고 생각한다!

그래서 그들은 전제 ② 또한 전적으로 동의하고 있다.

이 주제는 때로는 아주 이상한 대화들로 이어질 수도 있다. 나는 위의 전제들을 앞뒤로 건너뛰며 이야기하던 한 학생과의 대화가 생각이 난다. 나와 전제 ①에 대한 이야기를 나누는 동안, 그 학생은 전제 ①에는 동의하면서 전제 ②는 부정했다. 그러나 전제 ②에 관한 대화를 시작하자, 그는 전제 ②에는 동의하면서 다시 전제 ①을 부정했다. 첫 번째에 대해 이야기를 하면 전제 ②를 부정하고, 전제 ②에 대해 이야기하면 다시 전제 ①을 부정했다. 그렇게 그는 전제 ①과 전제 ②를 왔다 갔다 하며 마음을 정하지 못했다. 신의 존재를 부정하기 위해 이토록 헛된 시도들을 하며 허우적대고 있는 모습이 안타까웠지만, 한편으로는 참 우스운 일이기도 했다.

불신자가 어떠한 반대 입장을 취하건, 당신이 이에 적절하게 대처할 수 있도록 이 논증의 두 가지 전제를 각각 자세하게 살펴보자.

2. 전제 ①: 만약 신이 존재하지 않는다면, 객관적 도덕 가치들과 의무들 또한 존재하지 않는다

1) 두 가지 중요한 차이점

"만약 신이 존재하지 않는다면, 객관적 도덕 가치들과 의무들 또한 존재하지 않는다"는 전제는, 전제의 참됨 여부를 살펴보기 이전에 반드시 파악을 해야 할 중요한 특징들을 포함하고 있다.

(1) 가치와 의무

첫째, 나는 **가치**와 **의무**를 구분하는 입장이다. 가치는 무엇이 좋은지 또는 나쁜지를 말해 준다. 의무는 무엇이 옳거나 혹은 그른지를 말해 준다. 이 두 용어가 별반 차이가 없다고 생각할 수도 있다. "좋음"과 "옳음"은 결국 같은 것이고, "나쁨"과 "그릇됨" 또한 똑같은 의미라고 생각할 수 있다. 그러나 곰곰이 다시 생각해 본다면, 이는 사실이 아니다.

의무는 도덕적으로 마땅히 해야 할 일, 즉 반드시 해야 하거나 하지 말아야 할 일을 의미한다. 그러나 무언가가 좋은 일이라 해서 그것을 해야 할 도덕적 의무가 부여되는 것은 아니다. 예를 들어, 당신이

> **가치와 의무**
> 도덕적 가치(moral value)는 좋고 나쁨과 무관하게 사람이나 그 행위의 가치를 나타낸다. 도덕적 의무(moral duty)란 그 행위의 옳고 그름과 무관하게 특정하게 행동해야 할 우리의 의무를 의미한다.

의사가 된다면 분명 좋은 일이겠지만, 그렇다고 도덕적으로 의사가 되어야만 하는 의무가 있는 것은 아니다. 의사 외에도 주부나 농부, 혹은 외교관이 되는 것도 좋은 일이겠지만, 이 모든 것을 다 할 수는 없는 노릇이다. 그뿐만 아니라, 때로는 당신 앞에 놓인 선택지가 오직 나쁜 선택들로만 이루어져 있을 수도 있다(영화 "소피의 선택"[Sophie's Choice][1]을 생각해 보라).

> **생각해 보기**
> 당신이 좋거나 나쁘다고 생각하는 가치들(values)의 목록을 만들어 보라. 그 후에는 당신이 옳거나 그르다고 생각하는 의무들(duties)에 관한 목록을 만들라. 두 목록의 차이점을 명확하게 구분하기 위해서 다른 사람이 작성한 목록과 비교해 보라.

이런 경우엔 어떠한 선택을 한다 할지라도 그 선택이 잘못된 것이라 말할 수 없다. 무언가는 반드시 선택해야만 했기 때문이다.

'옳고 그름'과 '좋음과 나쁨'에는 분명한 차이가 있다. 좋거나 나쁘다는 말은 **가치**와 연관이 있지만, 옳고 그름은 특정한 **의무**와 연관된다.

(2) 객관적인 것과 주관적인 것

둘째, **객관적인** 것과 **주관적인** 것에는 분명한 차이가 있다. **객관적**이라는 말은 "사람들의 의견들로부터 독립적"이라는 점을 뜻한다. **주관적**이라는 의미는 "사람들의 의견에 의존적"임을 의미한다. 그러므로 객관적 도덕 가치가 있다고 하는 말은 곧 좋고 나쁨이 사람들의 생각과는 관계없이 독립적으로 존재한다는 점을 의미한다. 마찬가지로 객관적인 도덕 의무는 사람들이 생각하는 것과는 무관하게 어떤 행동들이 명확하게 옳거나 그르다는 점을 가리킨다.

---

[1] 나치의 홀로코스트에 관한 1982년 영화이다. -역주

예를 들어, 홀로코스트가 객관적으로 잘못되었다고 말하는 것은 홀로코스트를 자행한 나치당원들이 아무리 스스로 옳다고 생각했을지라도, 혹은 나치당이 제2차 세계대전에서 승리를 거두어서 자신들에게 반대하는 모든 사람들을 세뇌하거나 제거했다고 할지라도, 그것이 여전히 잘못되었음을 뜻하는 것이다.

> 객관적(objective)이라는 말은 사람들의 의견으로부터 독립적임을 뜻한다. 예를 들어, 자연 법칙은 우리가 그 사실을 인정하든 말든 우리의 의견과 관계없이 성립된다는 점에서 객관적이다. 주관적(subjective)이란 말은 사람들의 의견에 의존한다는 것을 의미한다. 예를 들어, 커피 맛이 좋은지에 대한 의견은 사람마다 상대적이기 때문에 주관적이라 말할 수 있다.

여기서 전제 ①은 신이 없다면, 어떠한 도덕적 가치와 의무도 객관적이지 않다고 주장한다.

2) 전제 ①에 대한 변론

(1) 객관적 도덕 가치들은 신을 필요로 한다

첫째, 도덕적 가치들에 대하여 고려해 보자. 전통적으로 도덕적 가치는 절대적 선인 신을 기반으로 하고 있다.

그러나 만약 신이 존재하지 않는다면, 이러한 도덕적 가치들의 기반은 무엇인가?

더 나아가, 인간에게 도덕적 가치가 있다고 생각할 이유는 또 무엇인가?

무신론의 가장 보편적인 형태는 자연주의이다. 자연주의는 이 세상에 오로지 인간의 과학적 이론으로 인해 설명될 수 있는 것들만이 존재한다고 주장한다. 과학은 도덕적으로 중립이기 때문에, 당신은 아마 시험관이나 시약병 속에서 도덕적 가치를 발견할 수는 없을 것이다. 자연주의는 도덕적 가치가 실제로 존재하지 않는다고 주장한다. 단지 인간의 환상일 뿐이라고 말이다.

설령 무신론자가 과학 외의 다른 관점으로 바라볼 용의가 있다고 하여도, 무신론적 세계관에서는 인간에게 도덕적 가치가 있다고 굳이 생각할 이유가 없다. 자연주의적 관점에서 보면 다음과 같다. 도덕적 가치는 단지 생물학적 진화와 사회 적응의 부산물에 불과하다. 비비(원숭이) 무리가 협동심을 발휘하거나 심지어 자기희생적인 행동을 하는 이유는 자연선택이 그렇게 해야만 야생에서 살아남기 유리하게 만들었기 때문이듯이, 그들의 영장류 사촌격인 호모 사피엔스(Homo sapiens)도 이와 같은 이유로 비슷한 행동을 보인다. 사회 생물학적 압력으로 인해 호모 사피엔스에게는 일종의 '집단 도덕성'이 발달되었고, 이러한 행동은 호모 사피엔스 종을 지속시키는 데 중대한 역할을 하고 있다. 그러나 무신론적 견해에서는 이러한 도덕성을 객관적 사실로서 인정받게 만든 호모 사피엔스 자체에 대해서는 별다른 관심이 없는 것처럼 보인다. 만약 인간 진화의 역사를 처음으로 되감아 다시 시작한다면, 지금과는 전혀 다른 도덕적 가치를 지닌 사람들이 더욱 진화했을 수도 있다.

찰스 다윈
(Charles Darwin)

다윈은 자신의 책 『인간의 유래와 성 선택』(*The Descent of Man*)에서 다음과 같이 썼다.

> 인간들이 꿀벌과 똑같은 환경에서 살아간다면, 미혼 여성들은 일벌들처럼 자신의 형제를 죽이는 것을 신성한 의무로 여길 것이고, 어미들은 생식력이 있는 자신의 딸들을 죽이기 위해 혈안이 되어 있을 것이

다. 하지만 이러한 일들에 그 누구도 간섭하려 들지 않았을 것이다.[2]

우리가 인간이 특별하고 도덕적으로도 객관적이라고 생각하는 것은 자기 자신의 종(種)에 대한 비합리적인 편향으로 이루어진 종차별주의의 유혹에 굴복하는 일에 불과하다.

신이 존재하지 않는다면, 호모 사피엔스로부터 진화된 집단 도덕성을 객관적인 사실이라고 뒷받침할 근거들 또한 존재하지 않는다. 이 현상에서 신을 제외한다면, 고작 남은 것이라고는 태양의 먼지 중에서도 그 먼지의 얼룩에 붙어서 도덕적 망상에 빠져 있는 유인원과 같은 존재만 남을 뿐이다.

> **종차별주의**
> 종차별주의(speciesism)는 "자신의 종의 이익을 위해 다른 종을 차별하는 편견이나 태도"로 정의될 수 있다. 영국의 심리학자이자 철학자인 리처드 라이더(Richard D. Ryder)가 1970년에 이 용어를 사용하기 시작했으며, 그 뒤로는 피터 싱어(Peter Singer)를 비롯한 많은 동물권리 운동가들에 의해서도 널리 사용되었다.

(2) 객관적 도덕적 의무는 신의 존재를 필요로 한다

둘째, 도덕적 의무에 대하여 고려해 보자. 전통적으로 우리의 도덕적 의무는 십계명과 같은 신의 계명에서부터 비롯된 것으로 생각해 왔다.

그러나 신이 존재하지 않는다면, 객관적인 도덕 의무는 어떠한 기반을 근거로 하는가?

무신론적 견해에 따르면, 인간은 단지 동물에 불과하며, 동물들은 서로 간에 도덕적 의무를 지니고 있지 않다. 사자가 얼룩말을 죽이는

---

[2] Charles Darwin, *The Descent of Man and Selection in Relation to Sex*, 2nd edition (New York: D. Appleton & Company, 1909), 100.

경우에도 사자가 그저 죽이는 것일 뿐, 잔혹하게 **살해**(murder)한다고 말하지는 않는다. 백상아리가 암컷과 교미를 할 때, 백상아리는 암컷과 강제적인 교미를 하는 것이지 **강간**(rape)을 하는 것은 아니다. 사자와 백상아리의 행동에는 도덕적 차원의 고려가 없기 때문이다. 이러한 행동들은 동물 간에는 금지되어 있는 것이 아니며, 또한 반드시 해야 할 의무도 아니다.

"죄송해요, 경찰관님. 두부만 먹고 살긴 싫었어요."

신이 존재하지 않는다면, 인간에게 도덕적인 의무가 있다고 생각할 이유는 무엇인가?

누가, 혹은 무엇이 우리에게 도덕적 의무를 부여하는 것인가?

도대체 이것들은 다 어디로부터 온 것인가?

만약 신이 없다면, 도덕적 의무는 부모로부터의 훈련 혹은 사회생활에 적응을 하며 길러진 주관적인 느낌이나 생각 이상의 것이라고 여기기 어렵다.

근친상간이나 강간과 같은 특정한 행동들은 생물학적으로나 사회적으로나 좋을 것이 없기 때문에 인간의 발달 과정에서 금지되었다. 그러나 이러한 이유들이 강간이나 근친상간이 정말로 **잘못되었다**는 사실을 나타내 주지는 않는다. 이러한 행동들은 동물의 왕국 내에서는 언제든지 벌어지는 일이다. 집단 도덕성에 반하는 강간범의

> **생각해 보기**
> 강제적인 성 행위가 인간에게는 도덕적으로 잘못된 것이지만 상어의 경우엔 그렇지 않다고 변론하는 무신론자의 주장을 한번 생각해 보라.
> 여기에 대해서 어떻게 대답할 수 있겠는가?

행동은 저녁 식사를 하는 동안 식탁에서 큰 소리로 떠드는 남자의 무례한 행동과 그렇게까지 차이가 없다고 볼 수 있다. 도덕적인 입법자, 제정자가 없다면 우리가 반드시 따라야 할 객관적인 도덕법 또한 존재하지 않는다.

3) 논증을 명확히 하기

우리 앞에 놓인 문제를 명확하게 이해하는 일은 매우 중요하다. 나는 당신이 이 도덕적 논증을 불신자들과 공유한다면, 반드시 한 명 쯤은 분개하며 '모든 무신론자들이 나쁜 놈들이라고 말하는 겁니까?'라고 따질 것이라 예상할 수 있다. 그들은 당신이 정죄하려 드는 편협한 사고를 가졌다고 생각할 것이다. 우리는 그들에게 이러한 생각이 논증에 대한 완전한 오해에서 비롯되었음을 알려줄 필요가 있다.

이 논증이 던지는 질문은 '도덕적 삶을 살기 위해 우리가 신을 믿어야 하는가?'가 **아니다**. 불신자들이 선하고 도덕적인 삶을 살지 못할 것이라고 생각할 이유는 전혀 없다.

다시 한 번 얘기하지만, 여기에서의 질문은 "신을 믿지 않으면서도 객관적 도덕 가치와 의무를 알 수 있을까?'가 **아니다**. 예를 들어 자기

> **이것은 신의 존재에 관한 논의다**
> 도덕적 논증은 객관적인 도덕성을 위해서는 신을 향한 믿음이 아닌, 신의 존재가 필요하다고 주장한다.

의 자녀들을 사랑해야 한다는 사실을 반드시 신을 믿어야만 알 수 것은 아니다.

본 장의 질문은 '신을 인지하지 않고도 윤리적 체계를 만들 수 있는가?'도 **아니다**. 불신자가 인간의 본질적인 가치를 인식한다면, 그리스도인들도 동의하는 윤리적인 행동 수칙을 만들 수 있다고 생각한다. (물론 그리스도인들의 하나님을 향한 도덕적 의무들은 전혀 고려하지 않을 것이다.)

여기서 던지는 진짜 질문은 이것이다.

'신이 존재하지 않는다면, 객관적인 도덕적 가치와 의무 자체가 존재할 수 있는가?'

이 질문은 객관적인 도덕이 존재하기 위해서 신에 대한 **믿음**이 필요한 것이 아니라, 신의 **존재** 자체가 필요함을 말하고 있다.

나는 일반인들보다 이 문제에 관하여 훨씬 더 잘 알고 있어야 하는 철학자들조차 두 가지 질문을 자주 혼동한다는 사실에 충격을 받았다. 예를 하나 들자면, 프랭클린앤마샬대학(Franklin and Marshall College)에서 인본주의 철학자 폴 커츠(Paul Kurtz)와 '신이 없이도 선은 충분하다'라는 주제의 토론에 참여했던 적이 있다. 나는 신이 존재하지 않는다면 객관적 도덕 가치와 의무뿐 아니라 개인의 행동에 대한 책임 역시 존재하지 않는다고 주장했다.

하지만 커츠 교수는 놀랍게도 토론의 핵심을 놓치고 있었다. 그는 이러한 나의 주장에 관련하여 다음과 같이 말했다.

> 신의 존재가 필수적이라면, 신을 믿지 않는 수백만 명의 사람들이 어떻게 도덕적으로 살아갈 수 있는 것입니까?

크레이그 당신의 견해에 따르면, 그들은 도덕적으로 행동해서는 안 됩니다. 그렇기에 당신의 신은 필수불가결하지 않습니다. … 많은 사람들은 인생에 관해 낙관적이며 온전한 삶을 살았고 … 삶에서 여유로움과 풍요를 찾았습니다. 또한 그들은 이생 뒤의 삶(사후세계)이 있는지 혹은 없는지에 대해서 걱정하거나 궁금해하지 않습니다. 현재의 삶을 사는 것이야말로 가장 중요합니다.[3]

커츠 교수의 주장은 단지 도덕적이고 낙천적인 삶을 살기 위해 신에 대한 **믿음**이 필수적이지 않다는 사실만을 보여 줄 뿐이다. 그는 신이 없다면 도덕은 단지 인간의 환상일 뿐이라는 나의 주장을 전혀 논박하지 못했다.

결론적으로, 객관적인 도덕성을 위해서는 신에 대한 **믿음**이 아닌 **신의 존재**가 필요하다.

4) 에우튀프론 딜레마

불신자들로부터 흔히 들을 수 있는 또 하나의 반응은, 플라톤의 저서에 등장하는 캐릭터의 이름을 본딴 '소위 에우튀프론 딜레마'(the so-called Euthyphro dilemma)이다. 에우튀프론 딜레마의 전개는 다음과 같다.

신이 무언가가 선하기를 원하기 때문에 그것이 선한 것인가?

아니면 무언가가 이미 선한 상태이기 때문에 신이 그것을 원하는 것인가?

---

[3] William Lane Craig and Paul Kurtz, "The Kurtz/Craig Debate," in *Goodness without God is Good Enough*, ed. Robert Garcia and Nathan King (Lanham, MD: Rowman & Littlefield, 2008), 34.

> **생각해 보기**
> 무신론자들이 가치와 의무에 관한 궁극적 원천이 신이라는 사실을 믿지 않으면서도 무고한 사람을 해치는 일이 잘못되었다는 것을 알 뿐만 아니라 선한 삶을 살 수 있다는 사실을 어떻게 설명할 수 있는가?

만약 신의 의지나 결정에 따라 무언가가 선하다고 한다면, 선한 것에 대한 기준은 임의적이고 독단적인 것이 되어 버린다. 이럴 경우 신이 증오를 선한 것이라고 결정했다면, 우리에게는 서로를 증오하라는 도덕적 의무가 부여되었을 것이다. 이것은 완전히 정신 나간 일이다. 적어도 최소한의 도덕적 가치들은 우리에게 요구된다. 그러나 신이 무언가가 이미 선하기 때문에 그것을 원한다고 한다면, 선악은 신과 무관한 것이 되어 버린다. 그럴 경우에는 도덕적 가치와 의무들은 신과 독립적으로 존재하게 되는데, 이는 전제 ①을 모순으로 만든다.

5) 에우튀프론 딜레마에 대한 답변

우리는 에우튀프론 딜레마의 두 축 중에서 어느 하나도 논박할 필요가 없다. 에우튀프론 딜레마가 제시한 딜레마는, 사실상 딜레마가 아니기 때문이다. 이 두 가지 선택지를 넘어선 세 번째 대안, 즉 '신은 선하기 때문에 무언가를 원하고 의도한다'는 명제가 존재한다.

무슨 의미일까?

내가 말하고자 하는 것은 바로 신의 본성이 선의 기준이며, 그의 계명들은 우리에게 그의 본성을 드러낸다는 것이다. 요컨대, 우리의 도덕적 의무들은 정의롭고 사랑이 많은 신이 내리는 계명들에 의해 결정된다는 것이다.

그러므로 도덕적 가치들은 신과 무관하지 않다. 그 이유는 신의 성품이 무엇이 선한지를 결정하기 때문이다. 신은 본질적으로 동정, 공평,

친절, 공정함 등으로 정의된다. 그의 본성이 선과 악을 정의하는 도덕적 표준이 된다. 계명들은 그의 도덕적 본성을 나타낸다. 그렇기에 도덕적 가치들은 결코 임의적이지 않다. 무신론자가 "신이 만약 아동 학대를 경령한다면, 우리에게 아이들을 학대할 의무가 있습니까?"라고 묻는다면, 그는 마치 "사각형의 원이 있다면, 그 원의 부분들이 사각형의 면 중 하나가 됩니까?"와 같은 질문을 하고

에우튀프론 딜레마
1. 신이 명하기 때문에 무언가가 선한 것인가?
   그렇다면 선은 임의적이다.
2. 어떤 것이 이미 선하기에 신이 명하는 것인가?
   그렇다면 그것은 신으로부터 독립된 도덕적 가치이다.

에우튀프론 딜레마의 해결: 신이 곧 선이기에 무언가를 원하고 의도한다.

있는 것이다. 이는 처음부터 논리적으로 불가능하기 때문에 이 질문에 걸맞는 답은 존재하지 않는다.

그래서 에우튀프론의 딜레마는 우리에게 잘못된 선택지를 제시한다. 우리는 이러한 가짜 딜레마에 속아서는 안 된다. 도덕적 선과 악은 신의 본성에 의해 결정되며, 도덕적 옳고 그름은 신의 뜻에 의해 결정된다. 신은 선하기 때문에 무언가를 의도하고, 그 무언가는 신이 의도하기 때문에 옳은 것이다.

허수아비 논증

본문에서 설명된 도덕 가치와 의무에 대한 견해는 로버트 아담스(Robert Adams), 윌리엄 알스톤(William Alston), 필립 쿠인(Philip Quinn)과 같은 이 시대의 저명한 철학자들에 의해 적극적으로 변호되었다. 그럼에도 불구하고 무신론자들은 이전과 다를 바 없는 에우튀프론 딜레마를 계속해서 주장하고 있다. 케임브리지 출판사의 『무신론의 동반자』(Cambridge Companion to Atheism, 2007)를 예로 들자면, 이 책에 기술된, 신과 도덕에 대한 기사는 저명한 윤리학자에 의해 작성되었음에도 위에 언급된 철학자들의 연구나 이 책에서 설명된 대안들에 대해서는 일절 언급하지 않았으며, 오로지 신이 임의로 도덕적 가치들을 만들었음을 물고 늘어졌다. 즉, 아무것도 방어하지 못하는 허수아비에 불과했다!

6) 무신론적인 도덕적 플라톤주의(Platonism): 도덕적 가치는 스스로 존재한다

플라톤에 대한 언급은 앞선 전제 ①에 대하여 벌어질 수 있는 또 다른 반응에 대해서 생각하게 만든다. 플라톤은 선은 자체적으로 존재하는 이데아(Idea)의 일종처럼 스스로 존재한다고 생각했다. (이 명제가 선뜻 납득하기 어렵게 느껴진다면, 우리 주장을 받으라!) 후대의 기독교 사상가들은 플라톤이 정의한 선을 신의 도덕적 본성과 동일시했다. 그러나 플라톤은 선이 스스로 존재한다고 생각했다. 그렇기에 일부 무신론자들은 정의, 자비, 사랑 등과 같은 도덕적 가치들도 아무런 기초 없이 스스로 존재한다고 주장할 수 있다.

우리는 이러한 관점을 무신론적인 도덕적 플라톤주의라고 볼 수 있다. 이러한 관점은 객관적인 도덕적 가치는 존재하지만, 신에 근거하지는 않는다고 주장한다.

이러한 견해에 대해 우리는 뭐라 말할 수 있을까?

7) 무신론적 플라톤주의 도덕에 대한 답변

첫째, 무신론적 플라톤주의 도덕은 이해하기 무척이나 까다롭다.

예를 들어, 도덕적 가치의 정의가 스스로 존재한다고 말한다면, 우리는 이것을 어떻게 이해해야 할까?

이 문장이 말이 되게끔 하는 것도 결코 쉽지 않다. 누군가를 공정한 사람이라고 말한다면 이는 이해하기 어렵지 않다. 하지만 그 사람 없이도 공정함이 스스로 존재한다고 말한다면, 이를 이해하기란 쉽지 않다. 도덕적 가치는 사람의 속성인 것처럼 보인다. 따라서 정의가 단지 개념으로서 존재할 수 있다는 주장은 매우 애매모호하다.

둘째, 이 견해는 도덕적 의무에 대한 아무런 기초를 제공하지 못한다. 단순히 이 논증을 이어 나가기 위해서 정의, 충성, 자비, 인내 등과 같은 도덕 가치가 스스로 존재한다고 가정해 보자.

이러한 가치들이 스스로 존재한다면 나에게는 어떤 식으로 적용될 수 있을까?

나에게 자비로워야만 할 도덕적 의무가 과연 주어질까?

누구 혹은 무엇이 나에게 이런 의무를 부여할 수 있을까?

이러한 관점에서는 욕심 증오, 혼란, 이기심과 같은 악한 도덕 가치들 또한 개념적으로 스스로 존재할 것이란 사실을 인지해야만 한다.

그렇다면 우리는 왜 다른 것도 아닌, 단지 개념적으로 존재하는 가치들과 우리의 삶을 일치시키기 위해 노력해야 하는 것일까?

도덕적인 입법자가 결여될 무신론적 플라톤주의 도덕은, 도덕적 의무에 대한 어떠한 근거도 확보하고 있지 못하다.

셋째, 맹목적인 진화 과정이, 관념적으로만 존재하는 도덕적 가치들과 발맞추어 이에 부합할 수 있는 생명체를 지속적으로 진화시킨다는 것은 불가능에 가깝다. 이것을 가능하다고 생각한다면 정말 놀라울 정도의 완벽한 우연 일치로 여겨야 할 것이다. 이는 개념적인 도덕 가치들이 장차 인간이 올 것이라는 사실을 이미 오래 전부터 **알고 있었다**고 주장하는 것이나 마찬가지다. 이 두 가지 영역이 우연하게, 그것도 완벽하게 맞물렸다는 것을 믿기보다는, 쏘를리의 주장처럼 자연의 영역과 도덕적 영역 모두가 자연 법칙과 도덕적 법칙을 우리에게 준 어떠한 신의 권위 아래에 있다고 생각하는 편이 훨씬 납득하기 쉽다.

8) 완고한 인본주의: 인간 번영에 기여하는 것이 무엇이든 선이다

그렇다면 이 시점에서 무신론자는 무엇을 해야만 할까?

대부분의 무신론자들은 도덕 가치와 의무의 객관적인 실체를 확실한 것으로 여기고 **싶어한다**. 그러기 위해서 그들은 일종의 인본주의를 받아들이는 데 그친다. 인간의 번영에 기여하는 것은 무엇이든 선하며, 그와 반대되는 것은 무엇이 되었든 나쁘다는 것이 그들의 최종 결론이다.

9) 완고한 인본주의에 대한 답변

인간의 번영이라는 임의적이고 타당하지 않은 기준을 최종 목적지로 정하기에는 좀 애매한 부분이 있다.

첫째, 기준이 너무 **자의적**이다.

무신론의 입장에서 생각해 보면, 과연 인간의 번영에 도움이 되는 것이 개미나 생쥐의 번영에 도움이 되는 것보다 더 가치 있다고 생각할 이유가 있는가?

혹은 같은 종의 다른 구성원들에게 해를 가하는 것이 잘못되었다고 생각할 이유가 있는가?

다트머스대학교의 윤리학자인 월터 시놋-암스트롱(Walter Sinnot-Armstrong)과 신의 존재에 관해 토론하던 도중 나는 이 질문을 그에게 던져 보았다. 그는 "해를 가하는 건 당연히 나쁜 짓입니다. 객관적으로 말이죠. 제 말에 동의하지 않으시는 것입니까?"[4]라고 답했다.

당신도 여기에 동의하는가?

> **인본주의**
> 인본주의(humanism)는 인간이 모든 것의 기준이 된다는 견해이다. 인간은 신을 대신하여 도덕적 가치의 기준이 되고, 도덕적 의무 또한 인간에게 번영을 가져오는지의 여부에 따라 결정이 된다.

물론 나는 다른 사람에게 해를 가하는 것이 **잘못되었다**는 말에는 동의하지만, 또한 이것이 질문의 핵심이 아니라는 점도 지적했다. 진짜 질문은 이것이었다.

'무신론이 만약 사실이라면, 해를 끼치는 것이 왜 잘못된 것**이 될까**?'

이 질문을 매사추세스대학교의 철학자 루시 안토니(Lousie Antony)에게 물었다. "도덕성을 위해 신이 필요할까?"라는 주제로 토론을 하던 도중이었다. 그녀는 "당신에게 과연 친구가 있을지 의문이군요!"라며 나의 질문을 되받아쳤다. 나는 그저 미소를 지을 뿐이었다. 그렇지만 좋든 싫든 무신론적인 세계관에서 인간의 번영을 도덕적으로 특별히 부각하는 일은 매우 자의적이다.

둘째, 기준이 **타당하지 않다**.

무신론자들은 때때로 선함이나 악함과 같은 도덕적 특성들이 일의 어떤 자연적 상태에 부착되어 있다고 주장할 것이다. 예를 들면, 악함이라

---

[4] William Lane Craig and Walter Sinnott-Armstrong, *God?: A Debate between a Christian and an Atheist* (New York: Oxford University Press, 2003), 34.

는 특성은 남자가 그의 아내를 때리는 것에 부착되어 있다. 선함이라는 특성은 어머니가 자신의 어린아이를 최선을 다해 돌보는 것에 부착되어 있다. 이렇듯, 무신론자들은 모든 순수한 자연적 특성들이 제자리에 있으면, 도덕적 특성들도 그것들에 함께 올 것이라고 말할 것이다.

그러나 무신론에 따르면, 이 주장은 더 이상 타당하지 않은 것처럼 보인다. 무신론을 고려해 볼 때, "선"과 "악"과 같은, 자연의 이치에도 맞지 않는 이상한 도덕적 특성들이 존재한다고 생각할 필요가 없다. 하물며 그것들이 일들의 다양한 자연적 상태들에 필연적으로 부착되어 있다고 생각할 필요는 더욱 없다. 무신론적 세계관을 고려해 보았을 때, 어떤 상황에 수반되는 자연적 특성들에 대한 충분한 묘사가 그 상황의 어떤 도덕적 특성들을 확정하거나 고정시킬 것이라고 생각할 이유가 없다고 본다.

이러한 인본주의 철학자들은 윤리적인 문제에 '쇼핑 목록' 접근법을 사용해 왔다. 그들은 인본주의에 집착하기 때문에, 자신들이 인본주의를 주장하기 위해 필요한 도덕적 특성들을 마치 쇼핑 카트에서 물건을 고르듯 이용한다. 사실 인본주의자들의 견해를 그럴듯하게 보완하기 위해서는, 도덕적 특성들이 **왜** 특정한 자연적 순리들과 관련되어 있는지에 대한 설명이 필요하다. 다시 말하지만, 인본주의자가 인간이 선천적인 도덕적 가치를 지니고 있다고 주장할지 안 할지를 논의하는 것은 적절치 못하다. 이 점에는 논란의 여지가 없기 때문이다.

사실 이것이 도덕적 논증의 전제 ②이다!

우리가 인본주의자에게 바라는 것은, 만약 무신론이 사실이라면 인간이 도덕적으로 더 의미 있다고 생각되어야만 할 근거다. 그러나 그들의 인본주의는 예상대로 완고한 도덕적 믿음에 불과하다.

이와 대조적으로, 신은 객관적 도덕 가치와 의무의 근원으로서 자연스러운 목표 지점이 되어 준다. 도덕적 허무주의자가 아닌 이상 우리는 어떤 기준을 정해야 할 것이며, 궁극적인 실재로서의 신은 우리의 최종 종착지가 되어 준다. 신은 정의상 경배받아 마땅한 존재이기에, 도덕적으로 완벽한 선의 기준이어야만 한다. 다시 말하지만, 신은 상상할 수 있는 가장 큰 존재, 선의 근원, 기초가 되는 존재로 정의된다. 따라서 유신론은 완고한 인본주의와 같이 자의적인 기준과 타당하지 못한 기준으로 정의되는 사상이 아니다.

3. 전제 ②: 객관적 도덕 가치와 의무는 존재한다

이제 "객관적 도덕 가치들과 의무들은 존재한다"라는 전제 ②로 넘어가 보자. 개인적으로 나는 이 전제가 이 논증에서 가장 논란이 되는 전제가 될 것이라고 생각했다. 그러나 무신론 철학자들과 논쟁을 수도 없이 벌이는 동안 이 전제를 부정하는 사람은 거의 찾지 못했다. 우리의 통상적인 생각이나 느낌과는 달리 교수들이 학생들보다 객관적인 도덕 가치를 믿는 경향이 더 크고, 심지어 철학 교수들이 다른 학문의 교수들보다 객관적 도덕 가치를 더 많이 믿는다는 설문조사의 결과가 있다. 어쩌면 이 말을 듣고 놀라셨을 수도 있겠다.

1) 도덕적 경험

철학자들은 우리의 감각을 통한 경험은 신뢰하면서도 도덕적 경험만 불신할 이유를 찾아내지 못했다. 나는 나의 감각들이 주변에 물리적인 세계가 존재한다는 사실을 알려 주고 있다고 믿는다. 감각이 절대적으

> **생각해 보기**
>
> 교수들이 학생들보다 객관적인 도덕적 가치를 믿는 경향이 더 크다는 사실이나, 철학 교수들이 다른 교수들보다 객관적인 도덕적 가치를 믿는 경향이 크다는 사실에 대해 당신은 어떻게 생각하는가?
> 이러한 결과는 각각 세 집단에 관해서 무엇을 나타내는가?
> 이에 대해 나이는 어떻게 작용하는가?
> 교육, 문화 등은 어떻게 작용하는가?

로 완벽하지는 않지만, 그렇다고 내 주위에 어떠한 것도 존재하지 않는다고 생각할 수는 없다. 이와 비슷하게, 개인의 도덕적 경험들을 불신할 이유가 없는 이상, 객관적인 선과 악, 옳고 그름에 대한 도덕적 경험들을 받아들여야 한다.

우리 중 대부분은 도덕적 경험 안에서 객관적인 가치와 의무를 인지할 수 있다는 사실에 동의할 것이다. 몇 년 전 캐나다에 있는 대학교 캠퍼스에서 강연을 했을 때, 성폭력 방지 및 정보 센터에서 붙여 놓은 포스터를 본 적이 있다. 그 포스터에는 "성폭력: 그 누구도 아이, 여성, 남성을 학대할 권리는 없습니다"라고 적혀 있었다. 대부분의 사람들은 다른 누군가를 성적으로 학대한다는 것이 잘못되었다는 사실을 인지하고 있다. 강간, 고문, 아동 학대와 같은 행동들은 사회적으로 용인될 수 없는 행동만이 아니라, 도덕적으로도 매우 가증스러운 행위들이다.

이와 같은 맥락으로 사랑, 관대함, 자기희생과 같은 행동들은 정말로 선한 행동들이다. 이를 이해하지 못하는 사람들은 마치 육체적으로 장애가 있는 장님과 같이 도덕적인 장애가 있는 사람들이며, 그들이 존재한다는 사실이 우리가 명확하게 인지하고 있는 도덕적 사실들에 대해 혼란을 야기할 필요는 없다.

사람들은 상대주의적 관점에 동의하는 척하며 비위를 맞춘다. 하지만 나는 95%의 사람들이 객관적 도덕 가치가 있다는 사실을 아주 빠른 시간 안에 인정할 수 있다는 사실을 발견했다. 당신은 단지 몇 가지의 실제적인 예를 그들에게 제시한 뒤에 그들 스스로가 결정하게끔 기다리면 된다. 그들에게 힌두교의 사띠(suttee, 남편의 장례식장에서 미망인을 산 채로 태우는 것)나 중국의 고대 풍습인 전족(여성들의 발을 연꽃 모양과 비슷하게 하기 위해서 어린 시절부터 발을 반으로 접어 단단하게 묶어 놓아 정상적인 거동이 불가능하게 하는 것)에 관해서 어떻게 생각하는지 물어보길 바란다.

당신은 종교의 이름으로 행해진 도덕적으로 악한 예들을 제시함으로써 더욱 효과적으로 요점을 설명할 수도 있을 것이다. 그들에게 십자군 전쟁이나 종교재판에 관해서 어떻게 생각하는지 물어보라. 그들에게 로마 가톨릭 성직자들이 어린 소년들을 성적으로 학대하고, 교회가 그 사실을 숨기는 것이 납득 가능한 일인지도 한번 물어보라. 만약 정직한 사람과 대화를 나누었다면, 이러한 예시를 제시할 때마다 그 사람이 객관적 도덕 가치와 의무의 존재를 인정할 것이라고 장담할 수 있다.

물론 때때로 강경한 사람들을 만날 수도 있지만, 대부분의 경우 그들의 입장은 너무나도 극단적이기에 일반적인 다른 사람들에게도 거부 반응을 불러일으킨다. 이와 관련된 예로, 몇 년 전 성서학회(the Society of Biblical Literature)의 모임에서 나는 '성경의 권위와 동성애'에 대한 토론에 참여했었다. 당시 나와 같이 토론했던 토론자들은 모두 동성애의 정당성을 인정하고 있었다.

한 패널 토론자는 성경이 기록될 당시의 문화적 배경을 근거로 언급하며 동성애에 대한 성경의 금기를 부정했다. 그는 성경에 나오는 모든 명령들과 마찬가지로(성경이 아무런 역사나 배경을 반영하지 않은 진공의 환경에서 기록된 것이 아니라는 이유로), 성경에 영원하거나 모든 상황에 적용될 수 있는 절대적 도덕적 진실이 적혀 있지 않다고 단정지었다. 나는 그러한 견해가 사회문화적 상대주의로 이어지며, 그로 인해 동성애를 박해하는 사회적 가치**뿐 아니라** 사회의 **어떠한** 도덕적 가치들도 비판할 수 없게끔 만든다고 지적했다.

이에 대해 그 패널 토론자는 신학적으로 전혀 논리가 맞지 않는 두리뭉실한 이야기들을 하며 우리는 성경 외에도 영원하거나 절대적인 도덕 가치들을 찾을 수 없다고 주장했다. 나는 그에게 다음과 같이 말했다.

"그것이 우리가 말하는 도덕적 상대주의가 아닌가요?

당신의 견해에 따르면 신의 선하심이라는 개념에는 아무런 의미가 없습니다. 하나님이 마치 죽은 것이나 다를 바가 없을 것 같군요. 참고로 니체는 신의 죽음이 곧 허무주의로 이어진다는 것을 사실을 알고 있습니다."

바로 이 시점에서 또 다른 패널 토론자가 다음과 같은 무의미한 반박을 시작했다.

"글쎄요, 당신이 이런 식으로 토론을 할 거라면, 더 이상 이 문제에 대해서는 이야기하지 않겠어요."

비록 나는 자리에 앉았지만, 청중에게는 이 논증의 요점이 흐려지지 않았다. 그 다음으로 일어난 한 남성은 이와 같이 말했다.

"잠시만요! 약간 혼란스러워지는군요. 저는 목회자이고 사람들은 항상 저에게 자기가 한 행동이 혹시 잘못된 것인지는 아닌지, 용서를 받아야 할 것인지 아닌지를 물으러 찾아옵니다. 예를 들어, 아동학대는 어떠한 경우에서든 잘못된 것이지 않습니까?"

나는 이 질문에 대한 한 패널 참석자의 답변을 듣고 내 귀를 의심하지 않을 수 없었다. 그녀는 다음과 같이 말했다.

"학대로 간주되는 행위는 사회에 따라서 다를 수 있으므로, **학대**라는 단어의 역사적인 맥락을 고려하지 않고는 해석할 수 없습니다."

목회자는 다음과 같이 말하며 주장을 이어 나갔다.

"당신이 뭐라고 이야기하든 상관없습니다. 아동학대는 명백히 어린

아이들에게 해를 끼치는 행위입니다.

아이들을 다치게 하는 것은 잘못된 것 아닌가요?"

그럼에도 불구하고 그녀는 학대가 잘못되었다는 사실을 끝내 인정하지 않았다. 이런 종류의 강퍅하고 완고한 마음은 도덕적 상대주의를 주장하는 데 있어 되려 역효과를 내며, 대부분의 사람들은 이로 인해 상대주의 관점에 대해서 관심을 잃게 된다.

> **생각해 보기**
> 인간이 논리적으로 일치하지 않는 삶을 살아가는 것을 허용(심지어 권장)하는 이유는 무엇인가?
> 왜 그들은 느리적인 논증에 직면할 때도 "무슨 상관이야!"라고 쉽게 말해 버리는가?
> 왜 사람들은 논리적인 논쟁에 직면할 때, 변화하려 하기보단 화제를 쉽게 돌리는 편을 택하는가?

2) 도덕적 경험에 대한 사회생물학적 이의

여전히 우리의 질문은 다음과 같다.

'우리의 도덕적 경험들을 불신할 만한 이유가 있는가?'

어떤 사람들은 도덕성의 기원에 대한 사회생물학적 설명이 도덕적 경험들에 대한 우리의 신뢰를 약화시킨다고 주장했다. 이러한 근거에 따르면, 당신이 기억하듯이, 우리의 도덕적 신념들은 진화와 사회적 적응에 의해 우리에게 내재된 것이다.

그러나 이것이 도덕적 경험들을 불신할 만한 이유가 될 수 있는가?

3) 사회생물학적 반대에 대한 답변

사회생물학적 설명들은 우리가 지닌 도덕적 신념들에 대한 **진실성**을 약화시키지 못한다. 믿고 있는 신념에 대한 진실과 그 신념을 **어떻게 믿게 되었는지**는 전적으로 별개의 문제이다. 당신은 각자의 도덕적 신념들을 포춘쿠키(행운과자) 혹은 찻잎 점괘를 통해 정했을 수도 있으며, 실제로 그러한 점괘들이 현실에서 맞아떨어질 수도 있다. 만약 신이 존재한다면, 우리가 이를 어떤 방식으로 발견했건, 도덕 가치와 의무는 여전히 존재한다. 사회생물학적 설명들은 도덕 가치와 의무에 대한 우리의 **인식**이 진화했다는 사실 정도를 겨우 입증할 뿐이다. 그러나 도덕적 가치들이 발명된 것이 아니라 점진적으로 발견되는 것이라면, 물리적 세계에 대한 우리의 점진적이면서 틀리기 쉬운 인식이 그 물리적 세계의 객관적 실재를 약화시키지 않는 것처럼 도덕적 가치들에 대한 우리의 점진적이면서도 틀리기 쉬운 인식은 그 도덕적 가치들의 객관적 실재를 약화시키지 않는다.

어쩌면 사회생물학적 설명들은 우리의 도덕적 신념들의 **진실성**을 약화시키는 것이 아니라, 그러한 신념을 믿고자 하는 우리의 **명분**(justification)을 약화시키는 것일지도 모른다. 당신의 도덕적 신념이 찻잎 점괘를 읽는 것에 초점이 맞추어져 있다면, 그리고 우연하게도 그러한 점괘가 맞게 나온다고 해도, 당신에게는 그러한 점괘들이 사실이라고 생각할 수 있는 명분, 즉 정당한 이유가 없을 것이다. 이처럼 당신은 그것이 진실인지 아닌지도 알 수 없을 것이다.

마찬가지로, 도덕적 신념이 진화에 의해 형성되었다면, 우리는 이런 방식으로 형성된 도덕적 신념들에 대해서 아무런 확신도 가질 수 없을 것이다. 진화 과정은 진리가 아닌 생존에 그 초점을 두고 있기 때문이다. 우리의 도덕적 신념들은 그것이 진리라서가 아니라, 단지 생존을 위해서 자연적으로 선택되었을 뿐이다. 그렇기 때문에 우리는 도덕적 경험들을 신뢰할 수 없으며, 전제 ②의 진실 여부도 알 수 없게 된다.

전제 ②에 대한 이의제기는 두 가지 문제를 지니고 있다.

첫째, 이를 위해 무신론이 사실이라고 가정해야 한다는것이다. 신이 없다면, 우리의 도덕적 신념들은 진리가 아니라, 오로지 생존만을 위해 진화론적으로 선택된 것에 불과하다. 나는 전제 ①을 설명하기 위해 이 점을 강조했었다. 만약 신이 존재하지 않고, 사회생물학적 설명들도 모두 사실이라면, 우리의 도덕적 신념들은 환상에 불과할 것이다. 그렇지만 이것이 사회생물학적 설명들이 모두 사실이라고 규정할 수 있을 만한 이유는 못된다.

만약 신이 존재한다면, 신은 우리가 근본적으로 올바른 도덕적 신념을 갖기를 원했을 것이다. 그렇기 때문에 신은 진화의 과정을 주관하여 올바른 신념을 창조해 내거나 우리에게 그 신념을 내재시켰을 수도 있다(롬 2:15). 무신론의 가정과 별개로, 우리는 도덕적 경험들이 우리에게 말하고자 하는 것들을 부정할 이유가 전혀 없다.

둘째, 이 반대 의견은 자멸적(self-defeating)이다. 자연주의에 입각하여 이를 바라볼 때, 우리의 도덕적 신념뿐 아니라, 모든 신념들이 진화와 사회 적응에 의한 결과물이다. 따라서, 진화론적 설명은 일반적인 지식들에 대한 회의론으로 자연스레 이어지게 된다. 그런 식이면 진화론적 설명 또한 진화와 사회적 적응에 의한 산물이기 때문에,

> **발생학적 오류**
> 발생학적 오류(the genetic fallacy)는 가장 일반적인 오류 중 하나로서, 사람이 어떤 견해를 믿게 되는 과정을 보여줌으로써 그 견해가 성립하지 않는다는 사실을 보이고자 한다. 예를 들어, "당신이 민주주의를 믿는 유일한 이유는 당신이 민주주의 국가에서 자랐기 때문이다. 당신이 경험해 본 정치 체제가 오직 민주주의밖에 없기 때문에, 민주주의가 가장 좋은 형태의 정치체제라고 주장하는 당신의 견해는 잘못되었다"는 식이다. 사회생물학적 설명이 도덕적 책임에 대해 이의를 제기한다면, 발생학적 오류에 대한 책임을 면치 못할 것이다.

> 율법 없는 이방인이 본성으로 율법의 일을 행할 때에는 이 사람은 율법이 없어도 자기가 자기에게 율법이 되나니 이런 이들은 그 양심이 증거가 되어 그 생각들이 서로 혹은 고발하며 혹은 변명하여 그 마음에 새긴 율법의 행위를 나타내느니라 (롬 2:14-15).

우리는 진화론적 설명까지도 회의적으로 바라보아야 한다. 그렇기에 이것은 매우 자멸적인 논리이다. 그러므로 이 반대 의견은 자승자박이다. 이처럼 전제 ②를 보증하는 도덕적 경험들로 인해, 우리는 객관적 도덕 가치와 의무들이 존재한다는 생각에 대한 정당성을 얻게 된다.

4. 결론

위의 두 전제로부터 결국 신이 존재한다는 결론이 도출된다. 도덕적 논증은 우주의 창조자의 도덕적 본질에 대해 이야기함으로써, 우주론적 논증과 설계 논증을 보완하고 있다. 이를 통해 인격적이고, 필연적으로 존재하며, 완전한 선일 뿐 아니라, 그 본성 자체가 선의 기준이자, 그의 명령들이 우리들의 도덕적 의무가 되는 절대자의 존재를 입증하고 있다.

나의 경험상, 이와 같은 도덕성에 관한 논증은 신의 존재를 설명하는 데 있어 가장 효과적인 논증이라고 생각한다. 내가 가장 선호하는 것은 우주론에 관한 논증이지만, 도덕적 논증이 가장 효과적이란 사실을 인정할 수밖에 없다. 우주론적, 목적론적 논쟁들은 사람들의 일상과는 그다지 관련이 없다. 그러나 도덕성에 대한 논증은 일상 속에서 쉽게 제쳐 둘 수 있는 사안이 아니다. 당신은 매일 아침에 잠에서 깨어, 그 날 따라야만 할 객관적 도덕 가치들과 의무들이 과연 존재하는지에 대해 고민할 것이다. 이는 피할 수 없는 일이다.

그러므로 본 장을 처음 시작하면서 물었던 질문에 "아니요, 우리는 신의 존재 없이는 선해질 수 없습니다"라고 답할 수 있다. 우리가 어떠한 기준에 따라 선하게 살아 갈 수 있다면, 이는 곧 신이 존재한다는 뜻이다.

도덕 논증

찬성	반대
1. 만약 신이 존재하지 않는다면, 객관적 도덕 가치들과 의무들도 존재하지 않는다.	
	감히 무신론자들은 모두 악한 사람들이라고 말하다니!
신이 없다면 자연주의는 참이며, 도덕성은 환상에 불과하다.	
이 논증의 초점은 신에 대한 믿음이 아니라, 신의 존재에 관한 것이다.	
	에우튀프론 딜레마.
신의 본성은 선이며, 신은 자신의 본성을 우리에게 표현할 것이다.	
	무신론적인 도덕적 플라톤주의.
무신론적인 도덕적 플라톤주의는 난해하고, 의구를 위한 기초가 없으며, 개연성이 낮다.	
	인본주의.
인본주의는 임의적이며 타당하지 않은 종착지이다.	

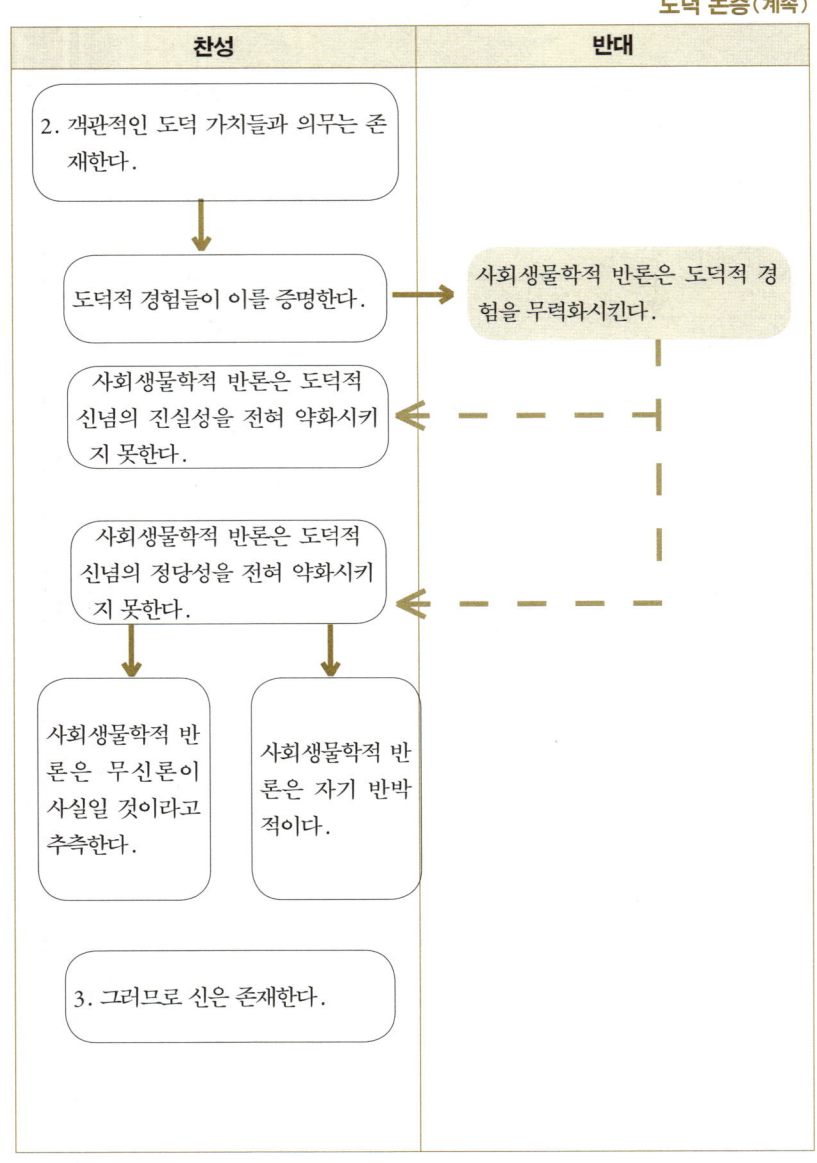

도덕 논증(계속)

제7장

고통은 어떻게 설명할 것인가?

다만 이뿐 아니라 우리가 환난 중에도 즐거워하나니 이는 환난은 인내를,
인내는 연단을, 연단은 소망을 이루는 줄 앎이로다(롬 5:3-4).

앞선 네 장에 걸쳐, 우리는 신 존재에 관하여 철학, 과학, 도덕에 기초한 강력한 논증들을 살펴보았다. 앞의 네 장은 신을 믿을 만한 강력한 근거가 되어 준다. 하지만 우리는 반대편의 증거들도 충분히 고려해야만 한다.

불신자들 역시 신이 존재하지 않는다는 점을 증명하기 위해 동등한 수준의 논쟁과 증거들을 제시할 수 있을까?

1. "신이 존재한다는 증거는 없어!"

실제로 신의 존재 자체를 부정하는 논쟁들은 그다지 많지 않다. 무신론자들의 주된 주장은 신의 존재에 대한 어떠한 증거도 없다는 것이다. 하지만 우리가 다루었던 4가지 논증들을 모두 숙지했다면, 이러한 주장들이 더 이상 당신을 괴롭히지는 못할 것이다.

불신자의 입장에선 자신이 소유한 소망의 근거에 관하여 설명할 수

있는 그리스도인을 만나는 일이 익숙하지가 않을 것이다. 불신자가 "신이 존재한다는 어떠한 증거도 없어!"라고 말했을 때, "이봐, 나는 신이 존재한다는 사실을 입증할 논증이 적어도 4가지는 떠오르는데?"라고 대답한다면, 그의 주장을 원천 봉쇄 할 수 있을 것이다. 이쯤 돼서 그가 "무슨 논증들인데?"라고 되묻는다면, 일은 순조롭게 돌아가고 있는 것이다.

정작 불신자들은 이러한 논증들에 대해 논할 준비가 전혀 되어 있지 않다는 사실을 어렵지 않게 발견할 수 있는데, 그들의 주요 전략은 어떤 말을 들어도 "그것은 신이 존재한다는 증거가 아니다!"라고 되풀이하는 것뿐이다. 한 번은 런던에 위치한 웨스트민스터센트럴홀(Westminster Central Hall)에서 영국 무신론자 루이스 울퍼트(Lewis Wolpert)와 논쟁한 적이 있는데, 한 블로그는 이를 다음과 같이 묘사했다.

월퍼트: "신이 존재한다는 증거는 없어!"
크레이그: "신이 존재한다는 증거는 **있어**. 여기 있잖아 …."
월퍼트: "신이 존재한다는 증거는 없어!"
크레이그: "신의 존재에 대한 증거는 **있어**. 지금 내가 말하고 있잖아 …."
월퍼트: "신이 존재한다는 증거는 없어!"

슬프게도, 이 비유는 현실과 그다지 동떨어져 있지 않다. 가끔씩은 불신자들이 귀머거리처럼 느껴질 때도 있다. 그들은 "신이 존재한다는 증거는 없어!"라는 말을 무슨 구호처럼 계속 반복하도록 교육을 받아서, 이 말을 끊임없이 반복하다 보면 이것이 진실이 될 것이라 믿고 있다. 하지만 실상은 지적 나태함이나 이 논쟁에 참여할 만한 능력이 부족하다는 사실을 들키지 않기 위한 수단에 불과하다. 이는 단지 "나는 당신들의 주장에 설득되지 않았어!"라고 외치는 것이나 마찬가지다.

만약 불신자가 당신의 주장에 "그것은 신이 존재한다는 증거가 될 수 없습니다!"라고 말한다면, 정중하게 대답하라.

"흠, 당신은 제 논증들이 설득력 있다고 생각하지 않으시는군요. 제가 제시한 전제들 중 무언가가 틀렸다고 생각하시는 듯합니다.

어떤 전제들에 대해서 동의를 하지 못하시나요?

그리고 왜 그렇게 생각하시나요?"

나와 대화를 하던 한 무신론자는 나의 질문에 다음과 같이 대답했다.

"나는 그 모든 전제들을 거부해요!"

나는 그에게 다음과 같이 대답했다.

"분명 당신은 제가 드리는 전제들을 **전부** 부정하지는 않으실 것입니다. 혹시 당신은 '우주는 존재한다' 혹은 '우주의 미세조정은 물리적 필연, 우연 혹은 설계 때문일 것이다'라는 말도 부정하십니까?"

그 불신자는 자신이 경솔한 발언을 했다는 사실을 이내 깨달았다. 불신자들로 하여금 당신이 제시한 구체적인 전제들을 논할 수 있도록 하자.

이 모든 것들은 논증들을 간단하게라도 모두 숙지해야 할 필요성을 드러내 준다. 이를 통해 당신은 방향을 잃지 않게 될 것이다.

"저의 전제 중 무엇을 어떠한 근거로 부정하시는 것이죠?"

당신의 질문에, 불신자는 대개 "종교는 당신의 머리속에서 존재하는 것에 불과하다" 혹은 "종교는 이 사회에 많은 해를 끼쳤다"라는 식의 답을 할 것이다.

> **생각해 보기**
>
> "종교는 당신의 머리 속에만 존재한다" 혹은 "종교는 다른 어떤 것보다도 사회에 큰 해를 입혔다"와 같은 주장으로 대화의 포문을 여는 것이 도움이 된다고 보이는가?
>
> 만약 도움이 된다면, 어떤 경우에 그런가?
>
> 만약 그렇지 않다면, 왜 도움이 안 된다고 보는가?

여기에 논점이 흐려져서는 안 된다!

상대방에게 다음과 같이 대답하라.

"당신이 어떤 기분이신지 이해합니다. 하지만 당신은 저에게 신에 대한 증거가 없다고 하셨습니다. 그래서 저는 당신이 제 논증에서 어떠한 전제들을 부정하시는지, 그리고 왜 부정하시는지를 알고 싶습니다."

생각해 보기
사람들이 신을 거부하면서도 논리적인 논증에는 관심 없이 그저 감정적으로 나오는 이유는 무엇인가?

그가 이 대화에 참여하게끔 유도하라. 결과적으로 그에게 다음과 같이 물을 수 있는 시점이 올 것이다.

"증거가 없어서 신을 부정하시는 것이 아닌 것 같네요. 당신 내면의 감정적인 이유로 신을 부정하시는 것이 느껴집니다.

당신이 신을 부인하는 진짜 이유는 무엇입니까?"

이 시점에 도달하면, 이미 변증을 넘어 개인적인 상담의 차원으로 접어든 것이다. 내가 말하고자 하는 요점은, 언제든 꺼내들 수 있는 몇 가지의 논증만 알아도 신의 존재에는 아무런 증거도 없다는 무신론자의 의견을 무력하게 만들 수 있다는 점이다. 물론, 신의 존재에 대한 증거가 없다고 해도 그것이 신이 존재하지 **않는다**는 증거가 될 수는 없다. 시드니에서 강의를 하는 동안 만났던 호주 출신의 법의학자는 범죄를 연구하는 사람들이 좋아하는 유명한 속담이 있다고 나에게 알려 주었다.

증거의 부재는 부재의 증거가 아니다(Absence of evidence is not evidence of absence).

비록 그가 살인자라는 증거가 없을지라도 용의자는 여전히 살인자일 가능성이 있다. 그를 용의선상에서 완전히 지우기 위해서는 알리바이

(alibi)가 필요하다. 즉 그가 범죄를 저지르지 않았다는 명백한 증거가 필요하다. 무신론자들이 신의 존재를 완전히 배제하기 위해서는, 증거가 없다는 사실 외에 그 이상의 것을 필요로 한다. 무신론자에게는 신의 부재에 대한 명확한 증거가 요구된다.

2. 믿음의 부재로 재정의된 무신론

무신론자들은 가끔 신의 부재에 대한 아무런 증거도 없다는 점을 인정하기도 한다. 하지만 이에 대해 다른 식의 논증을 시도한다. 그들은 당신에게 "누구도 전칭 부정(Universal negative)[1]을 증명할 수는 없다"고 말할 것이다(이를테면, "신은 존재하지 않는다"와 같은 주장). 이유는 알 수 없지만, 이들은 이러한 논리가 신의 부재를 입증해야 할 책임에서 자신들을 벗어나게 해 준다고 생각하는 것 같다.

그러나 전칭 부정을 증명할 수 없다는 말부터가 거짓일 뿐만 아니라(자기모순을 예로 들기만 하면 된다), 무엇보다도 무신론을 실제로 증명하는 것이 불가능하다는 점을 인정하는 꼴이 된다!

무신론은 전칭 부정을 내포하고 있다. 그러나 그 누구도 전칭 부정을 증명할 수는 없다. 그러므로 무신론도 증명될 수 없다. 공교롭게도 증거가 존재할 가망이 없는 견해를 믿는 쪽은 바로 무신론자라는 점이

---

[1] 전칭 부정(全稱否定, Universal negative). '아무도 가지지 않았다. 어떤 사람도 가지지 않았다. 누구도 가지지 않았다'와 같이 관련 인물이나 대상의 전체에 대해서 부정이 행해질 경우 이를 전칭부정이라 한다. 반면, '모든 사람이 간 것은 아니다. 누구나 가지는 않았다'와 같이 부정이 관련대상의 일부에 대해서만 행해질 경우를 부분부정(部分否定)이라고 한다. -역주

> **핵심 용어 풀이**
>
> 유신론: "신은 존재한다."
> 무신론: "신은 존재하지 않는다."
> 불가지론: "신은 존재할 수도 있고, 존재하지 않을 수도 있다."

밝혀졌다.

이 논증이야말로 기독교 변증의 핵심으로 포함시켜야 마땅하다!

여기까지 다다르면, 많은 무신론자들은 무신론이 신의 부재를 증명하려는 것이 아니라, 신을 믿는 믿음의 부재를 증명하는 것이라며 무신론 자체의 정의를 수정하려고 한다. 신에 대한 믿음이 없는 사람은 누구나 무신론자로 간주되어 버리는 것이다.

이는 단어의 본래의 의미와 상반될 뿐 아니라, 단어를 정의하는 용도로도 아무런 쓸모가 없다. 새로운 정의에 따르면, 무신론은 더 이상 어떠한 관점이나 입장도 아닌 것이 된다. 무신론이 단지 누군가의 심리적인 상태, 즉 신에 대한 믿음이 결여된 상태에 대한 설명이 되어 버리는 것이다.

따라서 무신론은 참도 거짓도 아닌 사상이 되며, 이에 따라 심지어 갓난아기들조차 무신론자로 판명되어 버린다!

아마 당신은 두 젊은 엄마들 사이에서 다음과 같은 대화가 오고 가는 장면을 상상할 수 있을 것이다.

브룩: "쌍둥이를 출산했다고 들었어요!! 줄리, 너무 축하해요!"
줄리: "고마워요! 하지만 너무 슬프네요…."
브룩: "무슨 일인가요?"
줄리: "글쎄, 두 명이 다 무신론자에요!"

새로운 정의에 따르자면, 신의 존재에 대해 생각조차 해 보지 않았을 나의 고양이 머프(Muff)조차도 무신론자가 되어 버린다!

머프도 무신론자인가요?

이 모든 우여곡절 끝에도 우리는 여전히 신이 존재하는지에 대하여 알 수가 없다. "무신론"이라 부르건 "신에 대한 믿음의 부재"라 부르건, 우리가 알고자 하는 것은 과연 신이 존재하는지의 여부다. 만약 신이 존재하지 않는다고 주장하는 사람이 있다면, 이를 증명하기 위한 증거가 있어야만 한다는 것이다.

3. 고통으로부터의 논증

생각이 깊은 무신론자들은 신의 부재에 대한 논증 제시를 시도한다. 의심 할 여지없이, 이 논증들 중 가장 주요한 것은 고통의 문제이다. 자연재해로부터 발생되었건, 인간이 인간에게 자행하는 비인간적 행위로부터 비롯되었건, 세상에 존재하는 고통의 크기와 그 깊이를 고려한다면, 신을 믿기 어렵다는 점을 인정하게 된다는 것이다. 세상에서 벌어지는 끔직한 고통들은 신의 부재에 대한 증거로 비춰지게 된다.

1985년 젠(Jan)과 내가 파리의 근교에서 살고 있을 때, 프랑스 텔레비전에서 보도된 두 가지 사건들은 나로 하여금 고통의 문제를 심각하게 생각해 보도록 만들었다. 끔직한 지진으로 인해 멕시코시티의 수많은 고층 아파트들이 무너지고 폐허가 되었다. 현장에 투입된 구조대가 생존자를 찾기 위해 잔해를 조사하던 중, 무너져 내린 건물 속 어딘가에 갇혀 있는 10살짜리 소년을 발견했다. 전 세계의 사람들은 구조대가 아이를 구출하기 위해 잔해를 치우는 장면을 며칠이나 지켜보았다. 괴로움 가운데서 말이다. 구조대는 소년과 의사소통을 할 수 있었지만, 그에게 다가갈 수는 없었다. 소년과 함께 갇혀 있던 그의 할아버지는 이미 죽어 버렸다.

"무서워요!"

소년이 울면서 외쳤다. 11일 정도가 지난 후에는 침묵만이 남았다. 소년은 어둠 속에 홀로 갇혀, 음식과 물을 공급받지 못한 채, 두려움 속에 떨다가 그만 죽고 말았던 것이다.

같은 해에 콜롬비아의 한 마을에서 산사태가 발생했고, 마을의 모든 것이 휩쓸려 내려갔다. 구조대원들이 생존자들을 돕기 위해 마을에 도착했을 때, 그들은 흙탕물이 턱밑까지 차오른 채로 웅덩이에 빠져 있는 어린 소녀를 발견했다. 어떤 이유에서인지, 구조대는 그 소녀를 구조할 수도, 흙탕물을 빼낼 수도 없었다. 그들은 무기력하게 소녀가 죽어 가는 것을 지켜봐야만 했다. 우리는 매일 밤 뉴스에서 그 소녀가 죽어 가는 장면을 지켜보았다. 지금껏 살면서 목격했던 것들 중에서 가장 애처로운 장면이었다. 그녀는 물속에 갇혀서 움직이지도 못한 채, 입 안으로 흘러 들어오는 물을 끊임없이 내뱉기만 할 뿐이었다. 시간이 흐를수록 그녀의 기력은 소진되었고, 눈 밑에 짙은 다크 서클이 생기기 시작했다. 그녀는 텔레비전을 통해 바라보는 우리의 두 눈 앞에서 서서히 죽어 가고 있었다. 결국 뉴스 앵커가 그녀의 죽음을 보도하고 말았다.

이 두 사건이 나의 마음에 온통 가득했다.

오 하나님!
어떻게 어린아이들에게 이토록 가혹한 죽음을 허락할 수 있습니까?
만약 그들이 죽어야만 했다면, 그냥 죽이십시오!
그렇지만 적어도 건물이 붕괴되는 순간 소년을 즉사하게 만들거나, 소녀가 순식간에 빠져 죽도록 하셨어야죠.
왜 이토록 고통스럽고, 무의미하고, 질질 끄는 죽음이어야만 했습니까?

당신에게 솔직히 말하자면, 나는 이런 일들이 반복되는 것을 볼 때면 하나님을 믿기가 어려워지곤 한다.

그러나 나의 동료 중 한 명이 나누어 준 지혜로운 조언처럼, 나는 철학자로서 어떤 문제에 대한 **생각**을 나누도록 요구 받았지, **감정**을 나누라고 요구 받지는 않았다. 고통의 문제는 물론 감정적으로 어렵고 힘든 사안이다. 그렇지만 이것이 신이 존재하지 않는다고 생각할 만한 이유는 못 된다.

4. 고통의 문제에 대한 여러 가지 버전들(versions)

이처럼 감정적으로 무척 버거운 주제를 다룰 때는, 우리의 생각을 분명하게 하기 위해 몇 가지 차이점들을 구분하는 것이 중요하다.

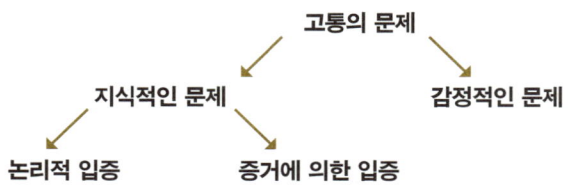

무엇보다도 우선시해야 할 것은, 고통에 대한 **감정적인** 문제와 **지식적인** 문제를 분명하게 구별하는 것이다. 지식적인 차원의 문제는 신과 고난이 공존할 수 있다고 생각하는 것이 과연 타당한지에 관한 물음이다. 감정적인 문제는 고난을 허용하는 신에 대한 사람들의 원망에 관한 사안이다.

우리는 이러한 문제들 사이에 분명한 차이를 두어야만 한다. 왜냐하면 지식적인 문제에 대한 답은 종종 무미건조하며, 고난에 직면한 사람의 감정을 전혀 고려하지 않는 것처럼 여겨질 수도 있기 때문이다. 한편으로 감정의 문제에 대한 답은 고난을 철학적인 차원으로 접근하는 사람에게는 피상적이고 부족하게 느껴질 수도 있다.

나는 세상에서 벌어지는 끔찍한 고통들은 대부분의 사람들에게 지식적인 차원의 문제라기보다 감정의 차원일 것이라고 확신한다. 그들의 불신은 **반박**(refutation)이 아니라 **거부**(rejection)로부터 비롯되었다. 그들은 그들 자신이나 다른 사람들이 고난에 처하도록 허락하는 신과는 아무런 관계도 가지고 싶어 하지 않는다. 그러나 고통이 주로 감정의 문제를 불러일으킨다는 나의 주장을 뒷받침하기 위해, 고통에

> **생각해 보기**
> 당신은 극심한 고난을 경험한 적이 있는가?
> 당신의 이러한 경험(혹은 고난에 대한 경험이 상대적으로 적은 것)이 고난에 관한 문제를 다룰 때, 당신의 사고방식에 어떠한 영향을 미치는가?

대한 지식적인 문제만을 가지고는 무신론을 증명할 수 없다는 사실을 살펴볼 필요가 있다.

1) 고통에 관한 지적인 문제

고통에 대한 지식적인 문제를 논의할 때, 우리는 입증의 책임이 누구에게 있는지를 명심하는 것이 중요하다. 이전의 장들에서는 우리가 신에 대한 논증을 주도했으며, 따라서 신을 믿는 측에서 입증의 책임을 짊어져야만 했다. 하지만 이번에는 무신론자의 차례이다. 우리는 무신론**에 대한** 논증을 하고 있다. 무신론자로부터 신을 부정하는 논증들을 듣고 있는 셈이다. 따라서 이번에 입증의 책임을 짊어져야 하는 쪽은 상대편이다. 그들은 "그러므로 신은 존재하지 않는다"라는 결론에 다다를 수 있도록 논증을 주도해야만 한다.

신자들은 가끔 너무나도 쉽게 불신자들이 신에게 증거와 입증 책임을 떠넘기게끔 허락한다. 무신론자는 "신이 고통을 허용하는 이유에 대해 나에게 납득할 만한 설명들을 해 보시오"라고 요구하고는, 편안하게 앉아서 유신론자들이 설명하고자 하는 그 모든 것에 대해서 회의적이고 부정적인 반응만 하려 한다. 결국, 무신론자는 증명해야 될 것이 아무것도 없게 된다. 이러한 전략은 그들의 입장에서는 영리한 전략일 수 있으나, 철학적으로는 매우 부조리하며 지적으로도 비겁한 행위이다.

무신론자가 자신의 지적인 책임을 축소할 수 있게끔 쉽게 허락하지 말자. 신과 고통이 서로 공존할 수 없거나 공존할 가능성이 없다고 주장하는 쪽은 바로 그들이다. 자신의 주장과 그에 따른 전제들을 우리에게 증명해야 하는 것이 그들의 역할이란 뜻이다. 신이 이 세상에 고통을 허용할 만한 충분한 이유가 있는지에 대해 논증할 동안, 이제는 그리스도인들이 편안하게 앉아 회의적인 태도로 질문을 할 차례이다. 그러므로 지금은 그들 쪽에서 신을 부정하는 주장을 입증할 책임이 있다고 말하자.

우선 고통에 관한 지식적인 문제는 두 가지 입장으로 나뉜다. **논리적** 입증은 고통과 신의 공존이 논리적으로 불가능하다는 점을 보여 주려고 한다. 그리고 **증거를 통한** 입증은 고통과 신이 공존할 가능성이 거의 없다는 점을 보여 주고자 한다.

당신이 불신자와 이 문제에 대해서 이야기하기 전에, 그가 이 두 가지 방법의 입증 중 어떤 입증을 지지하는지를 우선 알아야 한다. 그러니 그에게 한번 물어보라.

"당신은 이 세상에 신과 고통이 함께 존재한다는 것이 **불가능하다**고 생각하시나요?

아니면 신과 고통이 공존할 **가능성이 매우 적다**고 생각하시는 편인가요?"

아마 그가 대부분의 무신론자와 같은 부류라면, 한 번도 이 문제에 대해서 생각해 보지 않았을 것이기에 마땅한 답변이 없을 것이다. 어쩌면 그 자신이 어떤 입장을 지지하는지를 명확하게 알 수 있도록, 그에게 두 가지 모두를 설명해 줘야 할지도 모른다. 그가 무엇을 지지하는지에 따라 당신의 답변도 결정이 될 것이다.

2) 논리적 입증: "논리적으로 신과 고통이 공존한다는 것은 불가능하다"

논리적 입증에 따르면, 신과 고통의 문제가 함께 존재한다는 것은 **논리적으로 불가능하다**. 그것들은 마치 모든 것을 움직일 수 있는 절대적인 힘과 그 무엇으로도 움직일 수 없는 물체의 관계와도 같다. 만약 하나가 존재한다면, 다른 하나는 존재하지 않게 된다. 그런데 고통은 분명히 존재한다. 따라서 신은 존재하지 않는다.

이 논증의 핵심은 무신론자가 신과 고통이 함께 존재한다는 것이 불가능하다고 주장한다는 점이다. 무신론자는 다음의 두 문장이 논리적으로 모순된다고 주장하고 있다.

① 사랑이 충만하면서 전지전능한 신이 존재한다.
② 고통은 존재한다.

이제 이 두 가지 문장이 왜 논리적으로 모순되냐는 것이 우리의 질문이다. 이 두 가지 문장들 간에는 **명백한** 모순이 없다. (한쪽 사실이 다른 쪽 사실과 정반대가 아니다.) 따라서 무신론자가 만약 이 두 사실 가운데 **암묵적** 모순이 있다고 생각한다면, 그는 이 모순을 명확하게 드러낼 수 있는 숨겨진 가정들에 대해서 설명해야 할 것이다.

그렇다면 숨겨진 가정들은 과연 어떠한 것들인가?

이에 대한 질문이 이어질 수 있다. 무신론자가 만든 숨겨진 가정은 두 가지가 있을 수 있다. 그 가정들은 다음과 같다.

③ 신이 전지전능하다면, 신은 자신이 원하는 어떠한 세상이라도 창조할 수 있다.
④ 만약 신이 사랑으로 충만하다면, 신은 고통 없는 세상을 원할 것이다.

논증이 말하고자 하는 바는 신이 사랑에 충만하면서 전지전능한 존재라는 것이다. 그렇기에 그는 고통이 없는 세상을 **원하며** 그런 세상을 창조할 수도 있다. 그러므로 이 세상에는 고통이 없어야 한다는 결론에 이른다. 하지만 이는 "② 고통이 존재한다"와 부딪친다. 그러므로 신은 존재할 수 없다. 이 논증이 ①과 ②의 논리적 모순을 보여 주기 위해서는, 무신론자가 가정한 두 개의 암묵적인 가정들(③, ④)이 **반드시 사실**이어야만 한다.

하지만 실제로 그런가?

"③ 신이 전지전능하다면, 신은 자신이 원하는 어떠한 세상이라도 창조할 수 있다"에 대해 생각해 보라.

과연 이 말이 사실일까?

만약 사람들에게 자유의지가 존재한다면 이는 사실이 아닐 것이다!

누군가로 하여금 **자유롭게** 무언가를 하도록 **시키는 것**은 논리적으로 불가능하다.[2] 이것은 마치 둥근 네모를 만든다거나, 결혼한 미혼남을 만나는

> **자유의지**
> 여기서 자유에 대한 의견은 자유의지론(libertarian freedom)이라 불린다. 어떤 철학자들은 자유의지론의 본질은 같은 상황에서 A라는 행동과 A가 아닌 행동 중 하나를 선택할 수 있는 능력이라고 말한다. 자유의지론에 대한 더 좋은 분석은 자유의지론의 본질을 한 사람의 인과적 활동과 별개인 그 자신의 선택에 인과적 결정이 없음으로 본다. 말하자면, 그 사람 자신 이외의 원인들은 그 사람이 특정한 환경에서 어떤 선택을 할지를 결정하지 못한다. 어떤 선택을 할지는 순전히 그에게 달려 있다. 이러한 개념의 자유는 자유를 자발적(혹은 비강제적) 행동의 관점에서 정의함으로써 주의주의(the voluntarist) 혹은 양립가능론(the compatibilist)의 관점과는 매우 다르다. 본 장에서 작용하는 자유의 개념은 자유의지론이며, 이는 우리가 어떤 식으로 자유로운 선택할 지에 대한 신의 개입을 배제한다.

것처럼 논리적으로 불가능하다. 신이 전지전능하다는 말은 논리적으로 불가능한 것까지 가능하게 만들 수 있다는 소리가 아니다. 이런 논리적으로 불가능한 것들은 실제로 존재하지 않는다. 단지 무의미한 단어들의 나열일 뿐이다.

---

2 무언가를 하도록 시키는 것 자체가 자유와 상반되기 때문이다. -역주

(만일 불신자가 전지전능한 존재는 논리적으로 불가능한 일도 마음대로 행**할 수** 있다고 주장한다면, 고통의 문제는 그 즉시 사라진다. 신은 논리적으로 불가능할지라도 고통의 문제와 자신의 존재가 동시에 존재하는 것을 가능케 할 수 있기 때문이다.)

사람들이 자유의지를 가졌을 가능성이 있기 때문에, ③은 사실일 필요가 없는 것으로 밝혀졌다. 만약 사람들이 자유의지를 지니고 있다면, 그들은 신이 원하는 일을 거부할 수 있다. 사실상, 신이 자신의 의지를 따르지 않는 사람들 때문에 창조하지 못한 수많은 가능세계들(possible worlds)³이 존재할 것이다. 우리가 아는 한, 우리가 살아가는 이 세상처럼 자유의지를 가진 선한 사람들이 많은 세상도 이렇게 많은 고통이 함께 존재할 수 있다. 이 추측이 사실일 필요도, 실현 가능할 필요도 없겠지만, 최소한 **논리적으로 성립**이 된다면, 신이 자기가 원하는 어떠한 세계라도 창조할 수 있는 것은 아니라는 사실을 보여 준다. 따라서 ③은 사실이 아니다. 이러한 근거만으로도 무신론자의 논증은 논리적 오류로 드러난다.

그러나 "만약 신이 사랑으로 충만하다면, 신은 고통 없는 세상을 원할 것이다"라는 가정 ④는 어떻게 해야 할까?

이는 과연 진실일까?

그렇게 보이지는 않는다. 신은 이 세상에 고난을 허락할 만한 충분한 이유를 가지고 있을 수도 있다. 우리 모두는 더 큰 선을 위해 고통이 허용되는 경우들을 잘 알고 있다(아이들을 치과에 데려가는 일이 그중 하나다). 무신론자는 전지전능한 존재에게 능력의 제한은 없을 것이라고 주장할

3　철학자들은 논리적으로 존재하는 것이 가능한 모든 세계를 가능세계(possible world)라고 부른다. 이를테면, 악이 아초에 존재하지 않고 정의만이 가득한 세상은 가능세계 중 하나다. -역주

수도 있다. 전지전능한 존재는 어떠한 고통도 없이 더 큰 선함을 직접적으로 허용할 수도 있을 것이다. 하지만 명확하게도, 인간에게 자유의지가 허락된다면 이것이 가능하지 않을 수도 있다. 도덕적인 미덕과 같은 선한 예시들은 사람들의 자유로운 협력을 통해서만 이루어질 수 있다. 이러한 경우, 고통이 존재하는 세상에는 그만큼의 선 또한 가능하기 때문에, 고통이 전혀 없는 세상보다 더 낫다고 말할 수도 있다. 어느 경우에서든, 적어도 ④가 무조건 사실이라는 무신론자의 주장을 무찌르기에는 **충분하다**.

요점은 이것이다. 무신론자는 이 논증을 지속할 수 없다. ③과 ④를 입증해야 할 책임이 너무나도 크기 때문이다. 그는 자유의지가 불가능하다는 사실, 그리고 고통이 존재하는 세상이 고통이 없는 세상보다 더 나을 수 없다는 사실 또한 증명해야 한다.

이 논증을 조금 더 멀리 끌고 가 볼 수도 있다. 우리는 신과 고통의 공존이 논리적으로 **모순이 없다**는 주장을 펼칠 수 있다. 단지 고통의 존재를 수반하면서도 신의 존재가 가능하다는 사실을 제시하기만 하면 된다. 이 주장은 다음과 같다.

⑤ 신은 현재의 세상보다 선하면서도 오히려 고난이 적은 세상을 창조할 수 없었고, 또한 신에게는 고난이 존재하도록 허락할 만한 충분한 이유들이 있다.

여기에 전제된 개념은 자유가 주어지면 신은 선택의 제한을 받으며, 지금의 세상만큼 선하면서도 고통은 그보다 덜한 세상은 선택지에 없었을 수도 있다는 점이다. 그럼에도 불구하고, 신은 고통을 허락한 합당한 이유들을 가지고 있다. 설령 ⑤가 **가능성만 있**을 뿐이라고 할지라도, 신이 고통과 함께 존재할 수 있음을 보여 주는 데는 무리가 없다. 게다가 ⑤는 사실 제법 타당해 보인다.

수세기에 걸친 논의 끝에, 고통의 문제에 대해 논리적으로 입증하려는 책들은 더 이상 출판되지 않는다는 사실을 알리게 되어 매우 기쁘게 생각한다. 무신론자와 기독교 철학자들 모두가 고통의 문제에 관한 논리적 설명이 사실상 실패했음을 인정한다. 고통과 신이 동시에 존재하는 것이 불가능하다는 사실을 입증해야 할 책임은 무신론자의 몫이다. 이 책임은 무신론자의 어깨를 짓누르고 있을 뿐이다.

3) 증거를 통한 입증: "신이 고통을 허락할 만한 충분한 이유를 지닐 확률은 지극히 낮다(improbable)"

아직 문제를 완전히 해결한 것은 아니다. 우리는 여전히 고통에 대한 증거의 문제에 직면해 있으며, 이는 매우 중요하다. 무신론자들은 이 세상에 고통이 존재하기 때문에 신이 존재하기 **어렵다**(improbable)는 주장을 펼친다. 구체적으로, 신이 이 세상에 고통을 허락할 만한 충분한 이유들을 지니고 있을 가능성이 극히 낮아 보인다는 것이다. 대부분의 고통은 무의미하고 불필요한 것처럼 보인다. 신은 분명히 이 세상의 선함을 그대로 유지한 채로 고통을 줄일 수 있었을 것이다. 그렇기에 이 세상에 고통이 존재한다는 말은 곧 신이 존재하지 않는다는 증거가 된다.

이러한 논증은 논리적 입증보다 훨씬 더 강력한 논증이다. 또한 이 논증의 결론 또한 한결 겸손해졌기 때문에(즉 하나님의 존재할 수 없다는 것이 아니라 하나님이 존재할 가능성이 지극히 낮다[improbable]), 이를 증명해야 하는 무신론자의 부담 또한 한결 가벼워졌다.

그렇다면 이 논증에 대해서 우리는 어떻게 반박할 수 있을까?

나는 3가지 요점들에 관하여 얘기할 생각이다.

(1) 인간의 한계

첫째, 우리는 신이 세상에 고통을 허락할 이유가 충분하지 못하다고 말할 위치에 있지 않다.

이 논증을 입증하는 데 있어서 가장 중요한 사실은, 신이 세상에 일어나는 고통을 허락할 만한 충분한 이유가 없다는 무신론자의 주장이다. 우리 모두는 이 세상에 존재하는 수많은 고통들이 정당하다고 생각하지 않는다. 우리는 이러한 고통에 어떠한 필요성이나 뚜렷한 목적도 없다고 생각한다. 이러한 무신론자의 주장이 성공하려면, 과연 고통이 정당하지 않은 것처럼 **보이기에** 실제로도 정당하지 않다고 말할 자격이 우리에게 있는지부터 알아봐야 한다. 나의 첫 번째 요점은 이것이다. 우리는 확신을 가지고 이러한 판단을 내릴 만한 위치에 있지 못하다.

유한한 존재들로서, 우리는 공간과 시간, 지능과 통찰 모두에 있어 한정되어 있다. 그러나 신은 역사의 처음과 끝을 알고 있으며, 인간의 자유의지와 행동을 통해서 역사의 끝을 주관한다. 신은 자신의 목적을 성취하기 위해, 그 과정 가운데 적지 않은 고통을 허락해야 할지도 모른다. 우리의 제한된 시야에서 무의미하게 보이는 고통은 신의 더 넓은 시야에서는 정당하게 허용된 것으로 보일 수도 있다. 이를 설명하기 위해서 두 가지 예시를 가져왔다. 하나는 현대과학으로부터 가져온 예시고, 또 다른 하나는 대중문화에서 가져온 것이다.

첫 번째 예시: 과학자들은 소위 카오스 이론[4]에서 날씨나 곤충의 개체

---

[4] 카오스 이론 나비의 작은 날갯짓이 대형 허리케인을 초래할 수 있다는 '나비효과'와 같이 작은 변화가 예측 불가능한 큰 결과를 가져오기 때문에 미래의 향방을 예측하기가 불가능하다는 것이 카오스 이론이다. 카오스 이론은 불안정하고 무규칙적으로

수와 같은 큰 규모의 체계(System)들은 아주 미세한 변화에도 민감하게 반응한다는 것을 발견했다. 이에 따르면 서아프리카 지역의 나뭇가지에 사는 한 마리 나비의 날갯짓이 대서양의 허리케인을 초래할 정도의 큰 동력을 만들 수도 있다. 하지만 단순히 나비 한 마리가 날갯짓을 하는 것을 보며, 이런 엄청난 결과를 예측한다는 것은 실로 불가능하다. 우리는 전혀 중요해 보이지 않는 사건이 세상을 어떻게 급격하게 변화시킬 수 있을지 알 길이 전혀 없다.

두 번째 예시: 기네스 펠트로(Gwyneth Paltrow)가 주연한 영화 "슬라이딩 도어즈"(Sliding Doors, 1998)는 기차 시간에 맞추어 전철을 타기 위해 계단을 뛰어 내려가는 한 여성에 관한 이야기로 시작한다. 주인공이 기차에 가까워지면서, 영화는 그녀의 인생을 두 갈래 길로 나눠서 보여준다. 그중 하나는 그녀가 기차에 탑승하기 바로 직전에 기차의 문이 닫히는 것으로 시작한다. 다른 하나는 그녀가 문이 닫히기 바로 직전에

보이지만, 그러한 혼돈 속에서도 나름대로의 질서와 규칙에 따라 움직이는 현상들을 설명하고자 경제학, 수학, 기상학 등에서 널리 쓰이고 있다. -역주

가까스로 기차를 탑승하는 것으로 시작한다. 언뜻 보기에는 매우 사소해 보이는 이 간발의 차이로 인해, 그녀의 두 가지 삶은 각각 완전히 다른 방향으로 흐른다. 한 삶에서 그녀는 엄청나게 성공하고 부유하고 행복한 삶을 살게 된다. 또 다른 삶에서는 그녀는 실패와 불행, 고난에 시달리며 살아가게 된다.

이 모든 것이 간발의 차이로 지하철 하나를 놓친 것 때문에 벌어지게 된다!

더구나 이 간발의 차이는, 계단 난간에서 인형을 가지고 놀다가 넘어질 뻔한 어린 소녀를 그녀의 아버지가 붙잡으면서, 지하철을 타러 가는 주인공의 앞을 가로막은 일로 인해 발생한다. 우리는 이 작은 사건을 일어나게 했을 수많은 작고 사소한 사건들에 대해서 생각하게 된다. 그 소녀가 아침 식단의 시리얼이 마음에 들지 않아서 소녀와 아버지가 집을 늦게 나서게 된 것은 아닌지, 소녀의 아버지가 신문에서 읽었던 어떤 기사가 신경 쓰여서 딸에게 신경을 쓰지 않고 있었던 것은 아닌지 등등.

그러나 이 영화의 가장 흥미로운 부분은 바로 결말이다. 행복하고 성공적인 삶에서의 주인공은 갑자기 사고로 죽게 된다.

반면, 불행과 역경의 삶에서 주인공은 결국 진정으로 좋은 삶을 살게 된다!

여기서의 나의 요점은 이 세상에서의 삶이 항상 최선의 결과로 우리에게 돌아온다는 점이 아니다. 어쩌면 나의 요점은 이보다 훨씬 더 겸손하다. 복잡하고 어지러운 이 삶 속에서, 신이 고통을 허락해서 우리를 잠시 괴롭게 할 만한 좋은 이유가 없다고 단정지을 수는 없다는 것이다. 지금까지 일어났던 많은 사건들이 어떤 식으로든 역사에 영향을 미치는 것처럼, 신이 고통을 허락하는 이유는 몇 세기 후 혹은 다른

제7장 고통은 어떻게 설명할 것인가?

나라에서 나타날 수도 있다. 전지전능한 신 만이 자유의지를 가진 사람들을 자신이 계획한 목표로 인도하는 복잡하고 어려운 일을 감당할 수 있을 것이다. 역사적 사건을 생각해 보자.

예를 들면, 연합군이 승리했던 D-day라는 단 하나의 역사적 사건을 가능케 했을, 수 없이 많은 복잡한 사건들을 한번 떠올려 보라!

우리는 신이 사람들의 자유로운 행동들을 통해 의도했던 대로 목적을 성취하는 데에 고난이 어떤 역할을 할지 전혀 알 길이 없다. 또한 우리는 고통을 허락하는 이유를 분별할 수 있을 것이란 기대를 접어야만 한다. 이렇게 복잡한 요소들에 매몰되어 살아가는 우리에게 수많은 고통들이 무의미하게 느껴지는 것은 당연한 것일지도 모른다.

나는 지금 우리는 다 알 수 없다며 신비에 호소하고 있는 것이 아니다. 다만 우리의 한계를 지적하고 있는 것이다. 우리는 고통의 문제에 직면할 때 신이 이를 허락할 만한 충분한 이유가 없다고 판단할 요건을 갖추고 있지 못하다. 불신자들은 이러한 한계를 다른 맥락으로 인지한다. 예를 들어, 공리주의(다수의 사람들에게 가장 큰 행복을 가져다주는 것이 옳다는 도덕적 이론. 최대 다수의 최대 행복)에 대한 가장 결정적인 반대 중 하나는, 우리는 자신의 행동이 틀러올 궁극적인 결과를 전혀 알 수 없다는 점이다. 짧은 기간 동안의 선처럼 보이는 것이 사실 큰 고난을 초래할 수도 있다. 반면에, 단기적으로 큰 재앙으로 보이는 행동이 가장 큰 선을 가져올 수도 있다. 우리에게는 아무런 단서조차도 허락되지 않았다.

인간 역사 전체에 걸친 신의 섭리를 깊이 생각해 본다면, 유한하고 제한된 관점의 관찰자들이 과연 신이 우리에게 고통을 허락할

> **생각해 보기**
> 하나님에게 무의미한 것처럼 보이는 고통스런 사건들을 허락할 만한 충분한 이유가 있다고 생각하는 편이 당신에게 개인적인 도움이 되는가? 이에 대해 설명해 보라.

만한 좋은 이유가 있는지를 추론하는 일이 얼마나 부질없는지 알게 될 것이다. 쉽게 말해, 우리는 이러한 가능성에 대해 확신을 가지고 평가할 수 있는 위치에 있지 않다.

(2) 증거의 전반적 범위

둘째, 증거의 전반적인 범위에 비례하여, 신의 존재는 가능하다.

가능성은 항상 특정한 배경 지식과 관련이 있다. 예를 들어, 우리가 조(Joe)라는 사람이 대학생이며, 90%의 대학생들이 맥주를 마신다는 정보를 알고 있다고 가정해 보자. 이 정보에 따르면, 조가 맥주를 마실 가능성은 마시지 않을 확률보다 상대적으로 매우 높다. 그러나 우리는 조가 휘튼대학의 학생이고, 휘튼대학 재학생들의 90%는 맥주를 마시지 않는다는 새로운 정보를 제공 받았다. 이 새로운 정보에 비례하여, 이제 조는 맥주를 마시지 않는 사람일 가능성이 매우 높아졌다. 다시 말하자면, 어떤 가능성은 그 배경 정보와 뗄 수 없는 관계에 있다.

무신론자는 신이 존재할 가능성이 거의 없다고 말한다.

이럴 때, 당신은 즉각 다음과 같이 물을 수 있다.

"어떤 기준과 비교하여 가능성이 거의 없다고 말씀하신 것입니까?

근거가 되는 배경 정보는 무엇인가?

세상에 존재하는 고통인가?

그것이 당신이 고려하고 있는 배경 정보의 전부라면, 신의 존재가 불가능해 보이는 것도 무리는 아니다! (이처럼 논증의 겉은 그럴 듯 해 보일 수 있다!)

하지만 정말 흥미로운 질문은 이것이 아니다. 정작 흥미로운 질문은 신의 존재가 다른 **전체** 증거들에 함께 비추어 보아도 가망이 없느냐는 것이다. 나는 고통이 신의 존재 여부에 대하여 일종의 불확실함을 가져온다 할지라도, 그것이 신의 존재에 대한 긍정적인 논증들에는 비할 바가 되지 않는다고 확신한다.

구체적으로, 도덕적 논증을 한번 떠올려 보자. 현실에서 벌어지는 고난의 대부분은 사람들 간의 악행들로 인해 생긴다. 그렇다면 우리는 다음과 같이 주장할 수 있다.

① 만약 신이 존재하지 않는다면, 객관적 도덕 가치는 존재하지 않는다.
② 악은 존재한다.
③ 그러므로 객관적 도덕 가치가 존재한다(어떤 것은 정말로 악하다!).
④ 그러므로 신은 존재한다.

피상적인 수준에서의 고통은 신의 존재에 대한 의문을 제기하지만, 깊은 차원의 고난은 신의 존재를 실제로 **증명한다**. 만약 신이 없다면, 고통은 나쁜 것이 아니다. 만약 무신론자가 고통이 나쁘다거나 일어나서는 안 된다고 믿는다면, 그는 신이 존재해야만 논할 수 있는 도덕적 가치판단을 하고 있는 셈이다.

당신은 고통의 문제에 관하여 이야기하는 사람들이 암묵적으로 신의 존재에 대한 좋은 논증이 없다고 생각한다는 사실을 이해해야 한다. 그들은 **반대 의견이 전혀 없다는 전제하에** 고통의 문제가 무신론을 증명한다고 생각하는 것이다. 그러나 나는 그 반대편에 신에 대한 주요한 논증들이 많이 있다고 생각한다. 그러므로 나는 신의 존재 여부가 세상에 있는 고통에만 연관될 시엔, 아주 가능성이 낮다는 점을 인정할 수 있지만,

> **생각해 보기**
>
> 만약 신이 존재하지 않는다면, 고통이 우릴 괴롭힐지라도 도덕적으로 나쁜 것은 아니다.
> 그렇다면 왜 무신론자들은 비극적인 사건들이 정말로 나쁘다는 사실에 동의하는가?
> (제6장을 상기해 보라.)

신의 존재를 증명하는 많은 논증들에 비해서는 턱 없이 부족하다고 말하고 싶다.

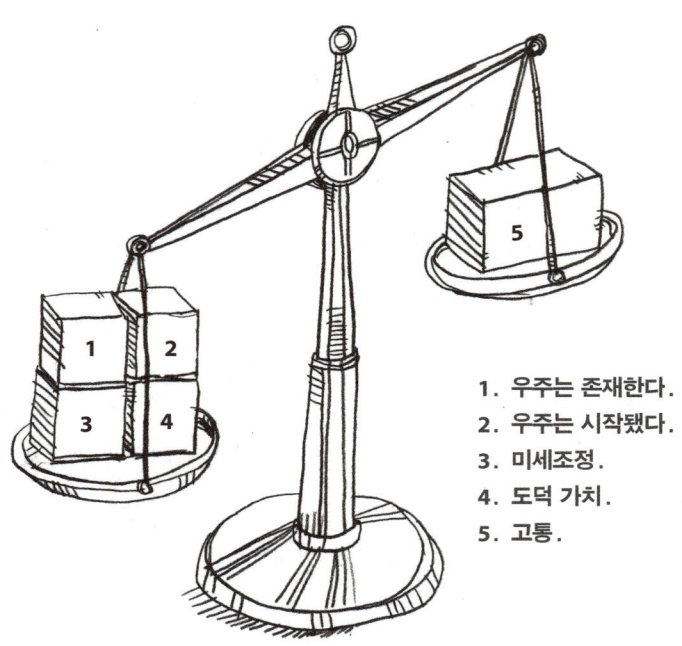

1. 우주는 존재한다.
2. 우주는 시작됐다.
3. 미세조정.
4. 도덕 가치.
5. 고통.

(3) 고통의 문제는 기독교 교리에 의해 더 잘 설명된다

셋째, 기독교는 신과 고통의 공존 가능성을 높이는 교리들을 수반한다

만약 기독교의 하나님이 존재한다면, 고통이 함께 존재한다는 사실은 그렇게까지 가망 없는 것이 아니다. 사실 고통의 문제는 뼈대만 있는 모호한 개념의 신보다는 기독교의 하나님을 통해 **더욱 다루기 쉬운** 것으로 밝혀졌다. 기독교가 신과 고통이 공존할 가능성을 높이는 교리를 수반하기 때문이다.

그렇다면 이 교리들은 무엇인가?

4가지 교리를 언급하겠다.

① 인생의 주된 목적은 행복이 아니라 하나님을 아는 지식이다

고통의 문제가 이토록 어렵고 수수께끼처럼 느껴지는 한 가지 이유는, 사람들이 흔히 신이 존재한다면 신의 목표는 인간이 이 땅에서 행복하게 살도록 만드는 것이어야만 한다고 착각하기 때문이다. 이에 따르면, 신의 역할은 단지 자신의 애완동물인 인간에게 행복하고 편안한 환경을 제공하는 것이다.

> **생각해 보기**
> 하나님을 아는 지식과 세상적인 행복 중, 어느 것을 더 가치 있게 여길 수 있는가?
> 이것이 당신의 행동과 반응에는 어떠한 영향을 미치는가?

그러나 그리스도인의 관점에서는 이것은 잘못되었다. 우리는 하나님의 애완동물들이 아니며, 인간이 살아가는 목표는 자신의 행복이 아니라, 결국에는 인간들에게 영원한 성취를 가져올 하나님에 대한 지식이다. 인간의 행복만을 추구하는 인생에서는 대부분의 고통이 무의미할 수 있다. 그러나 하나님을 더욱 깊이 알아가기 위한 인생에 있어서는 무의미하지 **않다**.

무고한 인간의 고통은 당사자나 주변 사람들에게 하나님을 더욱 깊이 믿고 의지할 수 있는 계기를 제공한다. 물론 우리의 고통으로 인해 하나님의 목적이 이루어질지는 우리의 반응에 달려 있다.

고통으로 인해 우리가 하나님께 원망과 분노로 반응하는가?

아니면 믿음을 가지고 견딜 힘을 얻기 위해 그분께로 향하는가?

인류를 향한 하나님의 궁극적인 목표는 하나님 자신에 대한 지식이다. 이것만으로도 사람들에게 영원한 행복을 가져다 줄 수 있기 때문이다. 역사는 하나님을 제외하고는 그 참된 의미를 파악할 수 없다. 인류의

> **건강과 물질의 부유함?**
> 수많은 대형 교회와 교파에서 선포되고 있는 "건강과 부유함"에 관련된 복음과 긍정적인 사고에 관한 복음은 사람들을 타락시키는 거짓된 복음이다. 이러한 종류의 복음은 다르푸르(수단 공화국 서부에 있는 주)나 이라크나 이와 비슷한 수많은 장소에서는 받아들여지지 않을 것이다. 어떤 곳에서는 받아들여지지 않는다면, 그것은 진정한 복음이라 할 수 없다. 인류 역사에 대한 하나님의 원대한 계획에는 우리가 알 수 없고 이해할 수 없는 고통이 수반될 수도 있다는 점을 이해해야만 한다. 우리의 희망은 세상의 행복에 있지 않고, 하나님이 모든 눈물을 닦아 줄 그 날에 달려 있다

역사가 가진 목적은 바로 하나님의 나라다. 하나님은 자신의 영원한 왕국에 최대한 많은 사람들을 자유롭게 이끄시기를 원한다. 고통은 사람들이 자유의지를 가지고 그분의 왕국으로 찾아오도록 인도하는 하나의 도구일 수도 있다.

패트릭 존스톤(Patrick Johnstone)의 『세계기도정보』(*Operation World*)[5]와 같은 선교 핸드북을 읽으면 극심한 고난을 견뎌 온 국가들일수록 기독교가 빠른 속도로 성장하고 있는 반면, 매사에 관용적인 서구 국가들은 기독교가 전혀 성장하고 있지 않다. 다음과 같은 보고서들을 참고해 보자.

중국:

마오쩌둥의 문화혁명 기간 동안 2천 만 명의 중국인들이 목숨을 잃은 것으로 추정된다. 그리스도인들은 역사상 가장 광범위하고 가혹한 박해 중에서도 확고하게 자신들의 자리를 지켰다. 이 박해는 교회를 순결케 했으며, 중국 현지에 교회를 토착화했다. 1997년부터 시작된 중국교회의 성장은 역사상 유례가 없을 정도이다. 연구원들은 1990년에

---

[5] Patrick Johnstone, *Operation World* (Grand Rapids, MI: Zondervan, 1993), 164, 207–8, 214.

3천만 명에서 7천5백만 명 정도의 그리스도인이 있었을 것이라 추정한다. 마오쩌둥은 의도치 않게 역사상 가장 위대한 부흥을 이끌었다.

엘살바도르:

12년간의 내전과 지진, 주요 수출품인 커피 가격의 붕괴 등은 엘살바도르를 가난의 나락으로 떨어트렸다. 80% 이상의 국민들이 빈곤 속에 살아가고 있다. 하지만 전쟁의 증오와 괴로움 속에서도 사회 각계각층에서 놀라운 영적 수확이 이루어졌다. 1960년까지는 2.3%의 인구만이 복음을 믿었지만, 오늘날에는 약 20%에 이른다.

에티오피아:

에티오피아는 쇼크 상태에 놓여 있다. 에티오피아의 인구는 탄압과 기아, 전쟁으로 인해 수백만 명이 죽어나가는 트라우마를 안고 있다. 두 번의 거대한 박해는 교회를 정결하고 순결케 했지만, 이 가운데에는 수많은 순교자가 있었다. 그러나 수백만 명이 그리스도께 나아오고 있다. 1960년에는 개신교가 인구의 0.8% 조차 안 되었지만, 이 수치는 1990년에 13%로 바뀌었다.

이와 같은 예들은 몇 배로 더 늘어날 수 있다. 인류의 역사는 고통과 전쟁의 역사였다. 그러나 또한 하나님 나라를 준비하는 역사이기도 했다. 도표 2는 1990년에 미국선교센터(the U.S. Center for World Mission)에서 수세기에 걸쳐 헌신한 그리스도인의 수를 기록한 표이다.

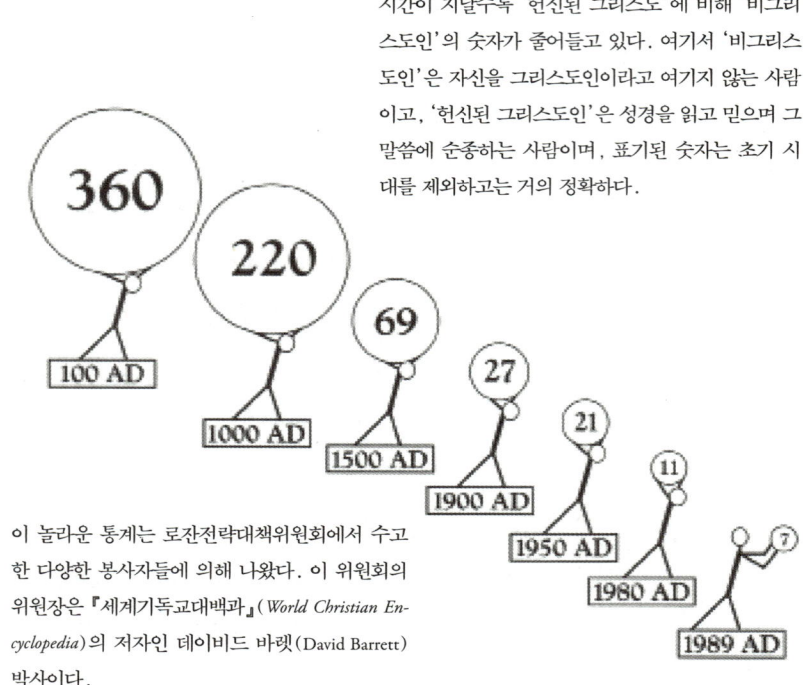

시간이 지날수록 '헌신된 그리스도'에 비해 '비그리스도인'의 숫자가 줄어들고 있다. 여기서 '비그리스도인'은 자신을 그리스도인이라고 여기지 않는 사람이고, '헌신된 그리스도인'은 성경을 읽고 믿으며 그 말씀에 순종하는 사람이며, 표기된 숫자는 초기 시대를 제외하고는 거의 정확하다.

이 놀라운 통계는 로잔전략대책위원회에서 수고한 다양한 봉사자들에 의해 나왔다. 이 위원회의 위원장은 『세계기독교대백과』(*World Christian Encyclopedia*)의 저자인 데이비드 바렛(David Barrett) 박사이다.

도표 2: 비그리스도인과 헌신된 그리스도인의 역사상 비율. 어떠한 범주에도 명목적인 그리스도인들은 포함하지 않는다. 명목상의 그리스도인들을 모두 비그리스도인의 범주에 포함시킨다고 할지라도, 오늘날 세계에는 약 9명의 불신자 당 1명의 헌신된 그리스도인이 있다.

존스톤에 따르면 "우리는 역사상 하나님 나라에 들어갈 가장 많은 사람들이 모여 있는 시대에 살고 있다"라고 한다.[6] 세상에 존재하는 고통이 이토록 놀라운 하나님 나라의 성장에 아무런 역할을 하지 않았다고 볼 수는 없다.

---

6   Ibid., 25.

② 인류는 하나님과 그분의 목적에 반항하는 반역의 상태에 있다

사람들은 하나님께 순종하고 그분을 경배하기보다는, 하나님께 반항하고 자신의 뜻대로 살아가며 그분으로부터 멀어지고 있다. 하나님 앞에서 도덕적인 죄책감을 느끼고, 또한 영적인 어둠 속에서 헤매며 자신들이 만든 거짓 신들을 원하며 살아가는 것이다. 세상에 존재하는 인간의 악은 하나님으로부터 영적으로 동떨어진 상태에 있는 인간의 타락에 대한 입증이다. 그리스도인들은 세상에 도덕적인 악행이 이토록 많다는 사실에 놀라지 않는다. 오히려 그들은 이러한 악행들을 **예상하고 있다**.

성경에 따르면, 하나님은 그들을 죄에 내버려 두어 죄가 자유롭게 선택되게 했고, 그들이 죄를 짓지 못하도록 간섭하지 않으시며, 인간의 타락이 진행되게 했다(롬 1:24, 26, 28). 이 사실은 인간이 하나님 앞에서 저지른 도덕적 책임과, 우리의 사악함과, 그것에 따른 용서와 정결함의 필요성을 높여 줄 뿐이다.

③ 하나님의 목적은 지금의 삶에만 국한되지 않고 죽음 너머의 영원한 삶으로 이어진다

기독교에 따르면, 현재의 삶은 영원하고 위대한 하나님의 방으로 가기 위한 비좁고 작은 현관에 불과할 뿐이다. 하나님은 그리스도를 구원자이자 구주로 인정하는 모든 이에게 영원한 생명을 약속했다. 하나님이 자신의 자녀들에게 인생의 끔찍한 고난들을 겪으라고 하는 것은, 모든 이해와 계산을 뛰어넘는 천국의 기쁨과 보상을 위함이다.

사도 바울은 인생에서 엄청난 고난을 겪었다. 바울은 사도로서 자신의 삶이 "환난, 궁핍, 고난, 매 맞음, 갇힘, 난동, 수고로움, 자지 못함과 먹지 못함"(고후 6:4-5)이었다고 진술했다.

> 그러므로 우리가 낙심하지 아니하노니 … 우리가 잠시 받는 환난의 경한 것이 지극히 크고 영원한 영광의 중한 것을 우리에게 이루게 함이니, 우리가 주목하는 것은 보이는 것이 아니요 보이지 않는 것이니 보이는 것은 잠깐이요 보이지 않는 것은 영원함이라(고후 4:16-18).

바울은 영원의 관점을 가지고 이 땅에서의 삶을 살았다. 그는 이 땅에서 자신의 생애는 유한하며, 이는 우리가 하나님과 보내게 될 영원한 생명과 비했을 때는 아주 미세한 부분에 불과하다는 사실을 이해했다. 우리가 영원에서 더 많은 시간을 머물수록, 이 삶에서의 고통의 순간은 상대적으로 아주 미세하게 느껴질 것이다. 그렇기에 바울은 삶의 고통을 "잠시 받는 환난"이라고 표현했다. 그는 삶에서 끔찍한 고난을 겪는 다른 사람들의 고통을 가벼이 여기는 사람이 아니었다. 왜냐하면 그 자신도 고난을 겪는 사람 중 하나였기 때문이다. 단지 그의 고난들이 하나님이 믿는 자들에게 줄 바다와 같이 차고 넘치는 기쁨과 영광에 압도되었을 뿐이다.

세상의 기준에서는 아무런 득이 되지 않고, 인간의 관점에서는 전혀 무의미한 고통들이 존재할 수도 있다. 하나님이 이를 허락하는 것은, 이러한 고통들을 하나님에 대한 믿음과 신뢰로써 견뎌 내는 자들에게 차고 넘치는 복을 주기 위해서이다.

> 그러므로 하나님께서 그들을 마음의 정욕대로 더러움에 내버려 두사 그들의 몸을 서로 욕되게 하게 하셨으니 이는 그들이 하나님의 진리를 거짓 것으로 바꾸어 피조물을 조물주보다 더 경배하고 섬김이라. 주는 곧 영원히 찬송할 이시로다. 아멘. 이 때문에 하나님께서 그들을 부끄러운 욕심에 내버려 두셨으니 곧 그들의 여자들도 순리대로 쓸 것을 바꾸어 역리로 쓰며 … 또한 그들이 마음에 하나님 두기를 싫어하매 하나님께서 그들을 그 상실한 마음대로 내버려 두사 합당하지 못한 일을 하게 하셨으니(롬 1:24-26, 28).

④ 하나님을 아는 지식은 무엇과도 비교할 수 없는 선이다

바울에게서 인용한 말씀이 이를 주장한다. 바울은 이 세상의 모든 고난을 한 쪽에 두고, 그 반대편에는 하나님이 그분의 자녀들에게 천국의 영광을 부어 주는 상상을 한다. 양쪽을 비교했더니, 영광의 무게가 너무나도 커서 고통의 무게는 비교할 수 없었다. 하나님을 안다는 것은 무한한 선하심과 사랑을 알게 되는 것이고, 이는 비교할 수 없는 기쁨이자 인간의 존재를 완성시키는 일이다. 그러므로 하나님을 아는 사람이라면, 그가 어떠한 고난에 처할지라도, 그리고 그가 겪고 있는 상황이 아무리 고통스러울지라도 "하나님은 나에게 선하시다!"라고 고백할 수 있는 것이다.

기독교의 이 4가지 교리는 하나님과 고통이 이 세상에 공존할 수 있는 가능성을 높여주고 있다. 그것들은 고통의 문제가 하나님의 부재를 드러낼 수 있다는 의견을 차례로 약화시킨다. 이 시점에서 무신론자는 언급된 4가지의 기독교 교리가 사실이라고 믿을 이유가 없다고 주장할 수도 있다.

우와! 그는 또 다시 입증 책임을 미루려고 하고 있다!

고통이 하나님의 존재를 불가능하게 만든다고 주장한 쪽은 무신론자이다. 당신은 "기독교의 신은 그렇지 않다!"라고 당당하게 외쳐도 된다. 무신론자는 기독교의 하나님이 고통과 관련하여 이 땅에 존재할 가능성이 없다는 사실을 입증해야 한다. 그러기 위해서는 이 4가지 교리들이 틀렸다는 것을 증명하거나, 이 4가지의 교리들이 주어지더라도 하나님의 존재는 여전히 불가능하다는 사실을 입증해야만 한다. 두 경우 모두 입증 책임은 무신론자 쪽에 있다. 무신론자가 그 책임을 당신에게 넘기도록 놔두지 말자.

나에게 고통의 문제를 아주 강력히 직면하게 만들어 준 두 가지 사건

으로 다시 돌아가 보자. 멕시코의 소년은 무너진 건물더미에서 천천히 죽어 갔으며, 콜롬비아의 소녀는 진흙에 빠져 목숨을 잃었다.

우선 두 사건 모두 자연재해가 인간의 도덕적인 죄와 관련이 있음을 다루고 있다. 라틴 아메리카 전체는 가난한 사람들을 방치하여 권력과 부를 착취하는 부정하고 무자비한 상류층들에 의해 희생되어 왔다. 이 두 아이들의 고난은 부패하고 비그리스도적인 체제와 간접적으로 연관이 되어 있다. 만약 이 아이들이 살고 있는 사회가 기독교의 원칙을 따르고 있었다면, 그들의 가족들은 이토록 열악하고 안전하지 못한 지대에 살거나 혹은 비나 지진에 무너질 정도의 노후한 집에 살지 않았을 것이다. 죄가 없는 세상에서는 이와 같은 비극들이 일어나지 않을 것이다. 그러므로 인류의 죄와 타락에 대한 기독교의 교리에 따르면, 이러한 비극들은 그다지 놀라운 일이 아니다.

왜 하나님은 이 아이들에게 고난을 허락했을까?

우리는 이를 이해할 수 있을 만한 위치에 있지 않다. 어쩌면 이 소년의 비극적인 죽음을 통하여, 하나님은 멕시코 정부 관료들이 충격을 받아 지진에도 견딜 수 있는 새로운 건축 기준을 마련하여 미래에는 더 많은 생명들을 살릴 것을 알고 있을지도 모른다. 어쩌면 당국이 엄청난 충격을 **받아야만 했기에** 이런 일을 허락했을지도 모른다. 어쩌면 병원에서 죽음과 질병과 마주하고 있는 다른 누군가가, 소년의 소식을 텔레비전을 통하여 접하면서 소년의 용기에 감동을 받아, 자기 자신도 믿음과 용기로 도전에 직면하게 하려고 이 고통을 허용했을 수도 있다.

하나님은 어쩌면 콜롬비아의 한 소녀가 천천히 죽어 가는 모습을 통해서만 그녀의 가족이나 다른 사람들이 하나님께로 돌아와 영생을 얻을 것을 알았기에 이를 허락했을 수도 있다. 혹은 이런 끔찍한 사건을 통해 소녀의 가족들이 다른 지역으로 이사를 가서, 그 가족들이나 심지어 후손들이 하나님을 만나게 되거나, 그 지역에서 누군가를 전도하도록 하기 위해 이를 허락했을 수도 있다.

인간의 한계를 감안할 때, 우리는 그저 추측밖에 할 수 없다. 그러므로 무신론자는 하나님이 이러한 고통을 허락할 만한 충분한 이유가 있다는 사실이 불가능하다거나 불가능에 가깝다는 점을 입증할 수 없다.

무신론자에게 하나님이 이러한 재앙들을 허용한 이유를 **지구상에서**는 찾

> **하나님과 고난에 관한 교리들**
> 이 4가지 교리들은 하나님과 고난이 공존할 가능성을 증가시킨다.
> ① 인생의 주된 목적은 행복이 아니라 하나님을 아는 지식이다.
> ② 인류는 하나님과 그분의 목적에 반항하는 반역의 상태에 있다.
> ③ 하나님의 목적은 지금의 삶에만 국한되지 않고 죽음 너머의 영원한 삶으로 이어진다.
> ④ 하나님을 아는 지식은 무엇과도 비교할 수 없는 선이다.

을 수 없을지도 모른다고 대답해 보자. 어쩌면 이 문제가 더욱 날카롭게 다가올 수도 있을 것이다. 소년과 소녀의 고통은 이 땅에서의 선한 결과와는 관계가 없었을지도 모른다. 어쩌면 이러한 재앙들은 그저 자연스러운 지질의 변화나 기상의 법칙의 부산물이었고, 그 아이들은 불행한 희생자였을지도 모른다. 하지만 그 어린 소년과 소녀가 마침내 이 생을 떠나 다음 세상으로 발을 내디뎠을 때, 예수가 사랑으로 그들을 품에 안아 주시며, 눈물을 닦아 주고 어떠한 표현으로도 설명할 수 없는 기쁨을 채워 줄 것이다. "잘했다 나의 자녀야, 너의 주인의 기쁨에 동참하라"라고 말씀하면서 말이다. 그 영원한 기쁨 안에서, 그들은 이 땅에서 하나님이 그들에게 요구한 고통에는 비교할 수 없는 영광의 무게를 알게 될 것이다.

요약하자면, 고통의 문제를 증거를 통해 입증하려는 노력은 성공적으로 주장될 수 없다. 이를 입증하기 위해서는 가능성에 대한 예측이 필요하지만, 이는 우리의 능력 밖이다. 그리고 이는 모든 증거를 고려

하지 못할뿐더러, 기독교의 하나님 앞에서는 산산이 무너진다. 고통의 문제를 논리적으로나 증거를 통해서 입증하려는 노력들은 더 이상 진행이 불가능하다. 따라서 고난에 대한 지적인 문제는 하나님의 존재를 부정하는 데 실패했다.

4) 고통에 대한 감정적인 문제

하지만 내가 실패했다고 말한 것은 지적으로 실패했다는 뜻이다. 고난에 대한 분노와 신경을 갉아먹을 듯한 의심은 여전히 남아 있을 수도 있다. 이는 고통에 대한 감정적인 문제로 우리를 인도한다. 이전에도 이미 언급했듯이, 대부분들의 사람들에게 고통의 문제는 지식적인 문제가 아닌 감정적인 문제이다.

고통의 문제가 지적인 문제가 아니라면, **지적인 문제에 관한 입증을 굳이 왜 다루어야 했는지** 물을 수도 있다. 여기에는 두 가지 이유가 있다.

첫째, 사람들은 자신의 문제가 지적인 차원의 문제라고 **생각**하기 때문에, 우리는 이러한 접근을 통해 그들의 의견을 존중하고, 그들이 진짜 문제를 직면할 수 있도록 도와줄 수 있다.

둘째, 지금껏 우리가 나누었던 얘기들은 하나님이 당신에게 고난을 허락했을 때, 당신 자신에게 큰 도움이 될 수 있을 것이다.

그렇다면 고통에 대한 감정적인 문제로 고군분투하고 있는 사람들에게는 무엇을 말해 줄 수 있을까?

> **증거에 근거한 논증에 대한 답변**
> ① 우리는 신이 세상에 고난을 허용 할 충분한 이유가 없다고 말할 만한 위치에 있지 못하다.
> ② 신의 존재를 입증하기 위한 증거들에 연관시켜 보자면, 신은 여전히 존재할 가능성이 높다.
> ③ 기독교는 하나님과 고난이 동시에 존재할 가능성을 높이는 교리를 수반하고 있다.

한편으론, 아무 말도 하지 않는 것이 가장 좋을 수도 있다. 가장 중요한 것은 어떠한 조언을 하는 것보다 사랑하는 친구로서 귀를 기울여주는 것이다. 하지만 때로 사람들은 상담이 필요할 수도 있다. 혹은 우리 자신이 고난을 겪게 될 때, 이 문제를 직면해야 할 수도 있다.

기독교 신앙은 감정적인 문제까지 다룰 만한 여력이 되는가?

물론이다!

기독교 신앙은 하나님이 우리의 고난과 아픔을 나누며 사랑하는 아버지라고 말한다. 그분은 그저 멀리 떨어진 창조자 혹은 비인격적인 존재가 아니다.

그리스도는 십자가에서 모든 이해를 초월한 고통을 견뎠다. 그는 온 세상의 죄악에 대한 형벌을 받았다. 우리 중 그 누구도 이러한 고통을 이해할 수 없다. 그는 죄가 없었지만, 우리를 위해 자발적으로 이해할 수 없는 고통을 겪었다.

왜 그랬을까?

우리를 너무나도 사랑했기 때문이다.

우리를 위해 모든 것을 포기한 분을 우리가 어떻게 부인할 수 있겠는가?

하나님이 우리에게 불필요하고, 득이 되지 않고, 심지어 무의미한 고난을 짊어지라고 할 때, 십자가에 달리신 그리스도에 대해 묵상한다면 그 고난을 이길 만한 힘과 용기를 얻을 수 있을 것이다.

앞서 언급했듯이, 하나님을 아는 것은 우리의 고난과 비교할 수 없을 정도로 좋은 것이다. 소수의 사람들만이 이 사실을 진정으로 이해한다. 나의 전직 동료 중 한 명은 진실로 이를 이해하는 한 여성을 알게 되었다. 톰(Tom)은 요양원에서 나오지 않는 사람들을 종종 습관처럼 방문했다. 희망과 사랑을 조금이라도 전달하기 위해서 말이다. 어느 날, 그는 평생 잊지 못할 한 여성을 만났다.

복도의 끝까지 다다랐을 때, 나는 휠체어에 묶여 있는 한 할머니를 보았다. 그녀의 얼굴은 매우 끔찍했다. 초점이 없는 응시와 그녀의 흰 눈동자는 그녀가 장님이라는 사실을 알 수 있게 해 주었다. 그녀의 한쪽 귀에 위치한 큰 보청기를 통해, 그녀의 귀가 거의 들리지 않는다는 사실도 알 수 있었다. 그녀의 얼굴 한쪽에는 암이 전이 되어 있었다. 이미 진행되고 있어 변색이 된 발진이 그녀의 한쪽 뺨을 덮고 있었고, 그 발진은 그녀의 코의 형태와 눈의 모양, 심지어 입 모양까지 변형시켜 한때 그녀 입의 모서리였을 곳이 이제는 그녀 입의 가장 아랫부분이 되었다. 그녀는 또한 끊임없이 침을 흘렸다. 그녀는 89살이었으며, 눈이 보이지 않고 귀가 거의 들리지 않으며, 건강 또한 좋지 않아 25년간 홀로 누워 있어야 했다는 사실을 알게 되었다. 그녀의 이름은 메이블(Mabel)이였다.

내가 왜 그녀에게 말을 걸었는지 잘 모르겠다. 그녀는 내가 복도에서 만났던 많은 사람들 중에서 가장 반응을 보이지 않을 것 같은 사람이었다. 그러나 나는 그녀의 손에 꽃을 쥐어 주며, "당신을 위한 꽃이에요. 행복한 어버이날 되세요"라고 말했다. 그녀는 꽃을 얼굴 가까이 가져가며 냄새를 맡으려고 시도하고는 나에게 말을 건넸다. 놀랍게도 그녀의 말들은, 비록 그녀의 안면 기형 때문에 조금은 알아듣기 힘들었지만, 순수한 마음에서부터 나온 말이었다.

"감사합니다. 너무나 아름답네요.
하지만 혹시 다른 사람에게 줄 수 있을까요?
보시다시피 저는 앞을 볼 수 없습니다."
그녀가 대답했다.
"물론이죠."

나는 답하며 다른 환자들이 있을 만한 곳으로 그녀의 휠체어를 밀면서 복도를 다시 거슬러 올라갔다. 나는 한 명의 환자를 발견하고는 휠체어를 멈추었다. 메이블은 꽃을 내밀면서 말했다.

"자, 이것은 예수님이 주시는 꽃입니다."

톰과 메이블은 그 이후 몇 년 동안 친구 사이로 발전했다. 톰은 더 이상 자신이 메이블을 돕는 것이 아니라, 메이블이 자신을 돕고 있다는 사실을 깨닫기 시작했다. 그는 그녀가 말하는 것들을 노트에 적기 시작했다. 스트레스 가득했던 한 주가 끝나고 톰은 메이블에게 가서 물었다.

"메이블, 하루 종일 여기에 누워 있으면서 당신은 무슨 생각을 하나요?"

그녀는 다음과 같이 대답했다.

"나의 예수님에 대해서 생각합니다."

나는 거기에 앉아서 내가 예수에 대해서 단 5분 동안이라도 묵상하는 것이 얼마나 어려운지를 떠올렸다. 그리고는 다시 물었다.

"예수님에 대해 어떤 생각을 하세요?"

그녀는 천천히 그리고 신중하게 다음과 같이 말했다.

"저는 예수님이 저에게 얼마나 선하게 대해 주셨는지에 대해 생각합니다. 예수님은 저의 일생 동안 저에게 너무나도 선하셨습니다. 나는 범사에 만족하는 사람입니다. 아마 많은 사람들은 제가 구식이라고 생각할 겁니다. 하지만 저는 상관없어요. 차라리 예수와 함께하겠어요. 예수님은 저에게 세상의 전부입니다."

그리고는 데이블은 오래된 찬송가를 부르기 시작했다.

예수는 나의 힘이요
내 생명 되시니
구주 예수 떠나면
죄 중에 빠지리
눈물이 앞을 가리고
내 맘에 근심 쌓일 때
위로하고 힘주실 이
주 예수.

이 이야기는 지어낸 것이 아니다. 이 일화가 굉장하게 느껴질지 모르겠지만, 그녀는 실제로도 이렇게 살았다. 나는 알고 있다. 그녀를 알고 있다.

어떻게 이런 삶을 살 수 있었을까?

일 초가 지나고 일 분이 지나고, 하루, 한 주, 한 달이 지나도록 그 누구도 없이, 아무런 설명도 없이 몇 년이나 이 모든 일을 겪으면서도 그녀는 누워서 찬송가를 불렀다.

어떻게 이런 삶을 살 수 있었을까?

적어도 내 생각에는, 그녀가 나와 당신이 갖고 있지 않은 무언가를 가지고 있었다고 생각한다. 그녀에게는 능력이 있었다. 그 침대에 누워 움직이지도, 보지도, 듣지도, 다른 사람에게 말할 수도 없었지만, 그녀에게는 믿을 수 없이 강력한 능력이 있었다.[7]

---

[7] Thomas E. Schmidt, *Trying to Be Good: A Book on Doing for Thinking People* (Grand Rapids, MI: Zondervan, 1990).

역설적이게도, 고통의 문제가 하나님의 존재에 대한 가장 큰 반박이라 할지라도, 결론적으로 고통의 문제에 대한 유일한 해결책은 하나님뿐이다. 만약 하나님이 존재하지 않는다면, 우리는 무의미하고 구제될 길 없는 고통 가득한 세상 한복판에서 아무런 희망 없이 갇힌 채 살아갈 뿐이다. 고통의 문제에 대한 결론은 결국 하나님이다. 그는 우리를 악으로부터 구원하고 무엇과도 비교할 수 없는 선함과 영원한 기쁨으로 이끄신다. 바로 그분과 영원히 교제하는 기쁨으로 말이다.

> **생각해 보기**
> 메이블의 이야기는 당신에게 어떤 영향을 주는가?
> 톰이 "그녀에게는 능력이 있었다"라고 말할 때의 이 능력은 무엇을 의미하는가?

고통의 문제

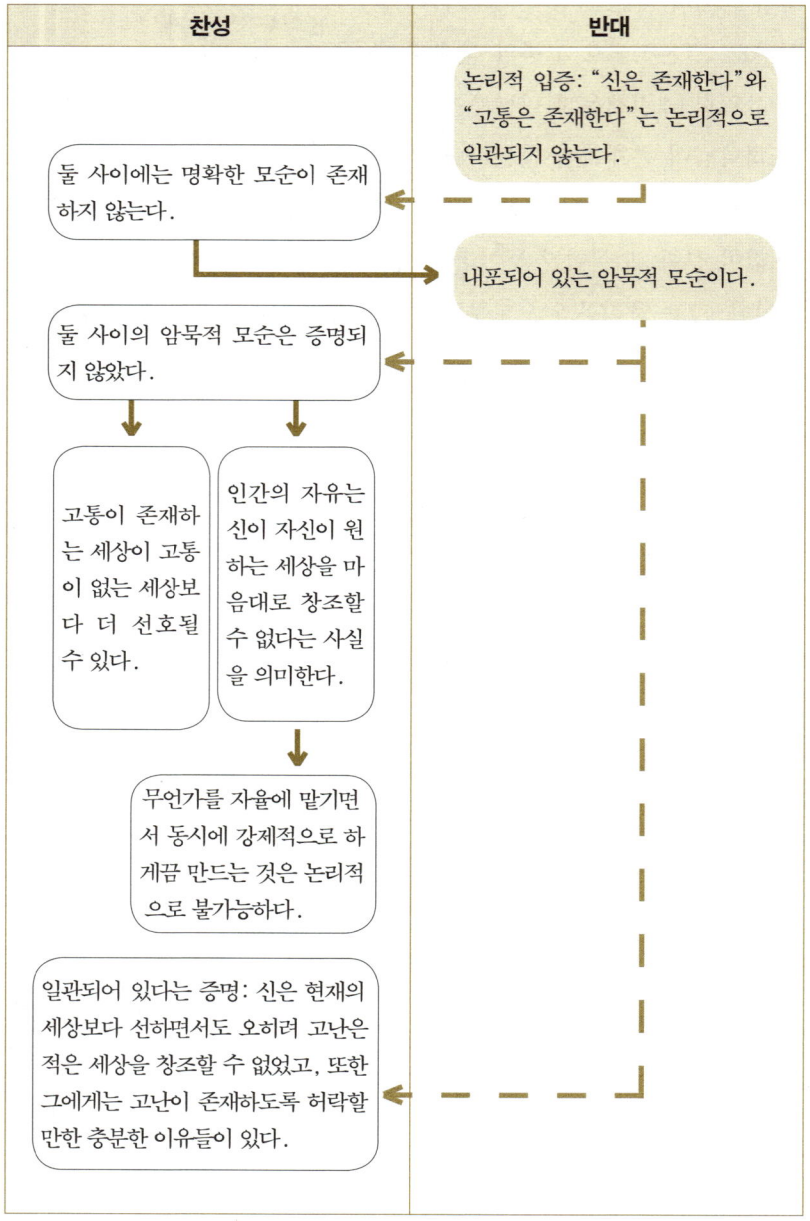

고통의 문제(계속)

찬성	반대
	증거를 통합 입증: "신은 존재한다"는 말은 세상에 고통이 존재하기 때문에 거의 불가능하다.
우리는 이러한 가능성에 대하여 판단을 내릴 만한 위치에 있지 않다. ←	↓ 신이 고통을 허락할 만한 충분한 이유가 있을 가능성은 희박하다.
주어진 증거의 범주와 관련지었을 때, 신이 존재할 가능성이 있다. ←	
기독교는 신과 고통이 공존하는 교리들을 내포하고 있다. ↓	
① 인생의 주된 목적은 행복이 아니라 하나님을 아는 지식이다. ② 인류는 하나님과 그분의 목적에 반항하는 반역의 상태에 있다. ③ 하나님의 목적은 지금의 삶이만 국한되지 않고 죽음 너머의 영원한 삶으로 이어진다. ④ 하나님을 아는 지식은 무엇과도 비교할 수 없는 선이다.	감정적인 문제: 거부하는 무신론.
그리스도의 십자가를 묵상하라. ←	

부록: 한 철학자의 신앙 여정 2

영국 버밍엄대학교에서 철학박사 과정이 끝나갈 무렵, 젠과 나의 미래는 또 다시 불분명해졌다. 철학 강사직을 위해 미국 대학교에 수많은 지원서를 보냈지만, 아무런 소식도 없었다. 무엇을 해야 할지, 어디로 가야 할지 알 수 없었다.

어느 날 저녁, 우리는 버밍엄에 위치한 작은 집에서 식탁에 앉아 있었다. 젠은 대뜸 나에게 물었다.

"만약 돈이 문제가 되지 않는다면, 정말로 **하고 싶은** 건 무엇인가요?"

나는 과거에 그녀의 똑같은 질문을 주님께서 어떻게 사용하셨는지 기억이 나서, 웃음이 나올 수밖에 없었다. 그래서 아무런 주저함도 없이 대답했다.

"돈이 문제가 되지 않는다면, 독일의 볼프하르트 판넨베르크(Wolfhart Pannenberg) 밑에서 공부하고 싶어요."

"그분이 누구죠?"

내가 설명했다.

"아, 예수의 부활을 역사적으로 변증한 것으로 유명한 독일 신학자에요. 그분과 공부할 수 있다면, 예수의 부활에 관한 역사적 변증을 발전시킬 수 있을 거예요."

물론, 이 말은 그녀를 자극했다. 다음날, 내가 대학교에 나가 있을 때, 몰래 도서관으로 빠져나가서 독일에서의 공부를 위한 보조금에 대해 조사하기 시작했다. 보조금의 대부분은 폐지됐고, 다른 것들은 우리에게는 적용되지 않는 것들이었다. 그러나 그녀는 기어코 지원 가능한 두 개의 보조금을 찾아냈다. 그녀가 그 기회들을 제시해 주었을 때, 내가 얼마나 놀랐는지 모른다.

하나는 독일에서의 공부를 위해 DAAD(Deutscher Akademischer Austausch Dienst)라 불리는 정부 기관에서 장학금을 지급하는 프로그램이었는데, 아쉽게도 보조금의 액수가 적어서 모든 비용을 채워 주지는 못했다. 다른 하나는 알렉산더 폰 훔볼트-슈티프퉁(the Alexander von Humboldt-Stiftung)이라 불리는 재단에서 주는 보조금이었다. 이 재단은 문화 정책(Kulturpolitik)에 따라 전쟁 이후 독일의 이미지를 쇄신하려는 노력으로 설립된 곳이었다. 여기서는 독일 실험실이나 대학교에서 1-2년간 연구할 수 있도록 외국인 과학자나 학자들을 위한 매우 관대한 연구비를 지원하고 있었다.

훔볼트-슈티프퉁에서 발간한 전단을 읽는 것만으로도 군침이 돌았다. 이 보조금은 학자와 그 배우자가 연구 시작 전에 4개월간 괴테 인스터튜트(Goethe Institut)[8]에서 독일어 수업을 들을 수 있도록 비용을 지불하고, 집을 찾도록 도와주며, 연구를 위한 다른 대학교 방문비와 컨퍼런스 비용도 대주고, 때론 용돈을 주며, 라인 강에서의 크루즈 기회까지 제공했다.

정말로 믿기 어려운 혜택이었다!

그들은 심지어 장학금 수령자들이 각자 연구하는 대학교에 연구 결과를 제출해 학위까지 딸 수 있도록 허용했다.

---

[8] 독일 정부가 자국 문화를 널리 알리기 위해 다른 나라에 세우는 해외문화원의 명칭. '괴테 인스티튜트'(Goethe Institut)는 독일의 대문호 요한 볼프강 폰 괴테의 이름을 따서 지어졌다. -역주

훔볼트-슈티프퉁에서 보내온 전단은 연구원들 중의 대다수가 자연과학자(물리학자, 화학자, 생물학자 등)라는 걸 명시했다. 그러나 어느 분야의 지원자들이라도 환영한다고 써 있었기 때문에 우리는 신학 분야로 지원하기로 했고, 예수의 부활에 관한 역사적 증거 조사를 내 연구 주제로 제안하기로 했다. 우리는 동시에 신학박사 학위도 노려보기로 결정했다.

그 후, 하나님이 이 장학금을 허락하시도록 밤낮으로 기도하기 시작했다. 나는 종종 하나님이 이런 일들을 들어주실 수 있으리라 믿었다.

하지만 본(Bonn)에서 패널 과학자들 80명이 지원서를 검토하다 예수의 부활에 대한 역사적 증거를 연구하겠다는 나의 제안서를 읽을 것만 생각하면 심장이 내려앉는 기분이었다!

* * *

훔볼트-슈티프퉁에서 지원자들을 선별하는 데는 9개월 정도가 걸렸고, 그동안 우리의 아파트 계약은 만료되어 갔다. 우리는 버밍엄의 집에서 나와야만 했다. 내가 젠에게 말했다.

"여보, 당신이 내 연구 기간 동안 많은 희생을 해 주었으니 이제 당신이 하고 싶은 걸 합시다.

정말로 하고 싶은 것이 무엇인가요?"

그녀는 말했다.

"항상 프랑스어를 배우고 싶었어요. 대학생 때 아파서 프랑스어 수업을 그만뒀거든요. 그래서 항상 프랑스어를 못 배운 것에 대해 아쉬움이 있었어요."

난 말했다.

"그래요. 그럼 프랑스로 가서 프랑스어 학교에 등록합시다!"

그 뒤에 우리는 기회를 찾기 시작했다. 제일 눈에 띄는 것은 프랑스에 있는 앙리앙스 프랑세즈(Alliance Francaise)라는 공식 어학원이었다. 그러나 훨씬 흥미로웠던 곳은 센트레 미셔네어(Centre Missionnaire)라는 알베르트빌(Albertville)에 위치한 기독교 어학원이었다. 그곳은 프랑스 알프스에 있었고, 프랑스어 사용 국가로의 파송을 위해 외국인 선교사들을 훈련하는 학교였다. 그들은 기독교 학교만이 제공할 수 있는 성경적, 신학적 용어를 포함하여, 프랑스어를 읽고, 쓰고, 또한 외국 억양을 최소화하여 말할 수 있도록 가르치는 것을 강조했다.

우리는 센트레 미셔네어에 편지를 써서 우리가 그곳에서 공부할 수 있을지 물어보았다. 실망스럽게도, 그들은 지원자들이 선교의 길에 오른 공식 선교사이어야만 하고, 또한 이 과정에만 수천 달러가 들 것이라고 말했다. 우리는 그만큼의 돈이 없었다. 버밍엄에서 박사 학위 과정을 거치느라 그 사업가가 제공한 돈을 거의 쓴 상태였다.

우리는 재정 상태를 설명하기 위해 센트레 미셔네어에 다시 편지를 썼다. 공식 선교사들은 아니지만 주님을 섬기고 싶다는 것을 설명했으며, 우리가 버밍엄에서 다닌 형제교회의 장로님 한 분의 추천서를 첨부했다. 그리고 나서 이 편지에 대해 잊어버렸다.

어느 정도의 시간이 흘렀고, 직업을 찾기 위한 노력은 여전히 구체화되지 못했다. 우리는 일리노이 주에 계신 나의 부모님의 집으로 물건들을 보낸 상태였다. 일주일 안에 버밍엄의 집에서 나와야 했고, 갈 곳이 없었다.

절망적인 마음으로 우편함으로 걸어가 센트레 미셔네어에서 온 편지를 발견한 날을 기억한다. 나는 건성으로 편지를 뜯어 읽기 시작했다.

주님을 섬기고 싶어 하는 마음을 가지고 있는 한, 당신들이 선교사인지 여부는 사실 중요하지 않습니다. 돈은 낼 수 있는 만큼만 내시고 나머지는 하나님께 맡깁시다.

이 문장을 읽으면서 내 눈은 휘둥그레졌다. 믿을 수가 없었다!
다시 한 번 하나님이 그분의 의지대로, 기적적으로 우리를 뽑아 다른 나라로 옮기신 것 같았다. 나중에서야 그 기관이 돈을 지불하는 다른 선교사들을 거절하고 우리를 받아 준 사실을 알게 되었다. 하나님의 임무라는 깊은 책임감을 가지고 프랑스에 갔고, 언어 공부에 몰두했다. 공부는 매우 힘들었고, 많은 연습과 무수한 반복, 그리고 적잖은 눈물이 있었다. 하지만 6개월의 언어 공부가 끝나갈 무렵, 나는 우리가 다니던 작은 교회에서 프랑스어로 예배를 인도했고, 젠은 우리의 프랑스인 이웃들을 그리스도에 대한 믿음으로 이끄는 즐거움을 맛보았다.

***

우리의 프랑스어 교육은 8월에 끝이 났다. 7월까지도 여전히 훔볼트-슈티프퉁으로부터 결정을 듣지 못했다. 우리는 초조해져 갔다. (젠은 그 이후로 우리의 삶을 적절히 표현해 주는 명언을 만들었다. "주님은 거의 항상 늦을 뻔하세요!") 그러던 어느 날, 훔볼트-슈티프퉁으로부터 편지 하나를 받았다.
유일한 문제는 그 편지가 독일어로 써졌다는 것이고, 내 미약한 고등학생 수준의 독일어로는 무엇이 기록됐는지 알 방도가 없었다는 점이다!
그래서 우린 그 편지를 들고 동네에 있는 작은 서점으로 달려가 프랑스어-독일어 사전을 찾았다. 희망을 갖고 천천히 프랑스어로 번역하는 동안, 우리는 흥분을 감추지 못했다.

> 알렉산더 폰 훔볼트 재단으로부터 장학금을 받게 된 것을 기쁨으로 알려드립니다. 뮌헨대학교에서 볼프하르트 판넨베르크 교수의 지도 아래 예수의 부활에 대한 역사성을 공부하실 수 있게 되었습니다.

다음 2년간 독일 정부는 나의 예수의 부활에 대한 역사적 증거 연구를 **지원해 주었다**!

믿기 어려운 일들이었다. 정말이지 믿을 수가 없었다!

젠과 나는 추운 1월에 독일에 도착해서, 괴팅겐(동독 경계 근처에 위치한 작은 대학 마을)의 괴테 어학원에서 언어 공부를 시작했다. 우리가 괴팅겐을 선택한 이유는 그 지역 사람들이, 지방 사람들과는 다르게, "수준 있는 독일어"를 구사하기 때문이었다. 4개월이라는 짧은 기간이었지만, 언어 공부에만 극도로 몰두하니 정말로 많이 배울 수 있었다. 뮌헨 루밍(Munich looning)에서 박사 후 연구(Postdoctoral Research)를 하는 동시에, 우리는 독일어를 배우는 데 심취했다. 하이디(Heidi)라는 대학생을 고용하여 우리의 발음 또한 향상시켰다. 몇 달 후, 우리는 저녁 8시까지 독일어로만 대화하기로 결정했고, 그 후에는 다시 영어로 돌아왔다. 재밌는 사실은, 설령 "Ich liebe dich"(독일어로 "사랑해")의 뜻을 안다 해도 영어 원어민에게 "I love you"라고 말하는 것과 같은 느낌을 전달하지는 못한다는 것이다.

4개월이 지날 무렵, 우리는 심화반에서 가장 높은 점수인 '1 등급'으로 공부를 끝마쳤으며, 독일어로 "eins, zwei, drei"(1, 2, 3) 이상의 지식이 없었던 젠은 가게 주인이나 마을 사람들과 자유롭게 대화할 수 있게 되었다. 괴테 인스티튜트에서의 저녁 식사 도중 그녀는 나를 놀라게 했다. 독일어 속담 중, "Ohne Fleiss, kein Preis!"(노력 없이 보상 없다!)라는 말이 있다. 식사 중 젠은 자기 옆에 터키 친구에게 (독일어로) 고기를 전달해 달라고 했다. 그러나 그는 그녀에게 빈 접시를 보여 주며 밥 한 공기를 제안했다. 그에 젠은 즉시 되받아쳤다.

"Danke, nein! Ohne Fleisch, kein Reis!"(됐어요! 고기 없이 밥도 없어요!)

나는 거의 놀라 자빠졌다!

그녀는 벌써 독일어로 말장난을 치고 있었던 것이다!

솔직히 고백하겠다. 박사 후 연구를 하러 독일에 간다면서, 프랑스어를 공부하는 데만 9달을 바친 일은 약간은 바보처럼 느껴졌었다. 하지만 주의 섭리는 놀라웠다. 판넨베르크 교수님과 대화하기 위해 뮌헨대학교의 신학과 부서에 나가게 된 첫 날, 그분은 나를 부서 도서관에 데려가서 선반의 책 세 권을 꺼내고는 "이 책들로 시작을 하는 게 어떻겠나?"라고 물었다.

놀랍게도, 그 세 권 중 두 권은 프랑스어로 된 책들이었다!

나는 속으로 **주를 찬양했다**. 판넨베르크 교수님에게 프랑스어를 모른다고 할 수는 없는 노릇이었다. 그것은 곧 내가 이 연구를 하기에 자격이 없다는 말이나 마찬가지였기 때문이다. 하나님은 역시 모든 것을 알고 있다.

판넨베르크 교수님의 지도 아래에서 신학박사 과정을 공부하는 기간은 내 삶에서 가장 힘든 시간이었다.

나는 독일어로 듣는 라틴어 수업을 필수로 요구하는 학위를 받기 위해, 라틴어 자격 시험도 통과해야 했다!

그러나 뮌헨에서 보낸 시간의 끝자락 쯤, 나는 예수의 부활에 대해 아주 많은 것을 배웠으며, 처음 시작할 당시에는 몰라도 한참 몰랐다는 사실을 깨달았다. 물론 나는 그리스도인으로서 예수의 부활을 믿고 있었고, 그에 대한 인기 있는 변증들에도 익숙해져 있었다. 하지만 연구하면서 부활의 역사적 사례가 얼마나 견고한지 깨닫게 되었고, 놀라지 않을 수 없었다. 나는 연구를 통해 총 세 권의 책을 썼고, 그중 하나는 뮌헨대학교의 신학과에서 쓴 나의 두 번째 박사학위 논문이 되었다.[9]

나는 그 이후로 세계 최고의 회의론적 신약학자들, 이를테면 존 도미닉 크로산(John Dominic Crossan), 마커스 보그(Marcus Borg), 게르트 뤼데만(Gerd Lüdemnn), 바트 어만(Bart Ehrman) 등과 예수의 부활에 대한 역사성을 토론할 기회들을 가지게 되었다. 객관적으로만 말하자면, 나는 이렇게 저명한 학자들이 예수가 부활했다는 증거를 부정하는 데에는 별 힘을 발휘하지 못한다는 사실에 큰 충격을 받았다. (Reasonablefaith.org에서 이 토론들을 들으실 수 있으니, 듣고 자신의 입장을 판단하길 바란다.)

많은 경우, **정말로** 많은 경우에, 부활에 대한 반대들은 역사적 탐구가 **아닌** 철학적인 의견이며, 이는 회의주의에서 비롯된다. 물론, 이 사람들은 철학에 대해서는 충분히 훈련되어 있지 않으며, 숙련된 철학자라면 쉽게 잡아낼 수 있는 아마추어 같은 실수들을 한다. 나는 예수의 부활에 대해 공부하기 전에 주님께서 섭리로 철학박사 과정을 공부하게 하심에 감사드린다. 왜냐하면 역사가 아닌 바로 철학이야말로 극단적인 비평가들의 회의주의를 떠받들고 있기 때문이다.

다음 세 개의 장을 통해, 나는 당신의 변증 공부가 어떻게 단순한 신에 대한 사안에서 벗어나, 예수를 통해 보여 주신 성경적 하나님에 대한 믿음으로까지 확장될 수 있는지를 보여 주고 싶다. 그러기 위해서는 우리가 역사적 예수를 탐구하는 일에 푹 빠져들어야만 한다.

---

9   더 자세한 이야기를 위해서는 *Hard Questions, Real Answers* (Wheaton, IL: Crossway, 2003), "Failure" 장 참조.

제8장

예수는 어떤 존재였는가?

또 물으시되 너희는 나를 누구라 하느냐(막 8:29).

70년대 중반, 트리니티복음주의신학교의 학생이었을 무렵, 나는 『성육신의 신화』(The Myth of God Incarnate)라는 제목으로 출간 예정인 책에 대한 기사를 보았다. 우리가 복음서에서 읽은 신적 그리스도는 신화일 뿐이라고 주장하는 일곱 명의 학자들을 버밍험대학교의 존 힉(John Hick) 교수가 불러모았다는 내용이었다. 그들은 나사렛 예수가 실제로는 자신이 하나님의 아들이라거나, 주님이라거나, 신적이라고 말한 적이 없다고 주장했다. 물론 예수의 부활 같은 사건은 역사적으로 불가능하기에, 거짓된 구닥다리 믿음을 이제는 폐기 처분 해야만 한다는 내용이었다.

그 기사에 대해 느꼈던 분노와 좌절은 아직도 기억이 난다.
왜 우리의 신약 학자들은 이런 문제들에 대해 답하지 않을까?
나는 생각한다.
왜 이 주장들은 이의도 제기되지 않은 채 신문에 나온 걸까?
그 당시 나는 신약학계 내에서 일어나고 있는 진실된 혁명이 그러한 회의론을 뒤집고 있다는 사실을 알지 못했다. 복음서가 예수의 생애와 주장에 대한 설득력 있는 역사적 자료로서 자리 잡고 있는 중이었다는 사실 또한 알지 못했다. 극단적인 비평가들은 선풍적인 주장들로 여전히 언론에 무임승차를 하지만, 학계에서는 점점 소외되고 있는 추세이다. 왜냐하면 신약성경 문서들의 역사적 신뢰도가 새롭게 인정받고 있기 때문이다. 다음 두 장에서는 예수를 믿는 믿음, 즉 그분의 극단적인 주장들과 부활을 이해하게 만들어 줄 증거들에 관해 살펴볼 것이다.

1. 뒷배경 조사하기

맥락 없는 사건은 본질적으로 모호하다. 특히 기적이라고 불리는 것들이 그렇다. 따로 떼어 놓고 생각을 해 본다면, 기적이라는 것은 사실 과학적 일탈(scientific aberration)이며 자연에서 벌어지는 별난 일에 지나지 않는다. 그러므로 예수의 부활과 같은 사건은 역사적 문맥상으로 분석되어야만 올바로 이해될 수 있다.

그렇다면 예수의 부활을 이해하기 위한 올바른 문맥은 무엇일까?
그것은 오직 예수만이 보여 준 전대미문의 삶과 주장들이다. 부활은 예수의 위대한 삶과 사역에 정점을 찍는 역할을 한다. 예수의 부활에 대한 역사적 신뢰성을 살펴보기 전에, 예수가 자신을 누구라고 생각했는지를 물음으로써 배경 조사를 시작해 보자.

2. 신약 문서들의 탁월성

조사를 시작한 우리는 곧바로 문제에 직면한다. 왜냐하면 예수 본인이 아무런 글도 남기지 않았기 때문이다. 우리는 그가 한 말과 행동을 파악하기 위해 다른 이들의 기록에 의존해야 한다. 사실 고대 인물들에게 있어 이런 경우가 드물지는 않다. 예를 들어, 유명한 그리스의 철학자 소크라테스도 스스로가 남긴 글이 없긴 마찬가지다. 우리는 소크라테스의 생애와 가르침을 알기 위해 그의 제자 플라톤의 글에 의지할 수밖에 없다. 마찬가지로 우리는 제자들의 기록에 의지해 예수의 생애와 가르침을 배운다.

이 같은 상황이 드물지는 않다 하더라도, 그 기록들의 정확성은 의심해 볼 수 있다. 예수의 추종자들이 그가 실제로 하지 않은 발언이나 일을 했다고 **말할 수 있다**. 특히 예수가 신이라 믿었던 초기 그리스도인들이, 그가 스스로를 하나님이라고 주장했다는 이야기를 지어냈을 수도 있을 것이다. 그렇다면 예수가 스스로 신성을 나타내는 발언이나 행동을 한 것은 별로 놀랄 일이 아니다. 실존했던 역사적 예수는 우리가 복음서에서 볼 수 있는 신적인 인물과는 매우 다를 수도 있다.

어떻게 이 기록들이 역사적으로 정확하다고 확신할 수 있을까?

현대에 와서도 이런 질문에 대한 명쾌한 해답은 나오지 않았다. 그러나 본문 비평의 발전과 현대적인 역사 연구를 통해, 역사가들은 이 문제들의 답을 찾을 만한 도구들을 개발하기 시작했다. 오늘날, 예수는 더 이상 스테인드글라스로 된 창문 속의 인물이 아닌, 실제로 육체와 피를 지녔던 역사 속의 인물이다. 율리우스 카이사르나 알렉산더 대왕처럼 역사적으로 연구될 수 있는 인물인 것이다. 신약성경에 포함된 문서들은, 투키디데스(Thucydides)의 『펠로폰네소스 전쟁』(*Peloponnesian War*)

이나 타키투스(Tacitus)의 『연대기』(Annals) 같은 고대 역사적 사료를 분석할 때 사용하는 역사적 기준들을 통해 면밀히 조사가능하다.

역사적 예수 연구를 실행하기 위해 첫 번째로 해야 할 일은 자료를 모으는 것이다. 나사렛 예수는 기독교, 로마, 유대교 자료들을 포함해 신약성경 안팎으로 다수의 고대 자료들에 언급되어 있다.[1] 이는 예수가 얼마나 무명의 인물인지를 생각해 보면 실로 놀라운 일이다. 그는 갈릴리를 순회하는 설교가로서 기껏해야 3년간의 공적인 삶을 살았다. 그럼에도 불구하고, 예수에 대한 정보는 다른 고대 **주요** 인물들보다 훨씬 방대하다.

이러한 역사적 자료들 중에서 가장 중요한 것들은 신약성경에 모아져 있다. 신약성경 외부에 등장하는 예수에 대한 언급들은 복음서에서 발견할 수 있는 내용을 **확인시켜**줄 뿐, 다른 **새로운** 정보를 알려 주지는 않는다. 그러므로 연구의 중점은 신약에 있는 문서들에 집중되어야 한다. 사실, 대부분의 일반인들은 이 절차를 잘 이해하지 못한다. 신약성경 외의 문서가 아닌 신약성경 자체를 연구하면, 왠지 결국 성경이 성경을 증명하려 하는 순환논법이 된다고 생각하는 것이다. 신약성경의 글을 인용하면, 사람들은 우리가 신약성경이 믿을 만하다고 미리 전제함으로써 논점을 회피하려 든다고 생각한다.

그러나 역사가들은 그런 방식으로 신약성경을 연구하지 않는다. 그들은 성경을 신성하거나 영감 받은 책으로 여기지 않고, 성경을 인용함으로써 성경의 진실성을 증명하려 들지도 않는다. 오히려 신약성경을 여느 고대 문서들과 똑같이 취급하여 그 역사적 신뢰도를 측정하려는

---

1 개관을 위해서는 다음을 보라. Richard France, *The Evidence for Jesus* (London: Hodder & Stoughton, 1986); Robert E. Van Voorst, *Jesus Outside the New Testament* (Grand Rapids, MI: Wm. B. Eerdmans, 2000).

것이다.

  원래 "신약성경"이라 불리는 책은 존재하지 않았다는 점을 이해하는 것이 중요하다. 1세기부터 전해 내려오는 누가복음, 요한복음, 사도행전, 바울의 서신서들과 같은 별개의 문서들이 고린도, 그리스 등에 있는 교회들에 전해졌을 뿐이다. 교회는 두 세기쯤 지나고 나서야 공식적으로 이 문서들을 수집했으며, 신약성경이라는 표지 아래에 하나로 모아 합치게 되었다.

  교회는 예수와 초기 제자들의 시대에 가장 가까운 초기 자료들만을 모았다. 그리고 거짓 위경들처럼 후대의 부차적인 사료들은 제외되었다. 모두가 그것들이 허구임을 알고 있었기 때문이다. 이러한 과정을 통해, 가장 좋은 역사적 자료들이 신약성경에 포함되었다. 신약성경 **외의** 자료들을 증거로 요구하는 사람들은 스스로가 요구하는 것이 무엇인지를 다시 한 번 생각해봐야만 한다. 그들은 예수에 관해 가장 이른 시기에 기록된 일차적 자료들을 무시하며, 부차적이며 신빙성이 떨어지는 후대의 자료들을 원하고 있다. 이는 역사적인 방법론에 비추어 보면, 말도 안 되는 요구다.

  이는 중요한 사실이다. 왜냐하면 오늘날 뉴스에 등장하는 역사적 예수에 관한 급진적 재구성들은 모두 신약성경 외의 후대 문서들을 바탕으로 한 것이며, 특히 외경 복음서(Apocryphal Gospels)라 불리는 자료들에 근원을 두기 때문이다.

  외경 복음서란 무엇인가?

  『도마복음』,『베드로복음』,『빌립복음』같은 사도들의 이름을 빌려 지어낸 것들이다. 이는 AD 2세기 후반에 처음 모습을 드러낸 자료들이며, 수정주의자들은 이런 성경 외의 글들이 역사적 예수를 올바로 재현해 내는 열쇠라고 주장했다.

소크라테스 코드 (플라톤이 감추었던 충격적인 진실)

에모리대학교의 저명한 신약학자인 루크 존슨(Luke Timothy Johnson) 교수는, 진짜 예수를 발견했다고 주장하는 최근에 출간된 많은 책들이 모두 예상 가능한 같은 패턴을 따르고 있다고 지적했다.

① 저자의 학자적 신뢰성과 그의 막대한 연구를 떠들썩하게 보도하는 것으로 책의 내용이 시작된다.
② 저자는 예수가 **정말로** 누구인지에 관해 어떤 새로운, 심지어는 지금껏 억압되어 온 해석을 내놓을 것이라 주장한다.
③ 예수에 대한 진실이 성경 외의 자료들을 통해서 발견되었고, 그것은 우리가 복음서를 있는 그대로의 의미와는 상충되는 새로운 관점에서 읽을 수 있게 해 준다고 말한다.
④ 이러한 새로은 해석들은 도발적이며 자극적이다. 예를 들어, 예수가 막달라 마리아와 결혼했다거나, 환각적 사이비 집단의 지도자

또는 무식하고 냉소적인 철학자일 것이라 말한다.[2]
⑤ 그렇기 때문에 전통적인 기독교 신앙은 약화되고, 또한 재평가되어야 할 것이라고 암시한다.

> **외경 복음서**
> 소위 외경 복음서(the so-called apocryphal gospels)라 불리는 복음서는 그리스도 이후에 수세기 동안 사도들의 이름하에 조작된 복음서이다. 이 중 어느 것도 그리스도 이후 2세기 후반 이전에 기록된 것이 없다. 예수의 생애를 파악하는 데 중요하지는 않지만, 초기 기독교의 다양한 경쟁적 움직임을 배우는 데에는 중요하다. 그러한 움직임은 예수 이후 몇 세기간 기독교 교회들이 맞선 이단 철학인 영지주의에 큰 영향을 받았다. 외경서들의 예: 『베드로복음』, 『도마복음』, 도마의 유년 복음서, 『유다복음』, 『빌립복음』 등

혹시나 이런 비슷한 패턴을 따르는 책들을 접한다면, 비판 안테나를 자동적으로 올리길 바란다!

그렇지 않으면 속아 넘어가게 될 것이다. 왜냐하면 신약성경 외의 자료들에는 복음서에 표현된 예수의 모습을 의심하게 할 만한 역사적 신뢰성이 없기 때문이다. 외경서들은 뒤늦게 파생된 글이며, 2세기 이후의 신학으로 인해 형성된 것들이다. 모든 과대 선전에도 불구하고, 신약에 포함되어 있는 문서들이야말로 예수의 생애를 연구하기 위한 우리의 1차 자료라는 사실은 확실하다.

그러니 신약성경을 하나의 책이라 생각하지 말고, 그것이 원래 무엇이었는지를 파악하도록 하자. 신약성경은 1세기에 기록된 다량의 독립적 문서들이며, 나사렛 예수에 대해 주목할 만한 이야기를 적어 놓은 자료들이다. 그렇다면 다음 질문이 떠오른다.

이 문서들은 역사적으로 얼마나 신뢰할 만한가?

---

2   Luke Timothy Johnson, *The Real Jesus* (San Francisco: HarperSanFrancisco, 1996).

3. 입증 책임

여기서 우리는 입증 책임이라는 매우 중대한 문제에 맞닥뜨린다.

복음서들이 신뢰할 수 없다고 판명이 날 때까지 믿을 만하다고 추측해야 하는가?

아니면 그 반대인가?

복음서들은 유죄 판결까지 무죄인가 아니면 무죄 판결까지 유죄인가?

회의적인 학자들은 거의 항상 복음서가 무죄 판명 날 때까지 유죄라 가정한다. 즉 그들은 복음서들이 신뢰할 만하다고 판명하기 전까지는 결코 신뢰하지 않는다. 나는 과장을 하고 있는 것이 아니다. 이것이 회의적인 비평가들의 절차이다. 하지만 왜 이런 회의적인 가정이 틀렸는지 5가지 이유를 들어 설명하고 싶다.

첫째, 전설의 영향이 핵심적인 역사적 사실들을 지울 만한 충분한 시간이 없었다.

때로 사람들은, "2000년 전에 일어난 사건들을 어떻게 알 수 있죠?"라고 말한다. 그들이 이해하지 못하는 것은 증거와 오늘날의 간격은 별로 중요하지 않다는 사실이다. 오히려 중요한 것은 증거와 그 증거가 가리키는 실제 사건 사이의 간격이다. 만약 그 사건과 증거들 간의 간격이 짧다면, 증거들이 얼마나 오래 된 과거에 발견되었는지는 상관이 없다.

좋은 증거가 시간이 흐른다고 해서 부실한 증거로 바뀌는 것은 아니기 때문이다!

사건 자체와 그 사건에 대한 증거의 간격이 짧은 한, 사건으로부터 지금까지 얼마나 흘렀는지는 아무 관련이 없는 것이다.

그러므로 제대로 된 질문은 예수의 생애에 관한 자료가 그가 실제 살았던 시기와 얼마나 가까웠는지에 관한 것이다. 이 문제에 대해서는 잠시 후에 논의할 것이다.

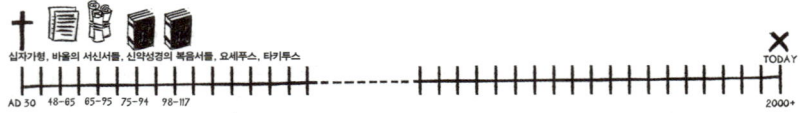

예수의 생애에 관한 모든 원본 자료는 1세기에 나온 자료들이다. 그중 대다수는 예수 십자가형이 집행된 지 60년 이내의 것들이다. 반대로 외경 복음서들은 십자가형 이후 최소 100년이 지난 뒤에야 기록된 것들이다.

둘째, 복음서는 민간 설화나 현대 "도시 전설" 같은 것이 아니다.
폴 버니언(Paul Bunyan)과 페코스 빌(Pecos Bill) 또는 "사라진 히치하이커"(vanishing hitchhiker)³와 같은 현대 도시 전설들의 이야기들은 실제 역사적 인물을 다루지 않는다. 반면에 복음서는 실제로 살았던 사람들의 이야기를 다루고, 실제로 있었던 사건들을 이야기하며, 실제로 존재했던 장소들을 다룬다는 면에서 그런 이야기들과는 전혀 다른 양상을 취한다.

본디오 빌라도, 요셉 가야바, 심지어 세례 요한 같은 실존 인물들을 유대인 역사학자인 요세푸스의 저서에서 찾아볼 수 있다는 사실을 알고 있었는가?

---

3 운전자가 자동차로 여행 중 히치하이커와 동반을 하면서 이야기는 시작되지만 자동차가 목적지에 다다르면 차 안에 있던 히치하이커는 아무런 설명도 없이 사라진다는 내용의 도시 전설이다. —역주

셋째, 신성한 전승을 전달하는 유대인들의 문화는 매우 발전했고, 또한 신뢰할 만 했다.

1세기 이스라엘과 같은 그전 문화에서는, 구전 전통의 거대한 글들을 암기하고 보존하는 능력이 매우 중요했으며, 또한 발전된 기술이 존재했다. 그들은 어린 나이 때부터 가정에서, 학교에서, 그리고 회당에서 신성한 전통을 신중하게 옮기하도록 가르침을 받는다. 사도들도 예수의 가르침에 관해 그러한 노력을 기울였을 것이다. 유대인들이 전통을 전승하는 방식을 아이들의 "전화기"[4] 게임과 비교하는 것은 심각한 오해이다.

넷째, 예수에 관한 역사를 각색하는 데에는 심각한 제약이 있다. 이를테면 목격자들의 존재나 사도들의 감시 같은 것들이 있었다.

예수를 보고 들은 사람들이 여전히 그 자리에 있었고, 다른 사람들은 이들에게 예수의 실제 언행에 관해 물어볼 수 있었다. 게다가 예수에 관한 전승은 초기 사도들의 감시하에 있었다. 이 요인들은 예수와 실제로 관계를 맺었던 사람들이 보존해 온 방향과는 다른 내용으로 글을 적으려는 시도에 대해 진위 여부를 판별할 수 있는 근거가 되어 준다. 사실 복음서의 경우, 살아 있는 증인들과 사도들이 여전히 존재했기에 "구전 전승"보다는 "구전 역사"라고 보는 편이 더 바람직하다.

다섯째, 복음서의 저자들은 역사적으로 신뢰성이 있는 증명된 기록을 갖고 있다.

---

[4] 첫 번째 사람이 귓속말로 어떤 단어를 다음 사람에게 전하고, 다음 사람은 그 다음 사람에게 전해서, 맨 마지막에 있는 사람이 원래 단어가 무엇이었는지를 맞추는 게임이다. -역주

복음서의 저자들이 점검 받을 수 있었다는 말은, 복음서들 사이의 불일치는 단지 예외일 뿐, 표준이 아니라는 점을 뜻한다. 이러한 점검을 통해 드러나는 결과는, 결국 복음서의 저자들이 신뢰 가능한 것처럼 보인다는 사실이다.

이 모든 5가지 요지를 설명할 수는 없으니, 첫 번째와 다섯 번째 요지에 대해서만 살펴보겠다.[5]

1) 핵심 사실들을 지우기엔 불충분한 시간

먼저 첫 번째 요지를 살펴보자.

"전설의 영향이 핵심적인 역사적 사실들을 지울 만한 충분한 시간이 없었다."

어떤 현대의 학자도 복음서를 거대한 음모의 결과라거나 완전한 거짓말이라 생각하지는 않는다. 이러한 음모론을 찾을 수 있는 유일한 공간은 무신론 웹 사이트와 선정적인 책과 영화들뿐이다. 신약성경을 읽어 보라. 등장인물들이 진정으로 자신들이 주장한 사실을 믿었다는 점에는 의심의 여지가 없다. 오히려 19세기 이후에 등장한 회의론자들은 복음서를 **전설로** 치부해 버리곤 했다. 로빈 후드나 아서 왕, 원탁의 기사단 같은 이야기들처럼 예수의 이야기도 수십 년에 걸쳐 섞이고, 과장되며, 신격화되어서 결국 실제 사실들을 덮어 버리고 말았다는 것이다. 그들은 한 유대인 선생이 신격화된, 신의 아들로 변형되었다고 말한다.

---

[5] 더 자세한 논의를 살펴보기 원한다면 다음을 보라. Craig Blomberg, *The Historical Reliability of the Gospels* (Downers Grove, IL: IVP, 2009); 더 배우기 원하는 독자는 다음의 책에서 유익을 얻게 될 것이다. Paul Eddy and Gregory Boyd, *The Jesus Legend* (Grand Rapids, MI: Baker, 2007).

하지만 회의론적 비평가들은 전설 가설의 가장 큰 문제점을 다루지 않는다. 이런 가설들이 전설화되어 버리기까지의 기간, 즉 예수의 죽음과 복음서가 기록되기 까지의 시간 간격이 너무나 짧다는 것이다.

이 요점은 셔윈 화이트(A.N. Sherwin-White)가 자신의 저서『신약성경의 로마 사회와 로마 법』(Roman Society and Roman Law in the New Testament)에서 잘 설명해 놓았다. 셔윈 화이트 교수는 신학자가 **아니다**. 그는 예수 전후의 시대를 전문적으로 공부한 그리스-로마 역사학자이다. 셔윈 화이트에 의하면, 로마와 그리스 역사의 자료들은 보통 한두 세대 혹은 여러 세기에 걸쳐 그 사건의 기록이 편향되거나 제거된다. 하지만 그는 역사학자들이 로마사와 그리스사를 자신 있게 복원한다고 말한다. 한 예로, 알렉산더 대왕의 가장 이른 일대기는 아리안(Arrian)과 플루타크(Plutarch)에 의해 알렉산더 대왕의 사후 400년 뒤에나 쓰였는데, 고대 역사학자들은 그 저서들이 믿을 만하다고 여긴다. 또한 알렉산더 대왕의 환상적인 전설 이야기들은 이 두 작가의 활동 이후 수세기가 지난 뒤에 만들어졌다고 말한다. 셔윈 화이트가 말하길, 헤로도토스(Herodotus)의 글들은 전설이 어느 정도의 속도로 축척되는지 알 수 있게 해 주었고, 이 테스트는 단 두 세대조차도 전설의 영향력이 역사적 사실의 주요 핵심들을 지우는 데까지는 매우 짧은 시간이라는 사실을 증명했다.

화이트 교수가 복음서로 눈을 돌렸을 때, 그는 극단적인 비평가들이 주장하는 회의론의 근거가 매우 미약하다고 느꼈다. 모든 역사학자들은 복음서가 목격자들이 모두 살아 있었던 한 세대 안에 쓰였다는 사실에 동의한다. 복음서가 그 핵심 내용까지도 전설화되려면, 사건들의 기록과 구성된 날짜로부터 여러 세대가 더 필요했다.

사실 예수가 죽은 AD 30년에 두 세대를 더하면 외경서가 처음으로 등장했던 2세기에 도달한다. 외경서는 실제로 예수에 대한 모든 종류의

헤로도토스

헤로도토스(Herodotus, BC 5세기)는 그가 『이스토리아이』(*Istoriai*)라 불렀던 방대한 책을 쓴 그리스인이다. '이스토리아이'는 그리스어로 "탐구" 혹은 "연구"를 의미한다. 그러나 우리는 일반적으로 이를 역사라 부르고, 역사(history)라는 단어 자체가 이 제목에서 생겨났다. 그는 처음으로 자신의 부모 세대에 일어난 그리스와 페르시아 사이의 전쟁에 대한 역사학적 정보를 조직적으로 종합하려고 시도한 작가이다. 신뢰적이라기보다는 화려한 이야기들을 담고 있어서 그가 실제로 말한 것처럼 정말 여러 장소들을 찾아다녔는지는 모르지만, 그는 바빌론에서 시실리까지 증인들을 인터뷰하기 위해 여행했다고 말한다. 100퍼센트 신뢰할 만한 것과는 거리가 멀지만, 헤로도토스의 작업은 현대 역사가들을 위한 단서들을 가득 담고 있다. 전설적인 요소들이 그리스-페르시아 전쟁의 중심적인 역사적 사실들을 완전히 지워버리지는 못했던 것이다.

환상적인 이야기들을 포함하고 있다. 예를 들어, 외경서는 예수의 어린 시절과 그의 공생애 시작의 기간을 채우려고 노력한다. 비평가들이 찾는 전설 이야기의 더 좋은 후보군들은 외경서이지 복음서는 아니다.

복음서가 예수의 삶에 가까운 또 다른 **자료들**을 사용했다는 점을 깨달을 때, 회의론자들은 더욱 설 자리를 잃게 된다. 예를 들어, 흔히 수난 이야기라 불리우는 예수의 고난과 죽음 이야기는 마가가 처음 기록한 자료가 아닐 것이다. 마가는 오히려 이 내러티브를 위해 다른 자료를 사용한 것이다. 마가복음은 가장 오래된 복음서이고 그가 사용한 자료는 마가복음보다도 더 이른 것이다. 마가복음을 연구한 독일의 전문가 루돌프 페쉬(Rudolf Pesch)는, 사실상 이 수난 이야기의 자료가 적어도 AD 37년까지는 거슬러 올라가야 한다고 말한다. 이는 예수의 죽음으로부터 겨우 7년 후다.

바울은 자신의 서신에서 예수의 가르침, 최후의 만찬, 유다의 배신, 십자가형, 장사됨, 그리고 부활의 출현에 관한 정보를 남긴다. 바울서신은 복음서보다 이전에 기록된 것이다. 예를 들어, 그가 고린도교회에 쓴 첫 번째 서신에 담긴 예수의 사후 부활 출현에 관한 몇몇 정보들은 예수의 죽음 이후 5년 이내로 연대를 측정할 수 있다. 이런 정황을 두고 전설을 논하는 것은 무책임한 발언에 지나지 않는다.

2) 복음서 저자들의 신뢰성

다섯 번째 요지를 살펴보자.
"복음서의 저자들은 역사적으로 신뢰성이 있는 증명된 기록을 갖고 있다."
누가의 예를 다시 살펴보자. 누가는 누가복음과 사도행전이라는 두 책의 저자이다. 이 책들은 사실 하나의 책이지만, 교회가 복음서들을 신약성경의 한 자리로 묶는 과정에서 두 책으로 나누어졌다. 누가는 복음서의 저자들 중 가장 역사가적인 의식을 가지고 글을 쓴 사람이다. 그는 서문에서 이렇게 말한다.

> 우리 중에 이루어진 사실에 대하여 처음부터 목격자와 말씀의 일꾼 된 자들이 전하여 준 그대로 내력을 저술하려고 붓을 든 사람이 많은지라. 그 모든 일을 근원부터 자세히 미루어 살핀 나도 데오빌로 각하에게 차례대로 써 보내는 것이 좋은 줄 알았노니 이는 각하가 알고 있는 바를 더 확실하게 하려 함이오라(눅 1:1-4).

이 서문은 위대한 그리스 역사가들이 사용했던 고전적인 그리스어로 기록됐다. 그런데 이 구절 이후에는 더 널리 통용되는 평범한 그리스어로 바꾸어 기록했다. 누가는 만약 원한다면 자신이 학술적인 역사가처럼도 쓸 수 있다는 사실을 알린 것이다. 누가는 자신이 곧 들려줄 이야기에 대해 방대한 조사를 했고, 그것이 목격자들의 증언에 기초했으며, 진실을 말하고 있다는 사실을 확신시킨 셈이다.

우리가 누가라고 부르는 이 기자는 누구인가?

그는 확실히 예수를 눈으로 본 사람은 아니었다. 하지만 우리는 사도행전에서 누가에 대한 중요한 정보를 발견한다. 바울은 사도행전 16장의 도입 부분에서 현대 터키에 위치한 드로아에 다다르는데, 저자는 여기서 갑자기 일인칭 복수형을 사용하기 시작한다.

> **우리가** 드로아에서 배로 떠나 사모드라게로 직행하여.
> **우리가** 빌립보에서 수일을 유하다가.
> **우리가** 기도할 곳이 있을까 하여.

가장 분명한 답은 바울이 지중해 연안 도시들로 전도 여행을 떠났을 당시, 저자가 함께 동행했다는 것이다. 그는 이스라엘에 돌아온 바울과 함께 지냈고, 예루살렘까지 동행한다. 이는 누가복음과 사도행전의 저자가 예수의 생애와 예루살렘에서의 사역 기간을 목격했던 사람들과 직접적인 접촉을 했다는 사실을 의미한다.

회의론적 비평가들은 이러한 결론을 피하기 위해 여러 기술을 써 왔다. 그들이 말하길, 사도행전에 쓰인 1인칭 복수형은 문자 그대로를 의미하는 것이 아닌 고대 바다 항해 이야기에서 흔히 쓰인 문학 기법이라는 것이다.

많은 지문들이 사실 바울의 항해 이야기가 아닌 육지에서 일어난 일을 묘사하고 있는데도 말이다!

더 중요한 점은, 이 이론이 사실 순전한 환상에 지나지 않는다는 사실이다. 고대 시대의 항해 이야기에는 1인칭 복수를 쓰는 문학 기법이라는 것이 존재하지 않는다.

이 모든 주장들은 학문적인 픽션이라는 사실이 밝혀졌다!

결국 우리는 누가복음과 사도행전의 저자가 바울의 여행에 함께 동참했고, 예루살렘에 있는 동안 예수의 삶을 목격했던 사람들과 직접 인터뷰할 수 있었다는 결론을 내릴 수 있다.

그렇다면 이 목격자들은 누구였을까?

다른 복음서에 나오는 모든 내용을 누가복음에서 제외시키고, 순전히 누가복음에만 담겨 있는 특별한 본문들을 살펴본다면 단서를 얻을 수 있을 것이다. 이 작업을 통해, 누가복음에만 등장하는 여러 독특한 내러티브는 예수를 따랐던 **여자들**과 긴밀히 연결되어 있다는 사실을 발견할 수 있을 것이다. 요안나, 수산나, 그리고 더욱 중요하게는, 예수의 어머니인 마리아 같은 사람들이다.

저자는 과연 역사를 정확히 서술했는가?

사도행전은 이 질문에 정확한 답을 제시해 준다. 사도행전은 고대의 세속적인 역사들과 상당 부분 겹치며, 그 역사적 정확성에는 논란의 여지가 없다. 고전적인 역사학자에서 신약학 연구로 길을 옮긴 콜린 해머(Colin Hemer)라는 학자는 자신의 책 『그리스 역사 배경의 사도행전』(*The Book of Acts in the Setting of Hellenistic History*)에서 이를 새롭게 증명했다.[6]

> **누가복음의 특특한 내러티브**
> 누가복음의 내러티브 중 일부는 다음과 같다.
> 마리아와 그 사촌들에 중점을 둔 예수 탄생 내러티브(눅 1:5 - 2:40).
> 소년으로서의 예수에 대한 이야기(눅 2:41 - 52).
> 예수가 자신의 고향인 나사렛에서 거부당함(눅 4:14 - 30).
> 예수와 여행하며 그의 사역을 지원했던 여자에 대한 이야기(눅 8:1 - 3).

---

6 Colin J. Hemer, *The Book of Acts in the Setting of Hellenistic History*. Edited by Conrad H. Gempf (Tübingen: J.C B. Mohr, 1989).

> **생각해 보기**
> 증명이 완벽히 주어질 때까지 어떤 자료든 믿을 수 없다고 여기는 태도가 옳은 것인가?
> 사고 실험을 한번 해 보자. 당신 부모님의 삶 중에 당신이 태어나기 이전에 있었던 일들을 떠올려 보라.
> 부모님과 부모님의 가족들이 얘기한 모든 것들은 왜곡되었을 수 있으니 제외하라. 당신은 오직 은행 잔고나 법적 증명서, 편지, 그리고 중립적인 목격자들의 증언을 통해서만 진실을 확인할 수 있다.
> 이런 경우에 당신은 과연 부모님에 대해 무엇을 얼마나 알 수 있는가?

해머는 사도행전을 세세히 연구하여 널리 알려진 지식으로부터 현지인들만이 알만한 세부사항까지 다수의 역사적 세부사항들을 뽑아냈다. 다시 한 번 누가의 정확성이 증명되는 지점이다. 알렉산드리아의 옥수수 선박부터 지중해 섬들의 해안 영토, 그리고 지역 관리의 기이한 직함까지도, 누가는 모두 정확히 서술해냈다. 셔윈-화이트 교수는 다음과 같이 말한다.

> 사도행전의 역사성은 가히 놀라운 수준으로 입증된다. 세부적인 문제들까지 포함하더라도, 이 책의 역사성을 부정하려는 모든 시도는 결국 어리석은 것으로 드러나고 만다.[7]

세계적인 지질학자인 윌리엄 램지 경(Sir William Ramsey)의 평가는 여전히 유효하다.

> 누가는 최고의 역사가이다. … 이 작가는 최고로 대단한 역사가들과 어깨를 나란히 해야만 한다.[8]

---

[7] A. N. Sherwin-White, *Roman Society and Roman Law in the New Testament* (Oxford: Clarendon Press, 1963), 189.

[8] William M. Ramsay, *The Bearing of Recent Discovery on the Trustworthiness of the New Testament* (London: Hodder & Stoughton, 1915), 222.

누가의 신중함과 증명된 신뢰도, 그리고 사건들 이후 첫 세대 내의 목격자들과의 접촉을 고려하면, 이 저자는 믿을 만하다는 결론이 나온다. 지금껏 내놓은 5가지 이유들을 토대로, 나는 복음서들이 예수에 대하여 서술한 내용을 역사적으로 신뢰할 수 있어야 한다고 본다. 적어도 완전히 틀렸다고 증명되기 전까지는 말이다. 그 정도까지는 아니더라도, 적어도 옳다고 증명되기 전까지 무조건 틀렸다고 말할 수는 없다. 우리는 최소한 중립의 입장을 취해야만 한다.

4. 진정성의 기준

만약 복음서를 다룰 때 전체적으로 중립의 입장을 취한다면, 특정 사건들의 경우엔 중립을 넘어 확실히 역사적이라고 확신할 방법은 무엇일까?

학자들은 소위 "진정성의 기준"(criteria of authenticity)이라 불리는 많은 장치들을 개발하여 이를 가능하게 했다.

이 기준은 종종 오용되기 때문에, 적절하게 이해하는 것이 중요하다. 이 기준은 실제로 역사적 진실성의 표지들(signs)이 되어 준다. 만약 복음서에 수록된 한 이야기가 이 표지들을 보인다면, 다른 모든 점에서 동등할 경우엔, 그 표시들이 없는 이야기보다 역사적 진실일 가능성이 더 많다는 뜻이다. 다시 말해, 이 표지들의 존재는 기록된 사건이 역사적일 가능성을 높여 준다.

이러한 역사적 진정성의 표지들엔 무엇이 있을까?

가장 중요한 것들 중 일부를 나열해 보았다.

① 역사적 적합성: 이 사건이 다른 유명한 역사적 사실들의 시간과 장소에 일치한다.
② 독립적인 초기 자료들: 이 사건은 실제로 발생한 시기에 가깝고, 흔하게 알려진 다른 자료들에 의존하지 않는 여러 자료들에서 발견된다.
③ 당혹성: 이 사건은 초기 그리스도인들과 교회에게 있어 이상해 보이거나 해가 되는 내용을 담고 있다.
④ 비유사성: 이 사건은 더 이른 시기의 유대교 신념 혹은 후기의 기독교 신념과는 유사하지 않은 내용을 담고 있다.
⑤ 유대적: 히브리어의 흔적이나 아람어(예수 시대의 사람들이 흔히 사용했던 언어)가 이야기에 나타난다.
⑥ 일관성: 이 사건은 예수에 대해 이미 공인된 사실들과 일치한다.

이 "기준"에서 여러 가지를 주목해 보자.

첫째, 이것들은 모두 역사적 신빙성의 **긍정적인** 표지이다. 그러므로 그것들은 어떤 사건의 역사성을 **부정하려는 것이 아닌 확립하기** 위한 의도로만 사용된다. 만약 어떤 이야기가 당혹스럽지 않거나, 비유사성이 없거나, 초기 자료들에서 독립적으로 발견되지 않는다면, 그 이야기는 역사성이 높다고 여겨지지는 않을 것이다.

역사적 진정성을 부정하기 위해 이 기준을 사용하는 단 하나의 방법은, 복음서가 신뢰할 만하다고 판명되기 전까지 그 진정성을 마냥 부인하는 것이다.

우리는 다시 입증 책임의 문제로 돌아가게 되는 것이다!

우리가 복음서를 연구하는 데 있어 중립의 입장을 취한다면, 특정한 사건이 역사적이라는 사실을 증명하는 데 실패하더라도 우린 그저 중립의 위치에 남아 있을 뿐이다. 단지 그 사건이 역사적인지 아닌지 알지 못할 뿐이다.

둘째, 이 기준들은 복음서가 일반적으로 신뢰할 만하다고 전제하지 않는다. 이 기준은 책 전체가 아닌 특정한 사건에만 적용된다. 이를 통해 우리는 역사적으로 가치 있는 정보를 어느 자료에서든 추적해 낼 수 있다. 심지어 외경서나 꾸란(Qur'an)에서도 말이다. 이 말은 즉, 당신이 예수의 생애에 대한 한 가지 사건, 이를테면 그가 장사된 사건의 역사적 신뢰성을 옹호하기 위해 다른 모든 사건, 이를테면 베들레헴 출생, 오천 명을 먹이신 사건, 위풍당당한 예루살렘 입성 등의 역사적 신뢰성을 모두 증명할 필요는 없다는 뜻이다. 이 기준들을 통해 한 가지 사건만을 독립적으로 평가해 볼 수 있다.

> **생각해 보기**
> 왜 당혹성이 역사적 신빙성의 표지가 되는가?
> 복음서에 나오는 구절들 중에서 등장인물들을 영웅화시키기 위해 편집자가 제외시켰을 법한 내용으로 무엇이 생각나는가?

예수가 어떠한 급진적 주장을 펼쳤다는 사실을 논증한다고 쳐 보자. 불신자가 와서 스스로 거짓이라 여기는 예수의 **다른** 말들을 제시한다 해도, 사실상 아무런 문제가 되지 않는다. 당신은 지금 성경의 무오성을 증명하려는 것이 아니다. 그저 예수가 어떤 극단적인 주장을 펼쳤다는 사실을 보이려는 것뿐이다. 그가 어떤 **다른** 주장을 펼쳤는지는 문제가 되지 않는다.

복음서에 등장하는 예수의 행동과 말에 이 기준을 적용하기 전에, 일단 예수가 어떠한 극단적인 주장도 내놓은 적이 없다고 주장하는 비평가들이 마주해야 할 일반적인 문제들을 다룰 필요가 있겠다. 우리는 바울의 서신들을 통해 예수가 사후 20년 안에 동시대 사람들에게 성육신한 하나님으로 여겨졌고, 또한 그에게 예배가 드려졌다는 사실을 알 수 있다(빌 2:5-7, 이 구절은 그리스도의 비하와 승귀에 관한 찬송시이다. -역주). 만약 예수가 스스로 그런 것들을 주장하지 않았다면, 어떻게 유일신 사상을 가진 유대인들이 일생 동안 함께한 예수라는 인물에게 신성을 부여했는지 설명할 길이 없다. 유일신 사상은 유대 종교의 핵심 사상이다. 그리고 인간을 신이라 부르는 것은 신성모독으로 여겨졌다.

그러나 이는 정확히 초기 그리스도인들이 예수에 대해 선언하고, 또한 믿었던 부분이다!

> 너희 안에 이 마음을 품으라
> 곧 그리스도 예수의 마음이니
> 그는 근본 하나님의 본체시나
> 하나님과 동등 됨을 취할 것으로
> 여기지 아니하시고
> 오히려 자기를 비워
> 종의 형체를 가지사
> 사람들과 같이 되셨고(빌 2:5-7).

이러한 주장은 분명 예수의 가르침에 근간을 두었을 것이다. 사실 우리는 예수의 가르침과 행동에서도 그의 신성을 뒷받침할 만한 **명백한** 주장과 **함축적인** 주장들을 찾아볼 수 있다.

5. 명백한 주장들

복음서 안에는 예수가 선언한 명백한 자기 묘사들이 많이 있고, 이것들은 예수의 자기 이해를 파악하는 데 도움을 준다. 비판적인 학자들은 최근까지도 이러한 주장들의 신빙성에 대해 상당히 회의적이었다. 『성육신의 신화』에서 힉 교수가 이끈 일곱 명의 영국 신학자들은 그 당시 신약학자들 중 대다수가 예수는 스스로 메시아나 하나님의 아들 또는 복음서에서 부여 받은 어떠한 신적인 칭호도 주장한 바가 없다고 말했다. 오늘날 이러한 회의론적 일치는 존재하지 않는다. 대조적으로, 예수의 개인적인 칭호 사용에 대한 학문적 입장은 실제로 정반대로 기울고 있다.

예수의 명백한 3가지 주장의 신빙성에 대해 알아보자. 즉 그가 메시아, 하나님의 독생자(the unique Son of God), 그리고 사람의 아들(인자)이라는 주장이다.

첫째, 나는 각 칭호를 살펴보며 예수가 실제로 이러한 주장들을 펼쳤다는 사실을 신빙성의 기준을 통해 증명할 것이다.

둘째, 이 증명을 통해 예수가 주장한 내용의 중요성을 논의해 볼 것이다.

1) 메시아(Messiah)

메시아 혹은 하나님으로부터 온 기름 부음 받은 자에 대한 고대 이스라엘의 소망은, 예수가 탄생하기 전 한 세기 동안 다시금 부활했다. 가장 중요한 메시아 사상은 이스라엘과 온 나라의 왕이었던 다윗 왕의 자손 사상이었다. 이들은 단지 용감한 왕을 넘어, 이스라엘의 영적인 목자를 소망했다. 메시아는 그리스어로 "*Christos*," 즉 그리스도(Christ)이다. 초기 그리스도인들은 이 칭호를 예수와 밀접하게 사용함으로써, 결국 예수 그리스도라는 실제적 이름으로 사용하게 되었다. 그리스도의 추종자들을 가리키는 그리스도인(Christians)이라는 용어는, 예수가 약속된 메시아라는 믿음이 얼마나 중요한지를 보여 준다.

(1) 예수는 뭐라고 주장했는가?

문제는 그들이 이 개념을 어디에서 얻었느냐는 것이다.

만약 예수 스스로가 자신이 메시아라고 주장한 적이 없다면, 그의 추종자들은 무엇을 보고 그를 메시아라 불렀을까?

예수는 예루살렘에서 다윗의 왕좌를 재건하지 않았다. 오히려 적들에 의해 십자가형을 당했다. 심지어 하나님이 예수를 죽은 자 가운데서 살렸다는 믿음조차도 그의 추종자들이 그를 메시아로 여기게 만들 근거는 되지 못했다. 부활과 메시아 사상 사이에는 연결점이 존재하지 않았기 때문이다. 예수의 십자가형이 그가 스스로 메시아라고 주장한 일에 대한 직접적인 결과일 때만, 그의 부활이 추종자들더러 그를 메시아로 여기도록 만들 수 있다.

더 나아가 예수가 진정 자신을 메시아로 여겼다는 좋은 증거가 있다. 예를 들어, 베드로의 유명한 고백 이야기를 생각해 보자.

> 예수와 제자들이 빌립보 가이사랴 여러 마을로 나가실새 길에서 제자들에게 물어 이르시되 사람들이 나를 누구라고 하느냐 제자들이 여짜와 이르되 세례 요한이라 하고 더러는 엘리야, 더러는 선지자 중의 하나라 하나이다 또 물으시되 너희는 나를 누구라 하느냐 베드로가 대답하여 이르되 주는 그리스도시니이다 하매(막 8:27-30).

이것이 과연 역사적 사건인가?

그 시대의 사람들이 예수가 자신을 누구라 주장했는지 흥미를 가지는 것은 당연하다. 독립된 기사들(independent accounts)은 세례 요한도 비슷한 문제에 직면했다고 말한다(눅 3:15-16; 요 1:19-27).

예수를 따르기 위해 가족과 직업을 내팽개쳤던 사도들이 자신들이 누구를 따르고 있는지 스스로에게 물었을 거라는 사실에는 의심의 여지가 없다!

예수의 질문에 대한 베드로의 대답은 요한복음 6:69에서 독립적으로 확인된다. 베드로가 다음과 같이 말한다.

제8장 예수는 어떤 존재였는가? 277

> 우리가 주는 하나님의 거룩하신 자이신 줄 믿고 알았사옵니다 (요 6:69).

예수의 메시아적 자기 이해를 보여 주는 또 다른 이야기는, 옥중에 있는 세례 요한에게 예수가 대답한 사건이다 (마 11:2-6; 눅 7:19-23). 많은 학자들은 이 이야기가 마태와 누가가 공유한 아주 오래된 자료에서 왔을 것이라 생각한다. 세례 요한이 예수에게 질문했다.

> 오실 그이가 당신이오니이까 우리가 다른 이를 기다리오리이까? (마 11:3; 눅 7:19).

당혹성의 기준은 이 사건의 역사성을 뒷받침한다. 왜냐하면 세례 요한이 예수를 의심하는 것처럼 보이기 때문이다. "오실 그이"라는 구절은 마가복음과 요한복음에 각각 기록되어 있는 "내 뒤에 오실 이"에 관한 요한의 예언을 상기시켜 준다(막 1:7; 요 1:27). 세례 요한에 대한 예수의 답은 이사야 35:5-6, 26:19, 61:1에 나온 예언의 묶음이다. 그중 마지막은 명백하게 하나님의 기름 부음 받은 자를 명시하고 있다.

> 너희가 가서 듣고 보는 것을 요한에게 알리되 맹인이 보며 못 걷는 사람이 걸으며 나병환자가 깨끗함을 받으며 못 듣는 자가 들으며 죽은 자가 살아나며 가난한 자에게 복음이 전파된다 하라. 누구든지 나로 말미암아 실족하지 아니하는 자는 복이 있도다 하시니라(마 11:4-6).

아마도 가장 주목할 점은, 이 표지들이 메시아의 오심에 대한 표지들로서 예수와 동시대에 쿰란에 살았던 유대 종파가 만든 사해 문서 중 하나에 열거되었다는 사실이다(4Q521).

종합해서 말하자면, 당혹성의 기준, 역사적 적합성, 다른 신빙성 있는 자료들과의 일치성, 이와 함께 매우 이른 자료의 존재는 이 사건의 역사성을 더욱 강화시켜 준다.

하지만 예수의 **말**보다 더욱 더 확실한 요소는 예수의 **행동**이며, 이는 그의 메시아적 관점을 드러낸다. 나귀에 앉은 예수의 위풍당당한 예루살렘 입성은 그의 메시아적 지위에 대한 드라마틱하면서도 도발적인

> [왜냐하면 하]늘과 땅은 그분의 메시아에게 경청할 것이고, 그것들 안의 모든 이들은 거룩한 이들의 계명들에서 떠나지 않을 것이다. … 그분은 영원한 보[좌]에 앉으신 경건한 자를 영예롭게 하고, 죄인들을 자유롭게 하며, 눈먼 자의 눈을 열고, 엎[드린] 자들을 일으켜 세울 것이다. … 그리고 주께서는 이전에 되어지지 않았던 영화로운 일들을 그가 말씀하신 대로 행하실 것이다. 왜냐하면 그는 상한 자를 고치고, 죽은 자를 살리며, 고통받는 자들에게 복음을 선포하실 것이기 때문이다.
> - 4Q521 (모난 괄호는 문서의 갈라진 틈을 의미한다)

주장이 된다. 이 이야기는 마가복음과 요한복음(막 11:1-11; 요 12:12-19)에 각각 묘사된다. 예수는 죽기 일주일 전 나귀를 타고 예루살렘에 입성하게 되고, 다윗 왕국의 재건을 기대하는 유월절 군중들에 의해 "호산나! 주의 이름으로 오신 이를 축복하라!"라고 칭송받는다.

망아지에 올라타 예루살렘에 입성하며, 예수는 스가랴 9:9에 나온 예언을 교묘하게 성취한다.

> 시온의 딸아 크게 기뻐할지어다
> 예루살렘의 딸아 즐거이 부를지어다
> 보라 네 왕이 네게 임하시나니
> 그는 공의로우시며 구원을 베푸시며 나귀를 타시나니
> 나귀의 작은 것 곧 나귀 새끼니라(슥 9:9).

예수는 도발적이면서도 에두른 방식으로 자신이 이스라엘의 약속된 왕이라고 주장한다. 회의적인 학자들은 때로 예수의 위풍당당한 입성에 대해 의문을 갖는다. 왜냐하면 이러한 공적인 표출이 로마인들에 의한 예수의 즉각적인 체포로 이어질 것이라 생각하기 때문이다. 하지만 이는 매우 허약한 반박이다. 그들이 어떠한 무력의 조짐도 없이 느려터진 나귀를 타고 입성하는 한 남자를 위협적이라 생각했을 리 없다. 그의 위풍당당한 입성은 로마인들이 예상하거나 이해했을 법한 종류가 아니다. 또한 예수의 행렬은 그 예루살렘에 들어가자마자 군중들 사이로 녹아들어 갔을 것이다. 마가복음 11:11에 따르면, 예수는 도착과 동시에 그곳을 단지 둘러보고는 떠난다. 그는 로마 당국에 의해 체포를 당할 만한 어떠한 도발적인 일도 하지 않았다.

사실상 모든 비평가들은 다음 한 주 동안 예수가 예루살렘 성전에서

예루살렘 입성

그들이 예루살렘에 가까이 와서 감람 산 벳바게와 베다니에 이르렀을 때에 예수께서 제자 중 둘을 보내시어 이르시되 "너희는 맞은편 마을로 가라 그리로 들어가면 곧 아직 아무도 타 보지 않은 나귀 새끼가 매여 있는 것을 보리니 풀어 끌고 오라 만일 누가 너희에게 왜 이렇게 하느냐 묻거든 주가 쓰시겠다 하라 그리하면 즉시 이리로 보내리라" 하시니
제자들이 가서 본즉 나귀 새끼가 문 앞 거리에 매여 있는지라 그것을 푸니 거기 서 있는 사람 중 어떤 이들이 이르되 "나귀 새끼를 풀어 무엇 하려느냐" 하매 제자들이 예수께서 이르신 대로 말한대 이에 허락하는지라 나귀 새끼를 예수께로 끌고 와서 자기들의 겉옷을 그 위에 얹어 놓으매 예수께서 타시니
많은 사람들은 자기의 겉옷을, 또 다른 이들은 들에서 벤 나뭇가지를 길에 펴며 앞에서 가고 뒤에서 따르는 자들이 소리 지르되
"호산나 찬송하리로다 주의 이름으로 오시는 이여 찬송하리로다 오는 우리 조상 다윗의 나라여 가장 높은 곳에서 호산나" 하더라
예수께서 예루살렘에 이르러 성전에 들어가사 모든 것을 둘러보시고 때가 이미 저물매 열두 제자를 데리시고 베다니에 나가시니라(막 11:1-11).

약간의 소동을 일으켰고, 이로 인해 상업 활동이 일시적으로 중단되었다는 사실을 인정한다. 스가랴가 한 예언의 마지막 문장은 이와 같다.

> 그 날에는 만군의 여호와의 전에 가나안 사람이 다시 있지 아니하리라 (슥 14:21).

예수는 교묘하게 그 예언들을 성취하며 유대교의 가장 성스러운 구역에서 자신의 권위를 주장한다.

성전은 예수의 재판에서 다시 등장한다. 우리는 예수가 성전의 멸망에 대해 예언했다는 독립적인 증언들을 가지고 있다(막 14:58; 요 2:19). 유대교 지도자들은 이 혐의를 예수의 탓으로 돌리려고 한다. 예수의 날

에 관한 유대교 문학에 보면, 하나님은 성전을 지으시고 다시 그 성전을 멸하는 위협적인 존재로 여겨진다. 사해 문서에 따르면 메시아는 하나님의 아들이라 불리며, 성전을 지을 자로 여겨진다(4Q174). 재판심리에서 예수는 그런 일을 하겠다고 주장했다는 죄목으로 기소를 당한다. 이 기소에 대해 예수는 대답하기를 거부하며 대제사장들의 심리를 건드린다. 이에 대제사장들은 "네가 찬송 받을 이의 아들 그리스도냐"(막 14:61)라고 하며 질문해 온다. 이 비난은 예수가 자신이 메시아라고 주장했다는 이유로 기소되었다는 사실을 보여 준다.

당시에는 로마 당국만이 사형 선고의 권리를 가지고 있었고, 따라서 유대 권력은 예수를 처형할 수 없었다. 하지만 자신이 메시아라는 예수의 주장은 로마 당국에 의해 반역으로 해석될 수 있었고, 결국 로마는 예수를 처형한다. 독립적인 자료들은 예수의 머리 위에 못 박혔던 죄패에 그가 기소된 이유가 기록되었다고 증거한다.

유대인의 왕(막 15:26; 요 19:19).

비유사성의 기준이 이 기소의 신빙성을 뒷받침하는데, 그 이유는 "유대인의 왕"이라는 칭호는 초기 교회가 한 번도 사용하지 않은 칭호이기 때문이다. 역사학자들은 이 기소를 아주 확고히 설립된 역사적 사실이라고 본다.

독립적인 자료들, 역사적 적합성, 비유사성 등의 기준들에 의해 확인된 많은 요소들의 반복은 예수가 스스로를 유대인의 메시아로 생각했다는 점에 대한 강력한 입증이 된다.

(2) 예수가 말하고자 했던 것은 무엇인가?

예수는 자신이 메시아라고 주장하기 위해 어떤 초인스러운 발언을 하지는 않았다. 학자들은 보통 메시아를 단지 인간적 모습으로 여긴다. 하지만 여러 곳에 발견된 기독교 이전의 유대 문서가 메시아를 비범하고 고상한 존재로 그리고 있다는 점을 간과해선 안 될 것이다. 외경서인 『솔로몬의 시편』(*Psalms of Solomon*)에서(17:32-37), 그는 "주님 메시아"(the Lord Messiah)로 불려진다.

> [주님 메시아는] 영원히 그의 입에서 나오는 말들로 땅을 치시고 … 그 스스로 죄가 없으[실 것이]며 … 그의 날 동안에 약해지지 않으신다 (『솔로몬의 시편』 17:32-37).

이사야서에는 다음과 같은 말씀이 있다.

> 이는 한 아기가 우리에게 났고
> 한 아들을 우리에게 주신 바 되었는데
> 그의 어깨에는 정사를 메었고
> 그의 이름은 기묘자라, 모사라, 전능하신 하나님이라
> 영존하시는 아버지라, 평강의 왕이라 할 것임이라(사 9:6).

여기서 "전능하신 하나님"(Mighty God)이라는 칭호는 메시아에게만 주어진다. 이사야서에 따르면 이 메시아는 영원한 주권을 소유했다. 1세기의 외경서인 『에녹의 비사』(Similitudes of Enoch)는 메시아를 주님과 함께 "태초 이전부터 영원히"(『에녹 1서』 48:6) 산 신적인 존재로 묘사되고 있다. 이처럼 천상의 신적 형상을 지닌 메시아에 대한 사상은 예수

의 시대에 이미 존재했던 것이다.

예수의 자기 이해로 돌아오자면, 말라기서와 이사야서에 나온 광야의 외치는 소리로서의 예언이 세례 요한에 의해 성취한 것으로 묘사됨을 주목해야 한다.

> **생각해 보기**
> 당신은 본 장에서 개인적으로 도움이 될 만한 예수에 관한 사실들을 배우고 있는가?
> 당신이 배운 것을 무신론자 친구들에게 말해 줄 수 있는가?

> 만군의 여호와가 이르노라 보라 내가 내 사자를 보내리니
> 그가 내 앞에서 길을 준비할 것이요
> 또 너희가 구하는 바 주가 갑자기 그의 성전에 임하시리니
> 곧 너희가 사모하는 바 언약의 사자가 임하실 것이라(말 3:1).
> 외치는 자의 소리여 이르되
> 너희는 광야에서 여호와의 길을 예비하라
> 사막에서 우리 하나님의 대로를 평탄하게 하라(사 40:3).

마태복음 11:10과 누가복음 7:27에서 예수는 세례 요한을 말라기서에 나오는 사자(the messenger)로 여긴다.

그러니 이 예언서의 말씀에 따라 그 사자 뒤에 올 자는 누구인가?

주 하나님 자신이다!

예수는 계속해서 자신이 세례 요한 뒤에 올 인자라고 설명한다(마 11:19; 눅 7:34). 우리가 앞으로 살펴볼 것처럼, 인자는 세례 요한이 예언한 내용의 신적인 측면과 인간적인 측면을 동시에 성취하는 신-인적(divine-human) 인물이다. 그러므로 이러한 자기 이해가 우리가 조사할 나머지 증거들과 조화된다면, 예수의 메시아적 주장은 자연스럽게 신적인 의미로 밝혀질 것이다.

2) 하나님의 아들(Son of God)

(1) 예수는 뭐라고 주장했는가?

우리는 이미 대제사장들이 재판 당시 예수가 스스로를 하나님의 아들이라 불렀음에 이의를 제기한 사실을 다루었다. 이는 예수가 복음서에서 종종 했던 주장이다. 다음 3가지 예를 살펴보자.

첫째, 예수의 '포도밭의 악한 농부'(막 12:1-9) 비유를 살펴보자. 이 비유에서 포도밭은 이스라엘(사 5:1-7), 주인은 하나님, 일꾼들은 유대교 제사장들, 종은 하나님이 보내신 선지자들로 묘사되어 있다. 농부들은 주인의 종을 때리고 거부한다. 마지막 수단으로 주인은 자신이 사랑하는 독자(his only, beloved son)를 보내기로 마음을 먹는다. "그들이 내 아들은 존중할 거야"라고 예상하면서 말이다. 하지만 그 농부들은 아들이 포도밭의 상속자라는 이유로 그를 죽이고 만다.

> 예수께서 그들에게 비유로 말씀하시기 시작하셨다.
> "어떤 사람이 포도원을 일구어서, 울타리를 치고, 포도즙을 짜는 확을 파고, 망대를 세웠다. 그리고 그것을 농부들에게 세로 주고, 멀리 떠났다. 때가 되어서, 주인은 농부들에게서 포도원 소출의 얼마를 받으려고 한 종을 농부들에게 보냈다. 그런데 그들은 그 종을 잡아서 때리고, 빈손으로 돌려보냈다. 주인이 다시 다른 종을 농부들에게 보냈다. 그랬더니 그들은 그 종의 머리를 때리고, 그를 능욕했다. 주인이 또 다른 종을 농부들에게 보냈더니, 그들은 그 종을 죽였다. 그래서 또 다른 종을 많이 보냈는데, 더러는 때리고, 더러는 죽였다. 이제 그 주인에게는 단 한 사람, 곧 사랑하는 아들이 남아 있었다. 마지막으로 그 아들을 그들에게 보내며 말하기를 '그들이 내 아들이야 존중하겠지'라고 했다. 그러나 그 농부들은 서로 말했다. '이 사람은 상속자다. 그를 죽여 버리자. 그러면 유산은 우리의 차지가 될 것이다.' 그러면서, 그들은 그를 잡아서 죽이고, 포도원 바깥에다가 내던졌다. 그러니, 포도원 주인이 어떻게 하겠느냐? 그는 와서 농부들을 죽이고, 포도원을 다른 사람들에게 줄 것이다"(막 12:1-9, 표준새번역).

심지어 회의적 학자들조차 이 비유의 신빙성을 인정한다. 왜냐하면 이 비유는 그들이 가장 좋아하는 자료인 『도마복음』(65)에서도 찾아볼 수 있고, 독립적으로 확증되는 발언이기 때문이다. 더 나아가, 이 비유는 고대 시대의 부재중인 땅주인(absentee landowners)의 실제 경험을 반영할 뿐 아니라, 유대인들의 비유에서 흔히 찾아볼 수 있는 전형적인 이미지나 주제를 사용했다. 이스라엘을 포도밭으로, 하나님을 주인으로 비유하고, 무가치하고 반역적인 농부들, 그리고 아들이라는 인물을 넣는 것은 유대교의 문맥에 잘 맞아 떨어진다. 또한 이 비유는 예수의 시대에 사용되었던 이사야 5장에 나오는 아람어 바꿔 쓰기(paraphrase)에 뿌리를 둔 해석적인 뉘앙스를 포함하고 있다.

또한 이 비유에는 후대 기독교 교회에서 유래되었을 가능성을 배제시키는 측면들이 존재한다. 예를 들어, 이 비유에서 농부들에게 포도밭을 빼앗은 후 누구에게 그 밭을 줄 것인가에 대한 우려는 초기 그리스도인들에게는 문제될 것이 없는 사안이었다. 왜냐하면 AD 70년에 로마가 예루살렘을 파괴시켰기 때문이다. 그리고 이 비유에서 죽임당한 아들의 부활이 빠진 것은 초기 그리스도인이 소유했던 예수가 부활했다는 믿음과 부합하지 않는다.

그러면 이 비유가 예수의 자기 이해에 대해 말해 주는 것은 무엇인가? 이 비유는 예수가 스스로 하나님의 독생자(God's only Son), 다른 모든 선지자들과는 다른 하나님의 마지막 사자(messenger), 심지어는 이스라엘의 상속자라고 생각했다는 점을 보여 준다. 주목해 보라. 당신이 이 비유에서 아들이라는 인물을 신빙성이 부족한, 후대에 첨가된 사항이라고 여겨 삭제하려 한다면, 이 비유는 모든 클라이맥스와 요지를 잃어버릴 것이다. 덧붙이자면, 그 아들의 특별함은 비유 안에 분명히 나와 있을 뿐만 아니라, 포도밭을 차지하기 위해 상속자를 죽이려는 농부들의 계획에도 내재적으로 암시되어 있다. 이처럼 이 비유는 예수가 자신이 하나님의 독생자라고 믿고 가르쳤다는 사실을 드러낸다.

둘째, 예수는 마태복음 11:27(눅 10:22와 비교해 보라)에서 하나님의 아들임을 분명히 주장했다.

> 내 아버지께서 모든 것을 내게 주셨으니 아버지 외에는 아들을 아는 자가 없고 아들과 또 아들의 소원대로 계시를 받는 자 외에는 아버지를 아는 자가 없느니라(마 11:27).

여기에도 이 구절의 신빙성을 믿을 만한 좋은 이유가 있다. 예수가 말한 이 구절은 마태와 누가가 공유했던 자료에서 나온 것이므로 매우 이른 자료에서 비롯됐다고 할 수 있다. 또한 이 구절은 본래의 아람어 버전까지 복원될 수 있는데, 이는 신빙성에 있어 매우 신뢰할 만한 표지다. 더 나아가, 초기 그리스도인들이 이 이야기를 지어냈다는 주장은 적합하지 않다. 왜냐하면 이 구절에서 아들이 누구인지 불분명하다고 적혀 있기 때문이다("아버지 외에는 아들을 아는 자가 없고"). 심지어 예수의 추종자들조차도 그 아들을 아는 사람의 목록에서 제외된다. 그러나 부활절 이후 교회가 확신한 사실은, 우리가 그 아들이 누구인지 아는 것이 **가능해졌다**는 사실이다(빌 3:8-11). 따라서 이 구절은 후기 교회의 신학적 창작물이라고 볼 수 없다.

따라서 이 구절이 예수의 자기 인식에 대해 무엇을 말해 주는가?

이는 예수가 스스로를 하나님의 독생자이며 인류를 위한 하나님의 하나뿐인 계시라 생각했다는 점을 시사한다!

생각해 보라!

예수는 스스로를 절대적이고 특별한 하나님의 아들이라 생각했으며,

아버지 하나님을 인류에게 드러내는 유일무이한 지위에 있다고 여겼던 것이다.

셋째, 자신이 하나님의 아들이라 생각하는 예수의 의식을 드러내는 또 다른 놀라운 구절은 그가 돌아올 날에 대한 주장이다.

> 그러나 그 날과 그 때는 아무도 모르나니 하늘에 있는 천사들도, 아들도 모르고 아버지만 아시느니라(막 13:32).

이 구절을 후기 기독교 신학의 창작물이라고 보는 것은 어불성설이다. 왜냐하면 이 구절은 지금 그 아들이 무지하다고 말하는 중이기 때문이다. "당혹성의 기준"은 아들의 무지에 대해 신빙성을 요구한다. 이 구절에서 비롯된 당혹감은 여러 곳에 여실히 드러나 있다. 마태의 재창작에도 불구하고(마 24:36), 누가는 그 부분을 생략했고, 다수의 마태복음 복사자들은 그 구절을 폐기로 결정했다(하지만 이 구절은 가장 신뢰도 있는 사본에 보존되었다). 마가가, 예수의 예언적 능력과 선견지명을 강조했음에도 불구하고, 이 이야기를 보존했다는 것은 예수에 대한 전승을 온전히 후대에 전하려는 그의 진실성을 의미한다. 여기서 한 번 더 우리는 자신이 하나님의 독생자라는 예수의 자의식을 엿볼 수 있다.

> 또한 모든 것을 해로 여김은 내 주 그리스도 예수를 아는 지식이 가장 고상하기 때문이라 내가 그를 위하여 모든 것을 잃어버리고 배설물로 여김은 그리스도를 얻고 그 안에서 발견되려 함이니 내가 가진 의는 율법에서 난 것이 아니요 오직 그리스도를 믿음으로 말미암은 것이니 곧 믿음으로 하나님께로부터 난 의라 내가 그리스도와 그 부활의 권능과 그 고난에 참여함을 알고자 하여 그의 죽으심을 본받아 어떻게 해서든지 죽은 자 가운데서 부활에 이르려 하노니(빌 3:8-11).

(2) 예수가 말하고자 했던 것은 무엇인가?

예수에 관한 이 3가지 이야기를 기초로 삼아, 우리는 예수가 스스로를 하나님의 독생자라 생각했다는 것을 다루었다. 그러나 아직 섣불리 판단하기는 이르다. 복음서를 읽는 비유대인들이 신적인 지위의 의미에서 "하나님의 아들"이라는 표현을 해석할 수는 있겠지만, 유대교의 문맥에서 이는 전통적인 개념의 칭호가 아니다. 유대인의 왕들은 하나님의 아들이라 불려졌고, 유대교 문학에서는 의인이 하나님을 아버지로 둔 하나님의 자식으로 여겨졌다.

그러나 예수가 주장한 내용의 **독특성**과 **배타성**을 보면, 이런 포괄적인 용어의 사용은 전혀 연관이 없다. 우리는 이미 예수가 자신보다 앞서 왔던 선지자들과 스스로를 구분 짓는 독특한 개념으로써 자신을 하나님의 아들로 생각한다는 사실을 살펴보았다.

그렇다면 이 개념은 무엇인가?

다시 말하지만, 이 답은 예수가 스스로를 약속된 메시아의 개념으로서 하나님의 독생자로 여겼다는 사실이다. 정경 목록에 포함되지 않은 책인 『에스라 4서』 7:28-29는 메시아를 하나님의 아들이지만 죽을 운명의 인간이라고 생각했다.

> **유대교 위경**
>
> 그리스도 시대 이전과 그 어간에 기록된 유대교의 글들이 매우 많이 존재한다. 이것들은 유명한 선지자들이나 왕들의 이름으로 기록된 것들이다. 이 자료들이 비록 구약성경에 포함되지는 않았지만, 역사학자들에게는 귀중한 자료로 쓰인다. 왜냐하면 그리스도 시대의 유대인들의 종교적 삶과 사고를 보여 주는 부분이 많기 때문이다.
>
> ① 『열두 족장의 유언』: BC 2세기
> ② 『에녹 1서』: BC 2세기
> ③ 『솔로몬의 시편』: BC 1세기
> ④ 『에스라 4서』: AD 1세기
> ⑤ 『바룩 2서』: AD 2세기

나의 아들 메시아가 계시될 것이다. … 그리고 남은 자는 사백 년간 기쁨을 누리게 될 것이다. 이후 나의 아들 메시아는 죽을 것이다. 그리고 인간의 호흡을 가진 모든 이들도 그렇게 될 것이다.

사해 문서는 메시아가 하나님의 아들로 여겨졌다는 사실을 보여 준다. 예수의 아들 되심의 독특성은 메시아 되심의 독특성을 위해 기능할 수 있는 것이다.

한편으로, 우리는 이 유대교 문서들이 지금껏 다루었던 예수의 절대성과 배타성에는 전혀 근접하지 못한다는 사실을 솔직히 인정해야만 한다. 사해 문서에는 메시아를 하나님의 **독생자**라 여길 만한 어떠한 근거도 없다. 메시아의 지위가 예수를 이전에 왔던 모든 선지자들과 구분짓고, 그를 포도밭의 비유에서처럼 이스라엘의 상속자로 만들지는 몰라도, 단지 인간 메시아가 되는 것이, 마태복음 11:27에서 주장된 것처럼, 아버지에 대한 배타적인 지식이나 하나님의 완전한 계시가 되심을 의미하지는 않는다. 더 나아가, 마가복음 13:32에 나온 이야기는 예수 특유의 아들 되심을 드러낼 뿐만 아니라, 인간에서 천사로, 아들로, 그리고 아버지로 가는 상승적인 형태(ascending scale)를 보여 준다. 또한, 예수의 하나님의 아들 되심은 인간(왕이나 선지자)이나 심지어 천사의 존재까지 뛰어넘은 아버지와의 친밀성을 포함한다.

이런 하나님의 아들이라는 고상한 개념은 1세기 유대교에서는 낯선 개념이 아니다. 신약성경은 이 사실의 목격자들을 두고 있다(골 1:13-20; 히 1:1-12). 비슷하게, 『에스라 4서』 13장에서 에스라는 하나님이 "나의 아들"(13:32, 37)이라고 부르시는 한 사람이 바다에서 떠오르는 환상을 본다. 그 아들은 이 책에서 태초부터 존재한 천상의 인물로 묘사되며, 이 인물은 적절한 시간에 모든 나라들을 복종시키려고 이 땅에 등장한 존재로 드러난다.

그러므로 우리는 "메시아"라는 칭호를 고려하며 마주했던 것과 같은 모호성(ambiguity)을 "하나님의 아들"이라는 칭호에서도 보게 된다. 이 칭호들은 많은 다른 의미를 지니고 있고, 그렇기 때문에 문맥을 떼어 놓고 보았을 때는 의미가 모호해지게 된다. 예수가 그러한 자기 묘사에 시간을 할애했던 의미를 이해하기 위해서 그의 가르침과 행동에 대해 살펴보아야만 한다. 그 일에 돌입하기 전에, 가장 중요하면서도 꼭 주목해야 할 또 하나의 칭호가 있다.

3) 인자(Son of Man)

(1) 예수는 뭐라고 주장했는가?

예수가 스스로 인자(the Son of Man)라고 주장했을 확률은 매우 높다. 이는 그가 가장 좋아하는 자기 묘사였고, 복음서에 가장 여러 번 등장하는 칭호이기 때문이다(80회 이상). 주목할 만한 점은, 이 칭호가 복음서 외의 신약성경에서는 단 한 번 밖에 쓰이지 않았다는 점이다(행 7:56). 이는 예수를 가리키는 "인자"라는 칭호가 후기 기독교로부터 유래되어 예수 전승에 포함된 것이 아니라는 점을 드러내 준다. "독립적인 자료"와 "비유사성"의 기준에서 볼 때, 우리는 예수가 스스로를 "인자"라고 불렀다는 사실을 확신할 수 있다.

(2) 예수가 말하고자 했던 것은 무엇인가?

여기서 중요한 질문은 인자라는 말의 **의미**가 무엇이었냐는 것이다. 몇몇 비평가들은 예수가 스스로를 "인자"라 칭한 것은 단순히 에스겔 선지자가 구약성경에서 자신을 "사람의 아들"이라 부른 것처럼 "사람"을 의미한다고 주장한다. 그러나 예수에게는 중대한 차이가 있다. 예수가 자신을 "사람의 아들"(a son of man)이라 칭한 것이 아닌 "**그** '사람의 아들'"(The Son of Man)이라 불렀다는 점이다. 예수가 사용한 "그"라는 정관사가 포함된 이 어구는 복음서 전체에서 일정하다.

예수는 이 정관사를 사용함으로써 다니엘 7:13-14에 예언된 신-인적 인물에게 주목하도록 만들고 있다. 다니엘은 그에 대한 환상을 이렇게 묘사하고 있다.

> 내가 또 밤 환상 중에 보니
> 인자 같은 이가 하늘 구름을 타고 와서
> 옛적부터 항상 계신 이에게 나아가
> 그 앞으로 인도되매
> 그에게 권세와 영광과 나라를 주고
> 모든 백성과 나라들과 다른 언어를 말하는 모든 자들이
> 그를 섬기게 하였으니
> 그의 권세는 소멸되지 아니하는 영원한 권세요
> 그의 나라는 멸망하지 아니할 것이니라(단 7:13-14).

예수가 다니엘의 환상에 묘사된 이 인물의 등장을 믿었다는 점은 독립적인 자료들에서 찾아볼 수 있다(막 8:38; 13:26-27; 마10:32-33/눅 12:8-9; 마 24:27, 37, 39/눅 17:24, 26, 30). 다니엘의 환상에 등장하는 이 인물은 인간처럼 보인다(사람의 아들, a son of man). 그러나 그는 천상에서 구름을 타고 내려오며, 오직 하나님에게만 주어질 수 있는 권세와 영광을 얻게 된다.

성경 이외의 유대교 문서들은 이 인자를 비슷하게 묘사하고 있다. 『에녹의 비사』는 선재(preexistent)해 온 인자에 대해 이렇게 묘사하고 있다(『에녹 1서』 48:3-6와 62:7를 비교해 보라). 그는 "왕들에게서 왕좌와 왕국

을 빼앗을 것이며"(『에녹 1서』 46:5), "그의 영광의 옥좌 위에"(『에녹 1서』 69:29) 앉을 것이다. 나는 또한 『에스라 4서』 13장에 나온 비슷한 환상에 대해서도 언급한 바 있다. 그곳에서 에스라는 "바다의 심장부에서 올라오는 사람 형체의 무언가를" 보았다고 기록하고, 그를 가장 높은 분이 "나의 아들"(『에스라 4서』 13:37)이라 부르며, 그분과 함께 태초부터 존재해 왔다고 묘사하고 있다.

이 구절들을 언급하는 요지는 예수의 말을 듣고 있던 당시 청중들이 이러한 문서들과 인자에 관한 암시들을 알아차렸을 것이라는 점이 아니다. 사실 그들이 알아차리지 못했음은 명백하다. 그러나 다니엘이 묘사한 신-인적 인물로서의 인자가 1세기의 유대교 사상과 일치하며, 따라서 예수는 이 말을 할 때 마음속으로 이 개념을 염두에 두었을 것이다. 예수는 스스로를 "인자"라 칭하는 간접표현을 사용함으로써, 자신의 초인간적, 메시아적 위치에 대한 성급한 계시를 자제했다.

여러 학자들은 예수가 인자라 불리는 종말론적 인물을 믿었다는 점을 인정한다. 하지만 그들은 예수가 다른 사람을 이야기하고 있었다고 주장한다!

이러한 해석은 망상에 불과하다. 이런 경우, 우리는 예수가 자기 자신 혹은 이 땅에서 고통 받는 어떠한 인물에 대해 인자라는 표현을 쓴 모든 구절을 거짓이라고 믿어야만 한다. 만약 이 이야기들 중 단 하나라도 진짜라면, 이러한 해석은 설득력을 잃게 되는 것이다. 마태복음 8:20을 예로 들어 보겠다.

> 여우도 굴이 있고 공중의 새도 거처가 있으되 인자는 머리 둘 곳이 없다 하시더라(마 8:20).

이 구절은 일반적으로 진짜 예수가 한 말로 여겨진다. 당연하게도, 지금 이 구절은 종말의 시대에 등장할 우주적인 인물에 대해 말하는 구절이 아니다. 더 나아가, 이 해석은 예수의 궁극적 권위에 대한 주장과 일치하지 않는다. 곧 살펴보게 되겠지만, 예수는 자신이 그 누구도 능가하지 못할 권위를 가지고 있다고 여겼고, 이는 학계에서 보편적으로 인정받는 사실이다. 그는 자신의 언행을 통해 스스로를 하나님의 자리에 두었다. 예수가 **다른** 누군가를 세상을 심판하러 올 자, 특별히 예수 본인까지도 심판하러 올 자로 여겼다는 생각은 말이 되지 않는다. 이처럼 유례없는 권위에 대한 예수의 자의식은, 그가 다른 누군가를 세상에 올 인자로 여겼다는 견해와 모순된다.

우리가 여태껏 다루었던 이 3가지 칭호는 예수의 재판 중에 주목할 만한 방법으로 모이게 된다. 마가는 다음과 같이 기록했다.

> 대제사장이 가운데 일어서서 예수에게 물어 이르되 너는 아무 대답도 없느냐 이 사람들이 너를 치는 증거가 어떠하냐 하되 침묵하고 아무 대답도 아니하시거늘 대제사장이 다시 물어 이르되 네가 찬송 받을 이의 아들 그리스도냐 예수께서 이르시되 내가 그니라 인자가 권능자의 우편에 앉은 것과 하늘 구름을 타고 오는 것을 너희가 보리라 하시니 대제사장이 자기 옷을 찢으며 이르되 우리가 어찌 더 증인을 요구하리요 그 신성 모독 하는 말을 너희가 들었도다 너희는 어떻게 생각하느냐 하니 그들이 다 예수를 사형에 해당한 자로 정죄하고(막 14:60-64).

예수는 일격에 자신이 메시아, 하나님의 아들, 다시 오실 인자라고 인정한다. 자신이 하나님의 우편에 앉을 것이라는, 유대인들의 귀에는 매우 신성 모독으로 들릴 만한 주장을 펼치며 스스로의 죄목을 한꺼번에 보여 주고 있는 것이다. 이 재판은 각각의 다양한 주장들이 예수의 자기 이해 속에서 하나로 모아지는 과정을 아름다운 방식으로 그려내며, 이를 통해 그는 각 본문에서 찾아볼 수 있는 개별 명칭들에 함축된 의미를 한꺼번에 떠맡고 있는 것이다.

6. 함축적 주장들

예수의 명백한 주장들을 다루는 초기 학자들의 회의론은, 우리가 1세기 팔레스타인 유대교에 대한 통찰을 얻게 됨에 따라 굉장히 약화되었다. 여기서 끝이 아니라, 우리는 예수의 가르침과 행동을 통해 그의 자기 이해에 대한 더 많은 통찰을 얻을 수 있다.

대부분의 학자들은 예수가 스스로의 가르침과 행동을 통해 "메시아," "하나님의 아들," 그리고 "인자"라는 칭호를 암시하는 주장을 펼쳤다고 믿는다. 다시 말해서, 이 칭호들은 예수가 **함축적으로** 자신의 가르침과 행동 안에서 표현한 것들을 **명시적으로** 드러내는 데 사용되었을 뿐이라는 것이다. 그러므로 칭호에 관한 질문들 이외에 신약학계에서 폭 넓게 받아들여지는 예수의 함축적인 주장들을 살펴보자.

1) 하나님 나라에 대한 예수의 설교

예수에 관한 반박할 수 없는 사실들 중 하나는, 그가 펼친 설교의 핵심이 이 땅에 임할 하나님 나라에 맞춰져 있었다는 것이다. 앞으로 살펴볼 예정이지만, 예수는 하나님 나라가 임한다는 표시로서 기적적인 치유와 축귀 사역을 행했다. 질문은 이제 하나님 나라에서의 예수의 역할로 확대된다.

예수는 단지 그 나라의 사자(herald)였는가?

아니면 더욱 중요한 역할을 맡았는가?

여기서 우리는 예수가 하나님 나라에서의 열두 제자의 역할에 대해 언급한 매우 흥미르운 이야기를 마주하게 된다.

> 내가 진실로 너희에게 이르노니 … 나를 따르는 너희도 열두 보좌에 앉아 이스라엘 열두 지파를 심판하리라(마 19:28; 눅 22 28-30과 비교해 보라).

이 말씀은 복음서가 기록될 당시에도 구체화된 바 없는 지상의 왕국을 두고 한 말일 뿐 아니라, 추후 타락한 것으로 알려진 가룟 유다에게까지 보좌(throne)를 돌리려 했다는 당혹성을 고려했을 때, 사실일 확률이 높은 구절이다. 예수가 제자를 열두 명 부른 것은 우연의 일치가 아니다. 숫자 12는 이스라엘의 열두 지파와 관련이 있다.

만약 열두 제자가 보좌에 앉아 이스라엘의 열두 지파를 심판하게 된다면, 누가 모든 이스라엘의 왕이 되는 것인가?

예수 자신이다. 그는 당연히 제자들보다 낮은 위치나 이스라엘의 외부가 아닌, 이스라엘의 왕으로서 제자들 위에 군림할 것이다. 요약하자면, 예수는 스스로를 이스라엘의 왕적인 메시아로 여겼다. 그러므로, 예수의 메시아적 자기 이해는 그의 명시적인 주장 외에도 예수가 스스로의 생애와 사역 중에 외쳤던 하나님 나라의 임재에 대한 선포를 통해 함축적으로 표현된다.

2) 예수의 권위

예수가 신적 권위를 가지고 여러 행위와 언행을 펼쳤다는 사실은 여러 방면에서 찾아볼 수 있다.

(1) 예수의 가르침

첫째, 예수의 권위는 그의 가르침의 **내용**과 **스타일**에서 표현된다. 그의 가르침에 관한 이 두 가지 측면은 특히 산상수훈에서 두드러진다. 유대교 랍비가 전형적으로 가르치는 방식은 자신의 가르침에 권위를 부여해 줄 다른 훌륭한 선생들을 폭넓게 인용하는 것이었다. 그러나 예수는 정확히 그 반대를 지향했다. 그는 "너희가 ~ 하라는 것을 들었으나 …"(you have heard that it was said to the men of old)로 시작하며 모세의 율법을 인용했다. 그러나 이내, "그러나 나는 너희에게 이르노니 …"(but I say to you)로 이어가며, 자신만의 가르침을 주었다. 이처럼 예수는 스스로의 권위를 하나님이 내려 준 율법의 권위와 동등한 것으로 여겼다. 그러니 마태가 다음과 같이 기록한 것은 놀라운 일이 아니다.

> 예수께서 이 말씀을 마치시매 무리들이 그의 가르치심에 놀라니 이는 그 가르치시는 것이 권위 있는 자와 같고 그들의 서기관들과 같지 아니함일러라(마 7:28-29).

예수는 단순히 자신의 개인적 권위를 하나님의 법과 같은 위치에 놓은 것이 아니다. 그보다 더하다. 그는 자신의 권위를 이용해 율법을 **조정했다**. 설령 현대의 유대교 학자들이 예수의 가르침을 유대교의 전통에 동화시키려 든다고 할지라도, 예수가 자신의 개인적인 권위를 모세를 통해 주어진 하나님의 율법 위에 놓았다는 사실은 그러한 모든 시도들을 무력화시킬 뿐이다.

마태복음 5:31-32(막 10:2-12과 비교해 보라)에 나온 이혼에 대한 예수의 가르침을 살펴보자. 여기서 예수는 명시적으로 율법의 가르침(신 24:1-4)을 인용하고 그 주제에 대한 반박을 내놓는다. 자신의 권위와 가르침을

> 또 일렀으되 누구든지 아내를 버리려거든 이혼 증서를 줄 것이라 하였으나 나는 너희에게 이르노니 누구든지 음행한 이유 없이 아내를 버리면 이는 그로 간음하게 함이요 또 누구든지 버림받은 여자에게 장가 드는 자도 간음함이니라
> (마 5:31-32, 표준새번역).

기반으로 말이다. 마가복음에서, 예수는 모세가 이 주제에 대해서 하나님의 완전한 의지를 대변하지 못한다고 선언한다. 그리고 자신의 권위를 사용해 하나님의 의지가 진정으로 무엇인지를 드러내며, 율법을 고치려고 든다. 그러나 어떤 인간이나 선지자, 선생, 혹은 카리스마 있는 인물조차도 이런 종류의 권위를 가지지는 못한다.

(2) "내가 진실로 너희에게 이르노니" 어구 사용

둘째, 예수가 사용하는 "내가 진실로 너희에게 이르노니"라는 어구는 그의 권위를 드러낸다. 이 표현은 역사적으로 독특한 것이고, 그가 어떤 사안에 대해 스스로의 권위적인 언어를 드러내는 방법이라고 말할 수 있다. 유대교 작가인 아하드 하암(Ahad Ha'am)은 다음과 같이 말한다.

> 이스라엘은 누군가가 스스로의 이름으로 말하는 것들을 종교적으로 받아들일 수 없다. 즉, "주님께서 말씀하시길"이 아닌 "**내가** 너희에게 **이르노니**"를 하나님의 말이라 여길 수 없다는 것이다. 이 "내가"라는 표

현은 유대교를 이방인들로부터 영원히 구분하기에 충분한 표현이다.[9]

> **생각해 보기**
> 만약 한 선생님이 당신에게 이렇게 말한다고 생각해 보자.
> "너희들은 성경에 [이렇게] 써져 있는 것을 읽었어. 하지만 나는 너희에게 [이렇게] 말하고 싶어."
> 당신은 이 말에 어떻게 반응할 것인가?
> 이 선생님이 당신에게 성경 말씀을 조정할 권위가 있다는 것을 당신으로 하여금 믿게 만들려면 어떤 방법을 써야 할 것 같은가?

(3) 축귀

셋째, 예수의 권위는 그의 축귀사(exorcist)로서의 역할에서 두드러진다. 많은 현대 신학자들은 이를 당혹스럽게 여길지도 모르지만, 예수가 스스로 귀신을 쫓아낼 수 있다고 믿었다는 점은 역사적으로 분명한 사실이다. 이는 사람들에게 있어 예수의 신적 권위에 대한 표지였다. 그는 다음과 같이 선포했다.

> 그러나 내가 만일 하나님의 손을 힘입어 귀신을 쫓아낸다면 하나님의 나라가 이미 너희에게 임하였느니라(눅 11:20).

신약학자들에게 신빙성을 인정받은 이 말씀은 두 가지 이유에서 주목할 만하다.

① 이는 예수가 영적으로 악한 세력들 앞에서 신적인 권위를 주장했다고 볼 수 있기 때문이다.

② 이는 예수가 자신을 통해 이미 하나님 나라가 도래했다고 믿었다

---

[9] Ahad Ha'am, "Judaism and the Gospels," in *Nationalism and the Jewish Ethic*, ed. H. Kohn (New York: Schocken Books, 1962), 298.

는 사실을 보여 주기 때문이다. 예수는 다음과 같이 말하고 있는 셈이다.

"영적인 악의 힘을 다스리는 나의 능력은, 하나님의 나라가 나를 통해 이미 너희들 안에 임하였음을 보여 주는 것이다."

하나님의 나라가 이미 임했다는 증거가 바로 자신의 축귀 사역이라는 주장을 볼 때, 예수는 결국 자신을 하나님의 위치에 놓은 셈이다.

(4) 죄를 용서한다는 주장

넷째, 예수의 신적 권위에 대한 자의식은 스스로가 죄를 용서한다는 주장에 분명하게 표현되어 있다. 역사적 예수의 입에서 나왔다고 널리 인정받는 여러 가지 예수의 비유에서 그는 죄를 용서하는 특권을 위임받았음을 보여 준다. 예수는 탕자의 비유나 잃어버린 양의 비유 등을 통해 하나님으로부터 멀어진 후, 죄 때문에 길을 잃은 사람들을 묘사한다. 유대인의 사고 안에서, 이런 사람들은 길을 잃어 돌이킬 수 없으며, 결국 죽기까지 내팽개쳐진다. 하지만 예수는 그러한 사람에게까지 용서를 베풀었으며, 자신의 품으로 다시 받아주신다. 문제는 하나님 외에는 그러한 선포를 할 자격이 없다는 점이다. 일개 선지자들은 이 문제에 대해 하나님을 대신해서 말하지 못한다. 예수는 "마치 자신이 하나님의 목소리인 양, 오직 하나님만이 말할 수 있는 문제들에 대해서 의식적으로(consciously) 선포한다."[10]

예수는 자신이 비유를 통해 가르친 것들을 실생활에서 행동으로

---

10 Royce Gordon Gruenler, *New Approaches to Jesus and the Gospels* (Grand Rapids, MI: Baker, 1982), 46.

옮겼다. 역사적 예수의 가장 극단적인 특징들 중 하나는, 그가 창녀와 세리, 그리고 다른 버림받은 사람들을 자신과 교제하는 저녁 식탁에 초대한 것이다. 이는 그들을 향한 하나님의 용서와, 하나님 나라에서의 교제를 위한 초대까지 생생히 보여 준다. 부도덕한 자들, 부정한 사람들과의 식탁 교제를 통해, 예수는 하나님 나라에 그들을 환영함으로써 하나님을 대신하여 행동한다.

"이 자는 스스로 신인 것처럼 행동하네."

종교적 권위자들이 이 주제넘은 행위를 보며 신격모독이라 칭한 것은 그다지 놀랄만한 일이 아니다!(막 2:1-12에서 나온, 예수의 주장[예수는 인자로서 죄를 용서하는 권한이 있다]에 대한 그들의 반응과 한번 비교해 보라)

그러므로 대다수의 신약성경 비평가들은 역사적 예수가 신적 권한에 대한 자의식을 가지고 행동하고 말했다고 인정할 뿐만 아니라 예수는 자신의 인격 가운데 오랜 세월 기다려 온 하나님 나라가 도래하는 것으로 알았고, 그 하나님 나라에서의 교제에 사람들을 초대하려 했다고 인정한다.

3) 예수의 기적들

예수는 스스로를 축귀사일 뿐 아니라 기적 행위자라고 믿었다. 예수가 세례 요한의 제자들에게 한 대답을 떠올려 보자.

> 예수께서 대답하여 이르시되 너희가 가서 듣고 보는 것을 요한에게 알리되 맹인이 보며 못 걷는 사람이 걸으며 나병환자가 깨끗함을 받으며 못 듣는 자가 들으며 죽은 자가 살아나며 가난한 자에게 복음이 전파된다 하라 누구든지 나로 말미암아 실족하지 아니하는 자는 복이 있도다 하시니라(마 11:4-6).

예수는 자신이 명백히 사람을 치유할 능력이 있으며, 심지어 죽은 자를 살리실 수 있다고 믿었다.

더 나아가, 기적 이야기들은 복음서 전반에 걸쳐 폭 넓게 대변되어 있어서, 이것들이 예수의 삶에 녹아 있지 않다고 추측하는 것은 타당해 보이지 않는다. 그러므로 오늘날의 신약학계는 예수가 진정으로 "기적들"을 행했다는 데에 동의한다. 그렇지만 당신은 이에 대한 설명이 필요할 것이다. 저명한 역사적 예수 학자 존 마이어(John Meier)는 예수의 기적들에 관한 길고 자세한 연구 끝에 기적적인 치유자로서의 예수의 역할은 "우리가 찾아볼 수 있는 예수에 관한 거의 모든 역사적 진술만큼이나 많은 역사적 확증을 가지고 있다"라고 결론지었다.[11]

축귀와 같은 예수의 기적들은 하나님 나라가 임하는 표지라는 점에

---

[11] John P. Meier, *A Marginal Jew*, vol. 2, *Mentor, Message, and Miracles* (New York: Doubleday, 1994), 969-70.

서 더욱 중요하다. 그 자체로, 예수의 기적들은 이교도 마술사들이나 유대교의 성자들이 행했던 마법과는 근본적으로 달랐다. 더 나아가, 예수의 기적들은 그가 기적이 일어나게 해 달라고 기도한 적이 한 번도 없다는 점에서 유대교 성자들의 그것과는 달랐다. 처음에는 그가 하나님 아버지에게 감사를 올렸을지 몰라도, 그 후에는 스스로 기적을 행했다. 예수는 기적을 하나님의 이름이 아닌 자신의 이름으로 행했다. 더 나아가, 유대교의 기적 행위자들 중 단 한 사람도 예언적 사역을 하지 않았고, 메시아적 주장을 하지 않았으며, 그들의 기적과 관련된 어떠한 새로운 가르침도 주지 않았다. 그러므로 예수는 스스로를 다른 카리스마가 있는 유대교 성자들과 같은 존재로 여겼다고 볼 수 없다.

4) 재판장으로서 예수의 역할

예수는 자신에 대한 사람들의 태도가 심판의 날에 하나님이 그들을 심판하는 결정적인 요소가 될 것이라고 주장했다. 그는 다음과 같이 천명했다.

> 내가 또한 너희에게 말하노니 누구든지 사람 앞에서 나를 시인하면 인자도 하나님의 사자들 앞에서 그를 시인할 것이요 사람 앞에서 나를 부인하는 자는 하나님의 사자들 앞에서 부인을 당하리라(눅 12:8-9).

나는 예수가 인자라 칭하는 존재가 다른 사람이 아닌 자기 자신을 의미했다는 사실에 의심의 여지가 없다고 생각한다. 하지만 그 인자가 누군지와는 관계없이, 요점은 다음과 같다. 예수는 자신에 대한 응답을 기초로 사람들이 인자에게 심판받게 될 것이라고 주장하고 있다. 한번 생각해 보라.

사람들의 영원한 운명이 예수에 대해 어떻게 응답했는지에 의해 결정된다는 것이다!

분명히 알아야 한다. 만약 예수가 하나님이 **아니었다면**, 이 주장은 가장 배타적이고, 무례하면서도 독단적인 주장으로 여겨질 수밖에 없다. 왜냐하면 예수는 사람들의 구원이 예수 자신에 대한 그들의 고백에 달려 있다고 말하고 있기 때문이다.

7. 결론

예수의 개인적 주장에 관한 논의는 계속해서 진행될 수 있다. 그러나 나는 예수의 급진적인 자아 인식을 보여 주기 위한 충분한 논의를 했다고 생각한다. 여기 스스로가 약속된 메시아이자, 하나님의 독생자, 그리고 다니엘이 예언한 인자라고 주장하는 한 남자가 있다. 그는 자신에게 모든 지배권과 권위가 주어졌으며, 스스로가 신적인 권위를 통해 말하고 행동한다고 주장했다. 그리고 그는 자신이 기적을 베풀 수 있으며, 사람들의 영원한 운명이 자신을 믿는 것에 달렸다고 생각했다. 오늘날 우리에게는 예수가 전례 없는 권위, 즉 신적인 권위를 가지고서 하나님을 대신하여 이 세상에 왔다는 의견의 일치가 존재한다.

예수의 극단적인 자기주장과 행위들은 그의 재판과 십자가형에서 정점에 이르렀고, 예수의 부활의 증거를 평가하기 위한 적절한 역사적 문맥을 구성한다. 역사학자들은 나사렛 예수가 유대교 권력자들에게 신성모독죄로 고소를 당했고, 로마 권력자들에게는 반역죄라는 구실로 넘겨져서 십자가형으로 죽음을 맞이했다는 사실에 만장일치로 동의한다.

그러나 그 다음에는 무슨 일이 일어났는가?

예수의 급진적인 자기 이해에 대한 논증

1. 예수는 신-인이라는 자기 이해를 가지고 있었다.
   1) 유일신 사상을 지닌 유대인들이 예수가 죽은 지 20년 내에 그를 하나님이 성육신한 존재로서 경배했다는 사실은, 예수 본인의 주장에서 찾아 볼 수 있는 충분한 원인을 요구한다.
   2) 명백한 주장들
      (1) 메시아
         ① 초기 교회가 예수를 메시아라 믿었다는 사실에는 충분한 원인이 요구된다.
         ② 베드로의 고백(막 8:27-30).
         ③ 세례 요한에 대한 예수의 답변(마 11:2-6; 눅 7:19-23)
         ④ 예수의 승리의 입성(막 11:1-11; 요 12:12-19)
         ⑤ 성전에서 예수의 행동(막 11:15-17)
         ⑥ 산헤드린의 예수 비난(막 14:61-65)
         ⑦ '유대인의 왕'으로서 예수의 십자가형(막 15:26)
      (2) 하나님의 아들
         ① 포도밭 비유(막 12:1-9)
         ② '아버지 외에는 아들을 아는 자가 없고'(마 11:27)
         ③ '아무도 모르나니…아들도 모르고'(막 13:32)
         ④ 예수의 재판에서의 고백(막 14:60-64)
      (3) 사람의 아들
         ① 예수가 가장 좋아한 칭호

② 다니엘서 7장에 나오는 신이자 인간인 인물 언급(단 7:13-14)

　　　③ 예수의 재판에서의 고백(막 14:60-64)

　3) 함축적 주장들

　　(1) 예수의 하나님 나라에 대한 설교(마 19:28)

　　(2) 예수의 권위

　　　① 예수의 가르침의 내용과 스타일(마 5:31-32)

　　　② "진실로, 내가 너희에게 이르노니"(막 8:12;9:1 등.)

　　　③ 축귀사로서의 예수의 역할(눅 11:20)

　　　④ 예수의 죄를 용서한다는 주장(막 2:1-12)

　　(3) 예수의 기적들(마 11:4-5)

　　(4) 재판장으로서의 예수의 역할(눅 12:8-9)

제9장

예수는 정말 죽음으로부터 부활했는가?

어찌하여 살아 있는 자를 죽은 자 가운데서 찾느냐?(눅 24:5)

나는 뮌헨에 머무는 동안 박사 과정의 일환으로서 판넨베르크 교수님이 주최하는 다양한 강의와 세미나에 참석했다. 하루는 교수님이 텔아비브[1]에서 가르쳤던 핀치 라피드(Ponchas Lapide)라는 캐나다 국적의 유대인 학자를 초청 강사로 불렀다고 말씀했다. 우리는 그 말을 듣고 놀랐다. 단순히 놀랐을 뿐 아니라, 그 강의의 주제가 예수의 부활이라고 발표하는 순간 나는 풀이 죽어 버렸다.

독일의 자유주의 신학자들이 끊임없이 반복해 온 낡아 빠진 **헛소리**들을 또다시 들어야만 하는건가?

빈 무덤 이야기는 후대에 의한 전설이며, 바울은 몸의 부활을 믿지 않았고, 부활한 예수가 나타나는 복음서의 이야기들은 모두 가현설[2]을 반박하기 위한 변증의 산물일 뿐이라는 내용 등. 하지만 라피드가 강의를 시작하자 나는 놀라움을 금치 못했다. 한쪽의 입장만을 강요하는 게

---

[1] 이스라엘의 주요 도시 중 하나이다. -역주
[2] 예수는 세상에 머무는 동안 육체를 가지고 있지 않았고, 단지 그런 것처럼 보였을 뿐이라는 영지주의 학설 중 하나이다. -역주

아니라 오히려 예수의 메시아적 선언들과 빈 무덤 이야기의 신뢰성 등을 역사적으로 변호했기 때문이다. 강의가 끝날 무렵, 그는 이스라엘의 하나님이 죽음으로부터 예수를 살렸다고 말하는 쪽이 모든 증거에 대한 가장 좋은 설명이라고 결론지었다.

나는 이 말을 듣고 거의 의자에서 넘어질 뻔했다!

유대인 학자인 그가, 오직 증거에만 기초하여, 자신이 경배하는 이스라엘의 하나님이 나사렛 예수를 살린 사실을 받아들였다.

부활의 역사적 신뢰성을 이보다 훌륭히 드러내 주는 일이 또 있을까?

본 장에서 나는 예수의 부활에 관한 역사적 논증의 핵심만을 요약할 것이다. 당신은 왜 하필 성경의 하나님을 믿느냐고 묻는 사람들에게 이 논증을 들려줄 수 있을 것이다. 예수의 부활에 관한 역사적 논증은 다음 두 단계를 포함한다.

첫째, 설명할 증거들이 무엇인지 결정한다.

둘째, 증거들에 대한 가장 좋은 설명을 추론한다.

내가 보기에 설명할 증거들은 각기 독립적으로 세워진 총 3가지 사실로 요약될 수 있다.

① 예수의 빈 무덤.
② 예수의 죽음 이후 그가 제자들에게 출현한 사건들.
③ 부활에 대해 제자들이 소유했던 믿음의 기원.

이뿐 아니라 나는 이 3가지 사실에 대한 가장 합리적인 설명이 "하나님이 예수를 죽음으로부터 다시 살렸다"라는 설명이라고 생각한다. 지금부터 이 설명을 부활설이라고 부르도록 하자. 우리는 이 사건이 일어난 맥락을 통해 부활의 중요성과 의미를 알 수 있다. 부활은 하나님이 예수를 옹호한 사건이다. 그가 신성 모독죄로 고소당하는 계기가 된 급진적인 발언들을 옹호한 것이다.

우선은 증거들을 먼저 살펴보자. 그 다음엔 무엇이 증거들에 대한 가장 합리적인 설명인지 알아보자.

1. 예수의 부활에 대한 증거

만약 위에서 언급한 빈 무덤, 사후 출현, 예수 부활에 대한 믿음의 기원이라는 3가지 사실이 성립될 수 있다면, 그리고 이것들뿐만 아니라 부활설에 대한 그럴듯하고 자연적인 설명이 있을 수 없다면, 우리는 예수의 부활이 이 사실들에 대한 가장 좋은 설명이라고 말할 수 있을 것이다. 그렇다면 이 3가지 사실을 뒷받침하는 근거들을 한번 알아보도록 하자.

> **부활**
>
> 예수의 시대에 부활을 뜻하는 여러 그리스어나 아랍어 등의 의미는 분명했다. 부활은 육체가 없는 죽음 이후의 삶을 의미하지 않았고, 어떤 불멸의 영혼이 고통을 겪거나 낙원을 누리는 상태를 의미하지도 않았다. 그렇다고 환생을 의미하는 것도 아니었다. 부활이란 일종의 육체적 불멸의 회복, 즉 죽음의 역전을 의미했다. 많은 이교도들은 죽음 이후의 육체가 없는 삶을 믿었지만, 부활 만큼은 불가능하다고 여겼다. 일부(전부가 아니라) 유대인들은 마지막 날에 이루어질 의인의 부활을 기대했지만, 그 전까지는 부활할 사람이 아무도 없다고 생각했다. 부활한 몸은 지금 우리의 몸과는 차이가 있을 수 있다. 하지만 유령이나 육체가 없는 영혼, 혹은 더 높은 의식 차원을 지닌 혼령 등의 개념들이 "부활했다"라고 일컬어지지 않았다는 점은 분명하다.

1) 빈 무덤에 대한 사실

십자가 사건 이후 첫 번째 일요일, 예수의 무덤은 그를 따르던 여성들에 의해 빈 채로 발견되었다. 나는 여기서 이 사실을 뒷받침해 주는 5가지 증거들을 요약할 것이다.

(1) 예수의 장사됨에 대한 증거

빈 무덤에 대한 첫 번째 증거는 다음과 같다.
예수가 장사된 사건의 역사적 신뢰성은 빈 무덤을 지지한다.
당신이 이렇게 물으실지도 모른다.
예수의 장사됨이 어떻게 빈 무덤을 증명한단 말이야?
대답은 이렇다. 만약 예수의 장사된 이야기가 정확하다면, 예수 무덤의 위치는 예루살렘의 유대인들과 그리스도인들 모두에게 잘 알려졌을 것이다. 왜냐하면, 장사 지낼 때 양쪽 집단 모두 그 자리에 있었기 때문이다. 이 경우, 제자들이 예수의 부활을 설교하기 시작할 무렵엔 반드시 무덤이 비어 있었어야단 한다.
왜인가?
첫째, 예수의 시신이 여전히 무덤 속에 놓여 있었다면 제자들부터가 그의 부활을 믿을 수 없었을 것이다. 시체가 멀쩡히 무덤 안에 놓여 있는 상황에서 누군가가 부활했다고 주장하는 것은, 단순히 어리석은 정도가 아니라 전적으로 유대인답지도 못한 행위였다.
둘째, 설령 무덤이 비어 있지 않은 상태에서 제자들이 부활을 전했을 지라도, 다른 사람들은 그 사실을 믿지 못했을 것이다. 초기 기독교의 부활 신앙이 놀라운 이유 중 하나는, 이 신앙이 예수가 공개적으로 십자가에 처형된 바로 그 도시 안에서 부흥했기 때문이다. 예루살렘 시민들이 예수의 시신이 무덤 안에 있다고 생각하는 한, 예수가 죽은 자 가운데서 살아났다는 멍청한 말을 믿을 사람은 아마 거의 존재하지 않았을 것이다.

셋째, 비록 믿을 사람이 있었을지라도, 유대인 지도자들은 예수가 부활하지 않았다는 결정적인 증거로서 그의 무덤을 가리키거나 혹은 시신을 꺼내서 보여 줄 수도 있었을 것이다.

몇몇 비평가들이 말했듯이, 유대인 지도자들은 예수의 부활에 대한 일련의 사건들을 단지 증거에 어긋나는 판타지나 작은 골칫거리 정도로 여기지 않았다. 그들은 신진 기독교 운동을 억누르는 일을 매우 진지하게 고려했다. (그들이 다소의 사울을 고용하여 유대 그리스도인들을 박해한 사건을 떠올려 보라) 그들은 분명히 무덤을 조사해 보았을 것이다.

만약 무덤에 남아 있는 시신의 형태를 알아볼 수 없었을지라도, 입증 책임은 당연히 예수의 시신이 **아니라고** 말하는 사람들 쪽에 있다. 그러나 시신의 신원에 대한 논쟁은 단 한 번도 일어난 적이 없는 것처럼 보인다. 지금부터 살펴볼 것인데, 비그리스도인 유대인들과 그리스도인 유대인들의 논쟁은 전혀 다른 쟁점에서 일어났다.

이처럼, 만약 역사적 사실이 맞다면 예수의 장사됨은 빈 무덤의 신뢰성에 대한 근거가 되어 준다. 그렇기에 빈 무덤을 부인하는 비평가들은 예수가 장사된 사건도 반박해야만 하는 상황에 놓이게 되는 것이다. 불행히도, 예수가 무덤에 장사된 사건은 예수의 일생에 관해 가장 잘 정립된 사실들 중 하나다. 지면의 한계로 예수가 장사된 증거에 대한 모든 세부적인 내용을 다룰 수는 없지만, 여기서는 몇 가지 요점만 짚고 넘어가려고 한다.

① 예수가 장사된 사건은 매우 이른 시기의 독립적인 자료들에서 발견된다

예수가 아리마대 사람 요셉의 무덤에 묻힌 이야기는 마가의 수난 이야기(예수의 고난과 죽음에 대한 이야기)에 포함되어 있다. 마가복음은 네 복음서 중 가장 이른 시기에 기록된 복음서다. 따라서 이는 매우 이른 시기의 자료이며, 대부분의 학자는 이 자료가 목격자 증언에 근거해 있다고 생각한다. 더 나아가, 고린도전서 15:3-5에서 바울은 초기의 제자들로부터 받은 기독교 전승(tradition)을 인용하고 있다. 바울은 AD 36년 예루살렘을 방문했을 당시에(갈 1:18) 이 전승을 넘겨받았거나 아니면 다메섹에서 전해 들었을 것이다. 따라서 이 전승은 예수의 사후(AD 30년) 5년 이내에 형성된 것이다. 이는 초기 기독교 설교를 요약한 것으로, 아마도 교육의 목적으로 사용되고 있었을 것이다. 또한, 전승의 형태는 암기에 적합하도록 만들어진 것으로 보인다. 이 전승은 다음과 같다.

> 성경대로 그리스도께서 우리 죄를 위하여 죽으시고
> 장사 지낸 바 되셨다가,
> 성경대로 사흘 만에 다시 살아나사,
> 게바에게 보이시고, 후에 열두 제자에게와(고전 15:3-5).

전승의 두 번째 단락이 예수의 장사됨을 말하고 있음을 주목하자. 다만 이렇게 질문해 볼 수도 있다.

바울이 전승에서 언급하고 있는 예수의 장사됨이 아리마대 사람 요셉이 치른 장사와 같은 사건이기는 한가?

이를 알아보기 위해 바울이 전달한 네 구절의 전승과 사도행전의 설교를 비교해 보자.

고전 15:3-5	행 13:28-31	막 15:37-16:7
그리스도께서 … 죽으시고.	빌라도에게 죽여 달라 하였으니.	예수께서 큰 소리를 지르시고 숨지시니라.
장사 지낸 바 되셨다가.	나무에서 내려다가 무덤에 두었으나.	요셉이 세마포를 사서 예수를 내려다가 그것으로 싸서 바위 속에 판 무덤에 넣어 두고 돌을 굴려 무덤 문에 놓으매.
다시 살아나사.	하나님이 죽은 자 가운데서 그를 살리신지라.	"그가 살아나셨고 여기 계시지 아니하니라. 보라 그를 두었던 곳이니라."
보이시고.	갈릴리로부터 예루살렘에 함께 올라간 사람들에게 여러 날 보이셨으니 그들이 이제 백성 앞에서 그의 증인이라.	"가서 그의 제자들과 베드로에게 이르기를 예수께서 너희보다 먼저 갈릴리로 가시나니 … 너희가 거기서 뵈오리라 하라."

이처럼, 독립적인 전승들의 놀라운 일치성은 바울의 네 구절의 전승이 예수의 장사된 사건을 포함하여 고난과 부활 사건을 요약 혹은 대략적으로 나타낸 것임을 입증한다.

이것이 전부가 아니다!

요셉이 치른 장사에 대한 독립적인 목격자 증언들은 마태복음이나 누가복음, 혹은 요한복음에 더 많이 나타난다. 예수의 장사됨에 대한 마태, 누가의 증언에서 마가의 증언과의 차이점이 발견되는 것은, 그들이 마가복음 외의 또 다른 자료 출처를 가지고 있었다는 사실을 암시한다. 더 나아가, 우리는 요한복음 안에서 예수의 장사됨에 대한 또 하나의 독립적인 자료를 발견할 수 있다. 마지막으로, 우리는 사도행전에 나타난 사도들의 초기 설교들도 가지고 있다. 이 설교들은 예수가 무덤에 묻힌 사실을 언급한다. 따라서 우리는 예수의 장사됨에 대한 최소 5가지의 독립적인 출처를 가지고 있는 셈이며, 그중 일부는 놀라울 정도로 이른 시기의 자료이다.

② 예수를 고소한 유대 산헤드린(Sanhedrin)의 일원 아리마대 사람 요셉은 기독교 측에서 지어낸 인물로는 보이지 않는다

요셉은 유대 산헤드린의 일원으로서 부자로 묘사된다. 산헤드린은 일종의 유대인 고등 법원으로, 예루살렘에서 통치하던 유대교 지도자 70명으로 구성되어 있었다. 초기의 교회들은 산헤드린에 대해 이유 있는 적개심을 품고 있었다. 그리스도인들의 눈에는 그들이 예수를 법정에서 살해한 자들이나 마찬가지였기 때문이다.

이를테면, 사도행전에 나타나는 설교들은 예수를 십자가에 못 박은

자료에 직접 접근하기

복음서의 저자들은 예수의 생애에 대해 직접 말하는 것만큼이나 자료들도 십분 활용했다. 신약성경 연구의 많은 부분은 이 자료들을 탐구하는 데 집중한다. 이 자료들이 우리가 실제 사건에 가장 가까이 다가가도록 허락해 주기 때문이다. 이를 통해 복음서의 내용이 전설에 불과하거나 왜곡되었을 가능성도 줄어든다. 예를 들어, 마가복음은 마태와 누가가 사용한 자료 중 하나로 여겨진다. 마가 또한 분명히 수난 이야기에 대한 자료를 가지고 있었던 것으로 보인다. 왜냐하면, 이 부분은 연속적인 이야기로서 마가복음 내에서도 특히 두드러지기 때문이다. 마태와 누가는 마가복음 외에 다른 자료들도 가지고 있었을 것으로 여겨지는데, 어떤 학자들은 그들이 예수의 어록집을 가지고 있었을 것으로 추측한다. 이들은 이 어록집에 Q라는 임의의 이름을 부여했다. 이와 대조적으로 요한복음은 다른 세 개의 복음서들과 독립적인 것으로 여겨진다. 고린도전서 15:3-5에서 바울은 예수에 대한 전승을 받아서 전하고 있다고 말한다. 이 전승은 바울 자신 외에 다른 많은 요소들부터 검증을 받은 자료이다. 또한, 많은 학자들은 누가가 사도행전을 쓰기 위해 초기 기독교의 설교 자료들을 사용했던 것으로 본다. 이 모든 내용들은 신약성경의 뒤에 숨어 있는 주요 자료의 예 중 일부에 지나지 않는다.

것이 바로 유대인 지도자들이었다고 말할 정도였다!(행 2:23, 36; 4:10)

이처럼 예수를 장사 지낼 만한 사람을 꼽자면 가장 마지막에 꼽혀도 이상하지 않을 사람이 바로 이 요셉이었다. 산헤드린 멤버의 지위를 고려한다면 말이다. 따라서 요셉에 의한 예수의 장사됨은 사실일 가능성이 매우 높다.

그리스도인들이 무슨 이유로 예수에게 좋은 일을 하는 산헤드린 멤버의 이야기를 지어내겠는가?

이는 설명이 거의 불가능하다. 이러한 근거들, 그리고 또 다른 이유로 인해 신약성경 비평가의 대부분은 예수가 아리마대 사람 요셉의 무덤에 묻혔다는 사실에 동의한다. 케임브리지대학교의 존 로빈슨(John A. T. Robinson)에 따르면, 예수가 무덤에 장사된 것은 "예수에 관한 가장 확실히 입증된 사실 중 하나"이다.[3] 앞서 설명했듯이, 만약 이 결론이 정확하다면 빈 무덤을 부정하는 것도 매우 어려워진다.

(2) 빈 무덤에 대한 독립적인 증언들

빈 무덤에 대한 두 번째 증거는 다음과 같다. **예수의 빈 무덤이 발견된 사건은 매우 초기의 문서들에 의해 독립적으로 증언된다.** 마가의 수난 이야기는 예수가 장사됨으로 끝나지 않고, 빈 무덤을 발견한 여성들의 이야기로 끝이 난다. 예수가 장사된 이야기와 빈 무덤 이야기는 실제로 하나의 이야기이며, 자연스럽고 연속적인 내러티브를 형성하고 있다. 이 두 이야기는 문법적으로나 언어적으로나 연결되어 있다. 더욱이, 초기 그리스도인들이 예수의 수난 이야기가 예수가 장사된 장면에서 끝나도록 퍼뜨렸을 것 같지는 않다. 승리의 결말이 없다면 결국 수난 이

---

[3] John A. T. Robinson, *The Human Face of God* (Philadelphia: Westminster, 1973), 131.

야기는 불완전하기 때문이다. 따라서 마가가 사용한 이 자르는 빈 무덤 발견으로 끝나는 이야기였을 것이다.

고린도전서 15:3-5을 통해, 우리는 사도 바울이 그리스도의 장사됨과 부활을 가리키는 초기의 전통을 인용했다는 사실을 확인했다. 빈 무덤이 명시적으로 언급되어 있지는 않지만, 복음서의 내러티브와 사도행전의 설교를 함께 비교해 보면, 세 번째 구절은 사실상 빈 무덤 이야기의 요약이라고 볼 수 있다.

더 나아가, 우리는 바울의 전승에서 빈 무덤을 암시하는 두 가지 특징을 더 찾아낼 수 있다.

> **마가복음의 장사 기사**
>
> 이미 날이 저물었는데 그 날은 준비일, 곧 안식일 전날이었다. 아리마대 사람인 요셉이 왔다. 그는 명망 있는 의회 의원이고, 하나님의 나라를 기다리는 사람인데, 이 사람이 대담하게 빌라도에게 가서, 예수의 시신을 내어 달라고 청하였다. 빌라도는 예수가 벌써 죽었을까 하고 의아하게 생각하여, 백부장을 불러서, 예수가 죽은 지 오래되었는지를 물어 보았다. 빌라도는 백부장에게 알아보고 나서, 시신을 요셉에게 내어주었다. 요셉은 삼베를 사 가지고 와서, 예수의 시신을 내려다가 그 삼베로 싸서, 바위를 깎아서 만든 무덤에 그를 모시고, 무덤 어귀에 돌을 굴려 막아 놓았다. 막달라 마리아와 요세의 어머니 마리아는, 어디에 예수의 시신이 안장되는지를 지켜보고 있었다(막 15:42-47, 표준새번역).

첫째, "장사 지낸 바 되셨다가"라는 표현 뒤에 "다시 살아나사"라는 표현이 뒤따른다는 점은 빈 무덤을 암시한다. 사람이 장사되었다가 되살아났는데 몸은 여전히 무덤에 있을 수 있다는 생각은 지극히 현대적인 사고이다. 예수의 무덤이 비어 있었을 거란 생각은 1세기 유대인들에게는 의심의 여지가 없었다. 그러므로 이 전승이 "그리스도께서 장사되었다가 다시 살아나셨다"라고 말하고 있다면, 이는 자동으로 무덤이 비어 있었음을 암시한 셈이다.

둘째, "사흘 만에"라는 표현이 빈 무덤을 암시한다.

간단히 말하자면, 초기의 제자들은 왜 예수가 굳이 "사흘 만에" 부활했다고 선포한 걸까?

예수가 부활하는 장면을 직접 본 사람은 아무도 없는데 말이다.

왜 "이레 만에"는 안 되는 걸까?

가장 신빙성 있는 대답은, 여인들이 예수의 빈 무덤을 사흘 만에 발견했고, 자연스럽게 그 날이 부활이 시작된 날로 여겨졌다는 것이다.

이처럼 우리는 빈 무덤에 대한 매우 이른 시기의 독립적인 자료들을 지니고 있다. 따라서 예수의 빈 무덤 사건은 후대의 창작이나 전설의 발전으로 볼 수 없다.

하지만 여기서 끝이 아니다!

사도행전과 다른 복음서들에 등장하는 독자적인 빈 무덤 증언들을 다시 한 번 살펴볼 이유가 있다. 마태는 분명히 자신만의 독립적인 자료를 사용하고 있었다. 오직 마태복음에만 경비병 이야기가 포함되어 있기 때문이다. 더 나아가, 예수의 제자들이 시체를 훔쳤다는 소문이다.

마가복음의 빈 무덤 기사

안식일이 지났을 때에, 막달라 마리아와 야고보의 어머니 마리아와 살로메는 가서 예수께 발라 드리려고 향료를 샀다. 그래서 이레의 첫날 새벽, 해가 막 돋은 때에, 무덤으로 갔다. 그들은 "누가 우리를 위하여 그 돌을 무덤 어귀에서 굴려내 주겠는가?" 하고 서로 말했다. 그런데 눈을 들어서 보니, 그 돌덩이는 이미 굴려져 있었다. 그 돌은 엄청나게 컸다. 그 여자들은 무덤 안으로 들어가서, 웬 젊은 남자가 흰 옷을 입고 오른쪽에 앉아 있는 것을 보고 몹시 놀랐다. 그가 여자들에게 말하였다. "놀라지 마시오. 그대들은 십자가에 못 박히신 나사렛 사람 예수를 찾고 있지만, 그는 살아나셨소. 그는 여기에 계시지 않소. 보시오, 그를 안장했던 곳이오. 그러니 그대들은 가서, 그의 제자들과 베드로에게 말하기를 그는 그들보다 먼저 갈릴리로 가실 것이니, 그가 그들에게 말씀하신 대로, 그들은 거기에서 그를 볼 것이라고 하시오."

그들은 뛰쳐나와서, 무덤에서 도망하였다. 그들은 벌벌 떨며 넋을 잃었던 것이다. 그들은 무서워서, 아무에게도 아무 말도 못하였다(막 16:1-8, 새번역).

이 말이 오늘날까지 유대인 가운데 두루 퍼지니라(마 28:15).

이 부분은 마태가 이전의 전승에 대해 반응하고 있음을 보여 준다. 누가 또한 독립적인 자료를 가지고 있었다. 그는 마가복음에는 없는 이야기를 들려주는데, 두 명의 제자가 여인들의 말을 확인하기 위해 무덤을 방문한 사건이다. 이 사건은 요한복음도 독립적으로 보고하고 있으므로 누가의 창작으로 간주될 수 없다. 또한, 요한복음이 다른 세 복음서와 독자적으로 구분된다는 점을 고려할 때, 요한복음 또한 빈 무덤에 대한 독립적인 자료를 사용했다고 볼 수 있다. 마지막으로, 사도행전에 등장하는 설교를 살펴보면 빈 무덤에 대한 간접적인 언급이 한 번 더 등장한다. 예를 들어, 베드로는 다음과 같은 날카로운 대조를 그린다.

다윗이 죽어 장사되어 그 묘가 오늘까지 우리 중에 있도다 … 이 예수를 하나님이 살리신지라(행 2:29-32; 행 13:36-37과 비교해 보라).

역사학자들은 한 가지 사건에 대해 독립된 자료를 두 가지만 발견해도 횡재라 외치곤 한다. 그런데 빈 무덤의 경우 자료가 최소 6가지나 되며, 이 중 몇 개는 신약 내에서 발견할 수 있는 가장 이른 시기의 자료들이다.

(3) 마가복음 서술의 단순성

빈 무덤에 대한 세 번째 증거는 **마가복음 서술의 단순성과 전설적 발전의 부재**이다. 예수가 장사된 이야기와 마찬가지로, 마가의 빈 무덤 증언은 놀랄 만큼 단순하며, 신학적 모티브가 결여되어 있어 후대에 전설을 덧붙였다고 보긴 어렵다. 예를 들어, 부활의 장면 자체가 목격되거나 묘사되지 않으며, 예수가 죄와 죽음을 이겼다는 승리의 분위기도 없고, 신성한 칭호라던가 예언 성취에 대한 인용구도 없으며, 부활한 주님에 대한 묘사는 더욱 없다. 이는 그리스도인들이 창작한 허구와는 굉장한 거리가 있다.

현대의 연극에서 부활이 어떻게 묘사되는지 한번 비교해 보라!

마가의 서술이 얼마나 절제되어 있는지를 깨닫기 위해서는, 외경인 『베드로복음』이 이 사건을 어떻게 서술하고 있는지만 읽어 보면 된다.

『베드로복음』은 예수의 의기양양한 무덤 탈출을 묘사하는데, 여기에는 구름에 머리가 닿을 만한 거인들이 등장하며, 거인 천사들은 물론이요, 말하는 십자가까지 등장해 하늘에서 내려온 음성과 대화하고, 로마의 경비병들과 유대인 지도자들, 그리고 수많은 무리가 이 장면을 목격하기까지 한다!

이게 바로 전설이다. 이 전설은 온갖 신학적, 변증적인 의도로 덧칠

부활에 대한 『베드로복음』의 기사

안식일이 시작되자 아침 일찍 인봉된 무덤을 보기 위해 예루살렘과 주변 지역으로부터 큰 무리가 왔다. 그런데 주일이 시작되는 밤에 군인들이 둘씩 짝을 지어 보초를 서고 있을 때 하늘에서 큰 소리가 났다. 그들은 하늘이 열리고 두 사람이 찬란한 광채를 내며 그곳에서 내려와 무덤으로 다가오는 것을 보았다. 그리고 입구에 놓여 있던 돌이 저절로 굴러 한쪽으로 비켜서고 무덤이 열리자 두 젊은이가 안으로 들어가는 것이었다.

이것을 보고 군인들은 백부장과 원로들을 깨웠다. 그들도 그곳을 지키며 거기 있었던 것이다. 그들이 본 것을 얘기하고 있을 때 무덤에서 세 사람이 다시 나오는 것이 보였는데 두 사람이 다른 한 사람을 떠받치고 십자가가 그들 뒤를 따랐다. 두 사람의 머리는 하늘까지 닿아 있고 그들이 손으로 모시고 가던 분의 머리는 하늘 위로 솟아 있었다. 그리고 그들은 하늘에서 나는 소리를 들었는데 (그 소리가) 말했다.

"너는 잠들어 있는 이들에게 말씀을 선포했느냐?"

그러자 십자가에서 "예"라는 응답이 들려왔다"(『베드로복음』 9:1-10:5).

되어 있다. 이와 대조적으로, 마가의 증언은 삭막하게 느껴질 정도로 간결하다.

(4) 여성들의 발견

빈 무덤에 대한 네 번째 증거는 **빈 무덤이 여성들에 의해 발견된 것으로 보인다**는 점이다.

이 부분을 이해하기 위해서는 유대인 사회에서의 여성의 위치에 관한 두 가지 사실을 이해해야만 한다.

첫째, 여성은 믿을 만한 증인으로 간주되지 않았다. 여성의 증언에 대한 이러한 태도는, 유대인 역사가 요세푸스가 묘사하는 '신뢰할 만한 증언의 조건'에 분명히 드러난다.

> 여자라는 존재들은 가볍고 경박하기 때문에, 그들의 말을 증언으로 받아들여선 안 된다(『유대 고대사』 IV.8.15).

이러한 규정은 성경에서는 찾아 볼 수 없다. 오히려 1세기 유대교의 가부장적 사회를 반영하고 있는 것이다.

둘째, 여성들은 유대인 사회의 계급 구조에서 낮은 자리를 차지했다. 남성에 비해 여성은 2등 시민에 불과했다.

> 율법의 말씀이 여자에게 전달될 바에는 불타게 하라!(*Sotah* 19a)
> 남자아이는 행복하나, 여자아이는 행복하지 않다!(*Kiddushin* 82b)

모든 유대인들이 매일 드리던 기도는 다음과 같았다.

플라비우스 요세푸스

플라비우스 요세푸스(Flavius Josephus, AD 37-100)는 유대인 제사장 가문에서 태어났다. 본명은 요셉 벤 마티아스(Joseph ben Mattathias)이며, AD 66년에 일어난 유대인 반란 당시에 유대군의 갈릴리 지역 지휘관이 되었다. AD 70년에 예루살렘이 함락되어 반란은 막을 내렸고, 포로가 된 그는 자신의 군사들에게 제비를 뽑아 서로를 죽이고 마지막 사람은 자결하자고 제안했다. 그러나 마지막으로 살아남은 그는 지체 없이 로마군에 항복하여 그들의 조직에 가담하게 된다. 전쟁이 끝난 후에 그는 로마 시민이 되었으며, 로마식 이름으로 개명했다. 그의 대표적인 저작으로는 유대인 반란에 관한 역사와 『유대 고대사』(Antiquities of the Jews)라 불리는 유대인 역사에 관한 책이 있다. 그는 『유대 고대사』에서 나사렛 예수를 두 번 언급했고, 예수의 형제 야고보, 세례 요한, 가야바, 빌라도, 그리고 복음서에 등장하는 다른 사람들도 언급했다.

나를 이방인, 노예, 혹은 여자로 창조하지 않으신 우주의 통치자 주님께 영광을 올려 드립니다(Berachos 60b).

여성의 사회적 지위가 합법적인 증인이 될 수 없었을 정도로 낮았다는 점을 감안할 때, 빈 무덤의 최초 발견자이자 주요 증인이 **여성들**이었다는 점은 상당히 놀랍다!

만약 빈 무덤 이야기가 전설에 불과했다면, 아마 남성들이 빈 무덤의 발견자들이었을 것이다. 증언이 무의미하다고 여겨지는 여성들이 빈 무덤의 주요 증인이었다는 점은, 좋든 싫든 그들이 빈 무덤의 실제 목격자들이었다고 말할 수밖에 없도록 만든다. 복음서들은 이러한 곤란한 사실을 있는 그대로 정직하게 기록한 것이다.

(5) 초기 유대인들의 반응

마지막으로, **예수가 부활했다는 주장에 대한 초기 유대인들의 반응은 빈 무덤을 전제로 한다.** 우리는 마태복음에서 부활에 대한 초기 유대인들의 반응에 반박하려는 시드를 발견할 수 있다.

> 여자들이 갈 때 경비병 중 몇이 성에 들어가 모든 된 일을 대제사장들에게 알리니 그들이 장로들과 함께 모여 의논하고 군인들에게 돈을 많이 주며 이르되 너희는 말하기를 그의 제자들이 밤에 와서 우리가 잘 때에 그를 도둑질하여 갔다하라 만일 이 말이 총독에게 들리면 우리가 권하여 너희로 근심하지 않게 하리라 하니 군인들이 돈을 받고 가르친 대로 하였으니 이 말이 오늘날까지 유대인 가운데 두루 퍼지니라 (마 28:11-15).

우리의 관심은 마태복음에 등장하는 경비병들에게 있지 않다. 정말 중요한 것은 다음 발언이다.

> 이 말이 오늘날까지 유대인 가운데 두루 퍼지니라(마 28:15).

이 발언은 저자가 부활에 대한 유대인들의 설명이 널리 퍼질까 봐 염려했음을 보여 준다.

예수를 믿지 않았던 유대인들은 부활에 대한 제자들의 증언을 어떤 식으로 맞받아쳤을까?

이 사람들이 새 포도주에 취했다고 말했을까?

예수의 시체는 여전히 무덤 안에 있다고 말을 했을까?

아니다. 그들은 이렇게 말했다.

"제자들이 시체를 훔쳐갔다."

이 말을 한번 생각해 보자.

"제자들이 시체를 훔쳐갔다."

> **생각해 보기**
> 만약 당신이 비그리스도인 친구에게 빈 무덤의 증거에 대해 말해 준다면, 그 친구들이 어떻게 반응할 것 같은가?

유대인 지도자들은 빈 무덤을 부인하지 않고 대신 그것을 설명하기 위해 가망 없는 부조리한 설명을 내놓았다. 다시 말해, 제자들이 시체를 훔쳤다고 주장하는 유대인들의 반응은 시체가 사라졌다는 사실을 전제로 한다.

이 5가지의 증거들은 일요일 아침, 예수의 무덤이 여자들에 의해 비어 있는 상태로 발견되었음을 강력하게 입증한다. 이 사실은 확고한 역사적인 사실로 보인다. 부활 연구에 특화된 신약성경 평론가인 제이콥 크레머(Jacob Kremer)는 다음과 같이 말한다.

> 현재까지 대부분의 학자들은 빈 무덤에 대한 성경의 진술을 확고한 사실로 받아들이고 있다.[4]

실제로 영어, 프랑스어, 독일어로 된 2,200개 이상의 출간물들을 통해 1975년부터 부활에 대한 조사를 진행했던 게리 하버마스(Gary Habermas)는 75% 이상의 학자들이 예수의 빈 무덤 발견에 대한 역사성을 인정한다고 말한다.[5] 증거가 얼마나 확고한지, 심지어 핀차스 라피데

---

[4] Jacob Kremer, *Die Osterevangelien—Geschichten um Geschichte* (Stuttgart: Katholisches Bibelwerk, 1977), 49–50.

[5] Gary Habermas, "Experience of the Risen Jesus: The Foundational Historical Issue in the

(Finchas Lapide)나 게자 버마스(Geza Vermes)와 같은 유대인 학자들도 예수의 무덤이 비어 있었다는 사실을 증거에 기초하여 받아들일 정도다. 그러나 이보다 더 많은 것들이 남아 있다.

2) 예수의 사후 출현

바울은 고린도전서 15:3-8에 다음과 같이 썼다.

> 내가 받은 것을 먼저 너희에게 전하였노니
> 이는 성경대로 그리스도께서 우리 죄를 위하여 죽으시고
> 장사 지낸 바 되셨다가
> 성경대로 사흘 만에 다시 살아나사
> 게바에게 보이시고 후에 열두 제자에게와
> 그 후에 오백여 형제에게 일시에 보이셨나니 그 중에 지금까지 대다수는 살아 있고 어떤 사람은 잠들었으며 그 후에 야고보에게 보이셨으며 그 후에 모든 사도에게와 맨 나중에 만삭되지 못하여 난 자 같은 내게도 보이셨느니라(고전 15:3-8).

이는 정말 놀라운 주장이다. 우리는 첫 제자들과 개인적 친분이 있는 한 남자의 편지를 가지고 있으며, 그는 제자들이 예수가 죽은 뒤에 그를 목격했다고 말한다. 더 나아가, 자신 또한 예수를 보았다고 말한다.

이 주장에 대해 우리는 어떻게 생각해야 하는가?

예수는 실제로 사후에 살아 있는 사람들에게 나타났는가?

Early Proclamation of the Resurrection," *Dialog* 45 (2006): 292

이 질문에 답하기 위해, 먼저 예수의 사후 출현에 대한 증거들을 살펴보자. 다시 말하지만, 지면 관계상 모든 세부적인 증거들을 다 기록할 수는 없다. 하지만 여기서는 3가지만 알아보도록 하자.

(1) 바울의 목격자 목록

예수의 사후 출현의 첫 번째 증거는 바울이 제시하는 목격자 목록이다. **예수의 사후 출현에 대한 바울의 목격자 목록은, 그러한 만남의 체험이 실제로 일어났음을 보증한다.**

고린도전서 15장에서 바울은 부활한 예수를 목격한 증인의 목록을 제공하고 있다. 이러한 사건들이 실제로 발생했는지 알아보기 위해, 각각의 출현들을 간략하게 살펴보자.

① 베드로에게 나타나심

복음서는 예수가 어떻게 베드로에게 출현했는지를 기록하고 있지 않다. 그러나 이 출현은 바울에 의해 인용된 오래된 기독교 전승구에 언급되어 있으며, 이 전승구가 초기 예루살렘교회로부터 온 것임을 바울이 스스로 보증하고 있다. 갈라디아서 1:18을 통해 알 수 있듯, 바울은 다메섹 도상에서 회심한 후 3년이 지난 뒤에 베드로와 함께 예루살렘에서 2주를 보냈다. 그렇기에 베드로가 실제로 이러한 체험을 겪었다는 사실을 바울은 개인적으로 알고 있었다. 이 외에도, 베드로에게 나타나신 사건은 누가복음 24:34에서 발견할 수 있는 오래된 기독교 전승구에서도 발견할 수 있다.

주께서 과연 살아나시고 시몬에게 보이셨다(눅 24:34).

누가복음은 이전의 전승구를 인용하고 있는데, 이 구절이 엠마오 도상에서 예수가 제자들에게 출현한 이야기에 어색한 방식으로 삽입되었음이 이를 증거 한다. 이처럼 베드로가 예수를 만난 사건이 따로 존재하지 않더라도, 이는 역사적으로 꽤나 신빙성 있는 사실로 여겨진다. 그 결과, 거의 모든 신약성경 비평가들은 베드로가 죽음으로부터 살아난 예수의 모습을 보았다는 사실에 동의한다.

② 열두 제자에게 나타나심

여기서 말하는 집단은 의심할 여지없이 예수의 공생애 기간 동안 함께 다녔던 열두 제자들을 뜻한다. 당연히 유다는 제외이지만, 유다가 없다고 해서 열두 제자라는 공식 명칭이 사라지는 것은 아니다. 이 출현은 예수의 사후 부활 출현 중 가장 잘 정립된 사건이다. 이는 또한 바울이 인용하는 매우 이른 시기의 전승구에 포함되어 있으며, 바울 자신도 이 열두 제자들과 직접 만난 적이 있다. 더 나아가, 우리는 누가복음 24:36-42과 요한복음 20:19-20에 이 체험에 대한 독립적인 이야기들을 지니고 있다. 의심할 여지없이, 이 체험 이야기에서 가장 주목할 만한 점은 예수가 자신의 상처를 보이시고 제자들과 함께 식사를 드시며 육체적으로 입증한 부분이다. 이 육체적 입증은 두 가지를 보이시기 위함이었다.

첫째, 예수는 **육체적으로** 부활했다.

둘째, 그는 십자가에 달려 죽은 예수와 **동일한 존재**다.

이러한 체험의 사건이 실제로 일어났는지에 대해선 의심의 여지가 없다. 왜냐하면 열두 제자와 개인적으로 만났던 바울이 직접 전달한 초기 기독교 전승을 통해 입증되었기 때문이다. 또한 누가복음과 요한복음이 이를 독립적으로 묘사하고 있다.

③ 오백 명의 형제들에게 나타나심

세 번째 출현은 다소 충격적이다.

> 그 후에 오백여 형제에게 일시에 보이셨나니(고전 15:6).

놀라운 일이다! 왜냐하면 신약성경의 다른 곳에는 이 출현이 등장하지 않기 때문이다. 그렇기에 우리는 이 출현에 대해 회의적인 입장을 취할 수도 있다. 하지만 바울은 이 사람들과 명백히 개인적 친분을 맺고 있었다. 그중 몇 명이 이미 죽었다는 사실도 알고 있었기 때문이다. 이는 바울의 첨언을 통해 알 수 있다.

> 그 중에 지금까지 대다수는 살아 있고 어떤 사람은 잠들었으며(고전 15:6).

바울은 왜 이 구절을 굳이 덧붙인 것일까?

케임브리지대학교의 위대한 신약신학자인 C.H. 다드(C. H. Dodd)는 다음과 같이 대답한다.

> 못 믿겠으면 직접 가서 물어보라는 의미 외에는, 바울이 500명 중 대부분이 살아 있다고 언급한 이유를 파악하기 어렵다.[6]

정말로 일어난 사건이 아니라면 바울이 이렇게 적을 수 없었을 것이란 사실에 주목하자. 만약 이러한 사건이 발생하지 않았고, 목격자도

---

6 C. H. Dodd, *More New Testament Studies* (Manchester: University of Manchester, 1968), 128.

존재하지 않았다면, 그는 사람들로 하여금 목격자들에게 가서 물어보라고 권할 수 없었을 것이다. 그러나 분명히 이 사건에는 증인들이 있었고, 바울은 그중 일부가 이미 죽었다는 사실도 알고 있었다. 그러므로 이 사건은 실제로 일어났음에 틀림없다.

나는 이 출현이 복음서와는 관련이 없다고 생각한다. 이 사건이 갈릴리 지역에서 일어났을 확률이 높기 때문이다. 복음서에 나오는 부활의 출현 사건들을 하나로 종합해 보자면, 이 사건들은 예루살렘으로부터 시작해 갈릴리, 그리고 다시 예루살렘에서 일어났던 것으로 보인다. 500명에게 출현한 사건은 아마도 갈릴리 마을 주변의 산비탈 부근에서 일어났을 것이다. 갈릴리는 예수의 사역 동안 수천 명의 무리들이 가르침을 듣기 위해 모였던 장소였다. 우리가 500명에게 출현한 사건에 대한 어떠한 이야기도 복음서에서 발견할 수 없는 이유는, 복음서들이 예루살렘에서 출현한 사건에 초점을 맞추고 있기 때문이다. 한 가지 흥미로운 사실은, 이러한 갈릴리 출현이 마태복음에 등장한 무덤 앞을 지키던 천사에 의해 예측된 바로 그 사건일 가능성이 있다는 점이다(마 28:16-17).

④ 야고보에게 나타나심

이번에 소개할 출현은 가장 놀라운 사건 중 하나다. 예수가 자신의 동생인 야고보에게 나타나신 것이다. 이것이 왜 놀라운 일이냐면, 야고보를 포함한 예수의 동생들은 예수가 살아 있을 때 그를 믿지 않았음이 틀림없기 때문이다(막 3:21; 31-35; 요 7:1-10). 그들은 자신의 형이 메시아, 선지자, 혹은 그 어떤 종류의 특별한 인간이었다고도 믿지 않았다. 당혹성의 원칙(The criterion of embarrassment)을 기준으로 살펴보자면, 이는 의심할 여지없는 예수의 일생과 사역에 대한 역사적인 사실이다.

그러나 부활 이후, 예수의 동생들은 예루살렘 다락방에서 모였던 그리스도인 공동체에 모습을 드러낸다(행 1:14). 그 이후 사도행전 12:17, 즉 베드로가 감옥에서 천사의 도움을 받아 탈출했던 사건까지는 이들에 대한 언급이 더 나타나지 않는다.

하지만 돌아온 베드로의 첫마디가 무엇이었는가?

> **야고보**와 형제들에게 이 말을 전하라(행 12:17).

갈라디아서 1:19을 살펴보면, 바울은 다메섹 도상의 체험을 겪고 약 3년 뒤에 2주간 예루살렘을 방문했다고 말한다. 그는 베드로만 제외하고는, 주의 형제 **야고보 외** 다른 사도들 중 누구도 보지 못했다고 얘기한다. 여기서 바울은 최소한 야고보가 사도로 간주되고 있었음을 암시하고 있다. 14년 후 바울이 예루살렘을 재방문했을 때, 그는 예루살렘 교회에 세 명의 기둥이 있었다고 말하는데, 이 세 기둥은 바로 베드로, 요한, 그리고 **야고보**였다(갈 2:9). 결국 사도행전 21:18에 다다르면, 야고보는 예루살렘교회와 장로회의 유일한 수장으로 묘사된다. 신약성경은 이후 야고보에 대해 더 이야기하지 않는다. 그러나 유대인 역사가 요세푸스를 통해, 우리는 AD 60년 후반쯤 그가 산헤드린에 의해서 돌에 맞아 죽었다는 사실을 알 수 있다(『유대 고대사』 20.200).

야고보뿐 아니라 예수의 다른 형제들도 그리스도인이 된 후 말씀 설포에 적극적이었다. 우리는 고린도전서 9:5을 통해 이를 알 수 있다.

> 우리가 다른 사도들과 **주의 형제들**과 게바와 같이 믿음의 자매 된 아내를 데리고 다닐 권리가 없겠느냐(고전 9:5).

이를 어떻게 설명할 수 있을까?

예수의 형제들이 그분의 생애 동안 그분을 믿지 않았음은 분명하다. 야고보는 예수가 십자가에 못 박히신 것을 보고, 자신의 형이 메시아라고 주장한 것이 모두 망상에 불과했다고 확신했을 것이다. 반면, 예수의 형제들이 열정적인 그리스도인이 되어 사역에 적극적으로 동참했다는 사실도 확실하다.

만약 당신에게 형이 있는데, 당신의 형이 주님이란 사실을 믿으려면 도대체 어떤 일이 일어나야만 하는 것일까?

야고보처럼 그 믿음 때문에 죽는 것이 과연 가능한가?

"예수가 야고보에게 나타났다는 사실" 외에 이 극적인 회심을 설명할 만한 다른 근거가 있을까?

예수가 야고보에게 나타나다.

심지어 회의적인 신약성경 비평가인 한스 그래스(Hans Grass) 조차도, 야고보의 개종이 예수 그리스도의 부활에 대한 가장 설득력 있는 증거 중 하나라고 인정한다.[7]

⑤ 모든 사도에게 나타나심

이 출현은 아마 기독교 선교사들에게 제한된 사건이었겠지만, 단지 12명에 한정되지는 않았을 것이다. 이 집단에 대해서는 사도행전 1:21-22을 참조하길 바란다. 다시 말하지만, 이 출현 사건의 진실성은 바울이 사도들과 개인적으로 접촉함으로써 보장된다.

⑥ 다소의 사울에게 나타나심

이 마지막 출현은 야고보에게 나타나신 사건만큼이나 놀랍다. 바울은 말한다.

> 맨 나중에 … 내게도 보이셨느니라(고전 15:8).

예수가 다메섹 도상에서 다소의 사울(또는 바울)에게 출현한 이야기는 사도행전 9:1-9과 관련이 있으며, 나중에 바울은 이 일을 두 번 더 언급한다. 그는 자신이 직접 기록한 편지들에서 이 사건이 실제로 일어났다는 사실을 의심의 여지없이 확증한다.

이 사건은 사울의 인생 전체를 바꾸어 놓았다. 그는 랍비이자 바리새인이었으며, 존경받는 유대인 지도자였다. 그는 기독교라는 이단을 경

---

[7] Hans Grass, *Ostergeschehen und Osterberichte*, 4th ed. (Göttingen: Vandenhoeck & Ruprecht, 1974), 80.

멸했고, 이단을 척결하기 위해서라면 모든 수단을 동원했다. 그는 심지어 자신이 그리스도인들의 **처형 집행**에 대한 책임자였다고 말한다. 그랬던 그가 이 모든 것을 포기했다. 존경받는 유대인 지도자의 자리를 버리고 기독교의 선교사가 된 것이다. 이는 빈곤과 노동, 그리고 고난의 삶에 뛰어든다는 사실을 의미했다. 그는 채찍에 맞고, 매에 맞고, 돌에 맞았으며, 버려짐을 당하고, 배가 난파된 적이 3번이었으며, 끊임없는 위험과 약탈과 걱정 속에서 살아야만 했다. 그리고 결국 로마에서 자신의 신앙 때문에 순교해야만 했다. 그리고 이 모든 일은 다메섹 도상에서 "우리 주 예수"를 보았던 사건 때문이었다(고전 9:1).

요약하자면, 바울의 증언은 역사적으로 여러 개인 혹은 집단들이 예수가 죽고 장사된 이후 다시 출현한 사건을 경험했다는 사실을 확증한다.

(2) 복음서의 독립 증언

예수의 사후 출현의 두 번째 증거는 복음서의 독립 증언에 있다. **복음서의 기록은 예수의 사후 출현에 대한 다수의 독립적인 기록(reports)을 제공한다.** 심지어 몇 가지는 바울의 목록에 있던 출현과 겹치기까지 한다. 베드로에게 나타나심은 바울과 누가에게서 독립적으로 언급되며(고전 15:5; 눅 24:34), 이는 비평학자들에 의해 전 세계적으로 인정된 사실이다. 열두 제자에게 나타나심은 바울, 누가, 그리고 요한에 의해 독립적으로 증언되며(고전 15:5; 눅24:36-53; 요 20:19-31), 다시 한 번 강조하지만 이는 논란의 여지가 없다.

여성 제자들에게 나타나심은 마태와 요한에 의해 독립적으로 보고되며(마 28:9-10; 요 20:11-17), 당시 여성에게 부여된 증언의 신뢰성이 매우 낮았기 때문에, 당혹성의 원칙(The criterion of embarrassment)에 따라 사실임이 확인된다. 학자들이 일반적으로 동의하는 바는, 바울 전승구에서 여성 목격자들의 목록이 빠졌다는 사실이야말로 여성 증인을 인용하는 일에 대한 당대의 불편함을 보여 준다는 사실이다.

마지막으로, 갈릴리의 제자들에게 예수가 나타나신 사건은 마가, 마태, 그리고 요한에 의해 독립적으로 보고된다(막 16장; 마 28:16-20; 요 21장).

순차적으로 따르자면, 예수의 출현은 예루살렘, 갈릴리, 그리고 다시 예루살렘에서 일어났던 것으로 보인다. 이는 제자들의 순례와 일치하는데, 그들은 유월절과 무교절 축일 이후 갈릴리로 되돌아갔고, 두 달 후 오순절을 지내러 다시 예루살렘으로 갔다.

이로부터 우리는 어떤 결론을 내릴 수 있는가?

원한다면 이 출현 사건을 환각이라 부를 수도 있다. 그러나 이러한 사건이 발생했다는 사실만큼은 절대로 부정할 수 없다. 심지어 회의론적 평론가인 게르트 뤼데만(Gerd Lüdemann)조차 다음과 같이 강조한다.

예수의 죽음 이후, 베드로를 포함한 제자들이 부활한 예수가 자신들에게 나타나는 사건을 경험했다는 사실은 역사적으로 확실하다고 말할 수 있다.[8]

증거들에 따르면, 죽음에서 부활한 예수를 목격한 이 사건들은 각기 다른 때에 독립적인 개인과 집단에게 일어난 것이 확실하다. 이러한 결론에는 논란의 여지가 없다.

(3) 부활한 육체의 물리성

예수의 사후 출현의 세 번째 증거는 부활한 육체의 물리성에 있다. **부활한 예수의 모습은 물리적인 몸을 지닌 육체의 모습이었다.**

지금껏 내가 제시한 증거들은 사후 출현 자체의 **본질**에 대해서는 논하지 않는다. 나는 그들이 환상을 보았든, 아니면 육체를 보았든, 양쪽의 가능성을 모두 열어 두었다. 부활한 예수를 경험했던 사건들이 심리학적 근거들을 통해 환상에 불과한 것으로 설명될 여지는 충분히 있다. 그러나 만약 이 출현이 물리적이고 육체적인 것이었다면, 순전히 심리학적으로 설명하는 일은 거의 불가능해진다. 그러므로 이쯤에서 이 출현 사건의 본질에 대해 논해 볼 가치가 있다.

① 바울은 이 출현이 물리적(physical)이었음을 암시한다
다음의 두 가지 방법으로 말이다.
첫째, 바울은 부활한 몸을 육체라 생각한다. 바울이 영혼의 불멸에

---

8 Gerd Lüdemann, *What Really Happened to Jesus?*, trans. John Bowden (Louisville, KY: Westminster John Knox Press, 1995), 80.

대해 가르친 것이 아니라 육체의 부활에 대해 가르쳤단 사실은 모든 사람이 쉽게 알아챌 수 있다. 고린도전서 15:42-44에서, 바울은 현재 지상에서의 몸과, 미래에 그리스도처럼 부활하게 될 몸 사이의 차이점들을 묘사한다. 그는 지상의 몸과 부활의 몸에 대해 4가지의 본질적인 대조를 묘사하는데, 이는 다음과 같다.

지상의 몸:	부활의 몸:
썩을	썩지 아니할
욕된	영광스러운
약한	강한
육의	신령한(spiritual)

이 중에서 오직 마지막 대조만이 바울이 물리적인 몸의 부활을 믿지 않았다고 생각할 만한 여지를 남긴다.

그러나 여기서 육적/영적이라고 번역된 단어는 무엇을 의미하는가? "육의"(natural)이라고 번역된 이 단어는 문자적으로 "혼의"(Soul-ish)을 의미한다. 당연히, 바울은 우리의 몸이 혼으로 만들어졌다고 말하고 있는 것이 아니다. 오히려 그는 이 단어를 통해 "인간의 본성(human nature)에 의해 지배되거나, 혹은 인간 본성에 속한 상태"를 말하고자 했다. 이와 비슷하게, 바울이 부활할 몸이 "신령한"(spiritual)[9]라고 말할 때는 "영으로 만들어졌음"을 의미하는 것이 아니다. 그는 "영에 의해 지배되거나, 영에 속한 상태"를 말하고자 했다. 이는 흔히 누군가를 영적인 사람(spiritual person)이라고 부를 때 쓰이는 "영"이라는 말과 같다.

고린도전서 2:14-15에서 바울이 정확히 같은 단어를 쓰고 있는 구절을 보라.

---

[9] 한글 성경에선 "신령한"이지만 "영적인"으로 표기할 수도 있다. -역주

육에 속한 사람은 하나님의 성령의 일들을 받지 아니하나니 이는 그것들이 그에게는 어리석게 보임이요, 또 그는 그것들을 알 수도 없나니 그러한 일은 영적으로 분별되기 때문이라 신령한 자는 모든 것을 판단하나 자기는 아무에게도 판단을 받지 아니하느니라.

육에 속한 사람은 "육체로 이루어진 사람"을 뜻하는 것이 아니라, "인간의 본성에만 기초한 사람"을 의미한다. 그리고 **신령한 자**는 "무형의 보이지 않는 영혼"이 아니라, "영에 기초한 사람"을 의미한다. 이러한 대조는 고린도전서 15장의 대조와 동일하다. 현재의 육체는 죄악 된 본성의 노예가 된 상태에서 벗어나, 하나님의 성령에 의해 조정되어 완전한 능력을 얻게 될 것이다. 이처럼, 부활할 몸에 대한 바울의 교리는 육체의 부활을 의미한다.

둘째, 바울과 사실상 모든 신약성경은 예수의 출현(appearance)과 예수의 환상(vision)을 구별한다. 예수의 출현은 곧 중단되었으나, 예수의 환상은 초기 교회에 계속되었다. 그렇다면 이 질문에 답해야만 한다.

출현과 환상의 차이는 무엇인가?

신약성경이 말하는 답은 단순해 보인다. 환상은, 그것을 비록 하나님이 주었다 할지라도, 순전히 정신세계 안에 머무른다. 하지만 출현은 실제로 현실세계 안에서 발생했던 일이다.

사도행전 7장에서 스데반이 보았던 예수의 환상과 부활한 예수의 출현을 비교해 보라. 스데반은 식별할 수 있는 육체적인 이미지를 보았다. 그러나 그것은 한 남자에 대한 환상을 본 것이었을 뿐, 실제로 육체가 거기 나타난 것이 아니었다. 따라서 그 자리에 있던 스데반 외의 다른 사람들은 같은 체험을 전혀 공유하지 못했다. 이와 대조적으로, 출현은 실제 세상 안에서 일어난 사건이었으며, 그 자리에 있는 모든 사람이 경험할 수 있었다. 바울은 다메섹 도상에서의 체험을 출현으로 간주했는데, 이 사건이 예수의 승천 이후에 일어났음에도 불구하고 바깥 세상(the external world)의 현상들, 즉 빛이나 음성과 같이 주변의 동료들도 함께 경험할 수 있었던 현상들이 함께 수반되었다. 이처럼, 예수의 환상과 예수의 출현은 구분되며, 이러한 차이는 부활한 몸이 육체적이었음을 암시한다.

② 복음서의 기록은 예수의 출현이 육체적인 몸이었음을 보여 준다
두 가지 요점을 언급하는 편이 좋겠다.

첫째, 복음서와 관련된 모든 부활의 출현은 육체적인 몸을 가리킨다. 사복음서가 전부 일치하는 증언을 말하고 있다는 점은 참으로 놀랍다. 만약 육체적인 몸의 부활에 기초한 출현 사건들이 **없었다면**, 사복음서가 만장일치로 이 **모든** 출현이 육체적이었다고 증언하는 것은 참 이상한 일이다. 본래 비육체적인 출현이었다가 후대에 육체적 출현으로 변개된 흔적은 전혀 보이질 않는다. 아직 목격자들이 버젓이 살아 있을 만한 짧은 기간에, 구전 전승들이 그렇게 극단적으로 왜곡되었을 확률은 지극히 희박하다.

둘째, 만약 모든 출현들이 실제로 비육체적 환상이었다면, 복음서의 기록들이 어째서 지금의 방식으로 발전했는지 이해할 방도가 없다. 육체적인 몸의 출현은 이방인에게는 어리석은 것이요, 유대인에게는 거리끼는 것이므로, 이방인과 유대인 모두 육체적 부활을 받아들일 수가 없는 사람들이었다. 그리스인들의 사상은 육체로부터의 죽음을 "좋은 탈출"로 여겼는데, 육체를 영혼의 감옥이라 여겼기 때문이다. 유대인들은 세상의 종말의 때에 이루어질 모든 사람의 보편적인 부활 이전에는 그 어떠한 부활의 영광이나 불멸의 가능성도 배제했다. 그렇기에 이 두

집단은 죽음으로부터 부활했다는 누군가에 관한 이야기에 매우 회의적이었을 것이다. 그러나 두 집단 모두 환상을 보았다는 이야기라면 기꺼이 받아들일 수 있었을 것이다.

만약 실제로 일어난 사건이 단지 환상을 본 일에 불과했다면, 어째서 복음서들은 만장일치로 몸의 부활에 대해 지어내기로 작정한 것일까?

솔직해지자면, 예수의 육체적인 사후 출현을 부정할 만한 유일한

근거는 역사적이라기보단 철학적인 종류다. 그 근거는 다음과 같다.

'이러한 출현은 엄청난 기적이라 볼 수 있으며, 따라서 많은 비평가들이 받아들일 수 없는 종류의 것이다.'

우리는 여기서 신의 존재에 대한 증거들을 살펴보았던 이전 발걸음을 되돌아 볼 필요가 있다. 만약 신이 존재한다면, 기적을 부정할 만한 좋은 근거는 없다. 불가지론자인 호주 철학자 피터 슬리작(Peter Slezak)은 나와 토론하던 중 다음과 같은 사실을 언급했다.

만약 우주 전체를 창조할 만한 하나님이 존재하기만 한다면, 부활 쯤은 어린애 장난에 불과할 것이라고 말이다!

그러므로 앞서 제시된 3가지 근거에 따라, 우리는 예수가 다양한 환경 속에 있는 개인과 집단에게 죽음 이후에 출현한 사건들이 확고한 역사적 사실이라고 인정할 수 있다. 또한 그러한 출현이 물리적이고 육체적이었다는 사실도 받아들일 수 있다.

2. 초기 기독교 신앙의 근원

세 번째로 제시할 근거는 초기 기독교 신앙의 근원이다. 우리 모두는 기독교가 AD 1세기 중반쯤부터 나타나기 시작했다고 알고 있다.

기독교는 대체 왜 존재하게 되었을까?

이 운동을 시작하게 만든 원인은 대체 무엇인가?

심지어 회의적인 신약학자들조차도, 기독교의 신앙은 초기

> **생각해 보기**
> 본 장의 증거들 중 어떤 것이 개인적으로 가장 와 닿았는가?
> 당신의 비그리스도인 친구들이 이러한 다양한 논증들을 듣는다면 어떻게 반응할 것 같은가?
> 무엇이 가장 설득력 있을 것 같은가?

제자들의 믿음, 즉 하나님이 나사렛 예수를 죽은 자 가운데서 살렸다는 믿음에 기초하고 있다는 점을 인정한다. 사실상 제자들은 자신들의 신앙을 이 부분에 집중했다.

한 가지 예를 들어 보겠다. 제자들은 예수가 메시아라고 믿었다. 유대인들은 이스라엘의 적들을 물리치지 못하고 수치스럽게 처형을 당하는 메시아에 대한 개념을 가지고 있지 않았다. 메시아는 유대인과 이방인의 존경을 한 몸에 받으며, 다윗의 왕좌를 예루살렘에 재건하는 승리자의 모습이어야 마땅했다. 이스라엘을 구출하고 통치하는 데 실패하고, 패배를 당하고, 모욕을 당하고, 적들에게 죽임까지 당하는 메시아는 그 자체로 모순이었다. 유대 문서들에서 이런 사람을 "메시아"라고 부르는 장면은 어디에도 없다. 그러므로 예수가 십자가에서 처형을 당했다는 사실이 제자들의 신앙에 치명적이었다는 사실은 아무리 강조해도 지나치지 않다. 예수가 십자가 위에서 죽음을 맞이했다는 사실은, 예수가 메시아가 아닐까 하는 헛된 희망의 굴욕적인 종착역이었다.

그러나 예수의 부활은 십자가의 재앙을 역전시켰다. 하나님이 예수를 죽은 자 가운데서 살렸다는 사실은, 예수가 메시아였다는 사실을 드러냈다. 베드로는 사도행전 2:23-36에서 이렇게 언급한다.

> 그를 … 하나님이 살리신지라 … 그런즉 이스라엘 온 집은 확실히 알지니 너희가 십자가에 못 박은 이 예수를 하나님이 주와 그리스도[메시아]가 되게 하셨느니라 하니라(행 2:23-26)

제자들은 예수의 부활을 근거로 삼아 예수가 메시아였다는 사실을 믿을 수 있다고 말했다.

그러므로 예수의 부활에 대한 믿음이 초기 기독교 교회에서 보편적이었다는 사실은 그리 놀랄 일이 아니다. 고린도전서 15:3-7에서 인용된 전승구는 죽음, 매장, 부활, 그리고 그리스도의 출현으로 복음을 정의할 수 있으며, 복음에 대한 이러한 이해의 시작이 초대 예루살렘교회까지 거슬러 올라간다는 사실을 보여 준다.

이처럼, 기독교의 기원은 하나님이 예수를 죽은 자 가운데서 살렸다는 초기 제자들의 믿음에 달려 있다. 그렇다면 질문은 이것이다.

이러한 믿음의 기원이 어디서 비롯되었는가?

R.H. 풀러(R.H. Fuller)가 말했듯이, 아무리 회의적인 비평가라 할지라도 이러한 운동의 시발점이 된 X를 제시해야만 한다.

이 X는 과연 무엇일까?

3. 요약

이제 우리는 3가지 요점을 모두 요약할 준비가 되었다.

첫째, 우리는 예수의 빈 무덤이 여성 추종자들에 의해 발견되었다는 사실에 대한 여러 역사적 증거들을 살펴보았다.

둘째, 죽음으로부터 부활한 예수가 각기 다른 환경과 장소에서, 다양한 개인과 집단에게 출현한 사건에 대해 여러 가지 역사적 증거들을 살펴보았다.

셋째, 우리는 기독교 신앙의 시작이 하나님이 나사렛 예수를 죽은 자 가운데서 살렸다는 초기 제자들의 믿음에 근거하고 있음을 보았다.

뮌헨에서 연구를 마친 후 가장 놀란 사실 중 하나는, 오늘날 대부분의 신약성경 비평가들이 독립적으로 세워진 이 3가지 사실들을 지지한다는 점이었다. 가장 의견의 불일치가 많이 일어나는 유일한 부분은 부활의 출현이 과연 육체적이었는가 하는 점이다. 그러나 현대의 학자들은 대체로 내가 진술한 3가지 사실들을 강하게 지지한다.

이는 보수적이거나 복음주의적인 학계의 결론이 아니다. 이는 주류 신약성경 비평가들[10]이 내린 결론이다. 이미 살펴보았듯이, 이 주제에 대해 많은 글을 써 온 대부분의 학자들은 빈 무덤에 관한 사실을 받아들인다. 또한, 초기 제자들이 예수의 사후 출현을 경험했다는 사실을 부정하는 학자는 거의 전무하다. 오히려 대부분의 학자들은, 초기 제자들이 최소한 하나님이 예수를 죽은 자 가운데서 살렸다는 믿음을 소유했다는 사실만큼은 참이라고 본다. 만약 이러한 사실들을 부인하는 비평가가 있다면, 자신의 견해를 방어해야만 하는 책임은 오히려 그 사람에게 있다.

따라서 복음서들 간에 정황적인 세부 사항들이 불일치하는 문제를 가지고 옥신각신하려는 불신자들에게 휘둘려서는 안 된다. 예수의 부활에 대한 논증은 그런 세부사항들에 달려 있지 않다. 반면, 사복음서는 모두 다음과 같은 사안들에 동의하고 있다.

> 나사렛 예수는 예루살렘에서 신성 모독 혐의로 산헤드린에 의해 체포되어, 유죄 판결을 받고 총독 빌라도에게 반역죄를 덮어 쓴 채, 유월절 잔치 기간에 로마의 권력에 의해 십자가에 못 박혔다. 그는 몇 시간이 못 되어 죽었고, 금요일 오후에 아리마대 사람 요셉에 의해 돌로 막힌 무덤 안에 장사되었다. 예수가 장사되는 것을 지켜보았던 막달라 마리아를 포함한 일부 여성 추종자들은 일요일 아침 일찍 찾아가 무덤이

---

10 신약학계는 예수를 신적인 존재로 믿지 않는 무신론, 불가지론 신약학자들도 대거 포진해 있다. -역주

비어 있는 것을 발견했다. 그 후, 예수는 죽음으로부터 되살아나 베드로를 포함한 제자들에게 출현했고, 이들은 부활의 메시지를 선포하는 사람들로 변모했다.

사복음서는 이 모든 사실들을 공통으로 주장한다. 만약 사복음서 모두가 아니라 세 개의 복음서만 담고 있는 사실들까지 추가하면 훨씬 많은 세부 정보를 제공할 수 있다. 그러므로 사소한 불일치들은 논증에 영향을 미치지 않는다. 역사학자들은 가장 신뢰할 만한 자료에서도 불일치가 발견될 것이라고 예상한다. 불일치가 좀 발견된다고 사료들을 폐기 처분하는 역사학자는 아무도 없다. 그렇지 않으면 불일치를 담고 있는 다른 모든 역사적 사실들도 부정해야만 한다. 이는 전적으로 비합리적이다. 더 나아가, 복음서의 경우 불일치들이 하나의 자료에서 발견되는 것도 아니다. 이는 독립적인 자료들 간에 발견되는 불일치다. 두 자료 간의 불일치 때문에 둘 다 틀렸다고 말할 수는 없다. 최악의 경우, 조화될 수 없다면 둘 중 하나만이 틀린 것이다.

남겨진 과제는 이것이다.

지금껏 진술한 3가지 사실들에 대한 가장 좋은 설명은 무엇인가?

4. 증거에 대한 설명

이제 우리는 논증의 두 번째 단계로 나아갈 것이다.

이 증거들에 대한 설명 중 무엇이 가장 최선인지를 결정하라.

역사학자들은 경쟁 중인 가설을 평가하기 위해 다양한 요인들을 고려한다. 그중 가장 중요한 요인들은 다음과 같다.

① 최선의 설명은 다른 가설들보다 넓은 **설명의 범위**(explanatory scope)를 지닐 것이다. 즉 주어진 증거들을 더 넓은 폭으로 설명해 낼 것이다.

② 최선의 설명은 다른 가설들보다 **설명 능력**(explanatory power)이 더욱 강할 것이다. 즉 증거들을 더욱 신빙성 있도록 만들 것이다.

③ 최선의 설명은 다른 가설들보다 **개연성**(plausible)이 있을 것이다. 즉 배경이 되는 신념들에 더욱 잘 들어맞을 것이다.

④ 최선의 설명은 다른 가설들보다 **덜 인위적**(less contrived) 것이다. 즉, 설명을 위해 별 다른 근거가 없는 새로운 신념들을 끌어들이지 않아도 무방할 것이다.

⑤ 최선의 설명은 다른 가설들에 비해 **반대되는 신념의 수가 적을 것**(disconfirmed by fewer accepted beliefs)이다. 즉, 사람들에게 받아들여지는 여러 가지의 신념과 그렇게 많은 충돌을 일으키지 않을 것이다.

⑥ 최선의 설명은 위의 ①-⑤의 조건들에 있어 다른 가설들을 훨씬 능가할 것이고, 따라서 다른 가설들이 이러한 조사들을 통해 더 나은 설명으로 드러날 가능성은 거의 없다.

어떤 가설은 하나의 기준에는 매우 적합하면서도, 동시에 다른 기준에선 기준점에 미치지 못할 수도 있다. 따라서 무엇이 최선의 설명인지를 판단하는 일은 종종 큰 기술을 요할 만큼 어렵다. 그러나 만약 어떤 가설의 설명 범위와 설명 능력이 매우 훌륭하다면, 그리고 넓고 다양한 사실들을 설명해 내는 데 있어 훨씬 훌륭한 결과를 보여 준다면, 이 가설이 진짜 설명일 확률이 높다.

그렇다면 빈 무덤, 사후 출현, 그리고 부활에 대한 제자들의 믿음의 기원을 설명하기 위해 역사적으로 제시되어 온 전형적인 가설들을 위의 검증 과정을 통해 살펴보고, 과연 부활 가설보다 더 나은지 결과를 지켜보도록 하자.

5. 음모설 (Conspiracy Hypothesis)

이 가설에 따르면 제자들은 예수의 시체를 훔쳤고, 그의 출현에 대해 거짓말을 했으며, 부활이라는 개념을 지어냈다. 이는 우리가 살펴봤듯이 빈 무덤에 대한 최초의 반론이었으며, 18세기 유럽의 이신론자들에 의해 다시 대두되었다. 하지만 이러한 설명은 현대의 학자들에 의해 완전히 부정되었다. 역사적 가설들을 평가하기 위한 평가기준들을 적용하고 그 결과를 한번 살펴보자.

(1) **설명의 범위**

음모설은 이 조건을 꽤나 잘 충족시킨다. 이는 빈 무덤에 대한 설명(제자들이 시체를 훔쳤다), 예수의 사후 출현 사건(제자들이 거짓말했다), 그리고 제자들의 부활에 대한 (거짓된) 믿음에 대한 설명(이것도 제자들이 거짓말했다)을 제공한다.

(2) **설명의 능력**

여기서 음모설에 대한 의구심이 생기기 시작한다. 빈 무덤을 예로 들어 보겠다. 제자들이 예수의 시체를 훔쳤다면, 무덤을 찾아간 여성들에 대한 이야기를 지어내는 것은 매우 의미 없는 일이 될 것이다. 이런 이야기는 유대인 남자들이 지어낼 만한 종류가 아니다. 더 나아가, 이야기의 단순성(simplicity)은 음모론에 의해 잘 설명되지 않는다.

성경 구절에 대한 증명과 예언의 성취에 대한 증거는 어디로 사라졌는가?

왜 『베드로복음』과 같은 위경에서처럼 예수는 무덤을 박차고 나오는 모습으로 묘사되지 않았는가?

믿지 않는 유대인들과의 논쟁 부분도 설명하기 어렵다.

왜 마태복음에 등장하는 경비병들이 마가복음의 이야기에서는 등장하지 않는가?

심지어 마태복음에서조차 경비병은 너무 늦게 배치되었다. 그래서 경비병들이 도착한 토요일 아침 이전에 이미 시체가 도난당하고, 그들은 이미 비어버린 무덤을 지키고 있었을지도 모른다.

시체를 훔쳤다는 비난을 피하기 위해서는 제대로 된 알리바이를 지어내야 할 것 아닌가?

"좋아, 이렇게 계획을 짜 보자. 무덤에서 시체를 훔쳐서 어딘가에 숨겨 두자. 그리고 나서 이야기를 하나 지어내자. 이 이야기 때문에 우리 전부는 몰살을 당할 수도 있지만 말이야. 나와 함께 할 사람?"

외경인 『베드로복음』을 다시 한 번 살펴보라. 경비병들이 예수가 장사되자 바로 투입되는 모습을 볼 수 있다. 출현 이야기에 관련해서도 비슷한 문제들이 발생한다. 거짓 이야기를 창작한 사람은 구약성경에 드러난 하나님에 대한 환상과 마지막 부활에 대한 묘사(단 12:2)에 따라 예수의 부활을 묘사했을 수도 있다. 그러나 이런 경우 예수는 눈부신 영광으로 제자들 앞에 나타나셔야만 한다.

어째서 부활 그 자체에 대한 묘사가 빠졌는가?

왜 예수는 스스로 예언한 대로 대제사장 가야바나 산헤드린의 악당들에게 나타나지 않았는가?

그렇게만 지어냈어도, 그들을 예수의 출현을 일부러 부인한 희대의 거짓말쟁이들로 낙인찍을 수 있지 않았을까?

여기서 예수의 부활에 관한 제자들의 믿음의 기원을 논해 보자. 음모설의 설명 능력이 의심할 여지없이 가장 취약하다는 점을 알아차릴 수 있을 것이다. 이 가설은 제자들의 믿음 자체를 거짓이라 말하고 있다. 그들이 겉으로만 믿는 척했다는 것이다. 하지만 전 세계의 비평가들이 인정하듯이, 초기의 제자들이 적어도 자신들은 예수의 부활을 신실하게 믿었다는 점을 부인할 수는 없다. 그들은 이 신념을 위해 목숨을 버렸다. 제자들의 삶의 변화는 음모설에 의해 설명될 수 없다. 대부분의 학자들은 이 점 하나만으로도 음모론을 영원히 잠식시킬 수 있었다.

(3) 개연성

음모론의 진정한 아킬레스 건은 바로 비개연성이다. 누군가는 음모설에 반박하기 위해 음모의 내용이 믿을 수 없이 복잡하다거나, 제자들의 심리상태를 내세울 것이다. 하지만 가장 중요한 문제는 바로 1세기의 유대인들이 예수의 부활을 지어내려고 하는 것 자체가 전적으로 시대착오적이라는 점이다.

음모설은 1세기 유대인의 시각보다는 기독교 역사라는 거울에 비추어 제자들의 상황을 바라보려고 한다. 다윗의 왕좌를 건설하고 이스라엘의 적들을 물리치는 대신에, 이방인들에 의해 범죄자로서 수치스럽게 처형을 당하는 메시아에 대한 기대는 존재할 수 없었다. 부활이라는 개념 또한 메시아의 개념과 연결되기는커녕 양립할 수도 없는 것이었다. N.T. 라이트(N.T. Wright)가 훌륭하게 언급한 바에 따르면, 만약 당신이 1세기 유대인인데 메시아로 믿고 따르던 자가 십자가형을 당했다면 두 가지 선택지만이 남는다. 포기하고 집으로 들어가거나 아니면 다른 메시아를 찾는 것이다. 그러나 예수의 시체를 훔치고 하나님이 그를 죽은 자 가운데서 다시 살렸다고 주장하는 쪽을 저자들이 선택할 확률은 너무나 희박하다.

이교도 신화의 영향을 받아 예수의 부활이라는 개념을 떠올릴 수 있었을 것이란 의견도 제시되어 왔다. 19세기에서 20세기까지의 비교종교학자들은 다른 종교의 운동들과 기독교 신앙의 유사점들을 수집하기 시작했고, 어떤 사람들은 다른 신화들의 영향으로부터 부활을 포함한 기독교 신앙을 설명하고자 했다. 이러한 노력들은 죄다 무너지게 되었는데, 근본적으로 두 가지 이유 때문이다.

첫째, 학자들은 그러한 유사점들이 거짓이라는 사실을 깨달았다. 고대 세계는 다양한 신들과 영웅들의 신화가 뒤섞인 과일 바구니와도 같았다. 종교에 대한 비교 연구를 하기 위해선 유사성과 차이점에 대한 세밀한 주의가 필요하다. 그렇지 않으면 필연적으로 왜곡과 혼란이 발생한다. 불행하게도, 예수의 부활에 대한 유사점들을 찾으려고 열심을 다했던 사람들은 세밀한 주의를 기울이지 못했다.

유사해서 의심의 대상이 되었던 이야기들 중 대부분은 영웅이 하늘로 **올라간** 이야기들이다(헤라클레스, 로물루스). 다른 것들은 **실종** 이야기들로서, 영웅들이 더 높은 영역으로 사라졌다는 내용들이다(티아나의 아폴로니우스, 엠페도클레스). 또 다른 것들은 작물 주기를 나타내는 계절의 상징들로서, 식물이 건기에 죽고 우기에 삶으로 돌아오는 모습을 묘사한 것이다(타무즈, 오시리스, 아도니스). 일부는 황제 숭배를 위한 **정치적인 표현**들이다(율리우스 카이사르, 시저 아우구스투스).

이들 중 어느 것도 죽은 자의 부활에 관한 유대인의 생각과 유사하지 않다. 엄밀히 말하자면, 대부분의 학자들은 죽었다가 살아나는 신에 대한 신화가 실제로 존재하기나 하는지에 대해 의심하기 시작했다. 예를 들면, 계절을 표현하는 상징적 신화로 가장 유명한 오시리스(osiris) 신화의 경우, 오시리스는 다시 살아나는 게 아니라 그냥 죽은 자들의 영역에 계속해서 존재할 수 있을 뿐이다.

일반적으로 학자들은 이교도 신화들은 단순히 나사렛 예수를 잘못된 맥락에서 해석하는 하나의 방식이라는 점을 깨닫게 되었다. 예수와 그의 제자들은 1세기 이스라엘의 유대인이었으며, 그들을 이해하려면 이러한 배경적 맥락을 이해해야만 한다. 이교도와의 유사성에 대한 주장이 붕괴되었다는 사실은, 그것이 예수의 부활에 대한 제자들의 믿음을 이해하는 데 있어 일종의 그릇된 해석적 맥락임을 보여 준다.

둘째, 우리는 이교도 신화와 제자들의 예수 부활에 대한 믿음의 기원 사이에서 어떠한 인과 관계도 찾아볼 수 없다. 유대인들은 계절과 관련된 신들을 잘 알고 있었고(겔 37:1-14), 그들을 몹시 혐오했다. 그렇기에 1세기 이스라엘에는 죽었다 살아나는 신들에 대한 숭배의 흔적을 찾아볼 수가 없는 것이다. 어쨌든 초기의 제자들이 이교도 신화로부터 죽었다 살아나는 계절 신들에서 모티브를 얻어 나사렛 예수가 죽은 자 가운데서 살아났다는 개념을 만들어 냈을 가능성은 매우 희박하다. 따라서 현대의 학자들은 이러한 접근법을 폐기했다.

하지만 유대교의 영향으로 예수의 부활을 지어냈을 수도 있지 않은가?

다시 말하지만 이 또한 가능할 것 같지 않다. 부활에 대한 유대인의 개념은 예수의 부활과 적어도 두 가지 근본적인 차이를 지니고 있었다.

첫째, 유대인들이 생각하던 영광과 불멸의 부활은 오직 세상의 종말 이후에 국한된 것이었다. 유대인들은 역사 한복판에서 일어나는 부활에 대해서는 전혀 아는 바가 없었다. 그래서 예수가 자신의 부활에 대해 예언할 때 제자들이 그처럼 어리둥절했던 것이다. 그들은 예수가 세상의 마지막 날에 일어날 부활에 대해 말하고 있다고 생각했다. 예를 들어 마가복음 9:9-11을 살펴보자.

> 그들이 산에서 내려올 때에, 예수는 그들에게 명하시어, 인자가 죽은 사람들 가운데서 살아날 때까지는, 본 것을 아무에게도 이야기하지 말라고 하셨다. 그들은 이 말씀을 간직하고, 죽은 사람들 가운데서 살아난다는 것이 무슨 뜻인가를 서로 물었다. 그들이 예수께 묻기를 "어찌하여 율법학자들은 엘리야가 먼저 와야 한다고 합니까?" 하니(막 9:9-11, 표준새번역).

여기서 예수는 자신의 부활을 예언하는데, 제자들이 무엇을 묻고 있는가?

> 어찌하여 율법학자들은 엘리야가 먼저 와야 한다고 합니까?(막 9:11, 표준새번역).

1세기 유대교에서는 위대하고 공포스러운 주의 날, 즉 심판의 날이 와서 모든 자들이 죽음으로부터 일어날 것을 믿었다. 그리고 그 전에 엘리야 선지자가 먼저 올 것이라 믿었다. 그러나 제자들은 세상이 끝나기 전에 역사 안에서 일어나는 부활에 대한 개념은 이해하지 못했다. 예수의 예언은 그들을 혼란스럽게 만들 뿐이었다.

이처럼 부활에 대한 유대인의 개념을 고려할 때, 제자들은 예수의 십자가 처형 이후에 그가 곧장 부활했다는 개념을 지어낼 수는 없었을 것이다. 차라리 그들이 마지막 날의 부활을 기다리며, 유대인의 전통에 따라 그가 부활하는 날까지 그의 뼈가 묻힌 무덤을 신전처럼 보존했을 것이라 보는 게 더 합리적이다.

둘째, 유대인에게 있어 부활은 항상 의인들의 부활을 뜻했다. 그들은 개인의 부활에 대해서는 전혀 몰랐다. 더 나아가, 성도 개개인의 부활과 메시아의 부활 사이에는 아무런 연관성이 없었을 뿐만 아니라, 메시아의 부활에 대한 믿음 자체가 존재하질 않았다. 그렇기에 우리는 처형된 지도자가 죽은 자 가운데서 살아났다고 주장하는 다른 메시아 운동의 사례를 찾아볼 수 없는 것이다. N.T. 라이트는 이 점을 강조했다.

> 1세기 메시아 운동의 추종자들은 … 열렬하게 그 주동자에게 헌신했다. … 그러나 예수 이전의 한 세기와 이후의 한 세기를 통틀어서 모든 운동을 살펴봐도 그들의 지도자가 죽은 자 가운데서 살아났다고 주장하는 유대인 집단은 없었다.[11]

유대인들은 개인의 부활, 특별히 메시아의 부활에 대해 아무런 개념이 없었다. 그러므로 예수의 십자가 처형 이후 모든 제자들이 할 수 있었던 일이라고는 단지 마지막 부활 때에 그들의 주를 보길 고대하는 것뿐이었다.

---

11 N. T. Wright, *Sewanee Theological Review*, 41.2, 1998.

이 점은 제자들이 예수의 부활을 일부러 지어냈다고 주장하는 음모설뿐 아니라, 그들의 선동이 이교도나 유대교의 영향을 기초하고 있다고 말하는 모든 가설을 일축시킨다. 제자들은 정말로 부활을 믿고 설교했던 것이다.

> **생각해 보기**
> 역사적인 배경지식들이 마가복음 8:31-32, 사도행전 17:16-18, 32과 같은 사건들을 이해하는 데 어떤 도움을 주는 것 같은가?

(4) 덜 인위적

다른 모든 역사적 사건들에 대한 음모론과 마찬가지로, 부활에 대한 음모설도 인위적이라 볼 수 있는데, 모든 증거가 가리키는 방향이 단지 겉핥기에 불과하다고 말하며, 그것에 대한 증거로 증명될 수 없는 가설을 들이민다. 구체적으로 말하자면, 음모설은 초기 제자들의 마음에 특정 동기와 생각이 있었다고 가정하며 특정 행동들도 가정하는데, 이것에 대한 아무런 증거도 존재하지 않는다. 이 이론에 대한 반박들을 재반박하기 위해서는 이러한 가정들이 배로 늘어나야만 하는데, 이는 인위적으로 흘러갈 수밖에 없다.

예를 들어, 500명의 형제에게 나타나신 사건이나, 빈 무덤과 출현 사건에 있어 여성의 역할 등은 어떻게 설명할 것인가?

(5) 반대되는 신념의 수

음모설은 우리들이 일관적으로 생각하는 음모에 대한 개념과 맞아떨어지지 않는데, 제자들에게서 불안해하거나 변명하려는 모습이 전혀 보이지 않기 때문이다. 더 나아가, 제자들의 신실한 믿음이라든가 1세기 유대인의 메시아에 대한 기대 등과 같이 이미 밝혀진 다른 신념들과 일치하지 않는다.

(6) 조건 (1)-(5)를 충족시키는 데 있어 다른 가설보다 훌륭한가?

예수의 부활에 대한 제자들의 믿음을 뻔뻔한 거짓말로 일축해 버리지 않는 더 좋은 가설들(예를 들면 환각설 등)이 있다. 따라서 음모론은 이 조건을 충족시키지 못한다. 어떠한 학자도 오늘날 이런 음모설을 변호하지는 않을 것이다. 이런 음모론에 대해 읽을 수 있는 유일한 곳은 선정적인 대중 언론이나 인터넷에 휘갈겨 놓은 소설들뿐이다.

1) 거짓 사망설(Apparent Death Hypothesis)

두 번째 설명은 거짓 사망설이다. 19세기 초반의 비평가들은 예수가 십자가에서 내려질 때, 완전히 죽지 않은 상태였다고 주장했다. 그는 무덤에서 회복한 뒤 제자들에게 자신이 부활했다고 설득하기 위해 탈출했다. 오늘날 이 가설은 거의 완전히 무너졌다. 다시 한 번 이 가설을 최고의 설명을 판별하는 기준에 넣어보겠다.

(1) 설명의 범위

거짓 사망설은 빈 무덤, 사후의 출현, 그리고 예수 부활에 관한 제자들의 믿음의 기원을 모두 설명해 낸다.

(2) 설명의 능력

여기서 문제가 발생하기 시작한다. 거짓 사망설의 일부 버전들은 음모설에 대한 변형 버전이었다. 몸을 훔치는 대신 제자들은(예수 본인과 함께!) 가짜 죽음을 음모로 꾸미고자 했다. 이런 경우, 이 이론에는 음모설의 모든 약점들이 똑같이 적용된다. 음모가 개입되지 않은 버전의 이론은 예수가 운 좋게 십자가에서 살아남았다고 말한다. 그리고 경비병들은 그가 죽었다고 생각했다. 이러한 버전 또한 피할 수 없는 어려움에 봉착한다. 남자 한 명이서 움직일 수 없다는 돌에 봉인되어 탈출이 불가능한 상황이었다.

어떻게 무덤이 비어 있을 수 있었는가?

사후 출현은 어떻게 설명할 것인가?

제자들은 반쯤 죽은 상태로 당장 치료를 받아도 모자랄 판인 사람이 등장한 것을 보고, 그가 부활한 주님이며 죽음의 정복자라는 결론을 내렸단 말인가?

예수 부활에 대한 제자들의 믿음의 기원은 어떻게 설명할 것인가?

그들은 단지 죽지 않고 살아남은 예수를 목격했을 뿐인데 말이다.

그들이 어떻게 그를 보고, 유대교의 개념(그리고 자신들의 눈)에 반대하면서까지 죽음으로부터 영광스럽게 부활했다고 생각할 수 있겠는가?

(3) 개연성

여기서 다시 이 가설은 처참한 실패를 맛본다. 로마의 사형 집행자들은 사형수들이 죽었는지 확인하는 방법들을 확실히 알고 있었다. 십자가형의 사망 시간이 불특정하기 때문에, 사형 집행자는 사형수의 옆구리를 창으로 찔러 죽었는지 확인해 보곤 했다. 이는 예수에게 실제로 일어난 일이다(요 19:34). 더 나아가, 이 이론이 말하는 바는 사실상 물리적으로 불가능하다. 유대인 역사가 요세푸스는 십자가형을 받는 도중 취소되어 내려진 세 명의 지인들에 대해 언급하는데, 최고의 의사들이 달라 붙었음에도 불구하고 그중 두 명은 결국 사망했다(『플라비우스 요세푸스의 생애』[Life] 75:420-21). 예수는 고문을 너무 많이 받았기 때문에 십자가 혹은 무덤에서 살아나올 수가 없는 상태였다. 이렇게 치명적으로 상처를 입은 사람이 예루살렘의 여러 구역에서 제자들에게 나타난 뒤

갈릴리에서까지 나타났다는 생각은 판타지에 불과하다.

(4) 덜 인위적

거짓 사망설은 특히 음모론 버전에서 더욱 인위적이란 사실이 밝혀진다. 비밀스러운 조직, 은밀히 관리되는 물약, 예수의 제자들과 산헤드린 회원들 간의 음모 협정 등을 모두 상상해야만 한다. 이 모든 상상에는 단 하나의 증거도 존재하지 않는다.

(5) 반대되는 신념의 수

거짓 사망설은 고대의 채찍질과 십자가형에 처해진 사람에게 일어날 일들과 크게 불일치한다. 이 가설은 또한 예수가 죽은 후에도 제자들과 함께 했다는 부정할 수 없는 증거들과 들어맞지 않는다.

(6) 조건 (1)-(5)를 충족시키는 데 있어 다른 가설보다 훌륭한가?

이 이론은 다른 이론에 비해 딱히 두드러지지도 않는다. 따라서 오늘날 신약 역사학자 중 누구도 이 이론을 방어하지 않고 있다.

2) 옮겨진 시체설(Displaced Body Hypothesis)

부활에 관한 증거들을 다루려는 몇 안되는 현대 유대인 학자인 요셉 클라우스너(Joseph Klausner)는 1922년에 다음과 같이 주장했다. 아리마대 사람 요셉은 예수의 시체를 잠시 동안만 자기 무덤에 안치시켰는데, 왜냐하면 이미 늦은 시각인데다 자신의 가족 무덤이 예수의 처형 장소와 가까운 곳에 있었기 때문이다. 그러나 그는 곧 시체를 범죄자들의 공동 묘지로 옮겼다. 시신이 옮겨진 것을 알 턱이 없던 제자들은 무덤이 빈 것을 발견했고, 예수가 죽은 자 가운데서 되살아난 것이라 추측했다. 오늘날 클라우스너의 가설을 지지하는 학자는 거의 없지만, 인기 작가들은 이 이론을 재등장시키기 위해 시도하고 있다. 이미 다른 가설들에 대해 말한 내용에 비추어 볼 때, 이 가설의 단점은 분명하다.

(1) 설명의 범위

옮겨진 시체설은 좁은 설명 범위를 지닌다. 이는 빈 무덤에 대해 설명할 수 있지만, 사후 출현과 부활에 대한 제자들의 믿음의 기원에 대해서는 아무것도 말할 수 없다. 이 가설이 증거의 모든 범위를 설명하기 위해서는 또 다른 독립적인 가설들을 끌어와야만 한다.

(2) 설명의 능력

클라우스너의 가설에는 사후 출현이나 기독교의 기원 등에 대해 설명할 능력이 없다. 빈 무덤에 관해서조차, 이 가설은 명백한 문제에 직면해 있다.

요셉을 포함해 그와 함께 있던 종들 또한 자신들이 시체를 옮겼다는 사실을 알고 있었을텐데, 어째서 제자들이 부활을 외치기 시작할 때 오류를 바로 잡으러 나서지 않은 것일까?

그들이 전부 한꺼번에 사망했다거나 하는 인위적인 추측을 내세우지 않고서는 설명될 수 없다.

(3) 개연성

이 가설은 여러 가지 이유로 개연성이 떨어진다. 유대인들의 자료를 믿는다면, 범죄자들의 묘지는 예수가 십자가에 처형당한 장소에서 50-

600야드[12]밖에 떨어져 있지 않았다. 유대인들의 관행은 처형된 당일에 범죄자를 장사 지내는 것이었고, 따라서 요셉은 이를 따르고자 했을 것이다. 요셉은 예수의 시체를 범죄자 묘지에 직접 둘 수 있었고, 자기 가족의 무덤을 더럽히거나 나중에 다시 옮길 필요가 없었다. 실제로 유대인들의 율법은 자기 가족들끼리의 무덤을 제외하고는 시체 옮기기를 허용하지 않았다. 요셉은 시체를 씻은 뒤, 마른 향료에 싸서 간단히 장사 지내기에 충분한 시간을 가지고 있었다.

(4) 덜 인위적

이 가설은 증거 없는 요셉의 동기와 활동에 의존하기 때문에 다소 인위적(mildly contrived)이라 볼 수 있다. 만약 가설의 합리성을 높이기 위해 요셉의 갑작스런 죽음 등을 가정해야만 한다면 매우 인위적(really contrived)이라고 말할 수도 있다.

(5) 반대되는 신념의 수

이 가설은 위에서 언급한 바, 유대인들의 범죄자 매장 절차에 대해 우리가 알고 있는 사실과 불일치한다.

(6) 조건 (1)-(5)를 충족시키는 데 있어 다른 가설보다 훌륭한가?

다시 말하지만, 역사가들은 이 가설을 지지하지 않는다.

---

[12] 45.72-548.64m. -역주

3) 환각설(Hallucination Hypothesis)

예수의 생애(The Life of Jesus, Critically Examined, 1835)라는 책에서, 데이비드 프리드리히 스트라우스(David Friedrich Strauss)는 부활의 출현 사건들이 단지 제자들의 환각에 불과하다고 제안했다. 오늘날 이 이론의 가장 유명한 방어자는 독일의 신약 평론가 게르트 뤼데만(Gerd Lüdemann)이다.

환각설을 우리의 기준에 맞춰 평가해 본다면 어떨까?

(1) 설명의 범위

환각설은 설명 범위가 좁다. 빈 무덤을 설명할 방도가 없기 때문이다. 그러므로 빈 무덤을 부인하거나(따라서 장사됨도 부정해야 한다), 빈 무덤을 설명하기 위해 어떤 독립된 가설을 환각설에 결합시켜야만 한다.

더 나아가, 환각설은 예수 부활에 대한 제자들의 믿음의 기원을 설명할 수 없다. 몇몇 학자들은 예수의 사후 출현과 최근 사랑하는 가족을 잃은 유가족들의 환각 증세가 비슷하다는 점을 크게 강조했다. 그러나 이러한 이야기들에서 얻을 수 있는 가장 큰 교훈은, 유가족들은 그러한 환각 경험을 통해 고인이 육체적인 삶으로 돌아왔다고 믿지는 않는다는 점이다. 그들의 경험이 얼마나 생생한지 여부는 관계가 없다.

그들은 단지 고인을 내세에 다시 보길 바랄 뿐이다. N.T. 라이트가 관찰하듯, 고대 세계에서 고인에 대한 환상은 그 사람이 살아 있다는 증거가 아니라 오히려 죽었다는 확실한 증거였다!

더욱이 유대교의 맥락에는 그러한

> **생각해 보기**
> 만약 당신이 비그리스도인 친구와 이 가설들에 대해 대화하는 중이라면, 그 친구가 어떻게 반응할 것이라 생각하는가?
> 당신의 친구는 가설들 중 하나를 옹호할 것 같은가?
> 아니면 빈 무덤이나 사후 출현 등이 발명된 사실에 불과하다며 거부할 것 같은가?

> **승천과 부활**
>
> 부활(ressurection)은 시공간을 지닌 우주 안에서 죽은 자가 다시 살아나 영광과 불멸을 입는 일이다. 승천(assumption)은 누군가를 육체적으로 이 세상으로부터 천국으로 데려가는 일이다. 소생(revivification)은 죽었던 사람을 언젠가 다시 죽을 삶으로 되돌리는 일이다. 열왕기하 2:1-12은 엘리야의 승천을 묘사한다. 요한복음 11:1-44은 예수에 의한 나사로의 소생을 묘사한다. 이 두 사건과 부활의 차이점을 주목하라.

환각 경험들에 대해 부활보다 더 적절한 해석 방법들이 존재했다. 당대 유대인들의 사후세계관으로 미루어 보아, 제자들이 만약 예수의 환각을 경험했다면, 그들은 예수가 천국에 있거나 아브라함의 품에 안겨 있는 모습을 보았을 것이다. 그들은 의인들의 영혼이 최종 부활의 날까지 그런 장소에 머물러 있을 것이라 믿었다. 그리고 이런 환상은 예수가 다시 살아났다는 결론을 도출해 내지 못했을 것임에 틀림없다. 제자들은 기껏해야 예수가 천국에 계시는 걸 보았다고 말할 수 있을 뿐이다. 죽음으로부터 되살아난 것이 아니라 말이다.

구약성경은 에녹과 엘리야와 같은 인물이 죽지 않고 하나님이 직접 하늘로 데려가신 것으로 묘사되었다. 성경 외의 유대인 문서 중 하나인 『욥의 언약』(*The Testament of Job*, 40)에 보면, 집이 무너져 사망한 두 아이들에 대한 이야기가 등장한다. 구조자들이 잔해를 치워 보았지만 아이들의 시신은 어디에도 없었다. 그러는 도중에, 그들의 어머니는 하나님에 의해 천국으로 이끌려가서 영화롭게 된 두 아이의 환상을 보았다. 유대인들에게 있어 승천은 부활 개념과 같은 것이 아니다. 승천은 누군가를 이 세상의 육체로부터 천국으로 데려가는 일이다. 부활은 죽은 자들 가운데서 되살아나는 일이다. 시간과 공간이 뚜렷이 존재하는 곳에서 말이다. 이 둘은 구분되는 개념들이다.

승천과 부활에 관한 유대인의 믿음을 감안할 때, 천국에 있는 예수의 환상을 본 제자들은 예수가 죽은 자 가운데서 살아났다고 설교하지 못했을 것이다. 최대한 양보하더라도, 빈 무덤과 예수에 대한 환각은 예수가 영광 가운데서 승천했다는 믿음을 형성하는 데 그쳤을 것이다. 이것이 유대교적인 개념과 가장 잘 맞아 떨어진다. 따라서 환각이 사실이라고 가정한다쳐도, 예수가 부활했다는 믿음에 대한 설명은 불가능하다.

(2) 설명의 능력

환각설은 빈 무덤과 예수의 부활에 대한 신앙의 기원을 설명할 수 없다. 그러나 출현 사건들을 설명할 능력조차 떨어지는 게 사실이다. 뤼데만이 상상했던 것처럼, 베드로가 사랑하는 사람의 죽음 앞에서 슬퍼하며 죄책감을 느끼다가 환상을 본 사람이라고 쳐 보자.

이것으로 부활의 출현 사건에 대해 설명하기에 충분할까?

그렇지 않다. 출현 사건의 면모는 심리학 임상 사례집에서 발견할 만한 모든 한계선을 넘어서고 있다. 우선 예수는 한 번뿐 아니라 여러 번에 걸쳐, 한 장소와 환경이 아닌 다양한 환경과 여러 장소에서, 한 개인이 아닌 여러 개인에게, 또는 한 집단이 아닌 여러 집단에게, 신자에게뿐 아니라 불신자에게도, 심지어 원수에게까지 나타났다. 제자들 사이의 연쇄반응만으로 모든 문제를 해결하려는 시도는 유효하지 않는다. 왜냐하면 예수의 동생 야고보나 바울 등의 사람들은 이 연결고리 안에 들어 있지 않기 때문이다. 부활의 출현 사건들을 심리학적으로 설명해 보려는 사람들은 서로 상관없는 개별적인 환각 사건들을 전부 모아서 하나의 큰 그림을 구성해야만 한다. 이런 시도는 부활의 출현 사건과 같은 일은 심리학 사례집 어디에도 등장하지 않는다는 사실만을 증명해 줄 뿐이다.

(3) 개연성

뤼데만은 베드로와 바울의 정신을 분석하여 환각설을 그럴듯하게 만들려고 시도한다. 그는 이 둘이 모두 죄책감에 시달리다 예수의 환각을 보게 된 것이라 말한다. 하지만 뤼데만의 정신 분석은 다음 3가지 이유로 인해 개연성이 없다.

첫째, 뤼데만의 심층 심리학은 융(Jung)과 프로이트(Freud)의 특정 이론들에 기초하고 있는데, 이 이론들에는 큰 논란의 여지가 있다.

둘째, 베드로와 바울의 정신을 분석할 만한 데이터가 충분하지 않다. 정신분석학자가 소파에 앉아 있는 환자들의 정신을 분석하는 것도 매우 어려운 일인데, 역사적인 인물의 정신을 분석한다는건 거의 불가능에 가깝다. 이러한 이유 때문에 현재 대다수의 역사학자들은 누군가에 대해 성격 분석적 전기(Psychobiography)를 쓰려는 시도를 거부한다.

셋째, 우리가 가지고 있는 증거에 따르자면, 베드로와 바울은 뤼데만이 말하는 것처럼 죄책감에 시달리고 있지 **않았다**. 거의 50년 전에 스웨덴의 학자 크리스터 스탕달(Krister Stendahl)은, 서구의 독자들이 마틴 루터가 겪었던 죄책감과 죄의 문제에 비추어 바울을 해석하는 경향이 있다고 지적했다. 하지만 바울(혹은 사울)은 바리새인이었고, 이런 죄책감을 겪은 적이 없다. 스탕달은 다음과 같이 썼다.

> 바울은 매우 행복하고 성공적인 유대인이자 "율법 아래에서 흠이 없는 자"(빌 3:6)였다. 이는 그가 스스로 묘사한 것이다. 그는 별다른 어려움이나 문제, 혹은 양심의 가책도 없었다. 그는 뛰어난 유망주로서, 가마리엘신학교(Gamaliel's Seminary)에서 수천 불의 장학금을 받던 학생이었다. … 바울의 글에서 심리적으로 양심의 가책을 느꼈다는 증거는 전혀 찾을 수 없다.[13]

---

[13] Kristen Stendahl, *Paul Among Jews and Gentiles* (Philadelphia: Fortress, 1976), 12–13.

바울이 죄책감을 느꼈다는 가설을 정당화하기 위해, 뤼데만은 로마서 7장을 바울이 그리스도인이 되기 전에 느꼈던 감정이라고 해석해야만 했다. 하지만 이러한 해석은 1920년부터 지금까지 거의 모든 비평가들에 의해 거부되어 왔다. 그러므로 뤼데만의 정신 분석은 개연성이 없을 확률이 지극히 높다.

환각설이 타당하지 못한 두 번째 이유는, 부활의 출현 사건들을 단지 환상적인 경험으로 치부한다는 데 있다. 뤼데만은 환각설이 바울의 다메섹 도상 경험이 **다른** 모든 제자들이 겪었던 사건과 동일하다는 전제에서 출발한다는 점을 깨달았다. 그러나 이 전제는 근거가 없다. 바울은 그리스도의 부활을 목격한 사람들의 목록에 자신을 포함시켰지만, 그들이 목격한 것이 자신의 경험과 같다고 말한 것은 아니다. 고린도에 있는 바울의 대적들은 그가 사도라는 사실을 부인했고, 바울은 다른 사도들과 함께 자신을 그리스도의 목격자에 포함시키고 싶어 했다. 바울은 자신의 경험이 다른 목격자들이 경험한 것만큼이나 객관적이고 실제적이었음을 보여 주고 싶어 했을 뿐, 그들의 경험을 단순히 환각 경험의 수준으로 끌어내리려 한 것이 아니다. 따라서 목격자들의 정신을 분석하려는 시도나 부활의 출현 사건들을 단순히 환각으로 치환하려는 시도들은 모두 개연성이 없는 것으로 드러났다.

(4) 덜 인위적

뤼데만 버전의 환각설을 지지하려면 여러 가지 인위적인 설명들이 고안되어야만 한다. 예를 들어, 제자들이 예수의 체포 이후 갈릴리로 돌아왔을 당시에 베드로는 죄책감에 사로잡혀 예수의 환영을 보았고, 다른 제자들 또한 환영을 볼 확률이 높은 상황에 있었으며, 바울은 유대교의 율법과 기독교의 비밀한 매력 사이에서 갈등하고 있었다고 가정해야만 한다.

(5) 반대되는 신념의 수

오늘날의 신약학자들에게 받아들여지는 통념 몇 가지가 환각설을 부인하는 것처럼 보인다. 예를 들어, 아리마대 요셉의 무덤에 예수가 장사되었다는 점, 여성들이 예수의 무덤이 빈 것을 발견했다는 점, 역사적 인물들의 심리를 분석하는 일이 불가능에 가깝다는 점, 바울이 율법 아래에서 사는 자신의 삶에 만족하고 있었다는 점, 그리고 신약성경은 단순한 환각과 부활의 출현을 철저히 구분하고 있다는 점 등이 있다.

(6) 조건 (1)-(5)를 충족시키는 데 있어 다른 가설보다 훌륭한가?

환각설은 오늘날에도 유효한 가설로 남아 있으며, 다른 자연주의적인 경쟁 가설들보다 뛰어나다. 하지만 요지는 이 가설이 부활 가설보다도 뛰어난가 하는 점이다.

> **생각해 보기**
> 왜 환각설이 부활을 부인하는 사람들 사이에서 신뢰를 얻고 있는가?

4) 부활설(The Resurrection Hypothesis)

우리는 여지껏 역사적 가설을 평가하기 위한 표준적인 기준을 가지고 일반적인 방식의 설명들을 평가해 보았다. 그리고 그 가설들이 빈 무덤, 사후 출현 사건, 그리고 제자들의 믿음의 기원을 설명하는데 얼마나 난항을 겪는지도 살펴보았다. 이 가설들은 특히 설명의 범위나 설명의 능력에 있어 취약하며, 개연성 또한 매우 떨어지는 경우가 많다.

그렇다면 부활설은 이 설명들보다 더 좋은가?

과거부터 제시되어 왔던 개연성 없는 자연주의적인 설명들에 비해 나은 설명을 보여 줄 것인가?

이 질문에 답하기 위해서, "하나님이 예수를 죽은 자 가운데서 일으키셨다"라는 가설을 똑같은 기준에 넣고 평가해 보자.

(1) 설명의 범위

부활설은 환각설이나 옮겨진 시체설을 포함한 경쟁 가설들에 비해 넓은 설명 범위를 지니고 있다. 부활설은 3가지 증거들을 모두 설명하지만, 다른 경쟁 가설들은 오직 하나만 설명한다.

(2) 설명의 능력

이 기준은 아마도 부활설의 가장 큰 강점일 것이다. 예를 들어, 음모 가설이나 거짓 사망설의 경우 빈 무덤이나 다른 증거들(이를테면, 제자들의 회심)을 설명하는 데 있어 매우 설득력이 부족하다. 대조적으로, 예수의 부활설은 무덤이 비어 있었다는 점, 제자들이 예수가 다시 살아서 출현하심을 목격했다는 점, 그리고 그의 부활을 믿게 되었다는 점 등을 설명하는 데 있어 엄청나게 높은 설득력을 지닌다.

(3) 개연성

역사적 맥락, 이를테면 예수의 비범한 삶과 급진적인 자기주장을 고려해 보자. 또한 철학적인 맥락, 즉 하나님의 존재에 대한 증거까지 고려해 보면, 부활설의 개연성은 급격히 상승한다. 일단 하나님이 존재한다는 견해만 받아들인다면, 하나님이 예수를 부활시켰다는 가설은 다른 가설들에 비해 매우 개연성이 높다.

(4) 덜 인위적

부활설은 위대한 설명 범위와 능력을 지니고 있다. 하지만 몇몇 학자들은 이 가설이 인위적이라고 주장했다. 인위적이라 불리기 위한 조건은 이 가설을 지지하기 위해 얼마나 많은 증명될 수 없는 새로운 가정들이 고안되어야 하는지 여부에 달렸다.

그러나 부활설이 인위적인 이유를 설명하기란 어렵다. 단지 하나의 새 가정이 필요하기 때문이다. 그것은 바로 하나님이 존재한다는 가정이다. 물론 다른 경쟁 가설들은 더 많은 새 가정들을 필요로 한다. 예를 들면, 음모 가설은 제자들의 도덕적 성품에 결함이 있다는 가정을 세워야 하며, 이는 우리가 알고 있는 지식으론 증명할 수 없다. 거짓 사망설은 백부장의 창이 예수의 옆구리를 아주 살짝만 찌른 것이었다던가, 아니면 그것 자체가 역사적으로 지지받지 못하는 사실이라든가 하는 새 가정이 필요하며, 다시 말하지만 이는 증명될 수 없는 가정들이다. 환각설은 제자들이 예수의 환각을 목격할 만큼 불안한 감정적 상태였다는 가설이 필요하며, 이 또한 증명할 수 없다. 이러한 예를 훨씬 많이 들 수도 있다.

더욱이, **이미** 신을 믿는 사람에게는 딱히 신의 존재에 대한 새로운 가설도 필요 없다. 왜냐하면 이미 알고 있는 지식이기 때문이다. 이처럼 새로 고안되어야 하는 가설의 숫자로 미루어 보아, 부활설은 인위적이라 볼 근거가 없다. 그래도 부활설이 인위적이라 말하려면, 이유를 아마 다른 곳에서 찾아야 할 것이다. 과학적 가설들은 보통 새로운 개체가 존재할 것이라 가정한다. 이를테면 쿼크, 끈, 중력자, 블랙홀 등은 관련 이론들이 없었다면 인공적으로 느껴졌을 것이다. 과학철학자들은 특정 가설을 인위적이라고 부를 수 있는 기준을 찾아내는 일이 너무나도 어렵다는 사실을 발견했다. 오직 관련 과학 분야의 숙련자들만이 알아차릴 수 있는 인위적인 분위기가 존재하는 것 같다.

많은 사람들은, 심지어 그리스도인들조차, 세상의 어떤 현상에 대해 하나님을 원인으로 두는 일을 불편해 하는 것 같다. 이와 같은 호소에 대해 어떤 인위적인 분위기가 존재한다고 생각하는 것이다. 설명할 수 없는 현상에 직면할 때마다 "하나님이 하셨다!"라고 말하기란 지나치게 쉽지 않은가.

부활설도 이와 같은 맥락에서 인위적이라 볼 수 있지 않을까?

나는 그렇게 생각하지 않는다. 빈 무덤, 부활의 출현 사건들, 그리고 기독교 신앙의 기원에 대해 초자연적 설명을 내세운다는 것은, 예수 자신의 비범한 삶의 모습, 사역, 그리고 자기 선언에 비추어 봤을 때 인위적이라 말하기 어렵다. 초자연적 설명이야말로 이러한 맥락에 가장 잘 들어맞는다. 또한 역사적 맥락에서 볼 때, 부활설은 다른 가설에 필요한 기적적인 설명들처럼 인위적이라 볼 수 없다. 예를 들어, "심리학적인 기적"이 일어나서 정상적인 남녀들이 사기 공모자와 거짓말쟁이가 되어 자신들의 거짓말을 위해 기꺼이 순교하는 것이나, "생물학적인 기적"이 일어나서 예수가 십자가에서 죽지 않는 것(창이 옆구리를 뚫고 가슴까지 관통했음에도 불구하고 … 등등)처럼 말이다. 이런 기적들은 매우 인공적이면서도 인위적으로 느껴지지만, 부활설은 예수의 사역과 급진적인 자기 선언 등의 맥락에 비추어 볼 때 상당히 잘 들어맞는다. 이와 같이, 내가 보기에 부활설은 그렇게 인위적이라 보기 어렵다.

(5) 반대되는 신념의 수

나는 부활설을 반대할 수 있는 기존의 신념을 생각해 낼 수 없다. 오직 "죽은 자는 다시 살아나지 않는다"라는 반대 신념만 제외하곤 말이다. 그러나 사람이 죽으면 자연적으로 무슨 일이 일어나는지 안다고 해도, 하나님이 예수를 죽은 자 가운데서 살렸다는 가설을 부인하는 것과는 아무런 관련이 없다. 사람이 죽으면 자연적으로 살아나지 못한다는 믿음과 하나님이 직접 개입을 통해 예수를 죽은 자 가운데서 살렸다는 믿음은 양립이 가능하다. 이와 대조적으로, 경쟁 가설들은 이미 존재하는 신념들에 따라 거부된다. 예를 들면, 음모 가설의 불안정성, 십자가에 못 박혔을 시 사망 가능성, 환각을 경험하는 사람들의 심리학적인 특성 등 이미 우리가 살펴본 바와 같다.

(6) 조건 (1)-(5)를 충족시키는 데 있어 다른 가설보다 훌륭한가?

경쟁 가설들 중 어느 것이라도 부활설보다 많은 조건을 충족시킬 가능성은 희박하다. 빈 무덤에 관한 사실들, 부활의 출현 사건, 그리고 기독교 신앙의 기원을 설명하는 데 부활설과 동등한 설명력을 지닌 가설은 존재하지 않는다. 기적에 관한 편견만 내려놓는다면, 예수의 부활이야말로 이 모든 증거들에 대한 가장 합리적인 설명이라는 점을 부인하기 어렵다.

6. 결론

결론적으로, 이 3가지의 위대하고 독립적인 사실들(빈 무덤과 부활의 출현 사건과 기독교 신앙의 기원)은 하나의 놀라운 결론을 가리킨다. 하나님이 예수를 죽은 자 가운데서 다시 살렸다. 하나님의 존재를 감안할 때, 이 결론은 존재의 의미를 찾는 모든 사람들에게 부인할 수 없는 사실로 여겨진다.

예수의 부활에 관한 역사적인 논증

1. 설명해야 할 증거 결정
   1) 십자가 사건 이후 첫 번째 일요일, 예수의 무덤은 그를 따르던 여성들에 의해 비어 있는 채로 발견되었다.
      (1) 예수가 장사된 사건의 역사적 신뢰성은 빈 무덤을 지지한다.
      (2) 예수가 장사된 사건은 매우 이른 시기의 독립적인 자료들에서 발견된다.
      (3) 마가복음의 증언은 단순하며, 전설적으로 발전했을 가능성이 결여되어 있다.
      (4) 무덤을 발견한 사람들이 여성이었다.
      (5) 제자들에 대한 유대인들의 반응은 빈 무덤을 전제한다.
   2) 다양한 개인과 집단은 각각 다른 장소와 환경에서 다시 살아난 예수의 출현을 경험했다.
      (1) 바울이 제시한 목격자들의 목록은 사람들이 예수의 부활 출현을 실제로 경험했다는 점을 보장한다.
      (2) 복음서의 증언은 예수의 사후 출현에 관한 독립적인 여러 기록들을 제공한다.
      (3) 부활의 출현은 둘리적인 육체적 모습이었다.
   3) 초기의 제자들은 모든 반대할 이유에도 불구하고 신실하게 예수의 부활을 믿었다.

(1) 유대인들은 이스라엘의 적들을 물리치는 대신 범죄자로서 수치스럽게 처형 당하는 메시아를 예상한 적이 없다.
(2) 내세에 대한 유대교의 믿음은 세상의 마지막 날이 되어서야 영광과 불멸의 상태로 되살아날 것이란 믿음이었다.

2. 증거에 대한 설명
   1) 설명의 범위, 설명의 능력, 개연성, 인위성, 다른 신념에 의한 부정 등 가장 합리적인 설명을 찾아내기 위한 표준에 맞춰 보았을 때, 다른 경쟁 가설들은 별로 설득력을 지니지 못한다.
   (1) 음모 가설
   (2) 거짓 사망설
   (3) 옮겨진 시체설
   (4) 환각설
   2) 부활설은 같은 기준으로 판단했을 때에 가장 좋은 설명으로 드러난다.

제 10장

예수만이 하나님을 향한 유일한 길인가?

다른 이로써는 구원을 받을 수 없나니 천하 사람 중에 구원을 받을 만한 다른 이름을 우리에게 주신 일이 없음이라 하였더라(행 4:12).

나는 종종 유명 캐나다 대학교들에서 신의 존재에 대한 강연을 한다. 나는 보통 강연에서 논증을 하나씩 펼치다가 예수의 부활에서 정점을 찍는 편이다. 강연이 끝난 후, 약간 기분이 상한 한 학생이 논평을 쓰는 종이에 이러한 말을 적었다.

당신이 예수를 언급하기 전까지는 당신에게 동의했습니다. 하지만 그 신은 기독교의 하나님이 아닙니다!

이러한 태도는 현대 서구 문화에 만연하다. 대부분의 사람들은 신이 존재한다는 것까지는 기쁘게 동의한다. 하지만 우리가 사는 다원주의적 사회에서는 하나님이 예수를 통해 결정적으로 자신을 드러냈다는 주장이 정치적으로 올바르지 않은 것으로 여겨진다.

1. 신약성경의 가르침

하지만 신약성경은 이러한 가르침을 명확히 하고 있다. 사도 바울의 편지를 예로 들어 보자. 그는 이방인 개종자들에게 개종 전의 삶을 돌아보라고 요청한다.

> 그 때에 너희는 그리스도 밖에 있었고 이스라엘 나라 밖의 사람이라 약속의 언약들에 대하여는 외인이요 세상에서 **소망이 없고 하나님도 없는** 자이더니(엡 2:12).

바울이 로마인들을 향해 쓴 편지 초반부의 목적이 바로 이런 비참한 상황이야말로 인간이 처한 일반적인 상황이라는 점을 보여 주는 것이다. 바울은 하나님의 능력과 신성이 우리를 둘러싸고 있는 창조세계의 질서를 통해 알려지기 때문에 우리가 핑계를 댈 수 없다고 설명하고(롬 1:20), 하나님이 각 사람의 마음에 그분의 도덕법을 적어 놓았기 때문에, 사람이 하나님께 도덕적인 책임을 갖는 것이라고 설명한다(롬 2:15). 하나님은 자연과 양심에 새겨진 일반계시(general revelation)에 합당하게 반응하는 자에게는 영원한 생명을 주시지만(롬 2:7), 슬픈 사실은 사람이 자신들의 창조자를 예배하고 섬기기보다는 그를 무시하고 그의 도덕법을 어긴다는 점이다(롬 1:21-32). 결론적으로, 모든 사람은 죄의 권세 아래에 있게 되었다(롬 3:9-20).

더 슬픈 것은, 바울의 설명을 따르면 그 누구도 의로운 삶을 통해서는 스스로를 구원할 수 없다는 것이다(롬 3:19-20). 따라서 우리는 철저히 무력하다. 그러나 다행히도 하나님은 탈출의 길을 마련했다. 예수 그리스도는 인간의 죄를 위해서 죽었고, 그럼으로써 하나님의 공의를 위한 요구와 하나님과의 관계 회복을 성취했다(롬 3:21-26). 예수의 속죄 죽음을 통해, 그를 믿는 자들은 믿음의 선물로써 구원을 얻는다.

퍼페투아는 3세기 초반에 그리스도 외의 다른 신을 인정하지 않은 죄로 사로잡힌 젊은 어머니였다. 그녀와 다른 여러 동료들은 야생 동물에 의해 찢겨 죽는 형벌을 선고받았다. 그녀가 감옥에서 증언한 경험들이 오늘날까지도 전해져 내려온다.

신약성경의 논지는 분명하다. **죄의 보편성**과 **그리스도의 속죄 죽음의 특별성**은 그리스도 외에 다른 구원이 없다는 점을 의미한다. 사도들은 다음과 같이 선포했다.

> 다른 이로써는 구원을 받을 수 없나니 천하 사람 중에 구원을 받을 만한 다른 이름을 우리에게 주신 일이 없음이라 하였더라(행 4:12).

오직 그리스도를 통해서만 구원을 얻을 수 있다는 이 배타적인 구원 교리는, 현대의 서구 문화뿐 아니라 다신교적인 로마 제국의 세계에서도 매우 가증스러운 것이었다. 초기 그리스도인들은 종교에 대한 다원주의적 입장을 받아들이지 않았기 때문에 심한 핍박과 고문, 그리고 죽음을 빈번하게 당했다. 그러나 기독교가 성장하여 로마 제국의 공식적인 종교가 된 이후, 이러한 교리는 더 이상 논란이 되지 않았다. 아우구스티누스와 아퀴나스 같은 중세의 사상가들은 참된 교회의 표지가 바로 교회의 보편성이라고 생각했다. 모든 문명을 가득 채운 교회 조직이 거짓에 기초했다는 생각은, 그들로서는 상상도 할 수 없는 것이었다.

2. 전통적 교리의 종말

이러한 교리는 유럽이 팽창하며 끝을 맞이하게 되었다. 1450년에서 1750년 사이의 3세기 동안은 탐험과 발견의 시대였다. 마르코 폴로(Marco Polo), 크리스토퍼 콜럼버스(Christopher Columbus), 그리고 페르디난드 마젤란(Fernand Magellan)과 같은 사람들의 항해로 인해 기독교 신앙을 전혀 모르는 새로운 문명과 세계가 발견되었다. 세계 인구의 상당수가 기독교의 범위 바깥에 있다는 사실을 알게 되면서, 사람들의 종교에 대한 생각은 두 가지 영향을 받았다.

첫째, 사람들은 종교적 믿음을 상대화하는 경향을 보이게 되었다. 사람들은 기독교가 인류의 보편 종교가 아니고, 지구의 한 구석일 뿐인 서유럽에 국한된 종교라는 사실을 깨달았다. 따라서 그 어떤 특정한 종교도 보편적인 타당성을 주장할 수 없는 것으로 여겨지게 되었다. 각각의 사회는 특정한 필요에 따라 자신들만의 종교를 갖고 있는 것으로 여겨졌다.

둘째, 세계 인구의 많은 부분이 기독교의 범위 바깥에 있다는 사실을 알게 되면서, 유일한 구원의 길을 주장하는 기독교는 편협하고 잔인한 것으로 여겨지게 되었다. 볼테르와 같은 계몽주의적 합리주의자들은, 수백만의 중국인들이 그리스도에 대해 들어 보지도 못했는데, 그들도 이미 지옥행이 예정된 것이냐며 조롱했다.

우리가 살아가는 오늘날의 세계는 예전 식민지에서 서방 세계로 이

민자들이 유입되고, 전기 통신이 발달하면서 전 세계가 지구촌이 된 시대다. 따라서 인류의 종교적 다양성에 대한 의식이 더욱 커지게 되었다. 이로 인해, 종교적 다원주의, 즉 신에게 도달하는 여러 길이 있다는 관점은 다시 한 번 전통적인 지혜가 되었다.

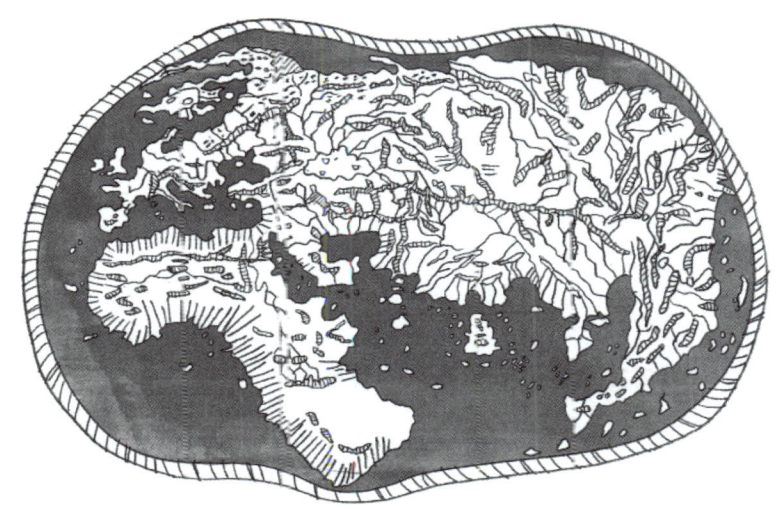

헨리쿠스 마르텔루스(Henricus Martellus)의 1489년 세계 지도는 아시아와 아프리카 서쪽 해안에 대한 지식이 증가하고 있음을 보여준다. 곧 새로운 세계[아메리카 대륙]가 이런 지도들에 더해진다.

3. 종교적 다양성으로 인한 문제

인류의 종교적 다양성으로 인해 생겨난 문제가 정확히 무엇이라고 말할 수 있을까?

과연 누구에게 문제가 되는 것일까?

당신이 이 주제에 관한 글을 읽는다면, 기독교 배타주의자, 즉 그리

> **종교적 배타주의 vs. 종교적 다원주의**
> 배타주의(particularism)는 오직 하나의 종교만이 구원의 길이 될 수 있다고 보는 관점이다. 다원주의(pluralism)는 많은 종교가 구원의 길이 될 수 있다고 보는 관점이다.

스도만이 신으로 가는 유일한 길이라고 믿는 사람들에 대한 끊임없는 도전이 존재한다는 사실을 알게 될 것이다. 종교적 다양성의 현상은 다원주의의 진리성을 의미하는 것으로 여겨지기 때문에, 논쟁은 주로 어떤 형태의 다원주의가 가장 그럴듯한지의 문제가 된다.

그러나 기독교 배타주의가 종교적 다양성 앞에서 무너진다고 생각할 이유가 있을까?

정확히 어떤 지점이 문제일까?

4. 다원주의를 옹호하는 잘못된 논증들

다원주의를 옹호하는 논증들을 살펴보면, 많은 경우 이것들이 비형식적인 오류의 전형적인 예라는 점을 발견하게 될 것이다.

1) 인신공격의 오류

예를 들어, 어떤 종류의 종교적 배타주의든지 그것을 따르는 사람은 거만하고 부도덕하다는 주장을 자주 접할 수 있다. 이 주장에 따르면, 배타주의를 따르는 사람은 자신과 동의하지 않는 사람이 오류에 빠졌다고 생각하므로 배타주의는 틀렸다는 것이다.

이것은 "인신공격의 오류"(argument *ad hominem*)라고 불리는 논리적 오류의 전형적인 사례다. 이 오류는 어떠한 주장을 따르는 사람의 인성을 공격하여 주장 자체를 반박하려는 시도다. 인신공격의 오류가 잘못된 이유는, 어떠한 주장과 그 주장을 믿는 사람의 도덕적 성품 사이엔 별 관련성이 없기 때문이다. 다음 사례를 생각해 보자. 어떤 의학자가 성공적인 에이즈 백신을 발견했다고 상상해 보자. 그런데 이 사람이 아주 거만하다고 쳐 보자. 그는 자신의 발견을 공개적으로 자랑하며, 자신이 노벨상을 받아야만 한다고 주장하고 백신을 발견하지 못한 자신의 동료들을 지적인 난쟁이들이라고 무시하는 등의 행동을 한다. 이 사람은 분명히 거만하고 부도덕한 행동을 하고 있다. 하지만 이것이 그가 에이즈 백신을 발견했다는 주장의 진실성을 약화시키지는 않는다.

> 제3장에 있는 형식적 오류와 비형식적 오류의 정의를 살펴보라.

만약 당신이 에이즈에 걸렸다면, 개발자가 거만하고 부도덕하다는 이유로 백신 투여를 거부할 것인가?

설마 그러지는 않을 것이라 믿고 싶다. 주장의 참, 거짓 여부는 그것을 믿는 사람의 성품과는 무관하다. 동일한 관점에서, 만약 모든 종교적 배타주의자들이 거만하고 부도덕하다 할지라도, 그것이 배타주의적 관점이 거짓이라는 점을 증명하지는 못한다.

그뿐만 아니라, 거만과 부도덕함이 배타주의를 받아들이기 위한 필요조건이라는 생각 자체도 잘못되었다. 내가 만약 신에 대한 진리를 발견하기 위해 필요한 모든 것을 다 했다고 상상해 보자. 나는 수많은 종교들을 연구하고, 기도를 통해서도 신을 진심으로 찾았다. 그렇게 연구한 결과, 나에게 기독교가 참이라는 확신이 생겼고, 기독교 신앙을 하나님의 값 없는 선물로 겸손하게 받아들이기로 했다고 쳐 보자.

진심으로 옳다고 생각하는 것을 믿는 일이 거만하고 부도덕하다고 말할 수 있는가?

내가 어떤 것을 참이라고 생각한다면, 나는 그것을 믿는 것 외에는

> **생각해 보기**
> 종교적 다원주의자가 자신의 관점은 옳고 종교적 배타주의자는 틀렸다고 말하는 것이 거만하다고 생각하는가? 설명해 보자.

달리 다른 길을 택할 수 없다. 그것이 **참이라고** 생각하기 때문이다.

마지막으로, 또한 가장 근본적으로, 이 반박은 양날의 검이라고 말할 수 있다. 왜냐하면 다원주의자는 **자신의** 생각이 옳고 배타주의적 종교 전통을 따르는 사람들은 전부 **틀렸다고** 생각하기 때문이다. 따라서 만약 많은 사람들이 동의하지 않는 관점을 갖는 것을 거만하고 부도덕하다고 말해야 한다면, 다원주의자 자신도 거만하고 부도덕하다는 비판을 피할 길이 없다.

2) 발생적 오류

또 하나의 예가 있다. 종교적 믿음은 문화마다 상대적이므로 기독교 배타주의가 옳을 수 없다고 종종 주장된다. 예를 들어, 만약 당신이 파키스탄에서 태어났다면 무슬림일 가능성이 높기에 기독교를 믿는 믿음은 거짓이거나, 정당화되지 않는다는 것이다.

하지만 이는 "발생적 오류"(genetic fallacy)라 불리는 논리 오류의 전형적인 사례다. 발생적 오류는 상대가 주장하는 의견을 스스로 어떻게 믿게 되었는지 지적함으로써 반박하려는 것이다.

누군가의 믿음이 그가 태어난 장소와 시간에 의존한다는 사실은, 그 주장의 **진실성**과 아무런 연관이 없다. 만약 당신이 고대 그리스에서 태어났다면, 당신은 태양이 지구를 돈다고 믿었을 것이다. 그렇지만 이것이 당신의 지동설에 대한 믿음이 거짓이라거나 정당화되지 않는다는 사실을 함축하지는 않는다.

더 나아가, 다원주의자는 또다시 스스로의 기반을 무너뜨리려 한다..

만약 다원주의자가 파키스탄에서 태어났다면, 그는 종교적 배타주의자였을 가능성이 높을 것이다. 그의 분석에 따르면, 그의 다원주의는 단지 20세기 후반의 서구 사회에서 태어난 결과가 되고, 그 다원주의는 거짓 혹은 정당화되지 않는 것이 된다.

5. 기독교 배타주의의 진짜 문제

당신이 종종 접하는 기독교 배타주의에 대항하는 몇몇 논증들은 전혀 인상적이지 못하다. 그러나 종교적 다원주의를 지지하는 논증들이 오류를 갖고 있다고 해서 다원주의가 기독교 신앙에 심각한 도전을 주지 않는 것은 아니다. 나는 다원주의가 심각한 도전이 된다고 생각한다. 하지만 오류를 품은 논증들을 제외시키는 일은 우리가 진짜 문제에 도달하는 데에 도움이 된다.

진짜 문제는 자신의 배타주의적 종교 전통 바깥에 위치한 불신자의 운명과 관련되어 있다. 기독교 배타주의자는 이 사람들이 지옥으로 갈 것이라 생각하는데, 다원주의자가 보기에 이는 너무나 부당하다.

이 문제는 나의 박사학위 지도교수였던 존 힉(John Hick)의 삶에 가장 잘 나타난다. 힉 교수는 자신의 경력을 상대적으로 보수적인 기독교 신학자로서 시작했다. 그의 첫 책의 제목은 『중심에 있는 기독교』(Christianity at the Centre)이었다. 하지만 힉 교수는 세계의 다른 종교들을 공부하고 각 종교의 성인들을 알게 되면서, 그런 좋은 사람들이 지옥에 간다는 사실을 상상할 수 없는 것으로 여기게 되었다. 이 개념의 무게를 깨닫게 된 것이다. 힉 교수는 어떻게든 예수 그리스도를 중심에서 치워내야만 했다. 만약 그리스도의 성육신과 대속적인 죽음이 유지된다면, 그를 중심부에서 벗어나게 할 수는 없다. 그 결과로 힉 교수는 『성육신의 신화』(*The Myth of God Incarnate*)를 편집하게 되었고, 그 책에서 기독교의 핵심 교리들이 참이 아니라 단지 신화에 불과하다고 주장했다. 그는 다음과 같은 글을 남겼다.

> 기독교가 다른 세계의 종교들과 접촉하면서 생겨난 문제는 이것이다. 만약 예수가 문자적으로 성육신했다면, 그의 죽음만이 인간을 구원할 수 있다면, 그리고 인간이 그에게 어떻게 반응하느냐에 의하여 구원을 받을 수 있다면, 영생으로 가는 유일한 길은 오직 기독교 신앙뿐이다. 그렇다면 인류의 대다수가 구원 받지 못했다는 결론이 나온다.
> 하지만 사랑의 신, 모든 인간의 아버지가 되시는 분이 인류 역사의 특정한 부분에 태어난 사람만 구원 받을 수 있도록 명하셨다는 사실을 믿을 수 있는가?[1]

기독교 전통 바깥에 있는 자들의 운명은 인류의 종교적 다양성으로 인해 생겨난 진짜 문제라고 볼 수 있다.

1) 지옥이 문제인가?

정확히 어떤 것이 문제라고 말할 수 있는가?
그리스도를 통해서만 구원을 받을 수 있다는 것이 왜 문제가 되는가?
아니면 단지 하나님이 사람들을 지옥에 보내는 것이 문제인가?

---

[1] John Hick, "Jesus and the World Religions," in *The Myth of God Incarnate*, ed. John Hick (Londond:SCM, 1977), 180.

나는 그렇게 생각하지 않는다. 성경은 하나님이 모든 사람의 구원을 원한다고 말한다.

> 주의 약속은 어떤 이들이 더디다고 생각하는 것 같이 더딘 것이 아니라 오직 주께서는 너희를 대하여 오래 참으사 아무도 멸망하지 아니하고 다 회개하기에 이르기를 원하시느니라(벧후 3:9).

다른 곳에서도 말한다.

> 하나님은 모든 사람이 구원을 받으며 진리를 아는 데에 이르기를 원하시느니라(딤전 2:4).

하나님은 에스겔 선지자를 통해 다음과 같이 말씀했다.

> 주 여호와의 말씀이니라 내가 어찌 악인이 죽는 것을 조금인들 기뻐하랴 그가 돌이켜 그 길에서 떠나 사는 것을 어찌 기뻐하지 아니하겠느냐 … 주 여호와의 말씀이니라 죽을 자가 죽는 것도 내가 기뻐하지 아니하노니 너희는 스스로 돌이키고 살지니라. 너는 그들에게 말하라 주 여호와의 말씀이니라 나의 삶을 두고 맹세하노니 나는 악인이 죽는 것을 기뻐하지 아니하고 악인이 그의 길에서 돌이켜 떠나 사는 것을 기뻐하노라 이스라엘 족속아 돌이키고 돌이키라 너희 악한 길에서 떠나라 어찌 죽고자 하느냐 하셨다 하라(겔 18:23, 32; 33:11).

여기서 하나님은 사람들이 스스로의 자기 파괴적인 행동에서 벗어나 구원을 얻기를 말 그대로 예원하고 있다. 이런 관점에서, 하나님은 사람

> **생각해 보기**
> 그리스도에 대해서 전혀 들어 보지 못한 사람들이 영원한 고통을 받을 것이라는 생각에, 냉철하게 그리고 이성적으로 반응할 수 있는가?
> 무엇이 그 일에 도움이 되는가?
> 또한 무엇이 그것을 어렵게 만드는가?

들을 지옥에 보내는 것이 아니다. 그분은 모든 사람이 구원 받기를 원하며, 또한 모든 사람이 자신에게 돌아오기를 바란다. 만약 우리가 우리의 죄를 위한 그리스도의 희생을 잘 알면서도 자유로운 선택을 통해 거부한다면, 하나님은 우리에게 마땅한 결과를 줄 수밖에 없다. 하나님이 우리를 지옥으로 보내는 것이 아니라, 우리가 스스로를 지옥으로 보내는 것이다.

따라서 영원한 운명은 우리의 손에 달려 있다. 우리가 영원을 어디서 보낼 것인지는 우리가 선택할 문제이다. 그러므로 구원 받지 못한 사람들은 스스로 그런 운명을 자초한 것이다. 그들은 그들을 살리기 위한 하나님의 의지와 온갖 노력에도 불구하고, 그분으로부터 스스로를 단절시키고 있는 것이다. 하나님은 그들을 잃는 것을 슬퍼한다.

2) 범죄에 합당한 형벌인가?

다원주의자는 인간에게 주어진 자유로 인해 하나님조차 모든 사람의 구원을 보장할 수는 없다는 사실을 인정할지도 모른다. 어떤 사람들은 하나님이 주시는 구원의 기회를 거부함으로써 자신의 자유를 통해 스스로를 형벌에 처하도록 만들 수 있기 때문이다.

그러나 다원주의자는 하나님이 그러한 사람들을 **영원히** 벌하는 것은 정의롭지 못하다고 주장할지도 모른다. 수용소의 나치 고문자들의 죄만큼이나 끔찍한 죄도 무한한 형벌을 받을 만큼 크지는 않기 때문이다. 따라서 지옥은 연옥처럼 각각의 사람에게 적절한 기간 동안 지속되고,

그 후 지옥으로부터 풀려나 천국으로 가게 될 것이다. 결과적으로 지옥은 비게 될 것이고, 천국은 꽉 차게 될 것이다. 따라서 역설적이게도, 지옥은 하나님의 사랑과 양립할 수 없는 것이 아니라 오히려 그의 정의와 양립할 수 없다. 이 반론은 하나님의 형벌이 범죄에 합당하지 않기 때문에 하나님이 불의하다고 주장한다.

하지만, 내가 보기엔 이것 역시 진정한 문제가 아니다. 이 반론은 두 가지 오류를 갖고 있는 듯하다.

첫째, 이 반론은 우리가 짓는 각각의 죄와 우리가 짓는 모든 죄를 혼동하고 있다. 우리는 사람이 짓는 각각의 죄에 대해서는 유한한 형벌이 합당하다는 점을 동의할 수 있다. 하지만 한 사람이 짓는 모든 죄의 총합에 유한한 형벌이 합당하다는 결론은 나오지 않는다. 만약 어떤 사람이 무한한 수의 죄를 짓는다면, 죄의 총합에는 무한한 형벌이 합당할 것이다.

물론, 이 세상에서 무한한 수의 죄를 짓는 사람은 없다.

그러나 사후세계라면 어떠한가?

만약 지옥의 거주자들이 하나님을 지속적으로 미워하고 하나님을 거부한다면, 그들은 지속적으로 죄를 짓는 셈이며, 더 많은 잘못과 더 많은 형벌을 누적하게 될 것이다. 지옥은 진정한 의미에서 **스스로에 의해 지속되는 것**이다. 이런 관점에서, 모든 죄가 유한한 형벌을 불러올지라도, 죄를 짓는 것 자체가 영원히 지속되기 때문에 형벌도 영원히 지속된다.

둘째, 왜 각각의 죄에 유한한 형벌만이 합당하다고 생각해야 하는가?

도난, 거짓말, 간음과 같은 죄들은 유한한 결과를 지니므로 유한한 형벌을 요청한다는 데에 동의할 수 있을 것이다. 그러나 어떤 의미에서는 이 죄들은 사람을 하나님으로부터 분리시키는 죄가 아니다. 그리스도가 이러한 죄들을 위해 죽었기 때문이다. 이 죄들의 값은 이미 지불

되었다.

하지만 그리스도와 그의 희생을 받아들이는 것을 거부하는 일은 전혀 다른 종류의 죄이다. 이 죄는 하나님이 주시는 대비책을 거절하는 것이고, 사람을 하나님과 그분이 주시는 구원으로부터 분리하는 것이기 때문이다. 그리스도를 거절하는 것은 하나님을 직접 거절하는 것과 같다. 하나님이 누구이신지를 생각하면, 그리스도를 거절하는 것은 무한한 무게를 가진 죄이고, 따라서 무한한 형벌이 합당할 수도 있다. 그러므로 지옥은 우리가 저지른 유한한 죄들의 총합에 대한 형벌이 아니라, 무한한 결과를 지닌 죄에 대한 심판이라고 생각해야 한다. 이 죄는 하나님을 거절하는 것이다.

3) 정보의 부재가 문제인가?

하지만 아마도 문제는 사랑의 하나님이 그리스도에 대해 **알지 못했거나, 잘못 알았던** 사람들을 지옥보낼 리 없다고 생각하는 데 있는 것 같다. 그리스도에 대해서 들어 보지 못한 사람이나 그리스도에 대한 왜곡된 그림을 가진 사람이 그리스도를 믿을 거라 기대할 수 없다.

그러나 내가 보기엔 이것 역시 문제의 핵심이 아니다. 성경에 의하면 하나님은 그리스도에 대해 들어 보지 못한 사람들을 판단할 때에, 그리스도를 믿는 신앙이 있는지 없는지를 보시지 않는다. 하나님은 자연에 나타난 그의 일반계시와 그들이 가진 양심을 기반으로 그들을 판단한다. 로마서 2:7에 나타난 약속은 확실한 구원의 약속이다.

> 참으면서 선한 일을 하여 영광과 존귀와 불멸의 것을 구하는 사람에게는 영원한 생명을 주시고(롬 2:7).

단테의 지옥

중세 이탈리아의 시인인 단테 알리기에리(Dante Alighieri)는 『지옥』(Inferno)이라는 시를 썼는데, 이 시는 지옥을 잔혹한 곳으로 그린다. 단테는 죄에 대한 형벌은 죄 자체라는 그의 믿음을 표현하기 위해 각각의 고통을 세심하게 선택했다. 죄에 대한 형벌이 죄 자체라는 말은 각 사람의 죄가 그 사람의 영혼을 형성하여 스스로를 고통스럽게 만든다는 것이다. 예를 들어, 사탄은 지옥의 맨 밑바닥에서 가슴 높이까지 오는 얼음에 갇혀 있다. 사탄은 박쥐 같은 자신의 날개를 끝없이 펄럭거리며 얼음을 계속 얼린다. 날개를 펄럭거림은 그의 의지를 나타낸다.
"나는 천국의 높은 곳까지 날아올라 내 힘으로 하나님과 동등해질 것이다."
만약 사탄이 자신을 낮추고 날개를 펄럭거리는 일을 멈춘다면 얼음은 녹고 그는 자유롭게 될 것이다. 하지만 사탄은 절대 그렇게 하지 않는다.

만약 누군가가 자신의 양심을 통해 용서의 필요를 느끼고 자연에 나타난 하나님의 자비에 자신을 내던진다면, 그는 구원을 얻을 수 있다. 이것은 사람이 그리스도 없이 구원을 받을 수 있다는 말이 아니다. 오히려 이것은 그리스도의 사망으로부터 구원하는 은혜가 그리스도에 대한 의식적인 앎이 없는 사람에게도 적용될 수 있다는 말이다.

이러한 사람은 구약에 나타난 욥이나 멜기세덱 같은 사람이라고 할 수 있다. 이들은 오직 그리스도를 통해 구원을 얻었지만 그리스도에 대한 의식적인 앎은 없던 사람들이다. 이들은 심지어 이스라엘 언약 백성이 아니었지만, 분명히 하나님과 인격적인 관계를 갖고 있었다. 현대에도 이처럼 욥과 같은 사람들이 그리스도의 복음을 듣지 못한 사람들 중에 존재할 수도 있다.

불행하게도, 신약의 증언에 따르면 사람들은 일반계시의 낮은 기준에도 미치지 못한다. 따라서 일반계시에 대한 반응을 통해서만 구원을 얻은 사람이 많다고 볼 근거는 적다. 그러나 구원이 자연에 나타난 하나님의 일반계시와 양심을 통해서 보편적으로 접근 가능한 것이라는 논점은 변하지 않는다. 따라서 종교적 다양성이 제기하는 진정한 문제는, 단지 하나님이 그리스도를 몰랐거나 잘못 알았던 사람을 처벌하지 않으리라는 사실에 국한될 수 없다.

4) 진짜 문제

내가 보기에 진짜 문제는 이것이다. 만약 하나님이 전지하다면, 그는 누가 복음을 받아들이고 누가 받아들이지 않을 것인지를 알고 있다. 그렇다면 매우 답변하기 어려운 질문이 생겨난다.

첫째, 일반계시를 거부하지만 만약 복음을 들었다면 받아들였을 법한 사람에게 하나님은 왜 복음을 주시지 않았는가?

다음 사례를 생각해 보자. 기독교 선교사가 도착하기 전에 한 아메리카 원주민이 살고 있었다고 상상해 보라. 그의 이름은 '걷는 곰'이다. 걷는 곰은 밤에 하늘을 보고, 그의 주변에 있는 자연의 복잡성과 아름다움을 본다. 그는 이 모든 것이 위대한 정신에 의해 창조되었다는 것을 느낀다. 더 나아가, 걷는 곰은 자신의 마음을 들여다보고, 모든 사람이 위대한 정신으로부터 창조된 형제이고 따라서 서로를 사랑하며 살아야 한다는 도덕 법칙이 있음을 느낀다.

일반계시 vs. 특별계시

신학자들은 하나님의 일반계시(general revelation)와 특별계시(special revelation)를 구별한다. 일반계시와 특별계시의 차이는 접근 가능성과 그것이 전달하는 정보에 있다. 하나님의 존재와 권능은 일반적으로 자연에 계시되어 있고, 그의 근본적인 도덕 법칙은 모든 시대와 모든 장소의 사람들에게 본능적으로 파악된다. 하나님은 자신을 특정한 시대의 특정한 사람들에게 특별한 방식으로 계시한다. 그것은 바로 그의 말씀과 예수 그리스도를 통해서이다. 그렇다면 이러한 질문이 따라 나올 수 있다.

하나님은 그의 일반계시를 경험했지만 특별계시를 알지 못한 사람을 어떻게 심판할 것인가?

하지만 걷는 곰은 위대한 정신을 예배하고 다른 사람들을 사랑하며 살아가는 대신, 위대한 정신을 무시하고 다른 정신을 위한 우상을 만들며, 다른 사람들을 사랑하는 대신 이기적이고 잔인한 삶을 산다. 이러한 경우, 걷는 곰은 하나님의 자연을 통한 일반계시와 양심에 반응하지 못했기 때문에 하나님 앞에서 정당하게 형벌을 받게 될 것이다.

이번엔, 선교사가 이미 도착하여 걷는 곰이 복음을 믿고 구원을 얻었다고 가정해 보자!

이런 경우, 걷는 곰의 구원과 영벌은 단지 나쁜 운의 결과인 것처럼 보인다. 걷는 곰이 복음을 접할 수 없는 시기와 장소에서 태어난 것은 그의 잘못이 아니다.

그가 받는 영벌이 정당하다고 할지라도, 사랑의 하나님이 사람의 영원한 운명을 역사적, 지정학적 우연에 의존하도록 허용한다고 볼 수 있는가?

둘째, 좀 더 근본적으로, 왜 하나님은 많은 사람들이 복음을 믿지 않고 구원 받지 못할 것을 알면서도 세계를 창조했는가?

창조는 하나님의 자유로운 행위인데, 왜 그는 자유로운 창조물을 창조해야만 했는가?

셋째, 더욱 극단적으로 보자면, 왜 하나님은 모든 사람이 자유롭게 복음을 믿고 구원 받는 세계를 창조하지 않았는가?

사람이 믿거나 믿지 않을 자유가 있다면, 그러한 세계는 논리적으로 가능하다.

그렇다면 왜 하나님은 모든 사람이 자유롭게 그리스도를 믿고 구원 받는 세계를 창조하지 않았는가?

그리스도인은 이러한 질문들에 어떻게 답

> **생각해 보기**
> 당신은 수 많은 사람들이 일반계시에 반응함으로써, 그리스도에 대한 의식적 앎 없이 구원을 얻을 것이라고 생각하는가? 왜 그렇게 생각하는가?

해야 하는가?

기독교는 하나님을 잔인하고 사랑이 없는 신으로 만드는가?

6. 문제 분석

이 질문들에 답하기 위해서는 문제의 논리적 구조를 더 자세히 살펴보는 것이 도움이 된다. 이 문제는 제7장에서 보았던 고통의 문제의 논리적 버전과 매우 유사해 보인다. 다원주의자는 하나님이 전능하고 모든 것을 사랑하면서, 동시에 어떤 사람은 복음을 듣지 못하거나 구원 받지 못하는 것이 불가능하다고 주장하는 것처럼 보인다. 달리 말해, 다원주의자는 다음 진술들이 논리적으로 모순적이라고 주장하는 것이다.

① 하나님은 사랑이 충만하면서 전지전능한 신이다.
② 어떤 사람은 복음을 듣지 못하거나 구원 받지 못한다.

따라서 기독교 배타주의는 논리적으로 비일관적이다.

7. 모순은 존재하는가?

그러나 우리는 ①과 ②가 논리적으로 왜 모순인지를 물어야만 한다. 왜냐하면 ①과 ② 사이에 **명백한** 모순이 존재하지 않기 때문이다. 만약 다원주의자가 ①과 ②를 **암시적** 모순이라고 주장한다면, 그는 어떤 숨겨진 전제가 이 모순을 일으킨다고, 그리고 그것을 명백히 밝힐 수 있을 것이라고 가정하는 것이다. 그렇다면 다음 질문은 과연 그 숨겨진 전제가 무엇이냐는 것이다.

나는 그 어떤 종교적 다원주의자도 이 숨겨진 전제가 무엇인지 밝혀 내려고 하는 것을 본 적이 없다. 그렇지만 한번 다원주의자를 도와주도록 하겠다. 나에겐 다원주의자가 다음과 같은 전제를 가정하는 것처럼 보인다.

③ 만약 하나님이 전능하다면, 하나님은 모든 사람이 복음을 듣고 자유롭게 구원 받는 세계를 창조할 수 있다.
④ 만약 하나님이 모든 것을 사랑한다면, 하나님은 모든 사람이 복음을 듣고 구원 받는 세계를 선호한다.

이러한 경우, ①에 의하면 하나님은 전능하고 모든 것을 사랑하므로 보편적 구원이 있는 세계를 창조할 수 있고 그러한 세계를 선호한다는 결론이 도출된다. 따라서 그러한 세계는 존재해야만 하지만 이는 ②와 충돌한다.

만약 다원주의자가 ①과 ②가 논리적으로 모순된다는 것을 증명하려면, 두 가지의 숨겨진 전제가 모두 필연적으로 참이어야만 한다. 따라서 우리는 과연 이 전제들이 필연적으로 참인지를 물을 수 있다.

③을 생각해 보자. 하나님이 모든 사람이 복음을 들어볼 수 있는 세계를 창조할 수 있었다는 사실에는 논란의 여지가 없어 보인다. 그것은 그리 큰 문제가 아니다. 그러나 만약 사람이 자유롭다면, 그러한 세계에서 모든 사람이 자유롭게 구원 받는다는 사실을 보장할 수는 없다. 잘 생각해 보면, 이런 세계에서의 구원 받는 자와 잃은 자 사이의 비율이, 실제 세계에서의의 비율보다 좋을 것이라고 생각할 이유는 전혀 없다.

누군가로 하여금 무언가를 **자유롭게** 하도록 **시키는 것**은 논리적으로 불가능하다. 전능은 논리적으로 불가능한 것도 모두 할 수 있다는 것을 의미하지 않는다. 따라서 모든 사람이 복음을 듣고 자유롭게 구원 받는 가능세계를 하나님이 창조할 수 있을지에 대한 보장은 그 어디에도 존재하지 않는다. 다만 우리가 아는 것은, 하나님이 창조할 수 있었던 그 어떤 자유로운 사람이 포함된 세계에서라도, 누군가는 자신이 받은 구원의 은혜를 자유롭게 거절하고 영벌에 처해지기를 선택했을 것이라는 점이다. 따라서 ③은 필연적 참이 아니고, 다원주의자의 논증은 잘못되었다.

④는 어떠한가?

이는 필연적으로 참인가?

논증을 위해 하나님이 모든 사람이 복음을 듣고 자유롭게 그것을 받아들이는 세계를 만들 수 있다고 생각해 보자.

하나님이 사랑으로 충만하다는 사실은 어떤 사람은 구원을 받지 못하는 우리의 세계보다 실현 가능한 가상의 세계를 선호하도록 강제하는가?

반드시 그런 것은 아니다. 보편적인 구원을 얻는 가능세계는 장점마저도 **잊도록 만드는** 다른 결점 때문에 선호되지 않을 수도 있다. 예를 들어, 모든 사람이 자유의지로 복음을 믿고 구원을 얻는 세계에 오직 3명이나 4명만이 존재할 수 있다. 만약 하나님이 다른 사람을 창조한다면, 그중 적어도 하나는 자신의 자유로 그의 은혜를 거절하고 구원을 받지 못할 것이다.

하나님은 이처럼 인구가 적은 세계를 수많은 사람들이 복음을 믿고 구원 받는 세계보다 선호해야만 하는가?

수많은 사람들이 구원 받는 세계가 자유의지로 하나님의 은혜를 거절하는 사람들을 포함한다 해도 말이다.

> **생각해 보기**
> 기독교 가정에서 자라난 사람들은 복음이 알려지지 않은 공동체에서 자란 사람에 비해 더 많은 은혜를 받은 것인가?
> 만약 그렇지 않다면, 왜 그렇지 않은가?
> 만약 그렇다면, 이는 하나님의 사랑이 실패한 것인가?

이 문제는 그리 명백하지 않다. 하나님이 자신이 창조한 모든 사람의 구원을 위해 충분한 은혜를 제공하는 한, 그분이 좀 더 인구가 많은 세계를 창조한 사실이 사랑이 적은 탓처럼 보이지는 않는다. 누군가가 인간을 구원하려는 하나님의 노력을 거절하고 영벌을 받더라도 말이다. 따라서 다원주의자의 전제 ④도 필연적인 참이 아니며, 따라서 그의 논증은 또 다시 잘못된 것으로 드러난다.

다원주의자의 모든 전제는 필연적인 참이 아니다. 다원주의가 다른 전제를 제안하지 못하는 한, ①과 ②가 논리적으로 양립할 수 없다고 생각할 이유는 없다.

8. 모순은 존재하지 않는다

여기서 논증을 더 끌고 나갈 수 있다. 하나님이 사랑이 충만하고 전지전능하면서도, 한편으로는 많은 사람들이 복음을 듣지 못하거나 구원 받지 못하는 일이 전적으로 가능함을 분명히 보여 줄 수 있다.

선하고 사랑이 많은 하나님은 최대한 많은 사람이 구원 받고, 최대한 적은 사람을 잃기를 원한다. 그분의 목표는 구원과 영벌 사이에 최적의 균형을 찾는 것이다. 달리 말해, 구원 받는 사람들을 얻기 위해 필요한 정도 이상으로 구원을 잃을 사람을 만들지 않는 것이다. 우리가 사는 실제 세계(미래와 현재와 과거를 포함하는)에도 그러한 균형이 이루어지는 것은 가능하다. 하나님이 이 세계에서 구원 받는 사람을 창조하기 위해, 구원 받지 못하는 사람을 창조해야만 했을 수도 있다. 만약 하나님이 더 적은 사람이 지옥에 가는 세계를 창조했다면, 더 적은 사람이 천국에 갔을 수도 있다. 그분은 다수의 성인을 얻기 위해서 다수의 죄인을 허용해야만 했을 수도 있다.

사랑으로 충만한 하나님이 만약 복음을 들었다면 **구원 받았을** 사람을 **구원 받지 못하도록** 창조할 리가 없다고 반박할 수도 있다.

하지만 그런 사람이 존재한다는 사실을 어떻게 아는가?

복음을 듣지 못한 많은 사람들이 설령 복음을 들었다 할지라도 믿지 않았을 것이라 가정하는 편이 오히려 합리적이다. 한번 이렇게 가정해 보자. 하나님이 그의 자비를 통해 이 세상에 섭리하여 구조를 조정했다고 말이다. 복음을 듣지 못하는 모든 사람들이 만약 복음을 들어도 믿지 않았을 사람일 수 있다. 그렇다면 하나님은 너무 선하여 누군가가 역사적, 혹은 지정학적 우연 때문에 구원을 잃는 것을 허용하지 않는 셈이다.

이런 경우, 복음을 듣지 못하여 구원 받지 못하는 모든 사람은, 복음을 들었다 할지라도 그것을 거절했을 것이다. 그렇다면 그 누구도 마지막 날에 하나님 앞에서 다음과 같이 불평하지 못할 것이다.

"그래요, 하나님, 전 자연에 나타난 당신의 일반계시와 양심에 반응하지 않았어요! 하지만 만약 제가 복음을 들었다면 저는 그것을 믿었을 것입니다!"

하나님은 이렇게 말할 것이다.

"아니다, 나는 네가 복음을 들었을지라도 믿지 않았을 것을 알고 있다. 따라서 네가 자유롭게 등을 돌린 자연과 양심에 근거하여 너를 판단하는 것은 불공평하지도 않고 사랑이 부족한 것도 아니다."

이와 같이, 우리는 다음의 진술이 가능하다.

⑤ 하나님은 구원 받는 사람과 구원 받지 못하는 사람이 최적의 균형을 이루도록 세계를 창조했고, 복음을 듣지 못하여 구원 받지 못한 모든 사람들은 복음을 들었다 할지라도 구원 받지 못했을 것이다.

만약 ⑤에 가능성만이라도 있다면, 사랑이 충만하고 전지전능한 하나님과 복음을 듣지 못하여 구원 받지 못하는 사람이 존재한다는 사실 사이에는 모순이 없게 된다.

이를 통해 우리는 이러한 문제를 촉발한 3가지 어려운 질문에 가능한 답변들을 내놓을 준비가 되었다. 역순으로 질문들에 답해 보자.

세 번째 질문: 왜 하나님은 모든 사람이 복음을 듣고 자유롭게 구원 받는 세계를 창조하지 않았는가?

답변: 하나님은 그러한 세계를 창조할 수 없을지도 모른다. 만약 그런 세계가 실현 가능했다면 하나님은 그렇게 창조했을 것이다. 하지만 하나님이 자유로운 창조물을 창조하려는 의지를 갖고 있다면, 누군가는 하나님 자신과 그분이 애쓰는 모든 노력들을 자유롭게 거절하고, 따라서 구원 받지 못할 것이란 사실을 받아들여야만 한다.

두 번째 질문: 왜 하나님은 수많은 사람들이 복음을 믿지 않고 구원 받지 못할 것을 알면서도 이 세계를 창조했는가?

답변: 하나님은 창조된 인간에게 자신의 사랑을 나누고, 또한 교제하길 원했다. 하나님은 이것이 많은 사람들이 자유롭게 자신을 거절하여 구원 받지 못함을 의미한다는 점도 알고 있었다. 그러나 하나님은 또

> **섭리**
> 섭리(Providence)는 하나님이 역사 가운데 일들을 주관하셔서 하나님 자신의 목적을 이룬다는 교리이다. 인간의 의지와 관련해서 이 교리는 도전을 받는다. 어떤 신학자들은 하나님의 섭리를 축소시키고, 어떤 신학자는 인간의 의지를 박탈시킨다. 더 나은 방법을 말하자면, 하나님이 인간의 자유의지를 하나님 자신의 계획 가운데 고려한다는 것이다. 하나님은 하나님이 부여할, 결정되지 않은 모든 상황 가운데서 모든 사람들이 어떻게 자유롭게 선택할지를 앎으로써 섭리한다. 하나님은 어떤 상황에 있는 어떤 사람을 창조함으로써 정확하게 그가 어떻게 자유롭게 선택할 것이며 따라서 어떻게 계획할 수 있는지를 안다. 이러한 관점에서 발생한 모든 일들은 직접적으로 하나님에 의해서 의도되었거나 하나님에 의해서 허용되었다. 언제 어디서 사람이 태어날지도 말이다.

다른 많은 사람들이 자신의 은혜를 자유롭게 받아들여, 구원을 받게 될 것이란 사실도 알고 있다. 하나님의 사랑을 자유롭게 받아들이는 사람의 행복은 하나님을 자유롭게 거절하는 사람으로 인해 제한받아선 안 된다. 하나님과 그의 사랑을 자유롭게 거절하는 사람은, 결과적으로 하나님이 어떤 세계를 창조할 것인지에 대해 거부권을 가지고 있지 않다. 하나님은 자비 안에서의 섭리를 통해 하나님을 자유롭게 받아들이는 사람의 수를 최대로 증가시키고, 그렇지 않은 사람의 수를 최소화시키며, 구원받는 자와 받지 못하는 자의 최적의 균형을 조정했을 수 있다.

첫 번째 질문: 일반계시는 거부했어도 만약 복음을 들었다면 받아들였을 법한 사람들에게 왜 하나님은 복음을 주지 않았는가?

답변: 그러한 사람은 존재하지 않는다. 하나님은 자신의 섭리를 통해 복음을 들었다면 반응했을 사람만이 복음을 듣도록 세계를 조정했다. 통치하는 하나님은 복음이 1세기 팔레스타인에서 뻗어 나가도록 인간의 역사를 조정했고, 복음을 들었다면 반응했을 사람을 섭리를 통해 그곳에 두었다. 하나님은 자신의 사랑과 자비를 통하여, 복음을 믿을

모든 사람이 그것을 듣지 못하는 일이 없도록 특정 시간과 장소에서 태어나게 했다. 자연에 나타난 하나님의 일반계시오 양심에 반응하지 않는 사람들, 그러면서도 복음을 들어 보지 못한 사람들은, 복음을 들었다 해도 거기에 반응하지 않았을 것이다. 따라서 그 누구도 역사적 혹은 지정학적 우연 때문에 구원을 잃지 않는다. 구원을 원하거나 **구원을 원할** 모든 사람은 구원 받을 것이다.

나는 이 답변들이 이 질문들에 대해 **가능한** 한 가지 답이라는 점을 강조하고 싶다. 그러나 이것이 가능한 답변에 머무는 한, 하나님은 사랑이 충만하면서 동시에 전지전능하다는 사실과, 어떤 이들은 복음을 듣지 못하고 구원 받지 못한다는 사실 사이에는 모순이 없다는 점을 보일 수 있다.

더 나아가, 이 답들은 성경적으로 보이기에 매력적이다. 아레오바고에 모인 아테네의 철학자들에게 바울은 다음과 같이 야외 연설을 했다.

> 우주와 그 가운데 있는 만물을 지으신 하나님께서는 천지의 주재시니 손으로 지은 전에 계시지 아니하시고 또 무엇이 부족한 것처럼 사람의 손으로 섬김을 받으시는 것이 아니니 이는 만민에게 생명과 호흡과 만물을 친히 주시는 이심이라 인류의 모든 족속을 한 혈통으로 만드사 온 땅에 살게 하시고 그들의 연대를 정하시며 거주의 경계를 한정하였으니 이는 사람으로 혹 하나님을 더듬어 찾아 발견하게 하려 하심이로되 그는 우리 각 사람에게서 멀리 계시지 아니하도다 우리가 그를 힘입어 살며 기동하며 존재하느니라 너희 시인 중 어떤 사람들의 말과 같이 우리가 그의 소생이라 하니(행 17:24-28).

이것은 내가 질문에 답하기 위해서 순수하게 철학적인 성찰을 통해 얻은 결론과 동일하게 들린다.

9. 해결책의 개연성

다원주의자는 하나님이 사랑이 충만하면서도 전능하다는 사실과, 어떤 사람이 복음을 듣지 못하여 구원 받지 못하는 현실이 논리적으로 양립할 **가능성**이 있다는 점을 인정할 수도 있다. 하지만 다원주의자는 이 두 가지 사실이 여전히 **비개연**적이라고 주장할 수 있다. 사람은 보통 자기가 자란 문화의 종교를 믿는 것으로 보인다. 이것이 사실이라면, 다원주의자는 복음을 듣지 못하는 수많은 사람들이 만약 기독교 문화에서 자랐다면 복음을 믿고 구원을 받을 수 있었을 것이라 말하는 것이 매우 개연성 있는 설명이라고 주장할 것이다. 따라서 내가 제안한 가설은 매우 비개연적인 것이 된다.

실제로, 오직 우연 때문에 복음을 듣지 못한 사람들이 복음을 들었어도 믿지 않았을 것이라 생각하는 것은 개연성이 없어 보인다. 그러나 이것은 우리가 주장한 가설이 아니다. 진짜 가설은 하나님이 섭리를 통해 이 세계를 조정했다는 것이었다. 만약 하나님이 모든 사람이 자신들에게 부여된 특정한 상황 안에서 어떻게 반응할 것인지 알고 있다면, 하나님이 위와 같은 특징을 지닌 세계를 조정했다는 것은 그리 개연성 없는 설명이 아니다.

이러한 세계는 사람이 오직 우연적으로 태어나는 세계와 겉보기에는 별반 다르지 않을 것이다. 우리는 사람들이 보통 자신의 문화에 속한 종교를 받아들인다는 점과, 기독교 문화에서 태어나지 않은 많은 이들이 혹 기독교 사회에서 태어났다면 명목상, 혹은 문화적으로라도 그리스도인이 되었을 것이라는 사실에는 동의할 수 있다.

그러나 이는 그들이 구원을 얻을 수 있었을 것이라는 말과는 다르다. 그리스도를 받아들이는 사람과 그렇지 않은 사람 간에 심리학적 내지는 사회학적 차이가 거의 없다는 것은 경험적으로 얻어진 사실이다. 한 사람을 관찰함으로써, 그가 어떤 상황에서 구원을 위해 그리스도를 믿을 것인지를 정확하게 예측하는 방법은 존재하지 않는다. 내가 제시한 대로 세계가 하나님에 의해 섭리적으로 조정되어 있다면, 그 세계는 사람의 탄생이 역사학적, 지정학적 우연에 의해 이루어지는 세계와 외적으로 동일한 것으로 보일 것이기 때문에, 내가 옹호하는 가설의 개연성이 부족하다고 말하기는 어렵다. 물론 이 문제는 이러한 지식을 지닌 신의 존재에 개연성이 없다는 논증과는 별개의 문제다. 나는 그러한 논증이 존재한다는 사실조차 들어본 적이 없다.

> **생각해 보기**
>
> 우리는 지금껏 다원주의자들의 논증이 성립되지 않는다는 사실을 살펴보았다.
> 그러나 존경할 만한 삶을 살았지만 지옥에 갈 예정인 수백만의 사람들을 상상할 때 생기는 감정적 문제는 어떻게 해결해야 하는가? 이러한 감정적 문제에 대해 어떻게 답할 수 있겠는가?

10. 결론

결론적으로 다원주의자들은 기독교 배타주의에 논리적 모순이 있다는 사실을 보여 주지 못했다. 오히려 우리는 기독교 배타주의가 논리적으로 일관적이라는 사실을 보일 수 있었다. 더 나아가, 나는 이러한 관점이 단지 가능한 정도가 아니라 개연성이 있다고 생각한다. 따라서 인류의 종교적 다양성은 기독교의 복음인 **오직 그리스도를 통한 구원**을 약화시키지 못한다.

특별히 그리스도인들에게는, 본 장에서 내가 말한 것들이 기독교 선교에 대한 올바른 관점을 정착시키는 데 도움이 된다고 생각한다. 그리스도인으로서 우리의 의무는 하나님이 섭리를 통해 세계를 조정하셔서 우리를 통해 복음을 듣는다면 믿을 만한 사람들을 준비했다는 사실을 믿으며, 복음을 전 세계에 선포하는 것이다. 세계의 다른 종교에 속한 사람들을 향한 우리의 긍휼은 그들이 그리스도 없이도 구원 받을 수 있을 것처럼 꾸밈으로써 표현되는 것이 아니라, 그들에게 그리스도가 주는 생명의 메시지를 나눌 수 있도록 모든 지원과 노력을 아끼지 않음으로써 표현된다.

> 예수께서 나아와 말씀하여 이르시되 하늘과 땅의 모든 권세를 내게 주셨으니 그러므로 너희는 가서 모든 민족을 제자로 삼아 아버지와 아들과 성령의 이름으로 세례를 베풀고 내가 너희에게 분부한 모든 것을 가르쳐 지키게 하라 볼지어다 내가 세상 끝날까지 너희와 항상 함께 있으리라 하시니라 (마 28:18-20).

나는 당신이 이 책에 담긴 내용을 통해 구원 받지 못하여 죽어 가는 세상을 위한 효율적인 복음 전달자가 되기를 소망한다. 이 내용을 복습하고, 논증의 전제를 기억하며, 그리스도인 친구들과 토론하고, 만약 때가 된다면 희망이 담긴 답변을 다른 사람들과 공유했으면 한다.

종교적 다원주의 반박

찬성	반대
	한 종교만 참이라고 주장하는 것은 오만하고 부도덕하다.
이것은 인신공격의 오류이다.	
내가 참이라고 생각하는 것을 믿는 일 외에 달리 할 수 있는 것이 무엇인가?	
종교적 다원주의자는 오직 자신이 옳다고 생각하기 때문에, 그것 역시 오만하고 부도덕한 것이다.	
	사람들은 각자의 문화에 따라 종교를 믿는다.
이것이 다원주의를 위한 논증이라면, 발생적 오류를 저지르게 된다.	
종교적 다원주의자의 관점도 비슷하게 문화의 영향을 받은 것이다.	
	사랑이 많은 하나님은 사람들을 지옥으로 보내지 않을 것이다.
사람은 하나님의 의도와는 다르게 자신을 하나님으로부터 자유롭게 분리시킨다.	

종교적 다원주의 반박(계속)

찬성	반대
	정의로운 하나님은 사람을 영원히 처벌하지는 않을 것이다.
만약 죄를 영원히 짓는다면, 형벌 또한 영원히 지속될 것이다.	
하나님을 거절하는 것은 무한한 무게와 중요성을 가진 죄이다.	
	그리스도에 대해서 몰랐거나 잘못 알았던 사람들은 그리스도를 믿지 못한 것 때문에 처벌될 수 없다.
이런 사람들은 일반계시에 대한 반응에 의해 심판을 받으므로, 그리스도의 죽음을 통한 구원은 보편적으로 접근 가능한 것이다.	

제10장 예수만이 하나님을 향한 유일한 길인가? 399

종교적 다원주의 반박(계속)

찬성	반대
	"하나님은 사랑이 충만하고 전능하다"는 사실은 "어떤 사람들은 복음을 전혀 듣지 못하여 구원받지 못한다"는 사실과 양립할 수 없다.
둘 사이에는 명백한 모순이 존재하지 않는다.	
	모순은 암시적이다.
암시적 모순은 증명된 바가 없다.	
보편적이면서도 자유의지를 통한 구원이 있는 세상을 하나님이 실현하실 수 있다는 보장이 없다.	보편적 구원의 세계에는 장점을 뛰어넘는 결점이 있을 수 있다.
누군가가 자유롭게 무언가를 하도록 만드는 것은 논리적으로 불가능하다.	
논리적 일관성의 증명: 하나님이 이 세계의 구원 받는 자와 받지 못하는 자의 수가 최적의 균형을 이루도록 조정했을 수 있고, 복음을 듣지 못해서 구원 받지 못하는 사람들은 복음을 들었다 하더라도 구원 받지 못했을 것이다.	
	이 가능성에는 개연성이 없다.
하나님이 조정한 세계는 사람이 우연에 의해 태어나는 세계와 겉보기엔 구별되지 않을 것이다.	

CLC 변증학 시리즈

1 개혁주의 변증학
로버트 L. 레이몬드 지음 / 신국판 / 216면

2 성서적 선교 변증학
박영지 지음 / 신국판 / 248면

3 변증학
코넬리우스 반틸 지음 / K. 스코트 올리핀트 편집 / 신국원 옮김 / 신국판 양장 / 632면

4 기독교 변증학
더글라스 그로타이스 지음 / 구혜선 옮김 / 신국판 양장 / 1088면

5 개혁파 변증학
존 M. 프레임 지음 / 김진운 옮김 / 신국판 / 608면

6 복음주의 변증학(개정판)
윌리엄 레인 크레이그 지음 / 오성민 외 5인 옮김 / 신국판 / 400면

7 비블리컬 변증학
양정모 지음 / 신국판 / 372면

8 변증이 신학이다 (2024년 제41회 한국기독교출판문화상 우수상)
김요환 지음 / 신국판 양장 / 824면

9 현대 기독교 변증학
브라이언 몰리 지음 / 오수영 옮김 / 신국판 / 464면